1960年代ゲバラの足跡と「1968年」論

——「グローバル・シックスティーズ」研究のために——

小倉英敬
Ogura Hidetaka

揺籃社

<お詫び>

*80〜81頁の「前衛隊メンバー」リストに誤りがありました。下記の「前衛隊メンバー」と「本隊メンバー」のリストと差し替えてください。　　　　　　　　　　　　　　　　　　　筆者

【ゲリラ部隊メンバー】

＜前衛隊メンバー＞

姓名	組織名	国籍	備考
David Aldriazola Veizaga	Dario	B	ニャンカスアスを脱出、1969 年に ELN に再合流、同年 12 月 31 日戦死
Dariel Alarcón Ramírez	Benigno	C	キューバに生還
Mario Gutiérrez Ardaya	Julio	B	1967 年 9 月 26 日ケブラダ・デ・バタンで戦死
Alberto Fernández Montes de Oca	Pacho	C	コンゴに同行。1967 年 10 月 9 日負傷し失血死
Manuel Hernández Osorio	Miguel	C	1967 年 9 月 26 日ケブラダ・デ・バタンで戦死
Francisco Huanca Flores	Pablo	B	1967 年 10 月 12 日カホネスにて負傷し拘束され、その後殺害
Orlando Jiménez Bazán	Camba	B	1967 年 9 月 30 日拘束、1970 年恩赦
Raúl Quispaya Choque	Raúl	B	1967 年 7 月 30 日リオ・ロシタで戦死
Jorge Vázquez Viaña	Jorge	B	1967 年 4 月 22 日負傷して拘束され、その後殺害される
Roberto Peredo Leigue	Coco	B	1967 年 9 月 26 日ケブラダ・デ・バタンで戦死
Aniceto Reinaga Gordillo	Aniceto	B	1967 年 10 月 8 日ケブラダ・デル・ユロで戦死

(注) Villegas［1996］241-243（A：アルゼンチン、B：ボリビア、C：キューバ、P：ペルー）

＜本隊メンバー＞

姓名	組織名	国籍	備考
Jaime Arana Campero	Chapaco	B	1967 年 10 月 12 日カホネスで戦死
Serapio Aquino Tudela	Serapio	B	1967 年 6 月 30 日リオ・イキタで戦死
Restituto José Cabrera Flores	Negro, Médico	P	1967 年 8 月 31 日プエルト・マウリシオでの待伏せから逃れたが、9 月 4 日リオ・パルマリトで拘束され、その後殺害
Caritos Cuello	Tuma	C	コンゴに同行。1967 年 6 月 26 日ラ・フロリタで戦死
Simón Cuba Sarabia	Willy	B	1967 年 10 月 8 日ゲバラとともに拘束され、ラ・イゲーラで殺害
Juan Pablo Chang Navarro	Chino	P	1967 年 10 月 8 日負傷後拘束され、ラ・イゲーラで殺害
Octabio de la Concepción de la Pedraja	Moro, Mongor	C	1967 年 10 月 12 日カホネスで戦死

Antonio Domínguez Flores	León, Antinio	B	1967年9月27日投降
Lucio Edilberto Galván Hidalgo	Eustaquio	P	1967年10月12日カホネスで戦死
Ernesto Guevara de la Serna	Ramón	A	1967年10月8日負傷後拘束、翌9日殺害
Gustavo Machin Hoed de Bache	Alejandro	C	1967年8月31日バド・デ・イェソで戦死
José María Martínez Tamayo	Ricardo,Papi	C	コンゴに従軍、ボリビア先遣隊、1967年7 30日リオ・ロシタで戦死
René Martínez Tamayo	Arturo	C	1967年10月8日ケブラダ・デル・ユロで戦死
Julio Luis Méndez Korne	Ñato	B	ニャンカウアスを脱出後、1967年11月15日 タナルで戦死
Orlando Pantoja Tamayo	Antonio,Olo	C	1967年10月8日ケブラダ・デル・ユロで戦死
Guido Álvaro Peredo Leigue	Inti	B	ニャンカウアスを脱出し、1969年に再蜂起、 年9月9日戦死
Eliseo Reyes Rodríguez	Rolando	C	1967年4月25日エル・メソンで戦死
Leonardo Tamayo Núñez	Urbano	C	キューバに生還。
Harry Villegas Tamayo	Pombo	C	コンゴに同行、キューバに生還
Benjamín Coronado Cordova	Benjamín	B	1967年2月26日リオ・グランデ川で溺死
Lorgio Vaca Marchetti	Carlos	B	1967年3月16日リオ・グランデ川で溺死

(注)同上

───　まえがき　───

　本書は、筆者がライフワークと位置づけている〈シリーズ『グローバルヒスト
リーとしての「植民地主義批判」』〉の第4巻である。このシリーズは、植民地主
義は1415年のポルトガルによるセウタ占領から始まり、①重商主義期、②自由主
義期、③帝国主義期、④新植民地主義、⑤グローバル化加速期と経て、現在はグ
ローバル化時代の植民地主義として、「〈新〉植民地主義」（西川長夫）とも言え
る、旧植民地国のほとんどが独立した後になっても、旧植民地諸国・宗主国のポ
ストコロニアルな状況に加えて、「植民地主義」が全世界に容貌を変えた形で継
続しているとの問題意識から、現代に至る植民地主義を歴史的に段階区分した上
で、現在の「植民地主義」的状況を含めて、「植民地主義論」の総論的な再構築
を目指すものである。

　筆者は1960年代の高校時代から反戦・平和運動に関わり、特に1970年前後に
は、本書において取り上げた「1968年」現象と位置づけられる社会運動に参加し
た。そして、「三つ子の魂、百までも」というのではないが、青年時代の社会意
識、問題意識を継続してきた。筆者は、反戦・平和運動に従事する中で、1967年
10月9日にボリビアで殺害されたエルネスト・チェ・ゲバラ Ernesto Guevara
de la Serna（1927〜1967）の生き方、死に方に自分の人生の方向性を決める上
で大きな影響を受けてきた。

　筆者は、2020年1月に直腸がんを患い、同年3月末に摘出手術を受け、その後
抗がん治療を続けているが、多発性骨髄腫の前段階を宣告されていることもあ
り、余命はそれほど長くはないと自覚している。そのため、自分が人生を歩む上
で精神的に大きな影響を受けたゲバラについて、私なりの「真説」を執筆して残
したいと思い、それを自分が体験した「1968年」現象に関する「グローバル・
シックスティーズ」研究という新しい視角の提起と絡めて1冊の本にまとめたい
と考えた。

　筆者のがん摘出手術から抗がん治療の時期は、新型コロナウイルスの感染拡大
の時期とも一致したこともあり、本書の最後には新型コロナウイルス問題に関す
る私見も書きおいた。

　筆者は長年の研究者生活を通じて、研究者が研究書を執筆する際には、本文の
中で十分説明しきれない部分を〈注〉として付記する習慣には批判的であった。
研究者の間で読まれたいと希望する研究書であればそのような形式をとることも
認められるが、しかし一般書として広く読まれたいのであれば、一般の読者が読

みやすいように、〈注〉でなくて本文において十分に説明すべきだと考える。これは誠意の問題である。人生最後の著作として、本書は研究書ではなく、一般書とすることを目指すので、〈注〉があるような煩雑な構造はとらないように心掛けた。従って、本書を研究書として扱っていただく必要はない。引用部分については最少必要限の範囲で原著からの引用箇所を明記しておいた。

2021年7月31日

小 倉 英 敬

目　次

── 1. はじめに ──

　本書で扱う「ゲバラ」論と「1968年」論は、いずれも半世紀も前の出来事を研究対象とするものである。重要なのは人類の未来であり、過去の出来事には大きな意味はないとする立場に立てば、時代遅れの愚論と見る向きもあろう。「ゲバラ」については、1997年6月28日にボリビアで遺体が発掘され、キューバに遺体が移送されてサンタクララの「ゲバラ廟」に納められたことから、死後30年を経た1997年頃から「ゲバラ」論が再び取り上げられる傾向が見られた。

　他方、「1968年」論については、日本において41年後の2009年に小熊英二氏の『1968（上下）』が出版されたことがきっかけとなり、全共闘世代の当事者による回想録が多数出版され、またポスト「1968年」世代の若い研究者の新しい研究も発表されるようになり、再び注目されるようになってきた。

　いずれも過去の出来事の回想から始まった動向であるが、決して「ブーム」に終わらせてはならない重要な意味を持つ歴史的現象である。特に、「グローバル・シックスティーズ」という新しい視点から、改めてこの2つのテーマを取り上げることとした。あくまでも一つの試論である。

　ゲバラについては、彼の死後、膨大な伝記、解説書、研究書が出版されており、特に1997年のゲバラの遺体の発見とキューバ帰還、および死後30年をきっかけとした「ゲバラ・ブーム」の中でさらに膨大な伝記・研究書が出版されてきたが、本書ではこれらの研究書を参考にしつつも、これらに依拠するよりも、ゲバラ自身が書き残したもの、および関係者の回想録等の直接的な一次資料に主に依拠して再構成することを試みる。特に、ゲバラが書き残したもの以外では、キューバの国家公安部トップで内務省対外工作担当次官として、ラテンアメリカの左翼組織やゲリラ運動の支援を手掛けたマヌエル・ピニェイロ・ロサダ Manuel Piñeiro Losada（1933 ～ 1998）が1998年の交通事故死の直前に行っていた各種のインタビュー、ピニェイロの部下でアルゼンチン生まれのドイツ人であった工作員アイデー・タマラ・ブンケ・ビデル Haideé Tamara Bunke Bider（通称タニア）（1937 ～ 1967）の工作員教育担当であったウリセス・エストラダ Ulises Estrada（1934 ～ 2014）の『タニア伝』、ボリビアからの生還者であるハリー・ビジェガス Harry Villegas Tamayo（1934 ～ 2019）とダリエル・アラルコン Dariel Ararcón Ramírez（亡命者、1939 ～ 2016）の回想録、レジス・ドブレ Régis Debray（1940 ～）の分析書に基本的に依拠した。さらに、ボリビア人ゲリラによって再建されたボリビア民族解放軍（ELN）の指導者であった

インティ・ペレド Inti Peredo（本名グイド・アルバロ・ペレド・レイグ Guido Álvaro Peredo Leigue、1937 ～ 1969）の伝記、アルゼンチン人ジャーナリストで人民ゲリラ軍（EGP）の指導者であったホルヘ・リカルド・マセッティ・ブランコ Jorge Ricardo Masseti Blanco（1929 ～ 1964）の伝記、および同子息のリカルド・マセッティ Ricardo Messeti（元キューバ内務省 VMT 工作員、亡命者）の著作等を参考にした。いずれにせよ、種々の研究者のそれぞれの主張や論調に拘束されることなく、筆者独自の視点を重視してゲバラ論の再論を試みた。

　従って、通常の一般的なゲバラ論とは異なる解釈がなされていることをご承知おきありたい。特に、「フォキズモ（根拠地主義）」については、一般的には「農村ゲリラ」論とか、「党と軍の政治的一体化論」とかの意味合いで使用されてきたが、本書においては「革命の越境的な拡大」を目指す世界的な政治・軍事戦略との意味合いで扱っている。

　他方、「1968年論」については、2009年に小熊英二氏が前記の『1968（上下）』を出版され、2015年に筆者が『ラテンアメリカ1968年論』を出版した際にも、小熊氏の著作を参考にさせていただいた。その一方で、同書が基本的に文献・資料に基づいて執筆され、全共闘世代の当事者とのインタビューが少なかったことから多方面からの批判がなされたため、本来の同書が有する価値が軽視される傾向が生じた。その後、2018年に小杉亮子氏が当事者44人からの聴取を基にした東大闘争に関する研究書『東大闘争の語り』を出版され、ポスト全共闘世代による新しい研究傾向、特に「グローバル・シックスティーズ」研究という新しい視角からの研究が提示されたことになった。こうした中で、高齢者となった当事者の方々が次々と逝去されるような時代となり、改めて「1968年」論が、特に「グローバル・シックスティーズ」の視点から再考する必要性が指摘されるようになり、「1968年」論が新しい時代に入ったと言える事態となった。

　この「ゲバラ」問題と「1968年」論は、前者の後者への影響があったにも拘わらず、その関連性を検証する研究も十分に行われてこなかった傾向があるが、本書ではこの２つの重要なテーマを連結して、「グローバル・シックスティーズ」研究の視角からその歴史的意味を再考することを目指した。

── 2．ゲバラ再論 ──

（1）ゲバラの世界認識

　キューバ革命勝利後の半年間、ゲバラが多種のハイレベルの職務を兼任する中で、農地改革に関してゲバラが急進的姿勢を採っていることに革命指導部内の穏健派から批判が昂じたため、フィデル・カストロはゲバラを守るために、1959年6月12日にゲバラを特使として海外に派遣し、ゲバラは9月10日まで88日間に及ぶ外遊に出発した。

　まず、マドリッド経由でカイロに飛びナセル Gamal Abdel Nasser 大統領（1918 ～ 1970）と会見した。その後、スエズ運河を視察し、シナイ半島を越えてパレスチナのガザ地区に行き、さらにシリアを訪問した。そして、インドを訪問してネルー Jawaharlal Nehru（1889 ～ 1964）首相と会見した。さらに、ビルマ（現ミャンマー）、タイ、香港を訪問し、7月15日には日本に到着し、藤山愛一郎（1897 ～ 1985）外相らと会談したほか、本人の強い希望で広島を訪問した。7月27日にはインドネシアを訪問してスカルノ Sukarno（本名 Mohammad Hatta、1901 ～ 1970）大統領と会談し、その後シンガポール、セイロン（現スリランカ）、パキスタン、ユーゴスラビア、スーダン、イタリア、スペイン、モロッコを訪問して、マドリッドからハバナに帰着した。ユーゴスラビアではチトー Josip Broz Tito（1892 ～ 1980）大統領とも会見した。ゲバラのこの一連の歴訪は、キューバが非同盟・第三世界諸国との接近を図るためであったと見ることができよう。

　ゲバラは、国立銀行総裁時代の1960年10月21日、2度目の諸外国歴訪に出発した。2度目の外遊は主に社会主義諸国訪問が中心となった。米国による経済封鎖に対抗して新しい市場を開拓し、援助を獲得することが主な目的であった。10月22日にソ連に到着して11月7日にはロシア10月革命記念日にクレムリンのバルコニーにフルシチョフ Nikita Sergeyevich Khrushchev（1894 ～ 1971）ソ連首相、ホー・チミン胡志明（1890 ～ 1969）ベトナム民主共和国主席、ゴムルカ Władysław Gomułka（1905 ～ 1982）ポーランド統一労働者党第一書記、チャウシェスク Nicolae Ceauşescu（1918 ～ 1989）ルーマニア共産党政治局員らと並んで立った。ゲバラはソ連から中国に渡り、11月17日、周恩来（1898 ～ 1976）首相と協力協定に調印した。周恩来はゲバラに、中国が朝鮮戦争で戦うためソ連から買った武器の代金支払いを最近済ませたところだと話した。社会主義諸国が、友好国を守るために使われた武器の代金を要求するとは、ゲバラは驚きを隠

せなかった。ゲバラは社会主義諸国による援助は無償でなければならないと主張した。これに対し、周恩来は、「援助は無償ではない。キューバは反帝闘争の先頭に立っている。帝国主義は全諸国人民の敵であり、キューバへの支援は全社会主義諸国の利益でもある」と答えた。ゲバラは納得して、「これでわれわれは北米帝国主義との闘争で先頭に立って戦うことができるようになった」と応じた。ゲバラは周恩来との対話から、中ソ対立の底流にある両国の対外姿勢の違い、特に途上国に対する姿勢の違いを認識した。それは後に、ゲバラの対ソ批判につながることになる。ゲバラは訪中後、「中国は、キューバ革命だけが革命ではないことを発見させてくれる国の一つだ」と語った。中国はキューバ糖100万トンの輸入を決めた。訪中中に毛沢東主席とも会見したが、ゲバラは会見中に強い喘息の発作に襲われ、心臓発作を起こして失神した。毛沢東はゲバラのために鍼灸医を手配した。

その後、ゲバラは北朝鮮に移動、12月3日に金日成（1912〜1994）主席に会い、協力協定に調印した。同13日には東ドイツのベルリンに着いた。東ドイツ滞在中に一連の会談の通訳を務めたのは、後にゲバラの「ボリビア・ミッション」において「タニア」名で活躍するタマラ・ブンケ Haidée Tamara Bunke Bíder（1937〜1967）であった。

ゲバラはモスクワに戻り、ソ連との実質的な経済援助協力の協議のためミコヤン Anastas Ivanovich Mikoyan（1895〜1978）副首相と交渉した。ソ連側は「キューバは望むものをすべて与えられる」と言ったが、市場価格でであった。ソ連は砂糖270万トンを買い、キューバでニッケル、マンガン、銅の資源を調査することになり、その開発計画が策定された。各種工場建設と、キューバ人2400人がロシア語と技術修得のためソ連に受入れられることも決まった。ゲバラはミコヤンとの共同声明で「ソ連は地上最大の国家だ」と礼賛し、援助に感謝した。しかし、ゲバラは社会主義圏の生活水準が、当時のキューバの中間層よりも低いことに気づいていた。

ゲバラはモスクワで開催された世界81ヶ国の共産党・労働党大会に招かれた。採択された大会宣言には、「カストロ政権は民族解放を目指すラテンアメリカ諸国人民の闘争に力強い刺激を与えている」との文言が盛り込まれた。ゲバラは、「近年最も重要な出来事の一つ」と称賛、「キューバはソ連の歩む道を歩みたい」と語った。大会宣言は「平和防衛闘争」と「民族解放闘争」を掲げた。これはキューバ革命指導部の姿勢と一致していた。

ゲバラはソ連訪問後、チェコスロバキアを訪れ、「経済的にキューバに近いのはチェコスロバキアだ。この国では企業での極めて効果的な計画制度が発展して

いる。この制度は魅力的で、第1次4ケ年計画に採用したい」と記した。これが
収穫だった。ゲバラはプラハから12月22日にハバナに帰着した。チェコスロバキ
アはその後、キューバとラテンアメリカ諸国の左翼組織をソ連・東欧社会主義圏
に繋ぐ重要な接点となる。

　ゲバラは、この2回目の歴訪に関し、「中ソが熱心にキューバの経済建設を支
援するのは、ラテンアメリカがキューバを手本にすると見ているからだ。キュー
バの例が繰り返されるに従って、帝国主義は原料資源の収奪先を失い侵略能力が
弱まると見ているに違いない」との感想を述べている。

　1961年8月、ゲバラはウルグアイのプンタ・デル・エステで開催された米州
機構（OAS）経済社会理事会に出席し、8月8日にキューバ代表として演説を
行っている。この会議は、同年1月13日にケネディ大統領が提案した〈進歩の
ための同盟〉をOAS諸国が承認することを目的に開催されたものであった。ゲ
バラは演説の中で、米国およびそれに追随するラテンアメリカ各国と渡り合い、
〈進歩のための同盟〉を批判するとともに、キューバ革命と社会主義経済体制の
優位性を明確に主張した。ゲバラは、米国の政策を批判しながらも、ラテンアメ
リカ諸国との精神的・民族的・文化的なつながりを強調し、「社会・経済体制」
を異にするラテンアメリカの国々との「共存」を力説した。このキューバの姿勢
にアルゼンチン、ブラジル、チリ、メキシコ、ボリビア、エクアドルの6か国が
好意的な姿勢を示した。米国は次の手として、OAS外相会議でキューバをOAS
から排除する工作を開始し、翌1962年1月22日にプンタ・デル・エステで開催さ
れたOAS外相会議でキューバの追放決議を可決した（後述の通り、2008年4月
に同決議の無効決議が全会一致で可決された）。

　OAS経済社会理事会への出席後、ゲバラはアルゼンチンとブラジルを短期間
訪問し、フロンディシ Arturo Frondizi Ércoli（1908～1995）大統領およびクア
ドロス Jânio da Silva Quadros（1917～1992）大統領とそれぞれ私的に会談を
行うなど、両大統領から歓待された。しかし、クアドロス大統領は1961年8月25
日に、フロンディシ大統領は翌1962年3月29日に軍部保守派によるクーデターで
で追放されている。

　キューバ革命での実体験に加えて、このような非同盟・第3世界諸国や社会
主義諸国の歴訪経験を経て、ゲバラは独自の国際分析に基づく思想を発展させて
いった。ゲバラの思想を理解する上で重要なのは彼の世界認識と経済思想であ
る。1965年2月アルジェリアのアルジェで開催された「アジア・アフリカ人民連
帯機構」会議の第2回経済セミナーにおいてゲバラが表明したソ連批判はこれら
2つの面と関連していた。

　1965年2月24日に行った演説の中で、ゲバラは「帝国主義からの離脱は、単に独立を宣言し、武力革命において勝利することで達成されるものではないことは、確認しておこう。それは、帝国主義の人民への経済支配が終わりを告げて初めて達成されるのである。つまり、社会主義国家にとっては、実質的な離脱こそが最重要である。解放を極力速やかに、かつ根本的に進める努力を傾けるのはわれわれのイデオロギーの定める国際的な義務である。

　これらから一つ結論が引き出される。すなわち、社会主義国は、新しく解放への道を歩み始めた国家の発展に力を貸さねばならないこと。われわれがこのように述べるのは、決して脅迫でもなければ演技でもなく、ましてや、アジア・アフリカの人民に近づく安易な手段でもなく、深い信念からの宣言である。（中略）われわれはまだ独り立ちできない国への援助はこの精神のもとになされるべきであると確信する。価値法則の結果である不平等為替制度という国際関係によって途上国が強いられる価格に基づいて互恵貿易を展開してよいなどという目論見について、これ以上語る必要はない。（中略）

　先進国と途上国という2つのグループ国家の間にこのような関係を作り上げようというのであれば、たとえそれが社会主義諸国であったとしても、ある意味では帝国主義者の搾取の共犯者だと認めねばなるまい。（中略）社会主義国には、西側の搾取国との間に成立している暗黙の連座を終息させる道義的義務がある」と発言した［甲斐訳2008：38-39］

　この経済セミナーにおける発言が、キューバ国内の親ソ派の人々との間でも大きな論議をもたらすことになる。

　ゲバラの国際認識、およびそれに基づく世界戦略の基本は、1967年4月16日に「三大陸人民連帯機構（OSPAAAL）」の機関紙『トリコンチネンタル』特別号に掲載され、翌17日にはキューバ共産党機関紙『グランマ』に転載された、ゲバラがボリビアに向けて出発する直前の1966年11月にピナル・デル・リオの訓練キャンプで執筆したメッセージの中で表明されている。ゲバラの「コンゴ・ミッション」が、このメッセージが書かれた後、そして公表される前に実行されたことを考慮すると、ゲバラの「コンゴ・ミッション」はこのメッセージの中で表明された世界認識に基づいていたことは確実である。

　このメッセージは、最後の部分に書かれている「二つ、三つ、そして数多くのベトナムが地球上に現われ、それぞれのベトナムが死と数限りない悲劇をはらみながらも日々英雄的に戦い、帝国主義に繰返し痛撃を与え、全世界人民の激しい憎悪を浴びせかけ、帝国主義の軍事力を世界の各地に分散させるならば、未来は明るく、近い！」［『世界革命文庫4』より］という文言から、その後この部分が

「2つ、3つのベトナムを」と短縮された政治的メッセージとして世界的に拡散され、「1968年」現象と本書で名づけている「若者・青年の叛乱」とも呼ばれる現象に大きな影響を与えることになる。筆者も1966年4月の高校時代からベトナム反戦運動に関心を持つとともに、1967年10月のゲバラの死後の直後からゲバラの生涯に引きつけられるという青年時代を過ごした。当時、ベトナムとゲバラは反逆する若者たちを結びつける2大関心事項であったといって過言ではない。このメッセージが与えた衝撃について、1943年生まれの太田昌国は2000年に出版した『ゲバラを脱神話化する』において次のように述べている。

「強い印象を受けた。何よりもまずベトナムの苦しみを我が苦しみとして受けとめるゲバラの感性である。そして反戦運動ではなく、ベトナムのような闘いをつくって敵を追い詰めようと呼びかける能動的な方針についてである。(中略)心ある者は胸の痛みを感じ、しかし何事もなしえていない自分自身に苦悩していた。私もそのひとりだった。ゲバラはその状況を普遍化して分析し、諦めるなと呼びかけてくれた。それを読んで何事かをすぐにできるわけではなかったが、的確な分析というものは、いつも、迷う人間を励まし勇気づけ、新しい世界を切り開いていくだけの力を与えてくれる。ゲバラのこの論文には、そんな力があった。当時の反響を思い起すと、世界じゅうで多くの人々が同じ感じをもったと言っても、大げさではない。世界各地の人びとが、同じ悩みと喜びを呼吸する時代だったのだ」[太田2000：33-34]。

このゲバラのメッセージは、単に一国毎の変革運動や反戦平和運動を鼓舞しようとするものではなく、アメリカ帝国主義の軍事力を世界的に展開する解放闘争によって分散させ、分散した米国の軍事力を確固撃破することで、アメリカ帝国主義の粉砕を世界的に全体的に達成しようとする世界構想を意味するものであった。従って、このようなゲバラの世界構想が米国、特にCIAにとって脅威となったことは確実である。1967年3月にボリビア国内のニャンカウアスでの情勢からボリビアにおけるゲバラの存在が確実視され、同年4月にハバナで開催された「三大陸人民連帯会議」でゲバラのメッセージが公表された直後、同年6月にCIAフロリダ支部に所属していた亡命キューバ人の職員で1961年4月に亡命反革命軍2506部隊によるヒロン湾上陸攻撃に参加したフェリクス・ロドリゲス Félix Ismael Fernando José Rodríguez Mendiqutia（1941〜）は、CIA本部から連絡を受け、ゲバラ対策のため、8月1日にエドゥアルド・ゴンサレス（もしくは「フェリクス・ラモン」）とともにボリビアに派遣されている。ボリビアが「第2のベトナム」となることをCIAが危惧したからであるとされる［Anderson 1997：620-621］。

　ゲバラのこのような構想は当時国際社会に普及していた「平和共存」策に抵触するものであると見る向きもあった。しかし、ゲバラの構想においては、「平和共存」は1950年代にソ連首相であったフルシチョフ Nikita Sergeyevich Khrushchev（1894〜1971）によって主張されてきたとおりの「平和共存」であって、ソ連が西側諸国との「平和競争」を行なうことに主眼を置いたものであり、途上諸国が帝国主義支配から脱却するための解放闘争を否定するものではなかった。

　「平和共存」は、1953年のスターリンの死後、同年7月に朝鮮戦争の休戦が実現し、8月にソ連最高会議においてマレンコフ Georgy Maximilianovich Malenkov（1902〜1988）首相が米国との冷戦政策が国際的雰囲気を害していると批判し、ソ連が水素爆弾の開発に成功したことを明らかにする一方で、米ソが衝突する客観的な根拠はないとして「二つの体制の平和共存」を主張したことに始まる。フルシチョフは1956年2月の第20回共産党大会で、平和共存の原則が「国際的承認」を得ており、「平和共存か史上最も破滅的な戦争かのいずれかであり、第三の道はない」と主張し、「平和共存論」を強調した。しかし、ソ連は西側諸国との「平和競争」を強調したが、途上諸国の解放闘争を否定したわけではなく、1962年10月のキューバ危機においてはキューバに中距離核ミサイルの配備を行なったし、1974年8月以後に先鋭化したベトナム戦争のような地域的な「代理戦争」においては積極的にベトナム人民の解放闘争を支援した。この面で「平和共存」については大きな誤解が存在してきた。この誤解は「平和共存」を強調するあまり、1970年代に強められた「緊張緩和（デタント）」と混同する傾向があった点であり、1960年代においては冷戦構造の中で途上諸国の帝国主義支配からの解放闘争を否定するものではなかったという側面が過小評価される傾向が強く、国際関係において誤解されてきた面がある。

　ゲバラのメッセージは、このような「平和共存」論の誤った理解を否定し、帝国主義を打倒する途上諸国の権利を謳い上げたものであったと評価しなければならない。特に、ゲバラは社会主義諸国と途上諸国の連携を強調したが、このゲバラの姿勢から、アジアやラテンアメリカだけでなく、アフリカ諸国の解放闘争を支援するという戦略が生まれたのである。具体的には、ゲバラが1964年末から1965年当初にアフリカ諸国を歴訪した経験から、アフリカにおいて反帝国主義・解放闘争を拡大して、「新植民地主義」的形態をとりつつある帝国主義支配に痛撃を与えることを構想した。

　前記の「トリコンチネンタル」に掲載された論稿において、もう1点重要な点は、ゲバラが米国のアフリカ諸国への姿勢をこの「新植民地主義」という用語を

使用して、その概念を提示している点である。ゲバラは、次のように述べている。

「アフリカは、新植民地主義侵略者にとってほとんど処女地である。いくつかの変化があって、新植民地主義国は、それまでの絶対的な特権をある程度放棄せざるをえなくなった。この変化が絶え間なく進行している間に、植民地主義は新植民地主義という形態で進行していったのである。新植民地主義は、経済的支配においてまったく植民地主義と同じ結果をもたらすのである。

合衆国は以前はアフリカには植民地をもっていなかったが、いま資本主義諸国の古くからの領域に侵入しようとしている。北アメリカの帝国主義の戦略プランにおいてはアフリカは長期的な貯蔵庫なのであって、現在の投資は南アフリカ共和国に限定されているが、さらに他の帝国主義諸国と激しい（現在にいたるまでは平和的性格の）競争を行ないつつ、コンゴやナイジェリアなどにも侵入しようとしている」［前掲『世界革命文庫』］。

「新植民地主義」という用語および概念は、1955年にインドネシアのバンドンで開催された「アジア・アフリカ会議（バンドン会議）」において同国のスカルノ大統領が「古典的な形態」をとらない植民地主義の存在を指摘したことが起点となった。その後、1960年1月にチュニジアのチュニスで開催された第2回「全アフリカ人民会議」の報告の中で、「新植民地主義（Neo-Colonialism）」という用語が初めて使用された。

「新植民地主義」の定義としては、1961年4月にバンドンで開催された「アジア・アフリカ人民連帯機構」第4回理事会の決議文において次のように述べられていた。

「帝国主義、とくにアメリカ帝国主義の新しい形態である新植民地主義は、新興国の政治的独立を形式的に承認しながら、これらの諸国を政治的・経済的・社会的・軍事的・技術的手段によって間接巧妙な支配形態の犠牲に供し、かくして新たに独立を獲得し、あるいは独立を獲得しようとしているアフリカ諸国に対する最大の脅威となっている、と考える」（「新植民地主義の廃絶と新植民地主義に対する闘争についての一般宣言」）［西川2009：197］。

1965年に主要著作である『新植民地主義』を発表したエンクルマは、このような「新植民地主義」の概念に基づき、「今日の新植民地主義は、帝国主義の最終段階、たぶんそのもっとも危険な段階を意味するものである。（中略）新植民地主義の本質は、その下にある国家は、理論的には独立しており、国際法上のあらゆる外面上の装飾を有しているということである。現実には、その経済体制、政治体制は外部から指揮されている」と論じている［Nkrumah 1965＝1971：11–

12]。

　ゲバラが、「2つ、3つ、それ以上のベトナムを」という論稿を掲載した『トリコンチネンタル』は「アジア・アフリカ・ラテンアメリカ人民連帯機構（OSPAAAL）」の機関誌であり、同組織は「アジア・アフリカ人民連帯機構（AAPSO）」の延長線上でキューバが指導的立場をとって結成されたことからも、ゲバラが「新植民地主義」に関して明白な認識を有していたことが理解される。ゲバラの国際認識の一端には明確な「新植民地主義」に関する理解があったことは確認しておくべきである。

　他方、経済面に関しては、革命初期の1960年代前半、キューバでは社会主義建設期の労働はいかなる原理によってなされるべきかをめぐって激しい論争が展開された。ゲバラは、共産主義的なモラルを欠いた社会主義経済には意味はなく、自分たちの闘いは貧困との闘いに留まるものではなく疎外との闘いでもあるのだとする立場に立つ、この論争における片方の当事者だった。社会主義建設の労働は個人的で物質的な動機によってではなく、集団的で精神的な動機によって組織されるべきだとする考え方である。工業化4ケ年計画が実施に移された1962年2月に統一革命機構（ORI）に経済委員会が設置された。委員はドルティコスOsvaldo Dorticós Torrado（1919～1983）大統領、カルロス・ラファエル・ロドリゲス Carlos Rafael Rodríguez（1913～1997）ORI 書記と工業相であったゲバラであった。ゲバラが生産意欲を高めるためには物質的刺激はあくまで副次的なものであるべきで、あくまでも精神主義的な刺激による社会主義的情熱を重視すべきとの立場であり、ロドリゲスは物質的刺激を重視すべきとの立場であった。この論争は、「新しい人間」論争とも関連していた。

　ゲバラが「新しい人間」という言葉を使い始めたのは1963年11月に開始された全国電化計画のキャンペーンにおいてであった。このキャンペーンでは「新しい人間」とは、仲間たちと使命を分かち合い、共同で努力し、達成された課題に満足する者とされた。ゲバラは『ヌエストラ・インドゥストリア』1964年2月号に掲載された「予算融資制度ついて」と題する論稿の中で次の通り述べている。

　「精神的刺激に対する物質的刺激という命題は、これらの問題に関心をもつ人々の間に、多くの議論を引き起こしている。一つ、明確にしておかねばならないのは、われわれは物質的刺激の客観的必要性を否定するものではない、ということである。われわれは、基本的な原動力として、それを用いることに反対しているのである。経済分野においては、この種の梃子はまたたくまにそのものだけが目的になってしまい、やがて人間関係にその力を及ぼすようになるものと、われわれは考えている。」[小倉2004：127]

　この文章によって、ゲバラの社会主義経済建設に対する基本的な姿勢が理解される。そして、1965年3月12日付けのウルグアイの雑誌『マルチャ』に、後にキューバ社会主義建設の方向性を示す最も代表的な論稿となる「キューバにおける社会主義と人間」と題する論稿を掲載して、次のように論じた。同論文は、ゲバラの死後に『ペンサミエント・クリティコ』誌1967年10月号にも掲載された。

　「社会主義のこの建設期に、われわれは新しい人間が生まれているのを目にすることができる。その姿はまだ完成していない。その過程は新しい経済形態の発展と平行して進むので、そうなることができないだろう。」

　「わが国では、機械的リアリズムの誤りは起こっていないが、反対の徴候が見られる。それは、19世紀の思想も退廃的で病的なわれわれの世紀の思想も代表していない。新しい人間の創造の必要性を理解していないためである。われわれが創造すべきは、21世紀の人間である。」[『ゲバラ選集第4巻』1969：179-185]。

（2）中ソ対立の狭間で

　1965年2月24日にゲバラが行った「アルジェ演説」はソ連との関係において好ましくないとして、ゲバラの帰国時にフィデル・カストロおよび、キューバ指導部の中の親ソ派であったカルロス・ラファエル・ロドリゲスとラウル・カストロ Raúl Castro Ruz (1931 ～) が不快感を表明した。しかし、ゲバラ自身は中ソ対立については中立的な立場に立つ一方で、「アルジェ演説」において表明されたソ連批判は、ソ連等の社会主義諸国の途上諸国への支援が本来の社会主義諸国の在り方に反するものであるとの不満に発したものであり、必ずしもゲバラが親中派になったことを示すものではないことは言うまでもない。ゲバラは社会主義諸国の間の対立には双方に対して批判的な立場を堅持した。しかし、そのような姿勢がソ連から見れば「中立」とは見られなかったに過ぎない。ゲバラと中ソとの関係を整理してみる。

　中ソ対立は、①1958年7月にフルシチョフ首相が中国を訪問し、毛沢東との会談で中ソ共同艦隊等の提案をしたものの毛沢東がこれを拒否したこと、②1959年6月にソ連が原爆供与に関する中ソ間の国防用新技術協定を破棄したこと、③同年10月にフルシチョフが中国を訪問した際に毛沢東と会談するも意見不一致のため共同声明が出されなかったこと、④1960年4月に『人民日報』と『紅旗』が共同論説「レーニン主義万歳」を発表、これによって中ソ論争が表面化し、⑤同年6月にソ連は中国に派遣していた技術専門家を引き揚げたことから対立が始まった。同年11月にモスクワで81カ国共産党会議が開催された際には中国とソ連の間で調整され、妥協的なモスクワ宣言を発表されたものの、中ソ対立が表面化し始

めた。

　ゲバラが初めてソ連を訪問したのは、前記の通り、1960年11〜12月であり、短期間のうちに２回にわたってソ連を訪問した。最初は、同年11月７日のロシア10月革命記念集会に出席し、２回目は中国、北朝鮮訪問後にソ連に戻り、ミコヤン副首相と経済援助協力の協議のため交渉し、交易関係について合意した。その後、モスクワで開催された世界81ケ国の共産党・労働党会議に出席した。この時点でのゲバラはまだソ連批判を鮮明にするには至っていなかった。

　国立銀行総裁時代にはゲバラのソ連との関係は主に経済協力関係の交渉に集中し、その後1961年３月に工業相に就任して社会主義経済建設を主な任務としていく中で、ソ連の姿勢に不満を持ち、批判を高めていくことになる。不満の理由は、ソ連だけでなく社会主義圏から経済協力に基づいてキューバに提供される資材に不良品が多かったことを、資本主義諸国の途上国関係と同じような決済方法とともに、友好国としての誠実さの欠如と見て、不信感を強める大きな原因となった。1963年末にはゲバラのこのような姿勢が強まった。

　次に、社会主義経済建設に関して、ゲバラは繊維工業等の軽工業化から始めて鉄鋼生産・石油精製部門の整備など重工業化をも含めた工業化を重視したのに対し、ソ連を背景とした親ソ派であるカルロス・ラファエル・ロドリゲスは農業近代化を重視する姿勢を採ったため、物質的刺激を重視するか精神的刺激を重視するかの問題とも絡んで、ソ連型の物資的刺激を重視するとともにソホーズやコルホーズ型の分権型の農業近代化を重視するソ連の姿勢に対し、経済建設の中央集権化を重視するゲバラが批判的姿勢を採るようになる。

　このような工業相としてのキューバ国内の産業育成面での姿勢の違いと、経済協力として提供される（実際には有償の）経済建設用の資材に不良品が多かったことに発する不信感が、決済方法を含めて社会主義諸国の姿勢が途上国に対する支援・協力のあり方に反するとして、ソ連の社会主義国としての国内政策および対外政策の双方における姿勢に、そしてそれらが国際社会に与える影響に対して批判を強めることになった。その結果が、「アルジェ演説」におけるソ連批判として現れた。

　一方、中国に対しては、1960年11月に続いて、1964年12月にも訪問しているが、第１回目の訪中の際には毛沢東に思想的に傾斜していたゲバラは滞在中に３回にわたって毛沢東に面会したが、２回目の訪中に際しては周恩来首相と劉少奇に面会したのみで毛沢東とは会っていない。しかし、この事実を毛沢東側からのゲバラに対する拒否反応と見ることはできないだろう。２回目の訪中の際には、周恩来との会談においてキューバのコンゴ・ミッションに関する中国の了解を得ても

おり、アフリカ問題で中国とキューバの関係が悪化したと見ることもできない。

　このように、1960年代半ばまでのゲバラおよびキューバと中国の関係は決して悪化しておらず、中国側が警戒を強めるのは1968年前後からキューバがソ連寄りの姿勢を採り始めたと感じられ始めたことが契機となる。その一方で、フィデル・カストロやキューバ指導部の幹部が1968年前後に向けてソ連寄りの姿勢を強める中で、ゲバラは国立銀行総裁時代や工業相時代にキューバの社会主義経済建設においてソ連が見せた誠意が感じられないような姿勢に発して、ソ連のキューバだけでなく途上国一般に対する姿勢に誠意の欠如を見て取り、国際社会全体におけるソ連の姿勢に批判を強めていくことになる。従って、ゲバラは中ソ対立の狭間においては、独自の経験と思想から社会主義諸国の結束を重視する立場から、常に「中立」的な姿勢を維持して中ソ対立そのものに批判的姿勢を採ったが、中ソ双方はそれぞれの外交姿勢やイデオロギー上の姿勢からゲバラを対立の相手方寄りであると恣意的に解釈する立場からゲバラとの距離を採ることになる。

（3）ゲバラのラテンアメリカ革命戦争観

　ゲバラの革命戦略は、キューバ革命戦争の中で形成された「フォキスモ（根拠地主義）」に基づいていた。この戦略はその是非はともかくとして、ラテンアメリカ革命においてだけでなく、アフリカにおいても大枠で適用された。「フォキスモ（根拠地主義）」とは、キューバ革命戦争が東部のシエラ・マエストラを根拠地に、シエラ・マエストラを「母隊（Columna Madre）根拠地」として、ラウル・カストロが率いる東部第2戦線が、フアン・アルメイダ Juan Almeida Bosque（1927〜2009）が率いるサンティアゴ・デ・クーバ攻略を目的とした第3部隊が、そして東上戦に向かったゲバラが率いる第4部隊とカミロ・シエンフエゴス Camilo Cienfuegos Gorriarán（1932〜1959）が率いる第5部隊が出撃して革命戦争を拡大していった経緯から形成された戦略構想である。ゲバラはこの戦略構想を「ラテンアメリカ計画」において、特に「アンデス計画」において実践していくことを目指した。

　この戦略については、当時ペルーのELNメンバーとしてボリビアに派遣され、ゲバラのゲリラ活動の都市支援網に参加していたフリオ・ダグニノ・パチェコ Julio Dagnino Pacheco（1928〜）が、2004年に義井豊が行ったインタビューの中で、そのような認識を持っていたことを証言している。

　「最初の数ヶ月はラパスで3人の仲間と一緒に私はペルーをテーマにしたロジステックな部分を組織していった。その後、私はゲリラ活動がボリビアで開始さ

れることになったと知らされた。そして、ボリビアでその後アルゼンチン、ブラジル、パラグアイ、ペルーに行くことになる部隊を組織するということだった。その中でアルゼンチンとペルーが中心的だった。きっと、それがゲバラの計画だったんだろうが、公然とした声ではなかった。それは最高執行部だけが知っていた秘密だったからだ」[Dagnino 2004：75-76]。

　当時のボリビアでのゲリラ運動にペルー ELN 側からの接点として関与していた人物が、このような認識を持っていたことは示唆的である。それは「フォキズモ（母隊根拠地主義）」に基づく「アンデス計画」であった。

　キューバ革命が成就した当時、最もゲリラ運動が拡大する可能性があったのは、ニカラグア、グアテマラ、ベネズエラ、コロンビアであった。ゲバラはキューバ革命勝利直後の1959年３月にはニカラグアの元ソモサ派軍人のソマリバ Somarriba に率いられた反ソモサ勢力に個人的な方法で直接的支援を行なったことを始め（キューバ政府もしくは革命指導部からも戦闘員が送られている）、ゲバラが農地改革院工業局長、国立銀行総裁、工業相に就任している間にも、キューバを訪問し、フィデル・カストロ首相（当時）とともにゲバラとの会見を求めるラテンアメリカ各国の左翼組織やゲリラ運動の指導者と会見し、積極的に支援を行なった。その中には、ニカラグアに関しては先記の反ソモサ派の軍人のソマリバのほか、後にサンディニスタ民族解放戦線（FSLN）を組織するカルロス・フォンセカ・アマドル Carlos Fonseca Amador（1936 ～ 1976）、トマス・ボルヘ Tomás Borge（1930 ～ 2012）、ロドルフォ・ロメロ Rodolfo Romero がいた。

　グアテマラでは、ルイス・トゥルシオス・リマ Luis Turcios Lima（1940 ～ 1966、「11月13日革命運動」MR13創立者）、マルコ・アントニオ・ヨン・ソサ Marco Antonio John Sosa（1929 ～ 1970、MR13指導者）、ロランド・ラミレス Rolando Ramírez、パブロ・モンテロ Pablo Montero、フリオ・ロベルト・カセレス Julio Roberto Cáceres（愛称「エル・パトホ」、グアテマラ労働党 PGT 系、生年不詳）がキューバと連携していた。「エル・パトホ」はゲバラがメキシコ滞在中に知り合って意気投合し、「グランマ号」の遠征にも参加を申し出たが、フィデル・カストロがさらなる外国人の参加を拒んだため参加できず、その後キューバ革命が成就した後、キューバに来訪して中央企画院等に勤務したが、1961年11月にグアテマラでのゲリラ活動のため帰国して直ちにゲリラ運動に参加したが1962年３月に戦死した。

　MR13 は、1960年11月13日にミゲル・イディゴラス José Miguel Ramón Ydígoras Fuentes（1985 ～ 1982）政権の汚職問題と米国による干渉に抗議して

同政権打倒を根ざして軍内の青年将校百余人が数千人の兵士を率いてマタモロス兵営を襲撃したが、この攻撃が政府軍によって鎮圧された後、反乱軍将校によって結成されたゲリラ組織で、主にサカパ州で活動した。1962年12月にM13は同じように武装闘争路線を採っていた「4月12日革命運動（MR12）」、グテマラ労働党（PGT）とともに第1次FAR（革命軍）を結成した。ヨン・ソーサが「アレハンドロ・デ・レオン戦線」を指揮し、トゥルシオスが「エドガル・イバラ・ゲリラ戦線（FGEI）」を指揮した。M13は、1964年にメキシコの第4インターナショナル統一書記局派のPRT（革命的労働者党）の介入でトロツキズムの影響を受けたため、トゥルシオスらが分裂してFAR（第2次）を再組織し、ヤン・ソーサが指導者となった（ヤン・ソーサは1970年にメキシコ国境付近で戦死）。第2次FARはトゥルシオスが最高指導者となったが、1966年10月にトゥルシアスが謎の交通事故死を遂げた後は、セサル・モンテス César Montes が指揮をとった。トゥルシオスやヤン・ソーサはいずれもキューバ革命当初からキューバ革命指導部と接触し、支援を受けていた。

アルゼンチンからは、ペロニスト左派のジョン・ウィリアム・クック John William Cooke（1919～1968）および、その妻アリシア・エグレン Alicia Eguren（1925～1977）が革命後キューバを訪れている。ジョン・クックは1961年4月の反革命軍のヒロン海岸上陸戦に際し、キューバの民兵部隊員として参戦した。翌1962年には再度キューバを訪問し、アルゼンチンでの武装革命闘争のための統一戦線を組織することを目的として、ペロン派の抵抗運動のグループ、共産党からの分離グループ、トロツキスト系の「労働者の言葉（PO）」からの分派グループなどをキューバに集めて、彼らとフィデル・カストロやチェ・ゲバラとの会合の機会を設けた。結果的には、この際に戦略的な凝縮性を有する統一戦線の創設は見送られたが、キューバ側は参加したすべてのグループに、それぞれの信じるやり方でアルゼンチンの国内での武装闘争を進めていくように指導し、そのために必要となる準備を提供することを確約した。

これが発端となり、1962年から1964年の間に、ゲバラが直接にその創設を指導し、自らも合流することを目ざしたアルゼンチン・サルタ州の農村ゲリラである「人民ゲリラ軍（EGP）」や、後にメンバーの大半がモントネロスに合流した「タクアラ革命的民族主義運動（MNRT）」などの武装組織が登場した。ジョン・クックは、キューバ革命に強く共鳴する一方で、フアン・ドミンゴ・ペロン Juan Domingo Perón（1895～1974）元大統領の信頼も厚く、ペロンの亡命中はスポークスマンとして働き、またその後継者と目されていたなどアルゼンチン国内での声望も高かったが、1968年に病死している。

　クックと並んで、ペロン派が武装闘争を開始する上で大きな影響を与えたもう一人の人物は、聖職者のカルロス・ムヒカ・エチャグエ Carlos Mujica Echagüe（1930 ～ 1974）であった。ムヒカは1968年にカトリック系の「解放の神学」派の第三世界司祭運動（MSTM）の結成に参加した。1964年にムヒカがカトリック青年同盟の顧問をしていた国立ブエノス・アイレス高校にフェルナンド・アバル・メディナ Fernando Abal Medina（1947 ～ 1970）が入学し、メディナは1967年7月末にハバナで開催されたラテンアメリカ連帯機構（OLAS）の第1回大会に参加、翌年にもノルマ・アロスティト Norma Arostid とともにキューバを再訪しており、武装闘争の訓練を受けて帰国し、武装グループの組織化を開始した。

　コロンビアからは、キューバ革命成就直後の1959年1月にキューバを訪問した労働者・学生・農民運動（MOEC）の創設者であるラロタ・ゴンサレス La Rota González 3兄弟（アントニオ、フアン・マルティン、パトリシオ）、1964年に民族解放軍（ELN）の共同創立者となるファビオ・ベラスケス・カスターニョ Fabio Vásquez Castaño（1940 ～ 2019）、コロンビア共産党（PCC）書記長のヒルベルト・ビエーラ・ホワイト Gilberto Viera White（1919 ～ 2000）等がゲバラを訪問している。

　ウルグアイからは同国共産党書記長のロドネイ・アリスメンディ Rodney Arismendi（1913 ～ 1989）が、チリからは1970年にチリ人民連合（UP）政権時代の大統領になるチリ社会党員（PSCh）のサルバドル・アジェンデ・ゴセンス Salvador Guillermo Allende Gossens、（1908 ～ 1973）、ゲバラの経済顧問となったハイメ・バリオス・メサ Jaime Barrios Meza（1925 ～ 1973、人民連合政権時代のチリ中央銀行総裁）がゲバラを訪問した。

　ベネズエラからは民族解放武装ゲリラ戦線（FALN）創設者のファブリシオ・オヘダ Fabricio Ojeda（1929 ～ 1966）等が訪問しているほか、1960年代半ばにキューバからベネズエラに戦闘員が送られ、キューバ人戦闘員の撤収に関してはキューバから正式に救出支援が行なわれている（『ゲバラ日記』でも言及されている）。

　ペルーからは左翼革命運動（MIR）を組織したアプラ党（PAP）左派（アプラ反乱派）出身のルイス・デ・ラ・プエンテ・ウセダ Luis de la Puente Uceda（1926 ～ 1965）、民族解放軍（ELN）の創設者であるエクトル・ベヘル・リベラ Héctor Béjar Rivera（1935 ～）、ELN メンバーの若き詩人のハビエル・エラウド・ペレス＝テジェリア Javier Luis Heraud Pérez-Tellería（1942 ～ 1963）等がゲバラを訪問した。

　ブラジルについては、キューバとの関係が確実に存在したゲリラ運動の指導者
としてカルロス・マリゲーラ Carlos Marighella（1911 〜 1969）、カルロス・ラ
マルカ Carlos Lamarca（1937 〜 1971）等が挙げられる。元ブラジル共産党員
であったマリゲーラのキューバとの接触は1966年1月にハバナで開催された「三
大陸人民連帯会議」に出席した際に（ブラジル共産党はマリゲーラの代表権を否
定する電報を送った）、フィデル・カストロや他の革命指導部の指導者と会見し
ているが、ゲバラはコンゴにいたため直接会見していない。マリゲーラは1966年
12月にブラジル共産党を離脱して民族解放同盟（ALN）を組織し、当初は都市
ゲリラを重視していたため、ゲバラのゲリラ論と意見を異にしたことが強調さ
れるが、1969年11月4日に治安部隊との戦闘で死亡した数ヶ月前には農村ゲリ
ラを組織することも考えるようになっていたし、後継者となったジョアキン・カ
マラ・フェレイラ Joaquim Câmara Ferreira（（1913 〜 1970）は農村での組織
再編を考えた、また ALN のホセ・ジルセウ José Dirceu（後のブラジル労働党
議長）らの ALN のメンバーはマリゲーラの死亡後、キューバに亡命している。
1969年に1月に ALN と共闘することになる人民革命行動（VPR）を創設したカ
ルロス・ラマルカ Carlos Lamarca も1970 〜 71年にキューバに滞在して訓練を
受け、その後ブラジルに帰国している。さらに、キューバは「チラデンテス革命
運動」（MRT）（1970年にフランシスコ・ジュリアンの「農民同盟」に関わった
活動家がブラジル共産党から分離して結成された）や、「10月8日革命運動（M
R-8）」とも連携を維持していた。
　ゲバラが、キューバ革命後にキューバを訪問するラテンアメリカ諸国の左翼組
織やゲリラ運動の代表の人々と積極的に接触したのは事実であるが、しかし実際
にこれらの組織や運動と直接・間接に接触し、支援を提供したのはマヌエル・ピ
ニェイロ Manuel Piñeiro Losada（1933 〜 1998）が担当次官であった内務省対
外工作局（VMT：Viceministerio Técnico）であった。内相には1953年7月26
日にモンカダ兵営攻撃に参加し、1956年12月に「グランマ号」での遠征にも参加
した革命戦争の英雄の一人であり、ゲバラの腹心であったラミロ・バルデス・メ
ネンデス Ramiro Valdés Menéndes（1932 〜、内相在位1961 〜 68、1979 〜 85）
がいたが、対外工作を実質的に仕切っていたのは対外工作部門のチーフであった
ピニェイロであった。
　ピニェイロは、1933年3月14日にマタンサス州に生れ、1952年3月10日に発生
したクーデターに抗議する学生行動に参加した後、政治活動への深入りを恐れた
家族が米国のコロンビア大学に留学させた。1955年に帰国しマタンサス市での
「7月26日運動」（M26/7）の創設に参加。その後ハバナ市内での政治活動に参加

した後、シエラ・マエストラのゲリラ運動に合流し、1958年3月に創設されたラウル・カストロ指揮下の東部第2戦線に所属して革命闘争に参加、その後ゲリラ運動全体の人事・監査・情報・警察活動を指揮した。革命成就後は、サンティアゴ・デ・クーバ市での任務を果たした後、ハバナに転勤となり、国家公安部（Seguridad del Estado）の創設に参加し、1961年6月6日には新設された内務省の次官となり、上記VMT担当次官に任命された。

1965年のキューバ共産党（PCC）設立時に中央委員会委員に任命され、1997年まで中央委員を継続した。1970年には内務省第一次官兼民族解放総局長（Jefe de la Dirección General de Liberación Nacional）に任命され、1975年初頭にPCC中央委員会米州局長（Jefe del Departamento América del Comité Central del PCC）に就任し、19年間にわたり同局長を務めた。1998年3月11日、東部第2戦線結成40周年記念式典に出席後、ハバナ市内にて自ら運転中に交通事故を起こして死亡した。国家公安局は、シエラ・マエストラ時代に「叛乱軍」の中にその前身が創設され、革命後に「叛乱軍」が「革命軍」に制度化された時期に半独立した機関となり、「G2」とも称されたが、組織的にその大部分はVTMと重複する。

ピニィロが新設された内務省でVMT担当次官となった直後の1960年9月2日にフィデル・カストロがハバナの革命広場で第1回人民会議を開催し、1952年に締結された米国・キューバ相互防衛条約を破棄すると表明、キューバが侵略されたらソ連のミサイル援護を受けると言ってのけ、「第1次ハバナ宣言」を採択した。次に1962年1月31日、米国は米州機構（OAS）からキューバを締め出し、2月3日に対キューバ経済全面禁輸措置を講じるに至ったが、これに対して2月4日フィデル・カストロは「革命家の義務は革命を実行することだ」と「ラテンアメリカ革命」を呼びかける「第2ハバナ宣言」で応じた。即ち、キューバにとって「ラテンアメリカ革命」路線とは米国帝国主義による重圧からキューバを解放するものとして打ち出されていた。そして、この路線と交錯する形でゲバラの世界戦略も構築されたのである。

ピニェイロはこのようなキューバ革命勝利以来のキューバ防衛を対外交政策面で支えた対外工作の事実上の最高指揮者としてフィデル・カストロおよびゲバラと緊密な関係を持ち続けた人物であった。ピニェイロは、1962年12月に「マトラカ計画」と「ソンブラ計画」に関連する諸任務に関してVMTの特別作戦課（MOE：Seccción de Operaciones Especiales）職員に指示を与えた。この時点から「アンデス計画」の準備が実際に進行し始めた。MOEが中心となって最初に実行された作戦は、1963年5月に行われたペルーのELNによるペルーの

プエルト・マルドナド県奥地への潜入であった。この「アンデス計画」の中でボリボアにおいて「母隊根拠地（フォコ）」建設の準備をする広範囲の活動が開始されるが、まず優先されたのはボリビアに潜入して特別な任務を就くことを求められたアルゼンチン出身女性の選抜であり、3人の候補者の中から選考されたのが、後に「タニア」の名で知られることになるタマラ・ブンケ・ビデル HaydéeTamara Bunke Bíder（1937 ～ 1967）であった。アルゼンティン女性の選抜は、ゲバラが当初から「アンデス計画」の中でアルゼンチン解放を窮極的な目指していたことを示すものである。

（4）「アンデス計画」

　1961年8月、ゲバラは米州機構（OAS）の経済社会理事会に出席し、席上キューバ代表団代表として米国主導の「進歩のための同盟」政策を批判、その一方でキューバはアンデス地域を「新たなシエラ・マエストラ」にして周辺諸国の革命運動を支援する路線を策定していった。キューバ以外の諸国に革命が拡散することによって、キューバ革命の安全保障が確保されるとの構想からである。

　1952年にゲバラと（第1回）南米縦断旅行を共にしたアルベルト・グラナード Alberto Granado Jiménez（1922 ～ 2011）が、キューバ革命勝利後にキューバに移住してきたが、ゲバラはグラナードとともにアルゼンチンでのゲリラ運動の開始について議論を開始した。1961年10月にグラナードがサンティアゴ・デ・クーバに転住した際に、同年4月に2度目にキューバを訪れたアルゼンチン人ジャーナリスト・画家のシロ・ブストス Ciro Roberto Bustos Marco（1932 ～ 2017、後に1967年3 ～ 4月にボリビアのニャンカスアスのゲリラ根拠地を訪問）と出会い、ゲリラ計画に勧誘した。グラナードとブストスは密かにアルゼンチンに帰国してアルゼンチン共産党（PCA）の周辺に同調者を募った。1962年7月末PCAはブストス等の党内反主流派を排除した。

　1962年2月、キューバ在住のアルゼンチン人が「キューバ・アルゼンチン協会」を結成、ブエノス・アイレス支部を設置した。ペロン派左派のジョン・クックが支部の責任者になった。同年5月、ゲバラはキューバ在留アルゼンチン人の独立記念日集会に招かれて演説し、「アルゼンチン人が来年のこの日を社会主義の旗の下で祝うのを願う」と語った。

　1962年7月末、ゲバラはブストスと大臣執務室で会見し、アルゼンチンでの活動開始を指示し、ブストスはハバナ滞在中のアルゼンチン人3人と合流した。同年8月末、ゲバラは、ホルヘ・リカルド・マセッティ、グラナードらアルゼンチン人の他、アベラルド・コロメー Abelardo Colomé Ibarra（1939 ～）ハバナ警

察長官、VMT のフアン・カレテーロ・イバニェス Juan Carretero Ibañez（組織名「アリエル」）、ヘルメス・ペーニャ Hermes Peña 大尉、アルベルト・カステリャノス Alberto Castellanos 上級中尉等と会合し、アルゼンチンでゲリラ活動を開始する戦略を練り、「人民ゲリラ軍（EGP）」結成を決めた。ブストスはアルゼンチンでゲリラ支援網を構築する任務を与えられた。

　1962年 7 月にキューバ内務省内にラテンアメリカ諸国の革命組織を支援する MOE が VTM 内に新設され［Estrada:18］、対外工作担当次官のマヌエル・ピニェイロがペルーを対象とした「マトラカ計画」と、アルゼンチンを対象とした「ソンブラ計画」の立案を指示、同年10月に両計画の実現に向けたボリビア工作のためにアベラルド・コロメー将軍や、マルティネス・タマヨ José María Martíenez Tamayo（1936 ～ 1967）大尉、オロ・パントハ Rolando Olo Pantoja（1933 ～ 1967）大尉が指名されて、ボリビアではボリビア共産党（PCB）のペレド兄弟やロドルフォ・サルダーニャの協力を求めて工作を開始した。マルティネス・タマヨのボリビア入国は1963年 3 月に開始され、ボリビア国内でペルーＥＬＮのフアン・パブロ・チャン Juan Pablo Chang Navarro Lévano（1933 ～ 1967）に接触し、ボリビア ELN の組織化にも着手した。

　VMT が支援したペルーのゲリラ部隊は1963年 5 月にボリビアからペルーに潜入したがペルー政府軍に撃破され、生存者はボリビアに戻り、ペルー民族解放軍（ELN）を結成した。

　ゲバラから EGP の指揮を任されたのはマセッティであった。マセッティは国営通信プレンサ・ラティーナの編集局長であったが、人民社会党（PSP）系の職員とのイデオロギー上の対立に加え、キューバ人ジャーナリストから外国人が編集局長であることへの不満もあり、1961年 3 月に退社していた。1961年10月、マセッティはチュニジアの首都チュニスに行き、フランスからの独立を目指してフランス軍を相手に戦っていたアルジェリア民族解放戦線（FLN）の亡命代表部を訪ねて、同戦線への支援を申し出るフィデル・カストロのベン・ベラ Mohamed Ahmed Ben Bella（1918 ～ 2012）暫定首相宛ての親書を渡した。キューバは、同年 4 月のヒロン湾侵攻の際、撃破した反革命侵攻軍から押収していた大量の米国製武器類を貨物船でモロッコのカサブランカに運び、1962年 1 月にそれを陸路アルジェリア国境に届け FLN に引き渡した。貨物船は、FLN の負傷兵78人と戦争孤児20人をキューバに連れ帰った。同年 7 月 3 日、アルジェリアは独立を達成した。

　ベン・ベラは、同年10月にミサイル危機最中のキューバを訪問して、武器供与に謝意を表し、ゲバラにマセッティらゲリラ要員のアルジェリア入りを許可し

た。同年11月、マセッティはキューバを離れ、プラハに滞在した後、1963年1月
4日にアルジェ入りし、軍事訓練を受けた。1963年3月、アルジェリアを訪問し
たゲバラはアルジェでゲリラ戦開始のため、アルゼンチンに向かうマセッティと
最終的な協議を行った。同年6月半ば、マセッティらのEGP要員はアルジェリ
アの外交旅券でボリビアに入国し、南部でアベラルド・コロメーやマルティネ
ス・タマヨらに護衛されて、アルゼンチン北部のサルタ州に潜入した。同年6月
21日、ボリビア国境地帯でマセッティ以下5人によりEGPが活動を開始した。
キューバ人士官のエルメス・ペーニャ大尉とアルベルト・カステリャノス上級中
尉の支援を受けていた。EGPの活動に対して、アルゼンチンの憲兵隊が同年年
末までにEGPの存在を把握し、サルタ州で鎮圧に出動した結果、1964年4月ま
でにEGPの活動はほぼ鎮圧された。4月18日にEGPは憲兵隊部隊の待ち伏せ攻
撃に遭い、数人が殺され、14人が逮捕されて拷問を受けた。マセッティは丘陵地
帯に逃亡したものの行方不明となり、ペーニャ大尉は戦死し、カステリャノス上
級中尉は身柄を拘束された。

　EGPの敗因については、①戦闘要員があまりに少なすぎ、アルゼンチン国内
での支援網、補給網、連絡網も十分でなかった、②スペインに亡命中であったペ
ロン元大統領の支持も、アルゼンチン国内のペロン派の支持も得ていなかった
等の諸点が指摘しうる。「アルゼンチン計画」は中止となり、他方ペルーは強権
的な抑圧のもとに置かれ、MIRのゲリラ運動の運命も定かではなかった。明ら
かにゲバラの第1次「アンデス計画」は崩壊していた。ラテンアメリカの他の地
域でも武装闘争の状況は芳しくなかった。ベネズエラのゲリラは政治的な失敗に
陥っていた。ブラジルとボリビアではクーデターが起きていた。コロンビアのマ
ルケタリアの農業革命は孤立していた。こうして、「アンデス計画」は一時的に
道が閉ざされた。

（5）「コンゴ・ミッション」

　1964年11月4日、ゲバラはソ連訪問に出発した。ハバナの空港ではラウル・
カストロ Raúl Castro Ruz（1931〜）革命軍相、ラウル・ロア Raúl Roa García
（1907〜1982）外相、エミリオ・アラゴネス Emilio Aragónes（1918〜2007）
統一社会主義革命党（PURS）組織部長が見送った。ゲバラはソ連に2週間滞在
し、ロシア革命記念日にはモスクワの「赤の広場」でブレジネフ首相の傍らに立
ち、軍隊行進を観閲した。ブレジネフ首相と会談したゲバラは、ブレジネフが米
ソ平和共存下での「分割」と「社会主義陣営内での分業」という秩序を重んじる
人物であることを確認した。11月下旬にゲバラは帰国した。

　その後、ゲバラは訪米し、12月11日、国連で演説した。演説は、キューバ革命と、米国やラテンアメリカの独裁政権との関係を総括したものだった。これはゲバラにとっても彼の世界観を最もよく表現した演説であり、また、1960年代の革命的左翼の世界戦略に関する最良の表現の一つだった。

　ゲバラは、変革の嵐があらゆるところに吹きはじめていると述べた後で、「特に米帝国主義は平和共存というものを、地球上の大国間に限定されるものだと信じさせようとしてきた」と非難した。そしてさらに、カンボジアへの侵略、ベトナム爆撃、トルコによるキプロス圧迫、パナマ侵略、プエルトリコのペドロ・アルビス・カンポス Pedro Albizu Campos（1892～1965）の投獄、ガイアナ独立を遅らせるための策略、南アフリカのアパルトヘイト、コンゴへの新植民地主義的介入などについて、半ば寓意的フレーズを使って演説のかなりの部分を割き、「世界のすべての自由な人間はコンゴの犯罪に報復すべく準備しなければならない」と述べ、さらに総会の中心的課題の一つであった核兵器廃絶の要求に賛成を表明した後、キューバに対する最近の侵略と米国による医薬品の禁輸について批判した。ゲバラはカリブ海平和計画を提案した。そのなかにはグアンタナモ米軍基地の撤去、米国からの妨害工作のための飛行や攻撃や侵入の中止、経済封鎖の停止が含まれていた。米国からの脅威がいかに大規模であるかを示すために、1964年中にはグアンタナモ基地からのさまざまな挑発行為が1323回に達したことを公表した。

　ゲバラはまた、米国によるラテンアメリカの独裁への支援、ベネズエラ、コロンビア、グアテマラのゲリラ鎮圧活動への直接介入を指摘した。ゲバラの挑戦とその警告は平和共存とはほど遠いものであった。「われわれの模範はアメリカ大陸で実を結ぶだろう」と述べた［『ゲバラ選集第4巻』1969：118-134］。

　ゲバラの演説に対し、アルダイ・スティーブン米国代表は独断的演説をもって応え、コスタリカ、ニカラグア、パナマ、ベネズエラ、コロンビアの代表がゲバラを非難した。

　数時間後、反対演説の権利を行使するため、ゲバラはふたたび演壇に登った。ゲバラが論客としての本領を発揮し、各国代表の怒りに油を注いだのはこのときである。コスタリカ代表に対しては、アルティメにより指揮された反キューバ基地が存在し、そこからはウイスキーの密輸も行われていることを指摘した［前掲書：135-146］。

　彼の演説に応えるように、12月16日に米国は対外援助法の修正案を採決した。米国の援助を受ける国にキューバ封鎖への協力を求めたものである。翌17日、ゲバラはニューヨークを発ちアルジェリアに向かった。ゲバラは12月17日から翌

1965年2月初めまでの間に、セルケラ駐アルジェリア大使同伴でアルジェリア、マリ、旧仏領コンゴ、ギニア、ガーナ、タンザニア、エジプトを歴訪した。その目的はアフリカ社会主義共和国連合（URSA）を結成することにあった。

　アルジェリアではベン・ベラ大統領と会見してラテンアメリカ出身の戦闘員志願者のアルジェリアでの訓練と武器の供与を要請、武器は用心のためソ連・中国製武器ではなく押収した米国製武器を提供するよう要請した。アルジェでは、アフリカ革命の象徴的人物の一人、フランツ・ファノン Fantz Fanon（1925～1961）の未亡人であるフランス人ジャーナリストのジョウシ・ファノン Josie Fanon（1930～1989）と会った。その後、ゲバラは全速力でアフリカ大陸を動き回り、進歩的傾向の独立運動指導者と会見し、解放運動の指導者と議論し、学生やジャーナリスと話し合い、ゲリラの訓練基地やダム、動物の保護区や自然公園、新しい工場を訪れた。空港から空港へと飛び回り、反植民地運動の中心を占める国々の大統領と会談を行った。

　まず12月26日にはマリに到着、翌65年1月2日には旧仏領コンゴのブラザビルを訪問し、マセンバ・デバ Alphones Massemba-Débat（1921～1977）大統領宛ての外交関係樹立を求めるフィデル・カストロの親書を手交した。ブラザビルでは同地に滞在していたアンゴラ解放人民運動（MPLA）のアゴスティニョ・ネト Agostinho Neo（1922～1979）と会見し、フィデルの指示に従い、成立したばかりのMPLAに対するキューバのゲリラ運動指導者による援助を申し出た。アンゴラのゲリラ戦士、ルシキ・ララに署名入りの『ゲリラ戦争』を進呈した。

　1月7日にはギニアの首都コナクリを訪問してセク・トーレ Sekou Touré（1922～1984）大統領と会見した他、ギニア・ビザウのアミルカル・カブラル Amílcar Lopes Cabral（1924～1973）ギニア・カボベルデ独立アフリカ党（PAIGC）議長と会談、またセク・トーレ大統領とともにセネガル国境地帯まで赴いてセネガルのサンゴール Léopold Sédar Senghor（1906～2001）大統領を含めて3者会談を行った。その後ガーナに到着してエンクルマ Kwane Nkrumah（1907～1972）首相と会見した。

　7日後、ダオメに着いた。ゲバラ特有のスピードと集中ぶりでアフリカの地を精力的に動き回った。1月24日にはアルジェを再訪した。さらに、この後に中国を訪問した。中国には2月2日から5日まで滞在した。

　中国訪問にはオスマニ・シエンフエゴス Osmany Cienfuegos Gorriarán（1931～、当時建設大臣）とエミリオ・アラゴネス PURS組織部長が同行していた。アラゴネスは、1962年10月に発生したミサイル危機に際してソ連側との交渉に参加した人物である。この訪中時にゲバラ等が会見したのは周恩来と劉少奇だけで

あった。毛沢東は会見を拒否したと言われる。その背景には中ソ対立があったようである。ゲバラの訪中の目的は中ソ論争に対するキューバの立場を説明することにあった。毛沢東がゲバラとの会見を拒否した理由として、ソ連が1965年3月1日にモスクワにおいて中国共産党を排除した形で国際共産党会議の開催を予定しており、中国はこの会議にキューバが出席することに不快感を有していたことがあったと推測される。周恩来との会見においては、1964年12月にフィデル・カストロがラテンアメリカ共産党会議を招集したが、その際キューバ代表団が中ソ論争にたいする中立の立場を放棄し、ソ連側についたと非難する中国側の主張に耳を傾けた。中ソ論争では対ソ批判において心情的には中国の立場に近かったゲバラにとっては、中ソの社会主義諸国は途上国の解放のために結束すべきであり、双方にコンゴでの協力を求めることに主な関心があった。ゲバラは周恩来に対し、コンゴでEPLとともに戦う決意を伝え、事前の了解を得た。なお、上記のラテンアメリカ共産党会議においては、ベネズエラ、コロンビア、グアテマラ、ホンジュラス、パラグアイ、ハイチでの武装闘争への支持が承認された（ボリビアは含まれていなかった）。この会議でのキューバによる各国の武闘闘争に対する支持問題が、ラテンアメリカにおける親ソ派共産党と親中派分派組織の間の抗争を激化させるなど複雑な状況を生み出す結果をもたらすことになる。

　中国訪問後、ゲバラは2月11日にはタンザニアを訪問しニエレレ Julius Nyerere（1922〜1995）大統領と会見した他、ダルエスサラームでコンゴの旧ルムンバ派勢力であるガストン・スミアロ Gaston Soumialot やローレン・カビラ Lauren-Désiré Kabila（1939〜2001）と個別に会見してコンゴにおける解放闘争について協議した。タンザニアではセルケラ駐アルジェリア大使、リバルタ駐タンザニア大使の他、ギタルト大使のキューバのアフリカ問題担当の3大使と会合して、キューバの対アフリカ外交のあり方について協議している。その後2月19日にゲバラはリバルタ大使が同行してエジプトを訪問し、ナセル Gamal Abdel Nasser（1918〜1970）大統領と会見した。

　エジプトの後、ゲバラは第2回アジア・アフリカ経済セミナーに参加するためアルジェリアに3度目の訪問をした。2月24日に行われた演説は大きな論争をもたらした。社会主義陣営内にも緊張を引き起こした。民族解放闘争の費用は社会主義諸国が支払わねばならないと述べたためである。ゲバラは次のように述べた。

　「現在解放への道を歩み始めた国の発展は、社会主義国によって負担されねばならない。こうわれわれが言うのは、決して脅迫や大向こうの喝采を目当てにしたものでもない。まして、全体としてのアジア・アフリカ人民の近似性を安易に

求めるためでもない。それは、深い確信に根ざしている。意識の変革がなされ、人類に新しい兄弟的な態度が示されないかぎり、社会主義は存在しえない。その態度は、社会主義が建設されるかあるいは建設されている社会における個人的な性格のものであろうと、帝国主義の抑圧に悩む全人民にかかわる世界的な性格のものであろうと、同じものである。

　われわれは、この精神に基づいて、まだひとり立ちできない諸国を援助する義務に取り組むべきである、と信ずる。そして、価値法則とその産物である不平等な国際交易関係が後進諸国に押しつけている価格で互恵貿易を促進することなどを、これ以上語るべきではない。(中略)

　二つの国家間で、こうした関係ができあがるなら、社会主義諸国といえども、見方によっては、帝国主義的搾取の共犯者とされても仕方ないだろう。これら社会主義国の対外貿易にとって、低開発国との取引高はとるに足らないものである、との反論も成り立つかもしれない。それは事実である。が、取引の不道徳性をぬぐい去ることはできない」[『ゲバラ選集第4巻』1969：163-164]。

　だが、それだけにとどまらなかった。さらにゲバラは述べた。

　「われわれの世界で、武器は商品ではない。共通の敵を撃つため、武器を必要としている人民には、必要なだけ、またできるだけ多くの武器を無償で供与すべきである。(中略)ベトナムあるいはコンゴに対する北アメリカ帝国主義の忌まわしい攻撃には、これら兄弟諸国が必要としているあらゆる防衛手段を提供し、われわれの全面的な連帯を無条件に与えることによって、対抗しなければならない」[前掲書：169]。

　ゲバラ自身はこの演説に大いに満足したようであり、演説を代表団の同志たちに読ませていた。アフリカの代表の間では大きな反響をもたらしたが、キューバの新聞には全文は掲載されなかった。アルジェではアジア・アフリカの代表や、ホルヘ・セルゲーラ大使、ベン・ベラ大統領との会合が続いた。ゲバラはコンゴのゲリラ勢力との協力について語った。

　3月2日には再びカイロを訪れた。エジプトではナセル大統領と長い間、話し合った。このとき、コンゴにいき、闘いに加わることを考えている、と告白している。ナセル大統領はゲバラが白人であることから、現地で受け入れられるかは疑問であると忠告したと言われる。ナセル大統領はゲバラに、コンゴ行きを忘れるように、成功はしない、あなたは白人であり、すぐにわかってしまう、と忠告した。

　ゲバラは、1961年1月17日にパトリシオ・ルムンバ Patrice Emery Lumumba (1925 ～ 1961) が暗殺された旧ベルギー領コンゴに最も革命的な情勢が存在する

し、上記の各国大統領からもキューバに対する支援要請が行なわれていたことも考慮し、1965年3月15日のキューバ帰国後、コンゴにゲリラ指導者としてではなく、近代的兵器の使用を教えるキューバ人顧問団のチーフとして渡航することになる。

コンゴでは、1958年、パトゥリス・ルムンバ Patrice Emery Lumunba（1925～1961）の「コンゴ民族運動（MNC）」と政敵であるジョセフ・カサヴブ Joseph Kasa-Vubu（1910～1969）の「コンゴ人同盟」が独立闘争を開始した。1960年5月の国会議員選挙でルムンバ派が圧勝、6月30日にレオポルドビル（現キンシャサ）を首都とする「コンゴ共和国」として独立した。旧宗主国のベルギーが任命したカサヴブ大統領、選挙で選ばれたルムンバ首相の政府が発足、実権はルムンバ首相にあった。ところが、ルムンバを敵視する親ベルギー派のモイゼ・チョンベ Moïse Kapenda Tshombe（1919～1969）はCIAの支援を得て、最も資源豊かな東南部のカタンガ州の首相に収まりコンゴからの独立を宣言、チョンベを支持するベルギー軍は資源確保の目的で同州に駐留した。ここに、「コンゴ動乱」が始まった。

ルムンバはソ連にカタンガ州奪還への支援を求めた。陸軍参謀長ジョゼフ＝デジレ・モブツ Joseph-Désiré Mobutu（1930～1997）はルムンバを1960年12月に逮捕し、翌1961年1月チョンベに引き渡し、チョンベはCIAの意向を受けて同年2月カタンガ州内でルムンバを殺害した。チョンベの下には南アフリカ人、南ローデシア人、ベルギー人、亡命キューバ人ら外国人1000が傭兵として雇われていた。

1965年初めの時点でカタンガ州では、ガストン・スミアロ、ローラン・カビラの率いるルムンバ派の解放人民軍（EPL）がチョンベ軍と戦っていた。ゲバラはこのような複雑極まりない状況にあったコンゴに乗り込んでいった。ゲバラはスミアロやカビラのEPLを支援して彼らの敵であるチョンベ軍、およびその背後にいるCIAとも間接的な戦いを挑むことになった。

CIAはゲバラのアフリカ旅行に注目していた。しかしまだ、ゲバラのコンゴに対する関心については察知していなかった。CIAは、ゲバラと解放勢力との間の合意についてはゲバラのアフリカ歴訪時には把握できていなかったようである。1ヶ月後の情報メモにも次のように記されていた。「アフリカに対するキューバの武器輸送は、1963年のアルジェリア向けを除いては確認できない」。

ほぼ同時期に、コンゴのチョンベ首相はロンドンで米国の使節と会っていた。米国使節は、米国としては援助したいところだが、チョンベの指揮下で南アフリカとローデシアの白人傭兵と軍人が活動しているので難しい、と説明した。チョ

ンベは傭兵らとの契約が終了したら、撤退させることを認めた。このときの会合では、米国の援助と引き換えに、セネガル人とナイジェリア人、さらにはフランス軍を退役したトーゴの兵隊も含めて徴募する可能性について議論された。

リバルタ大使は後にゲバラのタンザニア訪問について語っている。「彼（ゲバラ）はダルエスサラームの宮殿で行われたレセプションでニエレレ大統領と接触した。2人はタンザニア支援について話していた。このときには小さな織物工場のほか、主として医師や技師などのちょっとした援助についても約束が交わされた。これがまったく非公式の訪問で行われたのだ。訪問について事前に何も知らされていなかった。ゲバラはまた、解放運動への支援についても話した。ニエレレ大統領は同意した」。

しかし、もっとも重要な会見はニエレレ大統領とではなく、アフリカの革命的武装グループ、とくにタンザニアに後方基地を置いていたルムンバ派コンゴ人とのものであった。ダルエスサラームには、「フリーダム・ファイターズ」がかなり住んでいたが、大部分はホテルで快適に暮らしており、それを自慢していた。こうした生活そのものがときには実入りのよい仕事になっていることがあった。ほとんどの場合、快適な仕事だ。そんななかで会見が次々と行われた。ほとんどすべての会合の中心的議題は、キューバでの軍事訓練と金銭的援助の申し入れだった。

コンゴの活動家のグループと知り合って、最初に会った瞬間からコンゴ革命の指導者グループにはかなり多くの傾向や意見があることがわかった。まず、カビラとその首脳部と接触した。いい印象を受けた。内陸部からやってきたと言っていた。キゴマかららしい（タンガニカ湖周辺のタンザニア国境地帯の村で、いつもこの湖を通ってコンゴに渡っていた）。カビラの立場ははっきりしていた。グベニエやカウザと立場が異なること、スマリオともほとんど合意ができていないことをにおわせた。カビラは、コンゴ（革命）政府と呼べるものはない、闘争の創始者であるムレレとも相談がなされていない。コンゴ北部政府の長という肩書を使えるのは大統領だけだ、と主張した。

ゲバラはコンゴ側に、最初はカビラに、後にスマリオにたいし、訓練はコンゴで行うべきであると提案した。リバルタは語る。「これは会合に出席していた大多数の受け入れるとことではなかった。彼らが望んでいたのはコンゴから出ることだったからだ。コンゴに入ることではなかったのだ」。ゲバラは30人の教官の派遣を提案する。この数は後に130人にまで増える。リバルタは回想する。「コンゴの武装闘争を支援するこのキューバ人グループについてゲバラと話をした。私はビクトル・ドレケにその指揮をまかせようと考え、提案した。彼は黒人だから

だ。また、私たちはドレケのエスカンブライにおける戦いぶりも知っていた。その後でエフィヘニオ・アメイヘイラスのことを考えた。彼はすでにアルジェリアにいて、ゲバラもシエラ・マエストラ時代の彼について、その勇気や決断力について知っている。そこでゲバラにこの二人の人物を提案し、さらに自分自身も加えた」。キューバ人の派遣について、ゲバラは自分が提案したのではなく、フィデル・カストロの提案に従って行ったのであると主張した。コンゴの解放運動指導者たちは以前からフィデル・カストロに支援を求めていた。ニエレレ大統領との会談も、またコンゴのブラザビルにおけるマセンバ・デバ大統領との会談もそのためのものであり、援助と国境外の支援地を求めたものであった。

　アフリカ諸国歴訪の旅行中、ゲバラは論文執筆のためにノートをつくっていた。この論文はその後にウルグアイの『マルチャ』誌に発表された、前出の「キューバにおける社会主義と人間」であった。

　3月13日、アフリカの旅は終わり、ゲバラはプラハにいた。飛行機がシャノンで動かなくなったため、2日間、そこにとどまっていた。ゲベラはパリから同じ飛行機に乗っていた詩人のフェルナンデス・レタマル Roberto Fernández Retamar（1930〜2019）と長い間、話をした。二人はフランツ・ファノンについて語り合った。この旅行中にファノンの本を再評価していたため、ゲバラはレタマルに出版を勧めた。また二人はフランスの知識人であるレジス・ドブレ Régis Debray（1940〜）が最近「レ・タン・モデルヌ」に発表した著作「カストロ主義、ラテンアメリカの長征」についても議論した。レタマルはパリでドブレに会ってきたところだった。バリオ・ラティーナのドブレの家にはたった一枚だけ写真があった。ドブレ自身が撮ったゲバラの写真だ。2人はまた、「ゲリラ戦争」の再版について話した。ゲバラは反対だった。経験や、序文を入れて書き直したかったのだ。

　3月14日、ゲバラはプラハ経由で帰国した。ランチョ・ボイエロ空港には妻のアレイダの他、フィデル・カストロ、ドルティコス大統領、カルロス・ラファエル・ロドリゲス等が出迎えた。フィデル・カストロはゲバラをコヒマルの宿舎に案内して、二人で話し合った。

　カルロス・フランキは後年、このときにゲバラはフィデル・カストロに、規律の欠如、すなわちアルジェ演説でキューバ人とソ連人を対立させたことについて非難されたと記している。また、後にリカルド・ロホがグスタボ・ロカから側聞したところとして、二人は40時間にわたって激論を交わしたらしいと述べている。議論の内容はゲバラがソ連批判を行った「アルジェ演説」、アフリカ・ミッションの実施の可否、「ラテンアメリカ計画」全体の進捗状況、特に「アンデス

計画」の中断などが議論されたと推測される。

　この一連の長い会談で何が話されたのか。ゲバラが新たな革命の冒険に乗り出すという決意をしたこと、その決意が固かったということは明らかなようだ。マセッティの人民ゲリラ軍（EGP）ゲリラの失敗、アルゼンチンの政治情勢の変化、すなわち、独裁から民政への転換、ペルーにおけるゲリラ運動の後退など、ラテンアメリカにおける道は当面閉ざされたように見えた。ナセル大統領との最後の話し合いはともかく、自分がアフリカに行くことは反帝国主義的な国際戦略に基づく URSA の実現に向けて決定的意味を持ちうると考えていたのだろう。

　フィデル・カストロとの長い話し合いについては、フィデル・カストロ自身が数年後に手短に語っている。「私はゲバラに、ラテンアメリカで仕事をはじめるには時というものがある。待たなければならないと言った」と述べたと語っている。しかし、ゲバラは出かけたいと主張した。フィデル・カストロは最終的には、ゲバラのコンゴ行きを、「アンデス計画」の再活性化までの「時間稼ぎ」として容認したようである［Piñeiro2006：61］。

　フィデル・カストロはゲバラを止めることができなかった。ゲバラは当時、明らかに昔の、メキシコ亡命時代にフィデル・カストロと交わした約束を持ち出した。「メキシコでわれわれに加わったとき、ゲバラは一つだけ問題を提起した。『望みはただ一つ、革命が勝利した後にアルゼンチンへ闘いにいきたいと私が思ったときには、その可能性を制限しないでほしい、国の論理でそれを阻止しないでほしい、ということだ』という約束である。

　チェの頭にあったのは、ルムンバの闘いを継承し、「アフリカのベトナム」をつくり出すためにコンゴへいくという考えであった。このような考えを確認するにあたり、果たしてフィデル・カストロの助言はあったのか。当時、PURS の組織部長であり、遠征隊の編成に協力したエミリオ・アラゴネスはそのように考えている。ゲバラとともにコンゴに行ったビクトル・ドレケ Víctor Emilio Dreke（1937〜）もそれを確認している。ドレケは後に語っている。「アルゼンチンで闘うという最初の考えをやめて、そうしたのだ」。フィデル・カストロは何等十分な組織的準備もできていないのに「アンデス計画」を勧めたいと逸るゲバラを抑えるためにアフリカ行きを認めた。フィデル・カストロは、「われわれは彼を、現ザイールの革命勢力を支援するグループの責任者にした」と述べている。また、別の演説ではこう発言している。「ゲリラの経験を豊かにするべく別の仕事が与えられた」。

　1ヶ月後、ゲバラは、コンゴ・ミッションの副官ビクトル・ドレケと駐タンザニア大使のパブロ・リバルタ Pablo Ribalta Pérez（1925〜2005）を交えた話し

合いで、「アフリカに入るときだ」という主張の基本的理由を明らかにしている。ドレケは述べている。「なぜ、コンゴへ行くのか。なぜアンゴラやモザンビークやギニアではないのか。なぜならば、客観的条件がコンゴにあると思われたからだ。少し前にはスタンレービルで虐殺が起きていた。ポルトガル植民地の情勢はこれと異なり、いまだに闘いは萌芽の状態にあった。コンゴには２つの特徴があった。ブラザビルからわれわれに援助の要請があったことと、旧ベルギー領コンゴにはゲリラによって解放された広大な地域が存在し、かつ中国とソ連の十分な武器援助があったことである。しかも、地理的条件もよい」。さらにリバルタは指摘する。「コンゴにおける解放運動組織の闘い、訓練、活動はあらゆるアフリカ諸国を革命化するための起爆剤となる。コンゴにおける解放運動組織の闘い、訓練、活動はあらゆる諸国に、基本的には南アフリカに役立つ」。

　ドレケは、ゲバラの意図が国際戦略に基づくものであったことを述べている。「先のアフリカ諸国歴訪があったから、ゲバラは自らこの計画に参加したのだと思う。それは、アルゼンチンへ行って闘うという、彼本来の計画に反することだった。ルムンバの暗殺、コンゴの一般的情況、これらがゲバラにこのゲリラ戦を思いつかせたのだ。これには二重の展望があった。ラテンアメリカでの戦いに向けての人員を訓練すること、そして、コンゴに第３の拠点（ベトナムとラテンアメリカに次いでアフリカの）をつくることだった」[TaiboII 1999：84-85]「また、コンゴには特に２つの事情があった。ブラザビルからわれわれに支援要請が来ていたことと、そして元のベルギー領コンゴにはゲリラによって解放された地域が広くあり、中国とソ連の武器弾薬がかなり入っていたことだ。しかも、地理的に有利な条件を備えていた」[前掲書：85]。

　いずれにせよ、決定はただちに行われた。３月16日、帰国からわずか２日後に、ゲバラはグスタボ・ロホに母親のセリアに宛てた手紙を託しているのだ。ロホの話では、手紙にはキューバの革命指導部の地位を捨て、砂糖きび刈りで30日間を過ごし、その後にどのように機能しているかを内部から知るために５年間工場で働くつもりであると記されていた。セリアにこの手紙が届いたのはようやく１ヶ月後のことである。

　同じく16日に、フェルナンデス・レタマルは、シャノンでゲバラに貸した詩集を返してもらうために工業省の彼の執務室を訪れた。大臣秘書のホセ・マヌエル・マンレサ José Manuel Manresa が応対し、コピーしてから返したいとそっと告げた。どれを、とレタマルは尋ねた。ネルーダの『フェアウェル』だった。

　３月末になるとゲバラは友人たちに、不可解な態度を見せた。公的な会合は一度だけだった。しかし、ラウル・マルドナド Raúl Maldonado など協力者とは

何度か会っていた。マルドナドは親中派であるとみなされていたために、ちょうど、貿易相を辞任するよう求められていたときだった。ゲバラは言った、「革命家とは絶対に辞めないものだ。私は辞めなかった。異動させられた」。

　3月22日、ゲバラは工業省の運営委員会を開き、しばらくカマグエイに砂糖きび刈りにいくので留守にすると告げた。何人かの幹部が懸念を表明したが、ゲバラは安心させた。ここには有能な幹部がいるし、工業省の機能に問題はない、と。会議は午前11時半に終わった。この日、ゲバラは工業省でアフリカ旅行に関する講演を行った。話は主にキューバの日常生活に見られるアフリカの影響、絵画、音楽、習慣についてであった。

　工業省の若い幹部の一人ミゲル・アレハンドロ・フィゲラス Miguel Alexandro Figueras は3月25日から26日にかけての夜にゲバラと会った。「『ヌエストラ・インドゥストリア・エコノミカ』誌の最新号について話すためだった。ゲバラは、コンゴで帝国主義者がやっていたことに非常に心を痛め、チェコやソ連が解放運動組織に武器を売っていることを嘆いていた。『これはまったく社会主義ではない。贈与すべきだ』と述べた。「アルジェ演説」にも通じるゲバラの持論である。

　作戦に関する協議は PURS 組織部長のエミリオ・アラゴネスの事務所で、ピニェイロ・チームの支援を得て行われた。訓練中のグループについて分析した。誰を連れていくか。どのようにしていくか。武器は、変装は、カムフラージュは。アラゴネスは自分も行くと言ったが、ゲバラはそれを制した。アラゴネスの希望は受け入れられなかった。

　ビクトル・ドレケはコンゴ・ミッショに従事するキューバ人の黒人部隊の指揮官に選ばれていた。3月28日か29日のことだった。彼が訓練キャンプにいくと、指揮にあたっていたオスマン・シエンフエゴスが、「ラモン」という新しい隊長が遠征隊の責任者となる、君は副官である、と伝えた。その日の午後、エル・ランギートという新しい場所の隠れ家でホセ・マリア・マルティネス・タマヨと会った。キューバ内戦当時からのゲバラの側近であり、ラテンアメリカ革命支援でもゲバラに協力し、マセッティのアルゼンチン潜行ゲリラ活動にも支援を提供した経験のある人物であった（後に「ボリビア・ミッション」に参加して、ボリビアで戦死）。

　ゲバラはすぐに出発すると言った。ゲバラは使命について語った。コンゴだった。ドレケはキャンプに戻らずに、隠れ屋に残った。そこにはゲバラのほかに側近のコエーリョとマルティネス・タマヨがいた。次の日もゲバラは文章を書き続けていた。3月31日の夜、フィデル・カストロがオスマニ・シエンフエゴスとと

もに現れた。フィデルとゲバラは話をしに外に出た。ゲバラはそれまでで書いていた書類を彼に渡した。「別れの手紙」だった。

「フィデル。いまわたしにはたくさんのことが思い出される。マリア・アントニアの家で君に会った時のこと。わたしをキューバにくるように誘ってくれたときのこと、準備をすすめたときの張りつめた気持ちなどが。ある日、自分が死んだらだれに知らせたらよういかと、ひとりひとりきいてまわったことがあった。そこで、そうした現実の可能性に全員うちのめされたことがあった。その後、われわれは革命において確かなことは、それが真の革命であれば、勝利か死かであることを悟ったのである。多くの同志が勝利への道中で倒れてしまった。」[『ゲバラ選集第４巻』1969：190]

フィデル・カストロはゲバラが渡した手紙を読んだ。２人はいつも感情を殺していたが、このときには難しかったようだ。ドレケやマルティネス・タマヨなどの同志が数メートル先で見ていた。別れのとき、フィデルは彼らに、「チェ」をよろしく頼む、「慎重にしてくれ、ゲバラを守ってくれ」と言った。

ゲバラは次の日、隠れ家から出発した。1965年４月２日、オスマニ・シエンフエゴスは運転手としてごく普通の３人の旅行客をハバナの空港へ運んだ。その一人、ビクトル・ドレケはロベルト・スアレスというパスポートを持っていた。マルティネス・タマヨはリカルド、ゲバラはラモンという名であった。

車内では冗談ばかり言っていた。夜が明けた。３人は飛行機に乗った。ゲバラが真ん中に座り、静かに本を読んでいた。モスクワ、カイロ等各地の空港に立ち寄ったために旅行は18日間かかった。ようやく、４月19日にダルエスサラームに着いた。前回のゲバラの旅行からわずか２ヶ月後、キューバに帰国してから１ヶ月後である。

以下、「コンゴ・ミッション」の具体的経緯に関しては、パコ・イグナシオ・タイボⅡの『エルネスト・チェ・ゲバラ伝』の記述を検証しながら要約していく。

４月19日、ダルエスサラームの空港ではリバルタ駐タンザニア大使が待っていた。リバルタは特別な任務を帯びたキューバ人グループが到着するという暗号の電信を受け取っていた。リバルタは回想する。「飛行機が着いたときには空港にいた。最初はドレケが、次にマルティネス・タマヨが降りて来た。その後に見たことのある人間が降りてきた。白人だった。中年の、眼鏡をかけた、ちょっと太った男だった。人間が地下に潜ったときのことを考えてみた。ドレケとマルティネス・タマヨのエスコートのためにきた人間ではないかと思った。さらに見つめた。もう一度見た。あの目は間違いないと思ったからだ。彼の目だ。ここの

部分、眼の上は間違いない。近くにいてよく知っていたからだ。なんてことだ。彼だ。しかし、まさか。まだ誰であるかははっきりしなかった。」

　「ラモン」だと紹介された。しかし、ゲバラは冗談を言って楽しみ、戸惑わせる誘惑を楽しんでいた。一行はダルエルサラームのホテルに投宿した後、安全のために郊外の、一軒の家に移った。すぐにピナル・デル・リオで訓練を受けていた戦闘員たちが到着し始めた。ハバナではフィデル・カストロ自らが戦闘員たちの見送りをした。「コンゴに着いたら諸君を指揮する者がいる。僕のような人間だ」と言った。

　第一グループにドクトル・セルケラとトーレスとピチャルドがいた。エスカンブライの反革命集団掃討のベテランである。ゲバラの部隊の志願兵は黒人だった。ゲバラがタンザニアに入ったとき、コンゴ解放運動の指導者たちはちょうど、カイロで会議を開いていた。この会議は少なくとも２週間続く予定だった。ゲバラは不安になった。遅れてしまう。「ここで闘うという僕の決意はいかなるコンゴ人にも伝えていなかった。僕がここにいるということもそうだ。カビラとの最初の話し合いのときにもそれを伝えることはできなかった。まだ何も決まっていなかったからだ。計画が承諾された後も、目的地に僕が着くまでは計画を知らせるのは危険だった。拒否されれば、僕が危険な状況に陥ることは否定できない。もう、戻ることはできないからだ。しかしまた、彼らには拒否することも難しいのではないかと計算していた。現に来てしまっているからだ」。

　キューバ人グループは、当時タンザニアにいたコンゴ代表のトップ、アントワーヌ・ゴデフロア・チャマレソ Antoine Godefroi Chamaleso と接触した。次席クラスの幹部も加え、彼と議論した。ドレケは後に、「ゲバラがスペイン語からフランス語に訳していたので、私に通訳しているふりをしながら、自分が言いたいことを相手に伝えていた。おかしかった。チェは通訳の途中で、突然、私に"こういうふうに言えよ"と指示した」と語った。

　ゲバラとドレケがコンゴ側に伝えたのは、顧問を、という要請に応え大砲と迫撃砲の教官を派遣するが、彼らはコンゴ側の指示に従う、同じ条件で生活し、戦闘にも加わるということであった。この考えは多くのコンゴ人には気に入らなかったようである。彼らは一方では大規模な軍隊の形成や、いくつかの戦線の開設、攻勢への転換を口にしていた。ゲバラとドレケには、コンゴ側の解放勢力は統一されておらず、部族主義の影響で対立があるように思えた。さらに悪いことに、タンザニア国境地帯、すなわちタンガニカ湖戦線の隊長たちはほとんどすべて国外にいた。

　チャマレソは自分の責任でドレケが提案した30人の教官を受け入れた。さら

に、その数を130人まで増やすことに同意した。しかし、常にコンゴ側の指揮下に置かれることになった。代表を一人カイロに送り、カビラにキューバ人の到着を知らせることになった。ゲバラは正体を明かさなかった。「関心のあるのはコンゴの闘いであり、僕が名乗り出ることであまりにも激しい反応が起き、コンゴ人の一部や友邦政府が紛争に関わらないよう求めてくるかもしれないからだ」と述べていた。ゲバラの行動は、ドレケによれば、「大変大胆だった。会談でも武装闘争の状況について正確なデータがないと言っていた。ほかのことは現場で学ぼう」と。

　4月20日頃、ゲバラはダルエスサラームの郊外にいたグループに合流した。初めはコンゴにキューバ人部隊全体が入ることが考えられた。100人以上の部隊である。しかし、作戦が発覚した場合、チョンベ軍と傭兵部隊がタンガニカ湖ルートを閉鎖する可能性があるためキューバ人部隊は待機していたが、できるだけ早くコンゴに入ることを望んだ。そのため、リバルタがタンガニカ湖を渡るためボートを一隻入手した。ゲバラが最後の指示を与えた。4人のキューバ人戦闘員をダルエルサラームに残して、新たなグループの到着を待たせた。

　4月23日、ゲバラに率いられて、4輪駆動車両2台に乗った最初のキューバ人戦闘員14人のグループがタンザニア政府職員1人に伴われて出発した。ボートは軽トラックで運ばれた。夜になり、コンゴへの侵入拠点となるキゴマに到着した。そこからコンゴのキバンバまでボートで渡った。ベルギー人の傭兵がパトロールしているので、湖岸沿いに進んで、朝の5時か6時頃にコンゴ領に上陸した。こうして、ゲバラとキューバ人部隊の第一陣がコンゴの解放人民軍（APL）の野営地に到着し、コンゴでの活動を開始した。

　4月末、ゲバラはコンゴ人に初の提案を行なった。100人ほどの戦闘員の訓練の開始である。彼らは1カ月にわたりマルティネス・タマヨの指揮の下に戦闘に参加し、その間に訓練を行う。このようなプロセスを経て、コンゴ人ゲリラの選抜が可能になるはずであった。しかし、コンゴ人側は「司令官が到着しない」との理由で拒んだため、提案は実現されなかった。また、ゲバラは地区の指揮官数人と何度か話し合いを行なった。指揮官たちは指導者と部族主義の対立についてゲバラに説明した。

　5月8日、キバンバの野営地にサンティアゴ・テリーを隊長とする18人のキューバ人と、コンゴ人の指導者レオナール・ミトゥディディが到着した。この第2のキューバ人グループの中にはキューバ革命戦争時に反乱軍中尉として活躍したオクタビオ・デ・ラ・コンセプシノン・デ・ラ・ペドラッハ医師がいた。「モロゴロ」を呼ばれ、ボリビアにもゲバラに同行して戦死することになる人物

である。ミトゥルディディは学生運動の活動家で、解放運動の中堅幹部であり、東部部隊のゲリラの武装を任務としていた。

　5月23日、ゲバラは新しい野営地でチャマレソ、ミトゥディディ、マルティネス・タマヨと話し合った。キューバ人の参加を得てアルベールビルを攻撃するという提案が行なわれた。ドレケが4日間にわたって、ルリンバとフィジの一帯を回り、話は大げさだったことを発見した。1000人のゲリラがいるはずなのに80人しかいなかったり、戦線もずっと戦いが行なわれておらず、やる気が感じられなかった。反乱派がチョンベの部隊に近づこうとしないということもあった。住民は熱狂的に迎えるもの、カビラ、マセンゴ、ミトゥディディに敵意を持っていた。部族以外の者は外国人と同じように拒否されていた。ゲバラが情勢分析した結果、結論は部族主義の影響の及ばないところに訓練基地を置くべきこと、最良の志願兵を連れてくること、キューバ人部隊を分割しないということであった。

　到着後1ケ月後までにキューバ人の間にマラリアが蔓延した。ゲバラ自身も高熱を発して、一度熱が下がったものの、その後ぶり返した。その後、オスマニ・シエンフエゴスがキューバ人グループ17人を連れて現地を訪問した。ゲバラはオスマニ・シエンフエゴスから母親セリア・デ・ラ・セルナが危篤状態に陥ったことを知らされた（母親は5月19日に死亡した）。

　6月15日、アルジェリアのベン・ベラ大統領が軍事クーデターで倒された。そのため、コンゴ作戦に向けられるはずであったキューバからの武器がアルジェリアのオランで止まってしまった。ミトゥディディは優秀な若者だったが、上官の指導者であるカビラの命令がなければ動きがとれなかった。しかもカビラはタンザニアにいてコンゴに入ってこようとしなかった。キバンバ基地を混乱から立ち直せる能力を持った、そのミトゥディディがタンガニカ湖で溺死するという事態も発生した。

　ゲバラはアルベールビルへの攻撃に反対した。それよりもルワンダ人兵士が維持しているフロン・ド・フォルス戦線のフォルス・ベンデラへの攻撃にキューバ人部隊が加わることを提案し、自らも参戦するとカビラに伝えた。しかし、カビラはゲバラの参戦に反対し、ルワンダ人のムンダンディの指揮下に入るべきだと回答した。

　6月19日、ゲバラは部隊を集め、カビラの決定を伝えた。よい作戦とは思えなかった。キューバ人部隊を三分割したくなかった。いわんやゲバラが基地に残ることなど考えられなかった。しかし、拒否すればカビラと対立し、コンゴ作戦が終わってしまう可能性があり、受け入れるほかはなかった。戦闘グループの指揮をドレケに、待伏せ部隊をピチャルド中尉に任せた。ゲバラはカビラに依頼して

政治委員として行くことを承諾させた。

　翌日、ルワンダ人のムンダンディとともにフロン・ド・フォルス戦線について分析した。ここで再度作戦に反対し、もっと重要性の低い砦を攻撃するよう示唆した。しかし、コンゴ側は反対した。ゲバラは作戦に参加する36人のキューバ人の一人ひとりに別れを告げた。

　6月24日、野営地に新たな39人のキューバ人が到着した。キューバ革命戦争の最後の時期の護衛であり、シエラ・マエストラとエスカンブライの同志であったハリー・ビジェガス Harry Villegas（1940〜）とカルロス・コエーリョ Carlos Coello（1940〜1967）がいた。フィデル・カストロがゲバラの安全のために派遣したのだった。

　6月29日午前5時に攻撃が始まったが、傭兵部隊が迫撃砲と機関銃で応戦してくると、ルワンダ人が逃亡し始め、反撃していたのはキューバ人だけだった。戦闘は敗北に終わった。ピチャルド中尉の指揮する第2のグループも不利な地点で戦闘に巻き込まれ、14人のルワンダ人と4人のキューバ人が死んだ。ピチャルド中尉の部隊は背嚢を背負って戦闘に入ってしまったために、政府軍はキューバ人が戦闘に加わっていることを示す日記を発見した。コンゴ人が築いていた武装平和の均衡が破れた。

　6月の総括の中でゲバラは記している。「現段階までの"収支決算"はかなり悪い。われわれが新たな局面を開くかのように思えたまさにその時、ミトゥディディの死があり、霧はさらに濃さを増している。キゴマへの逃走・脱出は続いている。カビラは、機会のあるごとに繰り返し、入国するすると通知してくるが、いまだ実行されていない。すべてにおいて秩序がない。兵を前線に出すという考えは"プラス"だが、"マイナス"なのは、攻撃があまりに無謀だったり、もしくはまったく効果がなく、チョンベ軍を警戒させてしまいかねないという点だ」[TaiboII 1999：170-171]。

　フォルスの戦闘と並行してキューバ人の部隊はもう一つの戦闘を行なっていた。カテンガの戦いである。フォルスト同様か、あるいはさらに厳しい結果に終わった。「攻撃には160人が参加したが、コンゴ兵はルワンダ兵よりも装備はずっと劣っていた。彼らは自動小銃や短距離ロケット砲を持っていたが、急襲も使えなかった。ルワンダ人部隊の隊長であるムンダンディは絶対にその理由を言わなかったが、攻撃命令は一日おいて30日、すなわち、政府軍の飛行機が一帯の上空を飛び、陣地の防御が危険な状態になった時にやっと出された。160人のうち60人が戦闘開始後に逃走した。さらに多くの者が一発も発砲しなかった。コンゴ人は約束した時間に兵営に向けて発砲した。しかし、ほとんど空に向けて撃ってい

た。弾がなくなるまでそのまま引き金を引いていた。これに応え、政府軍は60ミ
リの迫撃砲を正確に発射してきたため、数人の損失が出た。そして、一瞬にして
四散した。

　この二つの戦闘の結果、現地の部隊の士気は大いに低下した。ゲバラの落胆も
大きかった。攻撃に参加した部隊が戦闘で一瞬にして解体したり、逃走するには
邪魔だとばかりに貴重な武器が放棄されるのを見た。負傷者をそのまま放置する
など仲間意識の欠如や、兵士たちが恐怖にとらわれたり、命令をまったく聞かず
に簡単に四散してしまう有様を見てキューバ人たちは大いに落胆した。ゲバラは
特に、戦闘を指揮できなかった責任を感じ、遺体が収容されなかったことに怒り
を示した。

　ゲバラは過ちの分析を行ない、もっとも深刻な過ちは敵の過小評価であるとい
う結論に達した。それは政府軍に立ち向かう反乱軍兵士の特徴からきている。こ
のほか、訓練不足があった。また、ピチャルド中尉の経験不足も指摘された。彼
は勇敢だが新人であり、そのために４人のキューバ人だけでなく12人以上のルワ
ンダ人も死に導いてしまった。キューバ人戦闘員の中には撤退を申し出る者も出
て来た。

　この時期のゲバラにとっての基本的問題は、敗北による部隊の解体と、ルワン
ダ人とコンゴ人ゲリラの振る舞いだった。辞めたいという希望が出ているという
情報が絶えず入ってきた。また２人のキューバ人医師が帰国したいと申し出た。
革命戦の経験をもたない者が選抜されていたのだ。このような状況の下で、ゲバ
ラは最後の賭けに出ることを決意する。タンザニアにいるリバルタ大使に対し、
ニエレレ大統領に対して、「自分がここにいること、このような手段をとったこ
とについて謝罪すること、これは自分個人の決定であり、キューバの決定ではな
いこと」を伝えるように指示した。

　ゲバラはガビラ宛てにメッセージを送り、コンゴ人とルワンダ人の間の対立
について分析した。ルワンダ人を軍事的にコンゴ人より高く評価しながら、他方
で敗北の責任を彼らに求めた。ゲバラはまた、指揮権の統一を提起し、指揮官に
キューバ人を含めるよう助言し、また自分を前線に行かせるよう主張した。

　メッセージの交換の後、カビラがとうとうコンゴ領内に入ってきた。参謀本部
長のマセンゴとンバヒラ外相が同行した。カビラは自分の存在をタンザニア政府
に知らせてほしいというゲバラの要請を頭から拒否した。また、前線に行きたい
という要求も拒否した。

　７月11日頃、到着の５日後、カビラがゲバラを呼んで、その夜にスマリオがい
るキゴマに出発しなければならないと言った。カビラはスマリオについて、組織

活動の誤り、その弱さを厳しく批判した。カビラはスマリオがダルエスサラーム
にいることを批判した。

　カビラがギゴマに行くことが知れると、コンゴ人やキューバ人の間にまた落胆
が広がった。不信がカビラに集中した。ゲバラはカビラがすぐに戻らなければ情
勢を改善できないという点を示唆し、その他の問題もテーマに取り上げた。カビ
ラはもしも会談が決裂したらどうなるかと逆に尋ねた。カビラが出ていくと同時
に、また政府軍の飛行機が現れ、湖一帯を狙いを定めずに爆撃した。反乱兵たち
は位置を知られないために攻撃しないよう命令を受けていたが、基地のキュー
バ人はフォルスの敗北の報復をしたいという衝動に駆られ、機関銃を連射した。
キューバ人もコンゴ人も全員が撃ち始めた、ゲバラは、誰が規律を破ったのか
と、怒りを露わに湖に姿を現した。

　7月22日、マルティネス・タマヨが指揮し、キューバ人25人、ルワンダ人26人
からなる待伏せ態勢で、政府軍のトラックを攻撃した。食糧や飲料を運ぶトラッ
クだった。トラックにはビールとウイスキーがあった。マルティネス・タマヨ
が食糧を担がせ、酒の瓶を割らせようとした。しかし、数時間足らずでルワンダ
人兵士全員がキューバ人の目の前で酔っ払った。キューバ人は飲むことを許され
なかった。ゲバラは意気消沈し、率直に記している。「すべてがこうした武装グ
ループの発展にかかっているとすれば、5年でコンゴ革命を成功に導くという
のは楽観的すぎる」。

　この頃、キューバ人部隊は4つの戦線に振り分けられていた。ルルアブールと
キバンバにいたゲバラと主要グループは山を登ったり下りたりしていた。カビン
バにはサンティアゴ・テリーが、マクンゴにはコンゴ人とともにエドゥアルド・
トレスが、フロン・ド・フォルス戦線にはドレケがいた。ルルアブールとキバン
バ地域の指揮官の会合が行なわれた。ムンダンディ、カリストの副官であるサロ
モン大尉、フィジ地区の作戦責任者ランベールが出席した。ゲバラは再度、前
線に行きたいと提案した。マセンゴは安全上の理由からそれを止めようとした。
ゲバラは信頼していないのかと反論し、キューバ遠征隊の隊長が前線の活動に参
加できるのに、戦いの責任者ができないというのは納得できないと主張した。コ
ンゴ側は抵抗したが、少なくとも領域内の移動は許可しなければならないことを
納得させた。その結果、キバンバから北12キロにあるカジマまで移動できること
になった。ゲバラが観察した結果、恐るべき規律の欠如、カオスぶりが明らかに
なった。カヤンバにはムンダンディの独立派ルワンダ人グループがいた。ゲバラ
は彼らにキバンバへの移動を提案したが、受け入れられなかった。兵士には戦う
気がまったく見られなかった。ゲバラはタンガニカ湖の突端への浸透を提案した

が、誰もキューバ人と一緒に行きたがらなかった。ゲバラの移動許可も、その後準備中の攻撃に悪影響を与えるという理由で取り消された。

　フォルスの敗北後にキューバ人部隊内部に危機が拡大した。少なくとも12人が武器を取り上げられ、いずれキューバに帰すことが提案された。また、フォルスでの遺体から発見された書類からコンゴにキューバ人がいることがわかってしまったが、このことにゲバラは立腹した、国外のコンゴ人革命家の間でしばしば内紛が起きているというニュースが基地に何度も届いた。スマリオはグベニエ Christophe Gbenye（1927〜2015）大統領を追放したが、これに対してカビラは、スマリオにはそのような権限はないと反応した。

　8月12日、ゲバラは「戦士たちへのメッセージ」を書き、その中で次のような点を強調した。「情勢は良好とは言えない。解放運動の指導者たちはほとんどの期間を国外で過ごしている。（中略）組織活動はほぼすべて無である。これは中間幹部が活動せず、その能力がないためだけでなく、皆が信頼していないからだ。（中略）規律の欠如と犠牲的精神の欠如はすべてのゲリラ部隊のもっとも重要な特徴である。当然、このような部隊では戦争は勝利できない」。ゲバラは自問する。キューバ人部隊の存在に何か前向きのものがあるのかと。「われわれの使命は戦争の勝利を助けることである。われわれの模範をもってして相違を示さなければならない。基地における革命的同志愛、われわれは一般的に、ここの同志よりも多くの衣服や食糧を持つ。それを最大限分かちあわなければならない。特に革命精神を示す同志に対してはそうだ。われわれにおいては教えるという情熱がまず第一である。しかし、知ったかぶりで、知らない者を上から見下ろしたりすることなく、人間の温かみを感じさせなければならない。それこそ教育の在り方だ。革命的謙虚さこそ政治活動の基盤とならなければならない。それをわれわれの基本的武器の一つとしなければならない。そうすることによって、犠牲的精神を補い、コンゴ人ばかりでなく、われわれのなかのもっとも弱い者に対しても模範となるようにしていかなければならない」。そして、最後に、臆病者の扱いについて、「彼らは裏切り者ではない。明らかな侮辱をもって扱ってはならない」と述べ、さらにコンゴ人への軽蔑について、「我々は闇の時代の中を走り、影におびえている。手を携えて克服すべき段階である」と述べている［Taibo II 2001b：147-148］。

　8月17日、マルティネス・タマヨの待伏せ作戦の一つが成果を上げた。ベルギー人傭兵を含む部隊に打撃を与えた。増援部隊が来たため待伏せ隊は撤退した。翌18日、ゲバラはもはや耐えられなくなり、しばらくは基地に戻らない決意で、夜明け前にフロン・ド・フォルスに向けて出発した。フロン・ド・フォルス

に着き、待伏せ隊ではゲバラの到着で盛り上がった。

　ゲバラはゲリラ部隊を組織するためにはコンゴ人が中心にならなければならないと考え、マセンゴに手紙を送り、捕虜を農民兵にして新たな対応と情報収集のために利用することを提案した。コンゴを解放するのはコンゴ人なので、コンゴ人の教育を重視しなければならないと結論づけた。彼らのもと12人だけつけて、残りの部隊をカリストの戦線に移動させることになった。出発前にルワンダ人がゲバラに会見を求め行動についての意見を求めた。ゲバラは２つの点を強調した。第一に、人民軍は寄生的であってはならず、食糧を自給しなければならないこと、第二にコンゴ人に対する不信を捨てなければならない点であった。ゲバラはドレケを後に残して新たな作戦地帯に向かい、ルワンダ人部隊の指揮官ザカリアス大尉を待つことにした。

　９月初め頃、ゲバラは新たな待伏せ作戦の準備を始めた。陣営の混乱から待伏せが困難になり、待伏せの場所を変えた。９月８日、ゲバラは一時的に待伏せから離れ、アラゴネスとフェルナンデス・メル Óscar Fernández Mell（1931 ～ 2019）に会うため野営地に向かった。ドレケがコンゴ人の反対を押し切り、待伏せ攻撃を続けた。そこにゲバラが２人を連れて戻ってきた。９月11日、敵がきた。ドレケはゲバラを指令所に残して出撃した。チョンベの守備隊は敗走した、しかし、他の部隊が待伏せ隊の側面をついてきたため、コンゴ人が逃げ出した。ゲバラは我慢ができなくなり、指令所を抜け出して戦闘に加わった。

　アラゴネスとフェルナンデス・メルがコンゴへやってきたのは、フィデル・カストロがフォルスの敗北と現地状況を伝えたゲバラの手紙を考慮し、志願兵として行きたいという二人の要求を受け入れたためであった。初めゲバラは、二人がゲバラにキューバに戻るように、あるいは戦争を止めるようにと説得するためにやってきたのではないかと疑った。志願兵としてやってきたということが分かると、ゲバラはすぐさま二人を合流させた。アラゴネスはコンゴへ入った120番目のキューバ人となった。死傷者と二人の帰国者を除くと、この時107人のキューバ人戦闘員と４人の医師がいたことになる。

　さらに中国とブルガリアで訓練を受けたコンゴ人学生のグループが増援隊として来た。しかし、戦闘には何ら役に立たないことが明らかになった。植民地主義者的な価値観を身につけた、フランス語を話す地方ボスの子弟であった。皮相的なマルクス主義で塗られ、「幹部」の重要性を吹き込まれて戻ってきた者たちであり、指揮する立場に立ちたいという情熱を持ち、そのために規律に欠ける行動や、ときには陰謀すら行う傾向があった。

　こうした勢力の下でゲバラは戦闘の立て直しを考えた。しかし、マセンゴおよ

びカビラと、フィジ地区の隊長との間の、またタンザニア政府との間の緊張が再浮上した。タンザニアに対する国際的圧力が効果を上げ始めた。タンザニア政府はキューバ人部隊が求める対戦車用地雷の信管など一連の武器の引き渡しを拒否するようになった。また、軍事的にも解放勢力側は苦しんでいた。9月末、政府軍の攻勢が開始された。エル・ロコ・ホーという傭兵の大佐がフィジ＝バラカ一帯で2400人の部隊を指揮して攻勢に出た。ドレケは、基地を破壊して外部との接触を断つために湖から攻撃してくるのではないかと考えたが、そうではなかった。コンゴ人は退却し、ドレケは8人で陣地を維持したが、最後には彼も撤退した。マルティネス・タマヨはフォルス戦線で戦車と対峙し、数両を破壊した。しかし、待伏せを解かなければならなかった。コンゴ人兵士の大多数は逃亡した。ゲバラは政府軍側の攻勢が間近であると感じ取っていたが、依然として、コンゴ人ゲリラ部隊に欠点はあるとしても部隊は形成できるものと期待していた。そして、一種の戦闘アカデミーや参謀本部の創設を考え、参謀本部の任務について助言するためにフェルナンデス・メルを、また政治的組織活動のためにアラゴネスを派遣することに同意した。

　その後、マチャド・ベントゥーラ José Ramón Machado Vntura（1930〜）保健相を団長とするキューバ使節団が到着した。手紙とフィデル・カストロのメッセージを携行しており、ゲバラは外部の様子を知ることができた。フィデル・カストロはスマリオと会談し、キューバから50人の医師の派遣について約束したため、マチャド・ベントゥーラが視察にきたのだ。ゲバラとマチャド・ベントゥーラは50人の医師を送る意味はないという点で一致した。

　10月3日、ハバナではキューバ共産党の中央委員会結成大会の席上で、フィデル・カストロが「別れの手紙」を読み上げた。フィデル・カストロは、「ゲバラがキューバを発つ前に書いた手紙を公表する」と伝え、後に「（「別れの手紙」の公表は）政治的に必要であり、避けられないものだった」と説明した。キューバ共産党の結成大会にゲバラが不在であることの背景を説明するために必要であると判断されたためである。「別れの手紙」の概略は次の通りであった。

　「わたしは、キューバにおいて革命が課していたわたしの義務を果たしたと思う。そのため、わたしはきみや同志や、きみの、そしてわたしの人民に別れを告げる。わたしは党指導部における職務、大臣の地位、革命軍少佐の位、キューバ人としての身分を正式に放棄する。（中略）。わたしになんらかの重大な欠点があるとすれば、それは、シエラ・マエストラの初期のころからきみをもっと信頼しなかったことと、指導者、革命家としてのきみの資質を十分に早く理解しなかったことだけである。わたしはすばらしい年月をすごしてきた。カリブ海危機のこ

ろにきみのそばにいて、われわれ人民のものであった誇りをともに感じていた。（中略）わたしは、世界のあちこちから、ささやかな力を貸してくれるように誘われている。キューバにたいする責任のために、きみには禁じられていることがわたしにはできる。別れの時がやってきたのだ。（中略）もし、他国の空の下で最期がきたら、わたしはこの人民を、とくにきみを思い出すだろう。きみの教えや手本を感謝し、わたしの行動の結果には最後まで忠実であろうと努力するつもりだ。わたしは、われわれの革命の外交政策につねに賛成であった。これからもそうであると思う。どこへ行こうと、キューバの革命家としての責任を忘れず、そのように行動するつもりだ。私が人生最後の時を異国の空の下で過ごすことになったとしても、私の最後の思いはキューバ人民、とりわけ君に向けられるだろう。私は妻子に物質的なものは何も残してゆかないが、それは苦にならない。むしろそのほうがうれしい。彼らの生活と教育には、国家が十分なものを与えてくれるだろうから、わたしはなにも要求しない。（中略）最後の勝利まで、〈祖国か死か〉、全革命的情熱を持ってきみを抱擁する」[『ゲバラ選集第4巻』1969：190–191]。

　この手紙はフィデル・カストロによって改竄されたとする説がある。この説に拠れば、ゲバラは手紙の末尾で、フィデル・カストロに忠誠を表しつつ、世界革命の戦場で勝利するまではキューバに帰らないと誓った。しかし書き換えられて縮められ、「永遠なる勝利まで（Hasta la Victoria Siempre!）」と革命標語に仕立てられた。書き換えられたという事実は知られていない。これを「革命標語の虚構性」と表現する向きもあるが[伊高：231–233]、このような表現は間違いだろう。筆者はフィデル・カストロにそのような悪意があったとは考えない。ゲバラの国際戦略に基づく革命戦争の推進という厳しい現実の中で、ゲバラの真意を表現する言葉に書き換えられたと考えるべきである。

　10月5日、フィジとバラカの間にある山で重要な会合が開かれた。出席者はマセンゴ、ムジュンバ、イル・ジャン、カリスト、ランベールなどの下級幹部数人だった。ゲバラはキューバ人幹部を紹介した。マチャド、アラゴネス、ドレケ、マルティネス・タマヨである。ゲバラはコンゴ人指導者たちに、規律の欠如、残虐行為、軍の寄生的性格を批判した。また、カビラの不在、前線に2番目の指導者たちが全く現れないことも批判した。その上で、統一参謀本部を設置し、フェルナンデス・メルを参謀長に、ビクトル・シュエブ・コラスを情報部長に、パラシオスを政治部長に、アラゴネスをゲバラの執行補佐官に任命した。その後、キューバ人たちは独自の会合をもったが、その席上でアラゴネスはゲバラがコンゴ問題に関して解決策を示せていなかった、ゲリラ戦のもつ可能性についても語

らなかった、とゲバラを批判した。

　この時期、バラカは戦わずして失われた。ゲバラは穴を埋めるためにフェルナンデス・メルをフィジに送り、サンティアゴ・テリーの戦線とフォルス戦線を強化して、各戦線に50人のアカデミーを組織するとともに、フィデル・カストロに手紙を送った。ゲバラは、人間ではなく、幹部がいる、武装した人間は余っているが、兵士がいないと、コンゴの現状を語った。さらに、「戦うつもりのない国をわれわれだけで解放はできない。闘争精神を創り出し、ディオゲネスの明かりと呼ぶのに忍耐を持った兵士を求めなければならない。だが、この事業は、その過程から旨味を引き出す人々が増え、それをこの地の人々が目にすればするほど、困難になる」と述べた。

　キューバ人の中央基地が絶えず爆撃にさらされるようになり、またタンガニカ湖では反カストロ派の亡命キューバ人が操縦するCIAの高速ランチが動き始めた。10月12日、政府軍がルリンバとバラカに上陸した勢力を糾合してルボンジャを占拠した。政府軍の狙いは湖の閉鎖にあった。翌日、300人のアスカリ族がバラカ地帯を前進してきて、戦線は瓦解した。

　政治情勢も変化した。チョンベ首相は軍事クーデターで打倒された。反乱軍に和平が提案された。大統領に任命されたカサブブは、数日後にガーナのアクラでアフリカの国家元首の会合に出席し、反植民地戦線を打破するために手を結ぼうと演説した。コンゴ・ブラザビルとの和解を明らかにし、傭兵の問題にも言及し、彼らはカタンガの分離主義政府によって連れてこられた者たちであり、そのまま中央政府に引き継がれた、と説明した。傭兵をそれぞれの国に帰すことを約束した。クーデターの首謀者であるモブツはコンゴから、カサブブの宣言のトーンを落とした形で傭兵を擁護し、彼らは理想主義者であり、去らなければならないときには誇りをもって去るだろう、それこそ彼らにふさわしいと語った。だが、ルムンバ派や彼らと行動を共にするゲバラのゲリラ活動に対する政治的な罠が仕掛けられていた。

　混乱の中でゲバラは野営地を替えた。キューバ人とコンゴ人部隊の最良の合同部隊の組織化を続けた。キューバ人の会合で、ゲバラが勝利の可能性を信じている者がいるかと尋ねると、手を挙げたのはドレケとマルティネス・タマヨだけであった。コンゴ人部隊を勝利に導くことのできる軍の形成という夢を分かち合う人間は極めて少ないという事実が確信された。

　10月24日、ゲバラがコンゴに来てから6ヶ月が経った。発砲と一斉射撃が起こり、不意をつかれたコンゴ人部隊が前進してきた敵と衝突した。ゲバラが本を読んでいた小屋のあたりで激しい銃撃が行われた、ゲバラは発砲しながら下ってき

た。敵兵が野営地まで侵入してきたため、ゲバラはマルティネス・タマヨと一緒に後退していった。反乱軍側は窮地に陥った。ゲバラは立ったまま戦った。数人のキューバ人同志が援護した。数日の後、反乱軍側は四散していた。ゲバラは13人と一緒だった。コンゴ人青年指導者の一人のバハザが弾に当たり、数時間後に死亡した。

ゲバラは部隊を集結させ、一部を湖の基地支援のために派遣し、残りを自分の指揮下に置いた。フェルナンデス・メルとアラゴネスに連絡をとった。2人は、部隊の衰弱ぶりは恐るべきほどであり、誰もが逃げ出したがっている、孤立する可能性があるので、全部隊を集結しておくようにと言ってきた。戦線の不利はサンティアゴ・テリーの活動地域からの好ましい知らせによっていくらか癒された。彼の部隊が2度にわたり政府軍を敗走させたのだ。しかし、コンゴ人と衝突が続き、アフリカ人兵士の60％が逃走した。10月30日、キューバ軍集結というアラゴネスとフェルナンデス・メルの何度もの呼び掛けに対し、ゲバラは敵の封じ込めをマルティネス・タマヨに託し、基地に向かった。

この時期にCIAでは、コンゴをベトナム以後、世界で最もゲリラ活動の活発な地域であると評価し、政府軍だけでは勝利の可能性がなく、米国の介入を強化すべきであるとの報告が行われていた。ゲバラの国際戦略に近い状況がコンゴをめぐって生じかけていたのである。しかし、コンゴ情勢の実態は、確かに混乱が拡大していたが、解放勢力に統一性が見られず、反乱軍の資質も高くはなく、米軍を引きずり込んで殲滅できるような状態ではなかった。キューバ人部隊の介入にもかかわらず、キューバ側の論理が通用する状態ではなかったのである。

ルルアールの基地では防衛態勢が整えられた。ゲバラは部隊の一部を撤収させる必要があるのではないかと考え、ドレケと話し合った。その結果、最初はおよそ15人だけ残し、下部からゲリラを形成し、長期的に農民軍を形成していく、コンゴの解放軍は惨憺たる状態であるから依存しない、ということになった。ドレケはダルエスサラームとの接触が失われることを心配していた。11月1日、ゲバラは湖に下りた。彼が湖岸に現れると同時にロートンのランチが着いた。ロートンはダルエスサラームからゲバラに送られたメッセージを持ってきた。よくない知らせだった。ニエレレ政権がリバルタ大使を呼び、「他国の内政への不干渉というアフリカ諸国の決定にかんがみ、われわれも、またこれまでコンゴ解放運動を支持してきたその他の政府も、援助の性格を替えなければならない。そのため、不干渉政策に資するため、キューバ人は撤退してほしい、当面はキューバが撤退するまでコンゴの解放運動には何も言わない。撤退後に大統領自らその指導者を呼び、アフリカ諸国の決定を伝える。この点についてはハバナにも報告し

た」とのことであった。

　この背景には、1965年10月にコンゴのカサヴブ大統領がチョンベ・カタンガ州首相を追放し、同月ガーナのアクラで開始されたアフリカ首脳会議で、「コンゴから白人傭兵は去る。謀反は終わった」と宣言したことがある。これはチョンベに雇われていた白人傭兵部隊の出国を意味していた。カサヴブはＥＰＬを含む反政府勢力には和解を呼びかけた、それをカサヴブの陰謀だと捉えるゲバラは戦闘を続けていた。一方、タンザニア政府は11月１日、アフリカ首脳会議の合意に基づき、合意を拡大解釈して、キューバ人部隊のコンゴからの撤退をキューバ大使に要請した。このような状況の変化があったのである。

　次いでハバナからの回答はその後すぐに到着した。フィデル・カストロからダルエスサラームのキューバ大使館経由でコンゴのゲバラらに伝えられた。「ゲバラ自身がわれわれの存在を正当化できず無効であると判断するならば、われわれは撤退を考えなければならない。客観的状況と人員の精神的状況を考慮し行動しなければならない。とどまらなければならないと考えるのであれば、われわれは必要な人間と物資をすべて送るべく努力する。われわれが懸念するのは、諸君の今後の行動が、敗北主義ないしは悲観主義と見なされるのではないかなど、不要な危惧を抱くのではないかということだ。もしも出国を決定するのであれば、ゲバラは現状を維持できる。キューバに戻ってもよいし、他の場所へ行ってもよい。いかなる決定であれ、われわれは支持する。全面的壊滅を避けるように」。

　11月４日、ダルエスサラームから再度メッセージが届き、傭兵隊がコンゴから撤退していないことを伝えた。「このような事態において、われわれのコンゴ革命への支持を取りやめることは、コンゴ人がそれを要請したり、戦いの放棄を決定しない限り、裏切りとなろう」、ゲバラはフィデル・カストロにこのように伝えるようにと、リバルタ大使へ手紙を書いた。戦況について伝えてから、次のように意見を述べている。「われわれはここから出ていくことはできない。さらに、キューバ人はいま提案されているような条件のもとで出て行ってはならない。事実を明確にするために、タンザニアの指導者たちと真剣にまじめに話し合わなければならない。僕の前提条件はこうだ。ハイレベルのキューバ代表団がタンザニアを訪問する。あるいはコンゴ解放地区からアラゴネスか両者の合同代表を送る。提案はおよそ以下のようにまとめる。キューバはタンザニアの承認のもとに援助を与えた。タンザニアはそれを受け入れた。援助は効果があった。援助は条件もタイムリミットもなかった。われわれはタンザニアが直面する困難な状況を理解するが、このような問題提起には同意できない。キューバは約束を破ることはできないし、不幸に陥った兄弟を傭兵の意のままにさせるような恥ずべき逃亡

を受け入れることができない。正当な理由か、否定し得ない道理のもとに、コンゴ人自身が求める限りにおいて、われわれは戦いを放棄する。しかし、そうでない場合は、戦いを続けるであろう」[Taibo II 2001b：176-178]。これがゲバラの姿勢であった。

　11月初めの軍事情勢は相対的に安定していた。しかし、解放勢力の軍事的解体は続いていた。傭兵や政府軍が攻撃するという噂が流れ、南アフリカとベルギーの傭兵に、CIAの反革命亡命キューバ人が加わり、カタンガの旧憲兵隊に支援されていた。空爆も続いていた。塹壕がつくられ、待伏せ攻撃も行われたが、解体は避けがたかった。アリ戦線ではコンゴ人との対立が爆発寸前となった。マルティネス・タマヨはやっとのことでコンゴ人の逃亡を食い止めた。だが、士気の低下はキューバ人にも影響し、彼等も撤退を口にするようになった。

　前線の崩壊は避けられなかった。ルワンダ人がフロン・ド・フォルス地帯を放棄すると、キューバ人もそれに続いた。せめてもの慰めは秩序ある撤退を行ない、武器を携えたままウガンジャ地帯に集結できたことだ。ムンダンディは、陣地を維持できないので、撤退することにしたとメモを送ってきた。このような状況を前にして、ゲバラはキューバに電報を送った。「急ぎ移動しなければならない。われわれは基地の防衛を準備する」。

　11月15日頃、ゲバラはタンガニカ湖の基地にサンティアゴ・テリーの部隊を集結させる命令を出した。マルティネス・タマヨから、ジュンゴにある道路の合流地点に敵が前進してくる可能性があるのに、コンゴ人もルワンダ人も位置に就かないと、報告を受けた。2時間後、ルワンダ人が逃亡した。マルティネス・タマヨの部隊は退却した。

　ゲバラは参謀本部と協議した。柔軟な防衛戦術をとり、支配区を放棄して、他の地点に撤退するか、あるいはただ断固として防衛し、力の限界まで戦うか。強固な防衛を行なえる可能性などなかった。11月17日の夜、2度目の、さらに内側の防衛ライン内部への撤退が命令された。部隊と共にコンゴ人、女性や子どもを含む農民が撤退した。

　11月18日、ゲバラは、湖とルルアブールを失った場合に備え、可能性のある地域が残っているかを分析した。コンゴ人は、前線隊長マセンゴの決定を聞き、戦闘の放棄に賛成した。これはチャマレソからゲバラに伝えられた。その時、上の基地から電話で、政府軍が3部隊を組み前進しており、キューバ人が銃撃を受け、戦わずして撤退したという連絡が入った。コンゴ人が撤退を決めたという噂は野営地を駆け巡り、カオスとなった。ゲバラはあきらめなかった。信頼できる人間と話し合い、とりあえず退却し、その後、小さなゲリラ・グループで出

国し、北部のピエール・ムレレの反乱グループと合流することを提案した。しかし、そのためには見知らぬ未開のジャングルを1000キロ以上進まなければならない。だが、ムレレがどんな状態にあるかもわからず、連絡もまったく取れない状態だった。

　ゲバラはダルエスサラームに電報を送った。「情勢は壊滅的である」。その後、北へ向かうという考えを放棄し、小グループの戦闘員とともにコンゴに残ることを主張した。再度、ダルエスサラームに電報を送った。「ここを引き揚げること、第2段階としてキューバ人のほとんどを撤退させることを考えている。キューバの威信のシンボルとして小規模なグループを残すつもりだ。キューバに伝えてほしい」[前掲書：182-183]。

　翌11月19日、コンゴ人の一部がフィジに向けて撤退を開始した。ランチと接触できなかった。撤退の合意を知らぬままタンザニアに向けて出発したのだ。ゲバラは野営地と書類の消却を決定した。誰にも命令しなかったのに、火薬庫にも火がつけられた。午後3時頃、タンザニアの湖の基地にいるロートンと連絡をとり、撤退が始まったのでコンゴに戻るよう伝えた。20日午後2時半、キゴマにいたロートンと再度連絡に成功した。「ロートンへ、撤退する人員の総数は200以下」。返事は、「今晩、渡航が決定される」とあった。渡航を待っている間に、ゲバラは撤退の準備のために再度、マセンゴと会った。実際、残留するという考えは夜遅くまでゲバラの頭にまつわりついていた。フェルナンデス・メルに依れば、ゲバラは残ることを主張していた。コンゴの解放運動が出ていくよう強制しなければ、残るというのだ。そこにキューバからメッセージが届いた。ゲバラに対し、コンゴ北部にいるムレレと接触するのは狂気の沙汰だ、あらゆる手段を講じてコンゴから脱出する方法を探すようにと指示してきた。

　11月21日午前2時頃、ロートンのランチが3隻やってきた。キューバ人将校たちは、ゲバラが乗らないなら自分たちも乗らないと拒否した。ゲバラとともにマルティネス・タマヨ、ビジェガス、コエーリョが乗り込んだ。

　キゴマに着くとキューバ人戦闘員たちは元気になった。その後、ダルエスサラームに移され、グループごとにキューバに帰った。後にボリビアに同行しなかった多くの者たちにとって、これがゲバラとの最後の別れとなった。フェルナンデス・メルの小グループはキゴマに残り、コンゴに残された3人を救出することにした。2ヶ月後にそれは実現した。

　コンゴ情勢は混乱が続き、モブツのクーデターによりチョンベ政権が打倒され、モブツ政権が30年続くが、1997年にカビラが人民革命党を結党して、モブツ政権に対する反乱を開始し、同年5月にモブツ政権を打倒して、政権を掌握し

た。しかし、1998年8月にコンゴ戦争が勃発、2001年1月16日にカビラは大統領官邸で少年護衛兵に射殺された。

ダルエルサラームのキューバ大使館ではリバルタ大使が本国から大使館の最上階を空けておくように指示を受けていた。そこがゲバラの一時的な避難所となった。彼のそばにはマルティネス・タマヨ、ビジェガス、コエーリョの3人の信頼できる男たちがいた。この3人は、その後「ボリビア・ミッション」に同行することになるが、ゲバラを含む3人がボリビアで戦死し、ビジェガスだけがボリビアから生還する。

ゲバラは、3週間の間、ほとんど毎日のようにコンゴで書いた日記をもとに、大使館員コールマン・フェレル Colman Ferrer に口述筆記させて『革命戦争断章（コンゴ）』と名づけられた原稿を書き続けた。「バハザその他の斃れた同志に、犠牲の意味を求めて」という献辞を記した。そして、「序文」には、「私はコンゴで学んだ。他の人間は繰り返すかもしれないし、あるいは、新しい過ちを犯すかもしれないが、私が繰り返すことのない過ちもあるということだ。私はゲリラ闘争にかつてないほど大きな信頼をもって乗り出した。だが、失敗した。私の責任は大きい。敗北もその貴重な価値も忘れないだろう」と書き残した。

ダルエスサラーム滞在中の1966年1月に妻のアレイダがVMTの「アリエル」（本名フアン・カレテロ・イバニェス）に伴われて到着した［March 2008：256］。2月に10歳になった娘のイルダに手紙を書いた。その直後、ゲバラは妻のアレイダに別れを告げ、いずこへとも知れずタンザニアを去った。ゲバラは、アフリカを去った後、3月にチョコスロバキアのプラハに着いた。プラハには1966年3月初めから7月19日まで滞在した。

ゲバラのプラハ行きには、VMT担当次官のピニェイロからVMTのエストラダ Ulises Estrada（1934〜2014、本名ダマソ・レスカイリェ Dámaso Lescaille）が、「何をするか決定するまでゲバラを安全な場所に連れて行くこと」を任務として派遣された。しかし、エストラダのアフリカ系外見と大柄な身体のためプラハでは目につきやすいため、ゲバラは3月末にエストラダをキューバに帰した。エストラダの後任は、コエーリョが到着するまで、「アンデス計画」の策定に加わっていた「アリエル」が務めた。

アレイダはダルエスサラームからの帰国後、今度はプラハに行って、再びゲバラにキューバへ一時帰国するよう説得した。ゲバラにキューバへ一時帰国をするよう説得する上で、最も影響したのは、アレイダと同じようにゲバラ説得のためにプラハに行った内務大臣のラミロ・バルデスであった［Castañeda 1997：423］。

　3月には、マルティネス・タマヨが、ボリビアにおける若いボリビア人のネットワークの再構築を目指して、プラハからボリビアに派遣され、ゲバラの「ボリビア・ミッション」が再始動し始めた。「アリエル」はその後、4月にメキシコ・シティでタニアに会うために同地に向かったが、途中キューバに立ち寄っている。4月第3週には、ゲバラをキューバに一時帰国させる目的で、ピニェイロの指示でVMTの「ディオスダド」（本名ホセ・ゴメス・アバ José Gómez Abad）が派遣されてきた。

（6）「ボリビア・ミッション」の進展

　ゲバラは、コンゴ・ミッションに先立って、「ラテンアメリカ計画」の一環として「アンデス計画」の推進を図っていた頃、アルゼンチン工作のチームを形成し始めていた。その「アンデス計画」は、ボリビアに「母隊根拠地（フォコ）」を構築し、この根拠地から周辺国のペルーやアルゼンチン等にゲリラ部隊が出撃していくという「フォキスモ（根拠地主義）」の戦略が基盤とされていた。

　ゲバラは、このボリビアを経たアルゼンチン工作に従事させるため、ハバナに居住するアルゼンチン女性の選抜をピニェイロに依頼した。ピニェイロはタニア、イサベル・レギア Isabel Leguía、リディア・グエルベロフ Lidia Guerberoff の3人のアルゼンチン出身女性を選抜し、最終的には3人のうちゲバラの推薦もあったタニアを選んだ。1963年3月末、タニアはボリビア工作において協力者となるマルティネス・タマヨを紹介された。数日後、タニアはピニェイロ、エストラダ、マルティネス・タマヨに伴われてゲバラの工業相執務室を訪問し、ゲバラからボリビアでの任務について説明を受けた。その後、数人の指導官から種々の工作技術の訓練を受け始めた。

　タニア、即ちアイデー・タマラ・ブンケ・ビデル Haydée Tamara Bunke Bíder（1937～1967）は、1937年11月19日にアルゼンチンのブエノス・アイレスにドイツ系移民エーリヒ・ブンケ Erich Bunke を父親に、ポーランド系のユダヤ人のナディア・ビデル Nadia Bider を母親に生れた。両親はともにドイツ共産党党員であり、母親はユダヤ系であったため、ナチスの政権掌握2年後の1935年にナチスによる迫害を逃れてアルゼンチンに移住し、同国でアルゼンチン共産党（PCA）の活動に参加していた。両親は1952年、タニアが14歳の時に、社会主義国化した出身地である東ドイツに帰国し、タニアは大学卒業まで東ドイツで教育を受けた。フンボルト大学では政治科学のほか、スペイン語やラテンアメリカの歴史や考古学を学んだ。学生時代から統一社会主義党（SED）の下部組織であるドイツ自由主義連盟（JLA）に加盟し、その国際部に所属して、ラテンアメ

リカ諸国から東ドイツを訪問する代表団の通訳や接遇に協力するなど、ラテンアメリカとの関係を深めた。

　1959年7月にはキューバ代表団として東ドイツを訪問したアントニオ・ヌニェス・ヒメネス Antonio Nuñez Jiménez 大尉やオルランド・ボレゴ Orlando Borrego 上級中尉の接遇に参加し、また同年12月にはゲバラが参加した訪問団の通訳を務めたことでゲバラの知己を得るなど、キューバ革命関係者との関係を確立するなどを通じて、キューバ革命への関心を深めた。その後、東ドイツを訪問した世界的にも著名なバレリーナであるアリシア・アロンソ Alicia Alonso（本名：Alicia Ernestina de la Caridad del Cobre Martínez y del Hoyo, 1920 ～ 2019）の知己を得て、キューバに渡航することができるようになり、1961年5月12日にキューバに到着した。キューバ到着後は、キューバ諸人民連帯委員会（ICAP）、教育省、キューバ婦人連盟（FMC）、革命軍事省（MINFAR）において通訳として勤務して東ドイツから来訪する代表団の接遇に協力した。その一方で、ハバナ大学でジャーナリズムを専攻するととともに、ラテンアメリカに関する勉強を深めた。

　タニアはこのような経歴と能力が評価され、VMT が推進する「アンデス計画」に参加する重要人物として選考され、1963年3月末にピニェイロの自宅に招致された。会合にはピニェイロほか、VMT・MOE メンバーであるエストラダとマルティネス・タマヨが同席した。その席でピニェイロはタニアに対して新しい任務について説明し、この任務を受け入れるのであれば、ニカラグアでのゲリラ活動参加を考慮していたカルロス・フォンセカからのニカラグア統一戦線（FUN、後の FSLN）と手を切って任務に専念すべきだと指示した。タニアはニカラグアの FUN 幹部であったカルロス・フォンセカ・アマドルと親しくし、ニカラグア・ゲリラに参加する意思を示していたが、ピニェイロはニカラグア関係者と距離をとるよう指示した。

　数日後、タニアはピニェイロ、エストラダ、マルティネス・タマヨに伴われて工業省のゲバラの大臣執務室を訪れ、ゲバラから「アンデス計画」の説明を受けた。この時点で、ゲバラが求めていた「アルゼンチン女性」の選考は終了し、タニアは工作活動に必要な種々の工作技術の訓練を CMT の指導員から受けるようになる。訓練においては、エストラダの指導下で、まずフアン・カルロス（本名サルバドル・プラッツ Salvador Pratz）、その後4月初旬からテオバルド（本名ネウリス・トルティエ）らが指導にあたった。訓練の中には、1964年2月21日からシエンフエゴス地方での現地研修も行われた。シエンフエゴスではアルゼンチンで活動を開始したマセッティのゲリラ部隊に合流するために通信技術での訓練

を受けていたレナン・モンテロ Renán Montero（組織名「イヴァン」）とも知り合った。モンテロは、後にタニアのボリビア滞在中にタニアがキューバ本国と通信連絡する際にその任務を負うことになる。シエンフエゴスでの研修以後、VMTの「ディオスダド」がエストラダと協力してタニアの指導にあたるようになった。国内研修終了後、1964年3月末にハバナに戻り、ゲバラの最終意思確認に応じた。この際には、ピニェイロ、エストラダ、マルティネス・タマヨが同席した。国内研修は終了して、海外研修が開始されることになった。海外研修は、主にボリビアで活動するための準備として行われ、偽装旅券で偽造される仮想人物の「経歴づくり」の作業も重要な目的として行われた。

　1964年4月9日、タニアはハバナを出発し、チェコスロバキアのプラハに向かった。海外研修の拠点が、キューバ情報部がその国の情報部と好ましい関係を築いていたチェコスロバキアのプラハに置かれたためである。直属の指導者はエストラダから「アリエル」（フアン・カレテーロ）に交替した。また、同伴指導者は「ディオスダド」が継続して、彼が同年5月初頭にプラハに到着し、プラハ近郊のラドヴィの農家を活動拠点としてタニアと同居した。海外研修では西ドイツやイタリア等の西欧諸国に慣れ、資本主義諸国に関する知識を深め、資本主義社会の矛盾を体感することが重視され、アルゼンチン人の「マルタ・イリアルテ」名の偽造旅券や、イタリア・ドイツ系の「ビットリア・パンチーニ」名で旅行した。

　西欧各地を探査した結果、「ディオスダド」は次のような報告を行ない、キューバのVMT本部に対処方針を打診した。①各地での行動においてタニアに対する敵対勢力による敵対的行為は見られなかった。②身分証明の多様化と「イタリア」絡みの「経歴づくり」が必要であること（アルゼンチンにはイタリア系が多いためアルゼンチン絡みの身分づくりに有効である）、③タニアは高い任務意識を維持している。④西欧各地旅行での体験からアルゼンチン人「マルタ・イリアルテ」の身分を偽造することが望ましい、⑤タニアの地下工作員としての技能が高められた、⑥念のためにさらにもう一つの「経歴づくり」を行なっておくことが望ましい。

　この報告に対してVMT本部から承認が得られたため、「ディオスダド」からチェコスロバア情報部に対して偽造旅券の発券を要請した。チェコスロバキア情報部との協議の結果、アルゼンチンの偽造旅券を発給することが決定され、「ラウラ・グティエレス・バウエル Raula Gutiérrez Bauer」名の偽造旅券がタニアに手渡された。「ディオスダド」は、前述の通り、2年後の1966年4月第3週には、ゲバラをキューバに一時帰国させる目的で、ピニェイロの指示でプラハに派

遣されることになる。

　VMT・MOE が1964年７月25日に策定した「ラウラ・グティエレス・バウエ
ル」の偽造データは次の通りであった。①姓名：ラウラ・グティエレス・バウエ
ル、②両親の姓名：アントニオ・グティエレス・サエンスおよびイルダ・バウエ
ル・ベルグマン、③出生地：アルゼンチ首都のブエノス・アイレス市内サアベド
ラ地区、④誕生日：1939年１月15日、⑤家族概要：母親イルダ・グティエレスは
1915年10月13日にオットー・バウエルとロサ・ベルグマンの間に生れた。家族は
ベルリン市内のクラウゼンシュトラッセに居住していた。祖父は電気技師であり
電気製品修理店を営んでいた。母親は学校で言語と秘書学を学んだ。1936年半ば
に母親は父親である1904年ブエノス・アイレス生まれのクリオーリョであるアン
トニオ・グティエレスと知り合い、1938年３月21日に結婚し、ブエノス・アイレ
ス市のサアベドラ地区に居を据えた。(以下略)。多くの実在しない人々が、タニ
アの親族、恩師、友人として「創出」された。

　「ラウラ・グティエレス・バウエル」の人物像には、捏造された親類一同の関
係と歴史で修飾されるなど、極めて詳細で巧妙な「創りごと」が仕掛けられ、正
体が知られることは困難であると考えられた。しかし、本来「指紋登録欄」が白
紙の旅券が手渡されるはずであったが、実際には他人の指紋が登録されていた。
このため、検査が厳しい検査を通過することに困難が生じることが予想されたこ
とから、厳しい検査が予想される地点を通過することを避けねばならないという
事態を生じさせ、その後タニアにとってボリビア入国に際して、またボリビア滞
在中にも大きな問題に直面させることになる。チェコスロバキア情報部からは、
ヨーロッパからラテンアメリカに向かう際に（キューバ側からチェコスロバキア
側には「アンデス計画」も「ボリビア・ミッション」も知らせておらず、行き先
を特定することなく）、旅程の上で生じる問題を回避するための必要な情報が提
供された。

　1964年11月５日、タニアはアルゼンチン人「ラウラ・グティエレス・バウエ
ル」名義の偽造旅券を携行してボリビアへのトランジットを目的に空路ペルーの
リマに到着した。その前日の11月４日にはボリビアでレネ・バリエントス René
Barrientos Ortuňo（1919～1969）将軍が率いるクーデターが挙行され、1952
年革命の指導者であったビクトル・パス・エステンソロ Víctor Paz Estenssoro
（1907～2001）政権が打倒されており、タニアのリマ到着はパス・エステンソロ
が亡命してリマに到着した当日であった。タニアは、クーデターが生じたことも
あり、ラパス空港の検査が厳しいだろうと予測して、ボリビアには陸路で入国す
ることを決め、まずリマからクスコに空路で飛び、クスコに数日滞在した後、ク

スコから列車でチチカカ湖畔のプーノに行き、プーノから国境に近いユング―ヨ
まで陸路で行き、ユング―ヨからロバに乗って国境を越え、1964年11月17日にボ
リビアに入国した。ラパスには翌11月18日に到着した。

　ラパス到着後は、博物館やティワナコ遺跡の見学等の観光活動を開始し、そ
の中で人脈の形成を図っていった。例えば、バリエントス軍事評議会議長の従
弟である画家のモイセス・チレ・バリエントス Moisés Chire Barrientos や、教
育省フォルクローレ局所属の調査委員会指導者のフリア・エレナ・フォルトゥン
Julia Elena Fortún 博士と知り合い、彼らを通じて人脈を拡大していった。その
人脈の中にはアルゼンチン大使館、メキシコ大使館の外交官や、外務省儀典局
の職員も含まれていた。また、宿泊先もセメント企業の関係者であるアルシラ・
デュプレイ・デ・サモーラ Alcira Dupley de Zamora 宅に移して、ボリビア定
着化を徐々に進めていった。

　このアルシラ夫人を通じてその娘であるボリビア政府企画庁長官秘書であるソ
ニア・アスルデュイ・デュプレイ Sonia Azurduy Dupley、前上院秘書のアナ・
ハインリヒ Ana Heinrich、連立与党の右派政党の正統革命党（PRA）議長の
ウォルター・ゲバラ・アルセ Walter Guevara Arce、与党ボリビア社会主義ファ
ランヘ党（FSB）党員で『エル・ソル』紙編集長のマリオ・キロガ・サンタクル
ス Mario Quiroga Santa Cruz、FSB 情宣部長の弁護士アルフォンソ・バスコペ・
メンデス Alfonso Bascope Méndez などと知り合った。

　キロガは、ボリビア定着化の一歩として重要であった就労証明書をタニアに
提供した（就職は固辞したが）。バスコペはタニアに医療証明書や品行方正証明
書の発給に便宜を図った。これらの証明書によって、タニアは内務省入管局から
滞在許可証を取得できた。滞在許可証は、ボリビア国籍取得のために必要な「身
分証明書（Cédula de Identidad）」取得に向けて重要な一歩となるものであり、
最終的に内務省外国人登録局から「ラウラ・グティエレス・バウエル」名での
「身分証明書」を取得することができた。他方、教育省フォルクローレ局に要請
して便宜供与依頼書を入手し、全国各地を旅行することが可能になった。こうし
てボリビア到着後２カ月を経た1965年１月20日までに、ボリビア長期滞在のため
の最低限の諸要素を取得した。

　1965年１月、タニアは元外交官アルフレッド・サンヒネス Alfredo Sanjinés
所有のラパス市内ソポカチ地区にあるマンションに転住し、サンヒネス一家を通
じてさらに人脈を拡大していった。彼らを通じてドイツ語教室を開いて収入を得
るとともに、教育省フォルクローレ局所属の調査委員会主催の調査・研究にも無
給で参加するようになった。後者の仕事は無給ではあったものの、ボリビア陶業

協会等の重要な文化団体との交流を実現していった。また、下宿した元外交官の
サンヒネス家を通じてボリビア国籍取得に向けて手続きを進め、ボリビア人学生
マリオ・マルティネス・アルバレス Mario Martínez Álvarez との偽装結婚まで
こぎつけた。これを進める上で障害となったのはチェコスロバキアで手配されて
いた旅券であり、この旅券問題の解決が緊急の課題となっていた。

　前述の通り、タニアはチェコスロバキア情報局からアルゼンチン人「ラウラ・
グティエレス・バウエル」名義の旅券を手配されたが、同旅券に他人の指紋が登
録されていたため、ボリビア入国に際し入国検査が厳しい空路での入国には注
意を要しなければならず、1964年11月５日に空路でペルーのリマに入国、リマか
ら空路でクスコに赴き、クスコから列車でチチカカ湖畔のプーノに行き、11月17
日に陸路でボリビアに入国するなど苦労をした。そのため1965年９月には旅券
問題解決のためキューバ内務省 VMT 職員との接触を要請した。この結果、1966
年１月１日、西欧に拠点を置いて美容・化粧品企業代表を装っている VMT 関係
のグアテマラ人で組織名「メルシー」（本名カルロス・コンラド・デ・ヘスス・
アルバラド・マリン Carlos Conrad de Jesús Alvarado Marín）がタニア支援
のためラパスに到着し、彼女が習得した工作技術や任務の達成状況をチェック
し、また彼女が直面している旅券問題を解決するため、同年２月末にタニアとと
もにブラジルに陸路で出国した［Estrada 2005：91］。ジョン・リー・アンダー
ソンが1997年に出版した伝記『チェ・ゲバラ』では、この「メルシー」なる人物
は、ピニェイロに依れば、「ミセリコルディア（Misericordia）」という組織名の
「キューバ人ではない本名不詳の人物」とされているが、おそらく同一人物と思
われる［Anderson 1997：596］。

　タニアは、３月24日にはウルグアイ、アルゼンチンを訪問し、その後「メル
シー」よりメキシコ・シティーに渡航するよう指示を受け、４月14日にタニアは
同地に到着した。タニアは、４月16日にピニェイロの指示でメキシコに渡ったタ
ニアの教育指導官であった VMT の「アリエル」と同局文書工作担当者の「アド
ルフィト」（本名アドルフォ・バルデス Adolfo Valdéz）と会合して、種々の疑
問点について詳細な説明を聞き、また新たな指示を受けるとともに（「アリエル」
はメキシコ到着前まで、タニアと「メルシー」との間でボリビア等において行わ
れていた活動に関する報告の詳細を承知していなかった）、VMT が手配した指
紋登録面で問題のない「ラウラ・グティエレス・バウエル」名義の新しい旅券を
取得して、旅券問題を解決した。その際、タニアは「アリエル」に任務達成状況
を報告するとともに、プラハに滞在していたゲバラからの指示を伝えられている
［Estrada 2005：95-96］。

　この時点で、VMT は初めてボリビア到着後にタニアが達成してきた活動の詳細を知ることになった。ましてや、プラハにいたゲバラもその詳細を知る立場にはなかった。ゲバラは、タニアから報告を受けた「アリエル」を通じてボリビアにおける準備状況が知らされることになる。また、この際に、タニアは「アリエル」から1966年4月6日付けで発給されたフィデル・カストロが第一書記名で署名した PCC の党員証を手交された。これは、タニアの1961年5月のキューバ到着以後の彼女の活動や経歴が PCC によって正式に評価されたことを意味した。新しいアルゼンチンの偽造旅券を手交されたタニアは、1966年4月第3週に空路でメキシコ・シティーからラパスに帰還した。新しい旅券にはメキシコ到着までに通過した各国におけるすべての出入国の記録が偽造されていた。

　なお、1997年にゲバラ伝記『La Vida en Rojo』を出版したホルヘ・カスタニェダ Jorge Castañeda Gutman（1953 〜、元メキシコ外相2000 〜 2003）は、1995年2月9日にタニアの元指導員であったエストラダに行ったインタビュー等に基づいて、タニアが4月30日以後にメキシコ・シティーからプラハに向かい、プラハでゲバラと再会したと記述しているが［Castañeda 1997：403-404］、根拠が希薄である。タニアはメキシコで「アリエル」からボリビアでキューバから派遣された人物と接触するように指示を受け、5月初めにその人物（後述の通り、旧知のマルティネス・タマヨであった）と会見し、マルティネス・タマヨからゲバラからの指示の説明を受けている。エストラダ自身は2005年に出版した『タニア伝（Tania La Guerrillera）』において、タニアはメキシコからボリビアに空路で戻って、5月初めにラパスでマルティネス・タマヨと会ったと記述しているだけである［前掲書：104-105］。従って、タニアがメキシコの後にプラハに行ってゲバラに会ったという説は確認できない。ゲバラがプラハ滞在中に、タニアが国外研修を受けていた1964年5月に指導員の「ディオスダド」と同居した同じ農家に、1966年3 〜 7月に滞在していたことは事実である。チェコスロバキア情報部がキューバ情報部に無条件で貸与していた施設である。この「ディオスダド」は、VTM の指示でゲバラのチェコスロバキア出国を準備するために6月中旬と7月中旬の2回キューバとプラハを往復しているが、6月中旬のゲバラとの上記施設での会合で、ゲバラからメキシコを離れて以後のタニアの動向について質問を受けている［前掲書：405］。おそらくゲバラは、5月以降のボリビアでのタニアとマルティネス・タマヨの任務の遂行がゲバラが望んでいるように進捗しているかについて、即ち両者がゲバラの指示通りに必要以上に接触を持っていないかどうかを知りたかったのであろう。いずれにせよ、ゲバラのプラハ滞在中にタニアがプラハに来て再会したという事実は根拠が希薄である。

　ゲバラはプラハから、1966年3月にタニアも旧知のマルティネス・タマヨを
ボリビアに送って、タニアを間接的に支援するとともに、特にPCBとの接触に
よって「アンデス計画」の進展を図ろうとした。しかし、ゲバラはマルティネ
ス・タマヨに対してタニアとは直接に接触しないように厳重な注意を与えた。タ
ニアにはボリビア国内で上流社会や政府関係筋に情報源を確保することを最重要
視するよう指示が与えられていた。従って、タニアはマルティネス・タマヨが3
月中にボリビアに入国した事実も知らなかった。彼女は、4月中旬のメキシコ滞
在中に「アリエル」から「まもなくキューバ人同志がボリビアに到着する」と知
らされていたが（その時点でマルティネス・タマヨは既にボリビアに到着してい
た）、キューバからの連絡によって5月初旬に指定された場所に赴いたタニアは、
その「キューバ人同志」とはハバナでタニアの指導員であった旧知のマルティネ
ス・タマヨであることを知ることになる。

　マルティネス・タマヨは1966年3月にプラハからボリビアに渡ってPCBメン
バーと接触した後、プラハに戻り、改めてゲバラの指示でVMT職員1名（姓名
不詳、おそらく「イヴァン」か？）とともにボリビアに行き、ゲバラが作成した
リストに基づいてキューバで選別され始めていたキューバ人戦闘員の潜入のた
めの条件づくりを行なうように指示された。また、マルティネス・タマヨに続
いて、1966年7月25日、ハリー・ビジェガス（組織名「ポンボ」）とカルロス・
コエーヨ（組織名「トゥーマ」）がプラハからボリビアに送られた。マルティネ
ス・タマヨらの任務はPCBと交渉してゲリラ根拠地建設の予定地を決定するこ
と、ラパス等に都市支援ネットワークを形成すること、そしていずれの目的にお
いても1963～64年のペルーとアルゼンチンでのゲリラ活動開始にあたってボリ
ビアから支援を行なったPCBと傘下の青年共産主義同盟（JCB）の有志達との
コンタクトを再確立して支援網の基盤を形成することであった。PCBは、マリ
オ・モンヘ Mario Monge（1929～2019）書記長の下で、党員やJCBメンバー
をキューバに送って武闘訓練をさせるなど（JCB周辺にいた日系人フレディ・
マイムラ Fredy Maimura 1941～1967の例など）、ゲバラのゲリラ戦略に協力
するかのような姿勢を示していたが、明確な意思表示は行ってこなかった。

　プラハに滞在していたゲバラは、「アンデス計画」の再建に向けて、「母隊根拠
地（フォコ）」の建設の最初の段階から現地に入って指揮することを望んだ。こ
れに対してフィデル・カストロは「母隊根拠地（フォコ）」の基盤が構築され、
ある程度維持・継続できる状態になるまでゲバラは現地入りすべきでないと助
言していた。ゲバラは早期のボリビア入りを希望していたが、現地の準備が進
まないため、フィデル・カストロの意見に従ってキューバに一時帰国するため、

1966年7月19日にウルグアイ国籍のラモン・ベニテス・フェルナンデス Ramón Benites Fernández 名義の旅券を使用して、プラハからウィーンに向けて出発した。プラハからは護衛のアルベルト・フェルナンデス・モンテス・デ・オカ Alberto Fernández Montes de Oca（組織名「パチュンゴ」あるいは「パチョ」、1935 ～ 1967）が同行した。ゲバラはキューバへの帰途、西欧各地やソ連を経由した。

ゲバラは、ウィーンでジュネーヴ行の列車に乗り換え、さらにチューリッヒへと向かい、その後モスクワ経由で7月21日にハバナに到着した。1年3か月ぶりの帰国であった。その後3ケ月間、ゲバラはピナル・デル・リオのクエバス・デ・ロス・ポルターレスと、ラ・パルマの間に居を定めたが、それはサン・アンフォレス・デ・カイグアナボと呼ばれる小さな村の近くで、接近の難しい山の上にあった革命までは米国人所有であった農場の屋敷であった。

ゲバラはその地で、ボリビアに同行する志願者の組織化に努めた。多くの者から、ラテンアメリカ革命に協力したいと言う申し出も受けていた。ゲバラは、死という現実を前にしてもあまり動ぜず、勇気があり、思想的、政治的にも成熟しており、平等主義的な精神を持つ人間を選んだ。自己犠牲やストイシズムも重視した。意志が強く疲労や欠乏を乗り越えることができる者を選んだ。

ゲバラは、まずキューバ革命戦争中の護衛から選択した。コエーリョとハリー・ビジェガス、またシエラ・マエストラ時代からの同伴者であったレオナルド・タマヨ・ヌニェス Leonardo Tamayo Núñez が加わった。レオナルド・タマヨは革命戦争中に「インディエシート」と呼ばれて伝令として活躍した。

ホセ・マリア・マルティネス・タマヨも最初からこの作戦に関与していた。また、彼の示唆で弟のレネ・マルティネス・タマヨ René Martínez Tamayo も参加した。レネはピニェイロの護衛を務めたこともあり、ラジオ・オペレーションの専門課程を修了したばかりであった。

工業省時代の友人で、プラハで日々をともに過ごして一緒に帰国したアルベルト・フェルナンデス・モンテス・デ・オカ、また、工業省次官であったグスタボ・マチン・オエ・デ・ベチェ Gustavo Machin Hoed de Peche が加わった。キューバ革命戦争中のサンタ・クララ進撃の際にゲバラの指揮下にいたエリセオ・レイェス・ロドリゲス Eliseo Reyes Rodríguez（サン・ルイス）、オルランド・パントハ Orlando Pantoja Tamayo が加わった。オルランド・パントハは革命後、内務省でラミロ・バルデス内相時代にペルーのウーゴ・ブランコによる農村ゲリラ活動に関して特殊任務を果たした人物である。さらに、ラス・ビジャス進攻時の前衛隊長であったマヌエル・エルナンデス Manuel Hernández が加

わった。

　アフリカ時代の同行者からは、医師のオクタビオ・デ・ラ・ペドラッハ Octavio de la Concepción de la Pedraja（モロゴロ）、ピニェイロの元護衛のイスラエル・レイェス・サヤス Israel Reyes Zayas（ブラウディオ）が呼ばれた。また、革命戦争時のカミロ・シエンフエゴス部隊からはダリエル・アラルコン Dariel Alarcon Ramírez（ベニグノ）、アントニオ・サンチェス・ディアス Antonio Sánchez Diáz（ピナレス）が呼ばれた。革命後の重要な幹部からは、ヘスス・スアレス・ガヨール Jesús Suárez Gayol（エル・ルビオ）、フアン・ビタリオ・アクーニャ Juan Vitario Acuña Núñez（ホアキン、ビロ）が選抜された。

　以上、いずれもが長いゲリラ戦の経験を持ち、フェルナンデス・モンテス・デ・オカ、マチン・オエを除きほとんどが農民出身であった。司令官（佐官）クラスが３人、上級大尉が２人大尉が７人、上級中尉が３人、中尉が２人である。選抜には、フィデル・カストロ、ラウル・カストロ、ラミロ・バルデスが協力し、選抜はゲバラがプラハに滞在していた時から開始されていた。ほとんどの者がゲリラ経験のあるベテランであったことを考慮すれば、彼らは決して単なる戦闘員として選抜されたのではなく、「母隊根拠地（フォコ）」から出撃するゲリラ部隊の指揮者となることが期待されていたことが理解される。要は、戦闘員の派遣ではなく、周辺諸国に出撃するゲリラ部隊の創出が目的とされていたのである。

　前述の通り、1966年３月、マルティネス・タマヨがゲバラによってボリビアに派遣され、若いボリビア人のネットワークの再構築を開始した。これは、一時的に放棄されていた「アンデス計画」が、再発進したことを意味した。ボリビアでは、1964年11月４日にバリエントス将軍のクーデターが起こり、鉱山労働者と学生を中心とする抗議行動が過激化しつつあった。しかし、ボリビアにおいてはまだ反軍武装闘争を明確に目指す組織的な左翼運動は存在していなかった。武装闘争が語られることはあったが、武装闘争に向けた各組織の姿勢が固まっていなかった。特に、PCB は武装闘争の枠外にいた。

　「アンデス計画」の構想は、中期的には大陸規模のものとなり、アンデス山脈を包含し、アルゼンチンとペルーを共有の舞台とすることを目指すものであった。いずれ「母隊根拠地（フォコ）」からペルーとアルゼンチンに向けて新たな部隊がそれぞれ出撃したときには、ゲバラはその一つとともにアルゼンチンに向かおうとしていた。アルゼンチンにおいては、1966年６月26日に新たなクーデターが起き、イリア大統領がオンガニーア将軍によって放逐されるという事態が

生じていた。従って、アルゼンチン進攻という構想も荒唐無稽な妄想ではなかった。

　マルティネス・タマヨのボリビア到着早々の仕事は、まずペルーの ELN の残留組、なかでもフアン・パブロ・チャン Juan Pablo Chang Navarro（1930〜1967）と接触し、また PCB 系のペレド兄弟、サルダーニャ、ニャト、バスケス・ビアーニャなど協力者ネットワークを再構築し、特にゲリラの再訓練が可能な基地を構築することであった。直ちにこの任務は遂行され、キューバ人とボリビア人の合同グループは活動を開始した。マルティネス・タマヨはラパス北西のカラビナからそれほど遠くないアルト・ベニ地方のユンガスに農場を購入した。しかし、農場は軍のキャンプとあまりに近いことが判明したため、しばらく放棄された。

　4月になり、活動の支援の為に、2年前にキューバで行われたゲバラとタニアの会見に同席していたレナン・モンテロ（イヴァン）がハバナからラパスに向かった。レナン・モンテロは VMT のメンバーであり、ピニェイロ・チームに属していた。彼のボリビアにおける任務は、ボリビアの左翼組織とは関係をもたず、潜入者として「商人」を装い続けることであった。

　5月にゲバラの3人の協力者でありボリビア工作に従事するタニア、マルティネス・タマヨ、レナン・モンテロがボリビアで会議を行った。また、5月にはフィデル・カストロがマリオ・モンヘ書記長と会い、おおよその話をしていた。モンヘが帰国すると、モンヘはキューバと PCB の合同計画の推進にゴーサインを出し、JCB のグループを短期訓練のためにハバナに出発させた。インティ・ペレドが8人とととともにブエノス・アイレス経由でハバナに向かった。

　キューバでボリビア派遣隊員の選出リストが作成されていた時期、7月19日のゲバラのプラハ出発に先立って、7月10日にビジェガスとコエーリョがプラハを出発し、ドイツ、アフリカ、ブラジルなどを経由して、7月25日にボリビアのサンタ・クルスに到着した。マルティネス・タマヨが二人を迎えた。出迎えには「エル・フラコ」と呼ばれた人物（その後作戦から離脱）とペルー人のフリオ・ダグニノ・パチェコが加わっていた。パチェコはペルーの ELN との連絡員であった。ほぼ時を同じくして、7月末にココ・ペレドほか3人のボリビア人がハバナから帰国した。彼らは PCB との協力の範囲内でキューバにおいて訓練を受けていた人物である。

　ビジェガスとコエーリョはマルティネス・タマヨにゲバラの最新の指示を与えた。主な内容は、①タニアはゲリラの準備グループと距離を保たせること、②作戦予定地帯の北部に農場を確保すること、③ゲバラのキューバ入国の日時と

キューバでの準備期間についてであった。

　7月29日、パチェコはマルティネス・タマヨ、ビジェガス、コエーリョから、活動地域は『初めはボリビアに、次いでペルーに』なることが伝えられた。パチェコを通じたペルーELNの回答は当初は厳しいものであった。なぜボリビアであって、以前に言われたようにペルーではないのかと。パチェコは最終的にはこれに同意したようで、ペルーのELNは訓練を実施した後に、ボリビア・ゲリラに参加するグループを派遣するという想定の下に、ゲバラの旧友であるフアン・パブロ・チャンにこの合意を伝えた。ELNは6人が訓練を受けることを申し出た。

　その翌日（7月30日）、マルティネス・タマヨとビジェガスが、親中派であるためPCBから追放された鉱山労働者組合の指導者であり、キューバ側に繰り返してゲリラ組織のために武器と資金を求めていたモイセス・ゲバラと連絡をとった。2人は組織中のゲリラをELNのゲリラ・グループと統合する、だが武器も資金も渡せない、すべて「中央が管理している」と伝えた。モイセス・ゲバラはこれを受け入れた。この関係は、モンヘ書記長には秘密とされた。モンヘ書記長は、キューバ側の計画ではボリビアは後方基地であり、それ以上のものではないと考えていた。

　マルティネス・タマヨらはモンヘと面談し、「企画は変わった」と述べ、ゲリラ活動はペルーからではなく、ボリビアから始められると説明した。モンヘは「了解した」と述べた。また、二人はゲバラが参加するだろうと述べ、一方モンヘは戦闘の準備は出来ており、ゲリラ戦線にもっと人員を送ることを受け入れた。その一方で、ゲリラ戦争よりは「蜂起」路線を好むと固執した。しかし、その後モンヘは再び姿勢を変化させた。人員を増派すると約束した覚えはないと言い始めた。モンヘは、キューバ人はボリビア人に条件を強要しており、PCBは支援するつもりはなく、モスクワと協議しており、時機を見てソ連に支援を要請するつもりだと告げた。モンヘに依れば、PCBはゲバラがアルゼンチンに入るのを支援し、ブラジルやペルーにおけるゲリラ活動を支援するとは言ったが、ボリビアでの武装闘争は議論にはなかったと言い出した。キューバ側は抗議したが、モンヘは譲らず、双方に不信が深まった。モンヘやPCBの姿勢が変化した背景として、PCBが7月末に実施された総選挙への参加が認められ、得票率は低かったものの、史上最高の得票率を確保したために、PCB政治局の中に選挙中心の穏健路線への傾斜が強まったことがあったと考えられる。モンヘはココ・ペレドらの党内急進派に対しては、武装闘争を放棄したのではなく延期したのだと欺瞞的な説明をした。

　マルティネス・タマヨたちはモンへ書記長との交渉を続けた。彼らは約束した20人の戦闘員はどうしたのか、と問いただした。モンへ書記長は、「20人とは何の話だ」ととぼけた。PCB中央委員会には武装闘争の意思はない、最近の選挙で得た3万2000票がPCBにとっては勝利であった、とモンへは言った。モンへに対する圧力が必要であった。

　これと並行して、北部での農場探しを始めた。8月中にもPCBとの協議が続いた。ビジェガスによれば、話し合いにはココ・ペレドも加わり、彼はキューバの立場を支持していた。モンへ書記長は対案を出した。ラパスにおける市民の蜂起、その後の山岳地帯でのゲリラ戦の展開である。キューバ側が、大陸規模の構想であり、ゲバラ自身が参加すると説明した。これに対し、モンへ書記長はゲバラが来るのなら自分も闘うと繰り返した。しかし、曖昧さが残っていた。

　PCBは1963〜64年の時期にペルーのELN、アルゼンチンのEGPに対する支援を行うなど、ゲリラ戦争路線に連動する動きを示していたが、キューバへの不信は持っており、ゲバラがキューバから消えた後も、フィデル・カストロとゲバラの間の不和に関する噂は信じず、2人はラテンアメリカ革命の拡大という路線では一致しており、ゲバラはアフリカに行ったものと疑っていた。少なくとも1965年9月頃まではPCBの姿勢はこのようなものであった。

　この頃、PCBはキューバから1966年1月のハバナで開催される「三大陸人民連帯会議」に招待を受けていたが、その後親中派のオスカル・サルダーニャ派も招待を受けており、同派の方がPCBよりも大きい代表団を派遣することになっていると知り、キューバの親中派に対する好意を示すものであると疑い、同派の招待の裏に、キューバがオスカル・サルダーニャ派の掲げる「蜂起」路線に同調しているとの不信感を強めるようになった。モンへは1965年11月に「三大陸人民連帯会議」への参加をPCBから求められたが、PCBは会議ではキューバが支援する武装闘争の可能性を否定するわけではないと表明しようと考えた。同年12月、モンへはまず「三大陸人民連帯会議」に参加する各国組織の代表が集結するプラハに行って、その後ハバナに向かった。モンへはハバナ到着時に「三大陸人民連帯会議」以外に他用があると申し出て、情報部の施設に案内され、ボリビア人同志たちと合流した。モンへはボリビア人留学生とも接触し、彼らがPCBの許可なくキューバで武装訓練を受けていたことを知った。モンへは、ピニェイロ等内務省関係者との会合では留学生たちが訓練を受けていることに満足していると告げた。こうして、キューバの路線に協調して見せることで、「三大陸人民連帯会議」ではオスカル・サルダーニャ派にとって代わることに成功した。PCBは、政治的に敵対関係にあった他の左翼グループを「三大陸人民連帯会議」に参

加させまいとして、招待を受けないままに既にハバナに到着していたボリビアの他の左翼代表団に圧力をかけ、出席をやめさせた。即ち、レチンが組織したPRIN、トロツキスト系のPOR、PCB分派で親中派系のPCMLなどである。キューバとPCBとの協力に関する交渉は、PCBとの指導権に関する直接の関係と同時に、ほかの左翼運動との統一戦線を確立できるかの問題も含んで、ゲバラのボリビアでのゲリラ根拠地建設に大きな影響をもつことになる。この会議において、モンヘはキューバがラテンアメリカのどのような左翼組織を選んで接触しているかを把握した。

モンヘは、同会議後直ちにモスクワに向かった。モスクワではボリス・ポノモリフ Boris Ponomoriv 共産党中央委員会国際局長の執務室に迎え入れられ、「三大陸人民連帯会議」について意見を求められ、モスクワはキューバがラテンアメリカの極左グループを煽動しているとの不信感を持っていることを知るとともに、モンヘとソ連共産党は「三大陸人民連帯会議」の仕掛け人がゲバラであると見ている点で意見の一致を見た。

モンヘはソ連訪問後、再びハバナに戻り、他のボリビア人留学生と共に武装訓練を開始した。モンヘは留学生たちに、キューバでの武装訓練が終わった後に、ソ連に理論学習を受けに行くよう求めた。このようにして、モンヘはキューバの意図をかわそうとした。

1966年1月、フィデル・カストロがモンヘを呼び（ピニェイロ等も同席）、モンヘの意向を糺した。モンヘは、ボリビアの情勢は「蜂起」に相応しく、キューバで訓練を受けた者たちとともに権力を掌握すると応えたが、その回答はフィデル・カストロが期待したものではなかった。フィデル・カストロは「それはゲリラ戦か」と糺したが、それに対してモンヘは「ゲリラ戦」はボリビアには現実的な選択肢とは思えないと答えた。ピニェイロに依れば、フィデル・カストロはこの回答に満足せず、モンヘはゲリラ戦を考えていないようだが、キューバ側はそのためにボリビア人を訓練してきたのだから、2〜3か月後にはゲリラ戦を開始するよう求めた。

モンヘは、プラハに滞在していたPCBのラミロ・オテロ Ramilo Otero をハバナに呼んで、ボリビアに戻って「キューバ人はボリビアでのゲリラ戦を準備している」と政治局に説明させようとした。オテロはラパスに帰国したが、PCB政治局や中央委員会とは話ができず書記局と話せただけであった。書記局はモンヘの説明を信じず、モンヘに軍事訓練を中止して帰国しろと告げた。そのためモンヘが帰国して説明する必要性が生じた。この時点でキューバにおいて軍事訓練を受けている留学生をモスクワに行かせるとの案は実現不可能となった。

　同年5月にモンヘは PCB 政治局員のウンベルト・ラミレス Humberto Ramírez の同席の下でフィデル・カストロとの会見を求め、その席でフィデル・カストロはゲバラへの支援を要請し、モンヘは支援を約束した。カストロはモンヘに「君のプランは都合がよい時に進めればよい。我々はあなた方の問題に干渉はしない」と述べ、モンヘは「共通の友人」を支援する用意があると繰り返した。モンヘはココ・ペレド、バスケス・ビアニャ、フリオ・ニャト・メンデス、ロドルフォ・サルダニャの4人をキューバで訓練を受ける指揮官として指名した。6月、モンヘは訓練を終え、上記の4人をボリビアに帰し、残りの者は「勉強を続ける」ように指示した。モンヘはラパスにいた PCB 第2書記のホルヘ・コーリェ・クエト Jorge Kolle Cueto 宛てに手紙を書き、カストロとの会話内容について報告し、その後モスクワに行った。モスクワでは、フィデル・カストロとの約束内容を説明するとともに、ゲバラの行き先をソ連側に明らかにした。

　9月初め、ゲバラはボリビアにおける最初の野営地としてペルーとボリビアの国境に近いアルト・ベニを選び、アルベルト・フェルナンデス・デ・モンテス・オカを、ラパスにいるグループとの意見交換のためにボリビアに派遣した。9月3日、フェルナンデス・モンテス・デ・オカが、チリのサンティアゴ経由でラパスに着き、先遣メンバーと会った。アルト・ベニに野営地をつくるという提案は、カミリ地域一帯で PCB の支援を受けて行ってきた活動とぶつかることになる。彼らは既にサンタ・クルスに武器、衣類、食糧の貯蔵を集積し始めていたからである。

　9月10日、ビジェガスはゲバラに報告を送った。マルティネス・タマヨの意見を代弁して3つの地域について評価を行なった後、ラパスのキューバ人グループはアルト・ベニもしくはエル・チャパレに拠点を構築して活動するという案を放棄し、以前の通りサンタ・クルス＝カミリ地域で活動することにしたと報告した。アンデス中央部に近い上に、居住者の少ない地域であり、またアルゼンチンとの国境に近いため、おそらくゲバラの考えにもあっているという考えからだった。ゲバラは、最先端の後方基地の設営を考えていた。そこでゲリラを組織し、その後はいかなる戦闘を行わずに北へ進む。さらに中央部に前進し、基本的にはアルゼンチン国境に至るアンデス西部を連絡路および移動路とする、というものであった [TaiboII 2001b：216]。ビジェガスの報告は PCB との関係が悪化したと指摘していた。

　この頃キューバ人先遣グループは、PCB のペレド兄弟、ホルヘ・バスケス・ビアーニャ、ロドルフォ・サルダーニャを指導者とする10人のグループと協働していた。一方、様々な諸条件を考えるとかなり奥地に農場を買ったことが明らか

になっていた。農場はニャンカウアス川の近くにあり、ラグニーリャス村や、武器が保管されているサンタ・クルスの隠れ家からそれほど遠くはない。この農場は1227ヘクタールあり、「翠の生い茂った山岳地域」に位置し、ボリビア人の小作人が2人働いていた。ココ・ペレドが形式的な購入者となり所有者となった。しかし、9月11日に、すなわちゲバラに購入を報告した翌日から、ビジェガスが農場の隣に住むシロ・アルガニャスが、「きわめて好奇心の強い」人物で危険であることを警告していた。

9月12日、モンテス・デ・オカがハバナに戻った。その間に、マルティネス・タマヨはアルト・ベニに別の農場を探しに行った。ニャンカウアスがいいとは思っていたのだがゲバラが何というかと思うと、別の可能性も捨て切れなかった。これと並行してレジス・ドブレもこの一帯の社会的・政治的な研究を行なっていた。彼はコチャバンバの北部チャパレでも9月中に研究を行なった。

9月23日、マルティネス・タマヨ、ビジェガス、コエーリョの3人のキューバ人がマリオ・モンヘPCB書記長と再度話し合った。モンヘは党を代表し、ドブレと他の左翼グループ、特に親中派のサモーラ・グループとの関係を3人に糺した。キューバ側はドブレのことはわからない、この問題には関知していないと説明した。モンヘは党としては総蜂起路線を基本としており、ゲリラ戦争は二義的なものとみなしていると説明した。では、それに対して何をしたのかとキューバ側が質問すると、モンヘは何もしていない、と答えた。

9月28日、第3回目の話し合いが行われた。この時にもモンヘは、フィデルとの約束は南部で行われるはずのことのために支援基地をつくることだけだ、ボリビアはこの計画では戦略的には二義的な要素にすぎない、と繰り返した。これに対してキューバ側は、ボリビアが中心だ、なぜならばその条件があると答えた。話し合いは結局好ましい結果を得られなかった。モンヘがキューバの手中の傀儡であることには耐えられないと発言したためだ。2日後、ビジェガスは一緒に活動してきた協力的なJCBの一部と会い、モンヘが提示した疑義について説明した。ロドルフォ・サルダーニャとココ・ペレドはモンヘがどんな立場をとろうと関心はない、自分たちは戦うと言った。10月4日、ゲバラからメッセージが届き、この時期におけるモンヘとの決裂は深刻であるとして、「議論を避けつつモンヘとの関係を維持する」という姿勢をとり続けるよう伝えてきた。

10月5日、マルティネス・タマヨがゲバラと会うためにボリビアからハバナに向かった。ニャンカウアスの農場は基盤拠点としてはふさわしくない、他の場所に移動したいということなどを伝えるためであった。ゲバラはこれに対して不快感を示した。ニャンカウアスは、人里離れた地域であるため、長期の訓練が可能

であり、アルゼンチンとも適当な距離にあるという、ゲバラが望んだ最低限の条件は備えていたためであろう。この選択が、後にゲバラをはじめ、ゲリラ活動に参加した人々に悲劇的な結末をもたらすことになる。

　10月になっても未解決の問題が多く残っていた。モンヘがまた態度を変化させ、中央委員会が武装闘争に賛同しているので、これをボリビア人に呼び掛けなければならないと言い出し、この姿勢の変化を説明するためにハバナに行くと言ったが、その前にブルガリアで開催される共産党・労働者党会議に出席するためとしてブルガリアを訪問した。結局、モンヘがハバナに着いたのは11月末であった。ハバナではフィデル・カストロに会い、ボリビア革命はボリビア人が指揮しなければならない、ゲバラにも説明したいのでゲバラと会う必要があると述べ、それに対しフィデル・カストロは会見場所はボリビア国外ではなくニャンカウアスで会う方が望ましいと言い、モンヘもそれを受け入れて12月中旬にラパスに戻ったが、彼はキューバ人に騙されたと感じていた。

　10月21日、マルティネス・タマヨがボリビアに戻った。ゲバラの叱責に悲しんでいた。マルティネス・タマヨはビジェガスに、今となってはゲバラに忠義を尽くすだけだと心中を告白した。

　10月22日、キューバではピナル・デル・リオ州のサン・アンドレスの訓練基地で行われていた選抜された派遣戦闘員たちの訓練が終了した。戦闘員たちは家族のもとに行き、別れを告げることが許可された。だが、旅行の目的地に触れることは絶対的秘密とされた。ゲバラは再度のキューバ出国のために変装した。10月23日、ゲバラは再びキューバを去った。

　出発の直前、ゲバラはレジス・ドブレから報告を受け取り、パチョの報告と比較した。この報告には地図、見取り図、政治情勢報告、シンパのリストが添付されていた。ドブレの報告からは、ゲリラの「母隊根拠地（フォコ）」としてはニャンカウアスではなく、ボリビアの他の地域の方が相応しいことはあらゆる角度から見て明らかであり、農民も社会意識に目覚めており、社会の中で最も政治的に急進的な勢力の一つであり、かつ左翼勢力の大きな基盤である鉱山労働者からもそれほど孤立していなかった。しかし、ドブレが後に言うように、ゲバラは「ゲリラ活動に早く戻りたいという焦り（中略）軍事訓練やゲリラの人員の選出や将来の接触のための準備に専念していたことなどから、初期の根拠地の位置決定には二義的な関心しか持たなかった」のかどうか。ゲバラがニャンカウアスという政治活動が全く存在しない地域を選んだのは、作戦基地ではなく後方基地として考えていたためである、そのためには孤立していることを最重要視したのであろう。

　1966年10月23日、ゲバラはハバナを出発した。モスクワからプラハ経由で、陸路ウイーンに行き、ウイーンからパリ経由でブラジルのサンパウロに到着し、同国のマットグロッソのコルンバから陸路で国境を越えてボリビアに入国し、サンタクルスから国内便でラパスに到着した。

　1966年11月3日、ゲバラがボリビアの首都ラパスに到着した。翌日、ゲバラはアルベルト・フェルナンデス・モンテス・デ・オカ（パチョ）を使い、レナン・モンテロと会う手はずをつけた。パチョはレストラン「エル・パルド」でキューバ人諜報員（誰であったかは不明）と会い、レナン・モンテロとの面会の手配をした。レナン・モンテロは1966年4月、ゲバラのボリビア到着直前に合法支援活動に集中するよう指令を受けてボリビアに到着していた。

　同日夜、ゲバラは隠れ家でレナン・モンテロと会い、キューバ人戦闘員の受入れと武器の移動に関して指示を与えた。レナン・モンテロはマルティネス・タマヨと連絡を付け、ゲバラはキューバ人グループ全体と一度に会うことを望んでいないという意向を伝えさせ、最後にタニアと連絡をとり、彼女を部隊形成のためのネットワークに組み入れた。本来、彼女はハイレベルのボリビア国家機構に浸透するための合法活動工作員に徹するはずであったが、マルティネス・タマヨがPCB系のボリビア人協力者と形成しつつあった都市ネットワークが十分機能することができない状況であったため、タニアが非合法活動にも関与せざるをえなくなる状況が発生していた。この時点からタニアはゲリラ・グループの作業に合流することになる。

　ゲバラはウルグアイ人のアドルフォ・メナと名乗り、米州機構（OAS）の証明書を持っていた。タニアが独自のルートで入手したもので、ボリビア大統領府情報局の認証がついた証明書で、ウルグアイの農村問題の研究者となっていた。

　11月5日午後6時半、ゲバラはジープに乗りパチョとともにオルロ〜コチャバンバ〜カミリ経由でニャンカウアスに向かった。それに先立って、マルティネス・タマヨとコエーリョが既に出発しており、数時間後にはビジェガスがボリビア人のバスケス・ビアーニャ Jorge Vázquez Viaña（ロロ）とともに出発した。

　11月7日、後からきたジープが追いついた。午後4時、ゲバラ一行はリオ・グランデに着いた。農場に近づき、隣人のシロ・アルガニャラスに疑念を与えないためにジープ1台だけが農場に接近した。バスケス・ビアーニャが運転するジープに4人で乗った。その時、ゲバラは身分を明かした。バスケス・ビアーニャは余りの驚きで、車が崖から落ちそうになった。

　一行は夜中過ぎに農場に到着した。農場はアドベ造りの建物で、2部屋からなり、トタン板で覆われていたため、「トタン屋根の家」と呼ばれた。ゲバラは

農場にはとどまらず、待伏せを予想して農場から数百メートルのところに野営した。一方、家には PCB 系の３人の労働者が農民だと言ってとどまっていた。アポリナル・アキノ・キスペ Apolinar Aquino Quispe、セラピオ・アキノ・トゥデラ Serapio Aquino Tudela、アントニオ・ドミンゲス Antonio Domínguez である。

　11月10日に、隣人のアルガニャラスの運転手が数人のキューバ人を目撃している。それを知ったゲバラは逆鱗し、ジャングルの中へ移動し、常駐の野営地を造営することにした。11月の第２週目、後続のキューバ人戦闘員を待ちつつ、残りのグループとともに洞窟堀りの作業を開始した。武器庫や食糧庫とするためである。

　11月20日、アントニオ・サンチェス・ディアス Antonio Sánchez Díaz（ピナーレス）とエリセオ・レイエス Eliseo Reyes（サンルイス）が到着した。ロドルフォ・サルダーニャも一緒に来た。サルダーニャはタニアと協力して座席を一つはずした小さなジープでニャンカウアスに武器の運搬をしていた。

　11月27日、ココ・ペレドが到着した。一緒にキューバ人のビロ・アクーニャ、レオナルド・タマヨ、ボリビアの医学生で日系人のフレディ・マイムラが到着した。少し後にマルティネス・タマヨとともにイスラエル・レイエス・サヤス、マヌエル・エルナンデスが来た。マルティネス・タマヨは「ペルー ELN のフアン・パブロ・チャンがボリビアに来ており、ELN のメンバー20人を派遣し、ゲバラに会わせたいと言っている」という情報をもたらした。しかしゲバラは、「そうなってしまったら、モンへの援助を確定するまでに闘争を国際化してしまうので困る」と述べ、ココ・ペレドをサンタ・クルスに派遣して、そこでフアン・パブロ・チャンと接触させることにした。

　12月２日、ゲバラの旧友であるフアン・パブロ・チャンが野営地に到着した。チャンはゲバラに、２か月後に５人のペルー人が合流できる、当面は２人がくる、ラジオの技術者と医師である。医師はしばらくボリビアにとどまる。（ペルー側の）プーノの近く、チチカカ湖の対岸側への武器移動に必要な連絡網形成のため５人のペルー人を派遣したいというので、援助することが決定された。ELN の最高指導者で1966年に逮捕されたエクトル・ベヘルの釈放計画についても提案されたが、現実的な計画とは思われなかったので、実現しなかった。（エクトル・ベハルはその後、1968年に成立したベラスコ JuanVelasco Alvarado（1910〜1977）左翼軍事政権に協力したほか、2021年７月28日にはペルーに登場したペドロ・カスティージョ José Pedro Castillo Terrones（1969〜）政権において外務大臣に任命された。）

　フアン・パブロ・チャンはココ・ペレドと一緒にラパスに戻った。ココ・ペレドは、都市ネットワーク形成の使命を受けており、ペルー人のフリオ・ダグニノ・パチェコと連絡をとり、フリオ・ダグニノ・パチェコは、ペルー人と、さらにインティ・ペレドの義父であり大統領情報局長であったゴンサロ・ロペス・ムニョス Gonzalo López Muñoz と関係をつけることになっていた。

　12月第2週目、食糧が不足し始めたため、ゲバラは野営地を自給化することにした。備蓄庫の建設作業が続いていた。さらに奥深く、農場や「トタン屋根の家」から離れたところに第2の野営地が造られることになった。第1野営地は戦略的機能をもつ洞窟を除いて、後方基地、武器庫、物資の備蓄庫、軍事訓練場と位置づけられていった。

　その間、11月20日から12月19日までの間に、続々とキューバ人戦闘員がボリビアに到着し、ニャンカウアスの拠点に入ったが、ラパスにおいてマルティネス・タマヨがキューバ人戦闘員の出迎え・受入れ・送り出しのための十分な支援チームを確保できなかったために、タニアが負担しなければならない任務も増大した。タニアは空港出迎えには赴かず、食料品や日常必需品の購入を任務として引き受けた。タニアと、到着したキューバ人戦闘員との友情も深まった。12月11日、ニャンカウアスにキューバ人の一団が到着した。残りは1グループとなった。この日到着したのは、ココ・ペレドとマルティネス・タマヨに連れられた、グスタボ・マチン・オエ・デ・ベチェ、レネ・マルティネス、オクタビオ・デ・ラ・コンセプシオン、ダリエル・アラルコン、それに3人のボリビア人、すなわちロルヒオ・バカ Lorgio Vaca Marchetti、オルランド・ヒメネス・バサン Orland Jiménez Bazán（カンバ）、フリオ・ルイス・メンデス Julio Luis Méndez Korne（ニャト）であった。

　ゲバラは、ココ・ペレドとマルティネス・タマヨに、ラパスの隠れ家を放棄するように、アルト・ベニから野営地に最後の武器を引き上げるように、レナン・モンテロとタニアを野営地に来こせるように、と指示した。

　12月12日、ゲバラは人事を発表した。軍事副長官はビロ・アクーニャ、サン・ルイスとインティ・ペレドは兵站司令官、マチン・オエは作戦長官、ビジェガスはサービス担当、インティ・ペレドは資金担当兼任、フリオ・ルイス・メンデス（ニャト）は調達・武器担当、オクタビオは医療担当、と決められた。

　12月19日、ゲバラが待っていた最後の2人のキューバ人、ロランド・パントハとスアレス・ガヨール（エル・ルビオ）が、マルティネス・タマヨとココ・ペレドの案内で到着した。レナン・モンテロもラパスからやってきた。ゲバラはレナン・モンテロ、ココ・ペレド、マルティネス・タマヨと徹夜で話し合った。

　ゲバラは、レナン・モンテロにはゲリラ野営地を出るように指示した。レナン・モンテロにボリビア人女性と結婚することを許可したためである。その女性はバリエントス大統領と交際のある政治家の娘であり、父親はバリエントスと一緒に商売をしていた。ゲバラはレナン・モンテロがタニアと同様にボリビア権力の内部で活動し、ハバナとの秘密連絡ルートを維持するように望んでいた。

　ゲバラには、到着した戦闘員グループの訓練を開始するためにも、また都市支援ネットワークもまだ明確に構築されていなかったため、PCBとモンへ書記長との関係を一挙に解決することが急務となっていた。ゲバラがモンへ書記長との協議を望んだため、12月31日にタニアがジープを運転して、ココ・ペレドとともにモンへをニャンカウアスの拠点まで連れて行った。

　ニャンカウアスでは、12月30日まで周辺地域の探索と中央野営地への移動のための作業が続いていた。野営地にはパン焼き窯や小さな教室が造られた。モンへは1966年11月にブルガリアで開催された共産党・労働者党会議に出席した後、キューバに立ち寄った（同会議への出席はゲバラのペースでボリビア国内の活動が決定されるのを避けるためであったとも言われる）。モンへは、フィデル・カストロと会見して、ゲバラらへの協力を要請され、一応は曖昧な協力意思を示してボリビアに帰国した。しかし、モンへ書記長の態度はボリビア帰国後も明確にされず、ゲバラらのキューバ人グループとの間に不信が拡大していた。

　後に1996年にキューバを離脱したボリビアからの生還者であるダリエル・アラルコンは、モンへはブルガリアからの帰途モスクワに立ち寄ったが、その際にモンへはソ連に対してゲバラの意図について説明したと述べている［Alarcón 1997：132］。しかし、1966年7月27〜28日にソ連を訪問したラウル・カストロとドルティコス大統領がソ連側にゲバラについて説明していた可能性もあり、また、1967年7月26日にコスイギン・ソ連首相がキューバを訪問した際に、両国指導者がゲバラの問題を協議していた可能性も否定できない。他方、CIAはキューバが1966年秋以降にゲバラのボリビア入りについてソ連に報告していたと見ていたとの情報もある［Castañeda 1997：466-467］。アラルコンに依れば、ゲバラはこれらについて何も知らされていなかった。

　12月31日、ゲバラの要請により、モンへ書記長がゲバラと直接協議を行うため、タニアの案内でココ・ペレドが同行してニャンカウアスに到着した。道中、ココ・ペレドはモンへに、ゲバラは政治的指導権はともかく、将来の運動の軍事的指揮権は絶対に渡さないだろうと警告し、合流するよう圧力をかけた。野営地につくと、ココ・ペレドの兄であるインティ・ペレドがさらに圧力をかけた。モンへに対する野営地にいたキューバ人グループの応対は冷ややかだった。モンへ

もキューバ人戦闘員に挨拶もしなかった。

　モンへ書記長との話し合いにおいて、最初から明らかになったのは、ゲバラが軍事的指揮を執る戦線においてはPCBは武装闘争に入ることはない、ということであった。モンへは、「自分は指導部を辞する。しかし、これによって少なくとも中立性が確保でき、党の幹部を闘争に引き込むことができる」と提案した。ゲバラは反対はしなかったが、「大きな過ち」であり、「どっちつかずの、どうにでもなる」態度であると思った。それによってPCBは曖昧な態度をとることになる。「前」書記長が武装闘争に入っても、PCBとしては支援もしなければ非難もしないだろう。モンへはもう一つ提案した。「南米の他の党と関係をつけ、解放運動支援の立場に導くべく努力する」というものである。ゲバラはこの点では非常に懐疑的であった。「失敗は決まっている。コドビジャ Victorio Codovilla (1994 ～ 1970) に対しダグラス・ブラボ Douglas Ignacio Bravo Mora (1932 ～ 2021) を支援するよう求めることは、党内の叛乱を許すことを求めるようなものだからだ。」

　最大の対立点は、モンへが政治・軍事闘争の指導権を求めたことであった。これに対しては、ゲバラは譲らなかった。「軍事指導者は私であり、この点についてあいまいなことは受け入れられない」。ゲバラはコンゴでの経験から、戦う意思のない政治指導者に従属して、二度も同じ罠に陥ることはできないと述べた。

　モンへは主張した。革命がアルゼンチンで行われるのであれば、ゲバラに背嚢を背負わせる用意はある。だが、ボリビアではボリビア人が、すなわち自分が指導しなければならない、と。これに対しゲバラは、スペイン系アメリカの独立や革命的指導者の運動は国境を越えていたというラテンアメリカ主義の流れを述べて反論した。形式的な指導権を与えることは許容できても、真の指揮権は自分が握る、これは譲れないと主張した。いずれの側も妥協しなかった。ゲバラは、「私はすでにここにいる。ここから私を引出すことができるのは死んだときだけだ」と述べた。

　モンへとの話し合いについて、ゲバラはその『ボリビア日記』の中で次のように書き残している。

　「モンへとの話し合いはありきたりの挨拶で始まったが、彼はすぐ本題を切り出し、次の3つの基本条件を並べた。

　①自分（モンへ）は党指導者の地位を辞任するが、党には中立の立場をとらせ、党幹部を闘争に参加させる。

　②革命がボリビア国内で行われる限り、当然、自分が闘争の政治的、軍事的指導者になる。

③他の南米諸国の党との関係は自分が処理し、解放闘争を支援するようこれら
　の党の説得に努める（彼はダグラス・ブラボの例を挙げた。）

　第一の点については、私は彼の態度は大間違いだと思ったが、党書記長であ
る彼自身が一存で決めるべきことだと答えた。彼の態度は優柔不断かつ便宜主義
的、なんとか歴史に名声を留めたいという打算が働いている。その不誠実さは非
難されてしかるべきだ。時がたてば、私が正しかったことが証明されるだろう。

　第三の点については、彼がやる分には異存はないが、失敗するに決まってると
言っておいた。ダグラス・ブラボ支持をコドビリャに頼むのは、党内の叛乱を支
持するよう頼むようなものだ。これも時がたてばはっきりしよう。

　第二の点については、断じて彼の要求を認めるわけにはいかない。軍事的指導
者は私であり、この点についてはいささかも曖昧にはできない。ここで話は行き
詰まり、水かけ論になってしまった。

　結局、私の方でよく考え、ボリビア人同志とも話し合ってみるということで折
れ合い、一緒に新しいキャンプに出かけた。キャンプではモンへは一人一人に、
ここに残るかそれとも党を支持するかどちらかに決めろと口説いてまわった。全
員残ると聞いて、モンへはびっくりしたようだ。

　正午、われわれは乾杯した。モンへは今日は歴史に残る重要な日だと言った。
私も彼の言葉を受けて、われわれの運動こそ南米大陸革命の新たな雄たけびであ
り、革命の大義の前にはわれわれの生命などものの数ではないと答えた。フィデ
ルから心のこもったメッセージが届いた。」[高橋正訳：24]

　また、ゲバラは12月の「月間分析」として次のように総括していた。
「キューバ人部隊の編成は首尾よく完了。隊員の士気は高く、たいした問題はな
い。ボリビア人たちも人数こそ少ないが立派である。モンへの態度は前進を妨げ
かねない面もあるが、私を政治的かかわりあいから解放してくれるのは有益であ
る。次の仕事は、さらに大勢のボリビア人の到着を待つことのほか、モイセス・
ゲバラのほか、アルゼンチン人のマウリシオ（別名ペラオ、カルロス）、ホサミ
ら（さらにマセッティと分派の連中）と話し合うことなど。」[前掲書：26]

　ゲバラとモンへの主張の相違点は明らかである。モンへから見ればゲバラ支援
はゲバラの「国際主義」ゲリラ部隊がアルゼンチンやペルーを目指していた限り
で彼らを支援するとの姿勢を示していたのであり、ボリビア革命はボリビア人が
指揮するべきで、外国人の介入は必要ないとの立場であった。それに対し、ゲバ
ラは「アンデス計画」の実現を目指しており、ボリビアは「母隊根拠地（フォ
コ）」としてしか考えていなかった。また、ゲバラはゲリラ戦を重視したが、モ
ンへは「蜂起」路線を重視していたし、さらにモンへが「選挙」路線に傾きかけ

ていたこともあり、戦術論での意見の相違も感情的亀裂を拡大させる結果となった。

　1月1日、モンヘは「ラパスに戻って書記長を辞任して、11日か12日に兵士として合流するために戻って来る」と言い残して野営地から去った［Alarcón 1997：135］。ゲバラは、モンヘとの話し合いには区切りをつけ、PCBの非主流派や、他の左翼組織との連携を重視して模索する方向に転じると同時に、周辺国、特にアルゼンチンの共産党（PCA）以外の左翼グループ、特にマセッティ派の生き残りとＰＣＡの非主流派であるホサミらとの連携強化を模索するようになる。このアルゼンチンの組織との連携については、タニアに任務が課せられた。アルゼンチンでは、当時PCAは分裂の危機にあり、1968年1月には4000人の党員が離党して、革命的共産党（PCR）を組織した。

　また、モンヘからの協力に関しては信頼がおけないため、特にそれまで使用してきた都市の支援ネットワークとは別に新たなネットワークを立ち上げねばならなくなった。ゲバラは、連携を拡大するためにモイセス・ゲバラのグループをしっかり組み込んだ戦線を立ち上げる必要に迫られた。都市ネットワークについては、まず当時、キューバにいたウンベルト・レア、ロドルフォ・サルダーニャ、JCBのロヨラ・グスマン Loyola Guzmán Lara（1940～）の協力を得て都市の支援ネットワークを構築することになった。キューバとの連絡にはレナン・モンテロがいた。

　ゲバラはモンヘとの会見の結果について、レナン・モンテロを通じてフィデル・カストロに伝えた。その返事として、1月11日にラパスに戻っていたペルー人のフアン・パブロ・チャンが再び野営地に来るという連絡を受け取った。さらに10日後、フィデル・カストロが、PCB第2書記のコーリェがハバナに着くが、「提案は聞くが、彼等には厳しく断固たる態度をとる」と伝えてきた。15日後にはコーリョとレイェスとの会合において、「コーリェによれば、モンヘはPCB書記局に、作戦は一国規模のものであると伝えたが、この点については混乱があるように思われたので、コーリェに対して作戦は大陸規模のものであり、戦略的意味をもつものであると説明した」。ハバナにおいて、フィデル・カストロはこのように考え、それを前提としてゲバラとPCBとの関係がうまくいくよう尽力していた。

　フィデル・カストロからの2つのメッセージの間にココ・ペレドがボリビア人戦闘員3人とともに野営地に戻ってきた。ココ・ペレドはモンヘが書記局を辞めていないと伝えた。それだけでなく、「キューバから帰ってきた3人と話をして、ゲリラに入らないように説得するなどモンヘへの敵対的態度のために、結果

として、ボリビア人は11人しかゲリラに加わらなかった」と報告した［TaiboII 2001b：246］。1月の「月間分析」において、ゲバラは、「予想通り、モンへは最初から逃げ腰で、やがて裏切りを働くようになった。党はわれわれに戦いをしかけている有様だ」と記述している［高橋訳：42］。

　PCBに依存することができなくなったことで、戦闘員の補充も食料など必要物資の調達にも支障をきたすことになったが、ゲバラにとっては、結果としてPCBとの関係がほぼ全面的に断たれたことで、重荷から解放されたという面もあった。都市支援ネットワークについては、ロヨラ・グスマンのようなJCB指導者である有能な若者が、1月26日にモイセス・ゲバラとともにニャンカウアスに到着した。グスマンはゲバラの信任を得た上で、ラパスに戻った。彼女は都市支援ネットワークの構築においてタニアの後継者となることが期待された。

（7）ゲバラ・ゲリラ部隊の壊滅

　1966年12月31日から翌97年1月1日までのニャンカウアス根拠地に滞在中、タニアがゲバラからアルゼンチンに赴いて、同国協力者と接触するように指示を受けた。ゲバラにとって、急務であったのは、ゲリラ部隊にニャンカウアス一帯を深く探査させて慣れさせることと、ゲリラ運動を「大陸化」するという構想の実現に向けてアルゼンチン人との連携を模索することであった。ゲバラの指示を受けて、タニアが1月中と2月中の2回にわたってアルゼンチンを訪れている。1回目は1月12日にボリビア人のココ・ペレドが同行し、ジャーナリストで画家のシロ・ブストスと元PCA党員のエドゥアルド・ホサミ、共産党左派脱党者である詩人のフアン・ヘルマン等に会って、ボリビアのゲリラ部隊に合流するよう呼びかけた。

　2回目のアルゼンチン訪問時にも、タニアはシロ・ブストスに会っており、シロ・ブストスからボリビアのゲリラ部隊と接触するという確約を得た。シロ・ブストスはその後ラパスに到着しタニアと連絡をとり、同時期にラパスを訪れていたフランス人知識人のレジス・ドブレとともにニャンカウアスのゲリラ部隊の根拠地を訪問することになった。3月5日に彼らはタニアが運転するジープで現地に向かい、ニャンカウアスに近いカミリの町にジープを置いて、徒歩でニャンカウアスに向かい、3月6日に拠点キャンプに到着した。しかし、ゲバラは不在であった。

　ゲバラは2月1日に留守部隊を残してゲリラ部隊の主力と共にニャンカウアス周辺地域の探査のため遠征を開始していた。地図が不完全であったために手探りで行軍することを余儀なくされた。約20日間の計画とされた。しかし、ゲバラた

ちは、ジャングルの中での行軍が困難をきわめたため、3月19日まで拠点キャンプには戻ることができなかった。そして、ゲバラの留守中にゲリラ部隊にとって致命的な重大事件が発生した。

それは、3月11日にモイセス・ゲバラ・グループのメンバーとして2月14日に中央野営地に合流していた鉱山労働者のパストル・バレラ Pastor Barrera Quitana とビセンテ・ロカバド Vicente Rocabado Terrazas の2人のボリビア人が脱走して、カミリの陸軍第4師団にゲリラ部隊とゲバラの存在について密告したことである。この密告に基づいて、3月17日に陸軍部隊が「トタン屋根の家」を強制捜査して留守役のモイセス・ゲバラ・グループのサルスティオ・チョケ・チョケ Salustio Choque Choque の身柄を拘束したが、ゲバラとゲリラ部隊の存在が疑われる状況となった。陸軍部隊が近隣のカミリの町を捜索し、その結果タニアがラパスから運転してきたジープが発見され、車中から「ラウラ・グティエレス」名義のタニアの身分証明書や、ラパス市内の連絡先のリストが押収されたため、治安部隊の捜索によってラパス市内の支援ネットワークが壊滅される結果となった。また、タニアがゲリラ運動を支援するキューバの工作員であるらしいという疑問が持たれたため、タニアはラパスに帰れなくなってしまった。それ以後、タニアはゲリラ部隊に残ることになり、最終的には1967年8月31日に後衛隊の一員としてボリビアのジャングルの中でリオ・グランデ渡河中に待伏せ攻撃を受けて銃撃され、戦死するに至る。

ゲバラらは行軍中にハバナからの無線連絡でレジス・ドブレがボリビアに到着したことを確認するメッセージを受け取っていた。ドブレらは既に中央野営地に来ているのではないかと考えられた。ドブレらはタニアに連れられて3月6日に中央野営地に到着していた。ゲバラは3月19日に中央野営地に帰着し、タニアやドブレたちと会見したが、ボリビア陸軍部隊がニャンカウアス地域を包囲している可能性があるため、タニア、ドブレ、ブストスをニャンカウアス地域から脱出させることを可能にする行動を模索し始めた。

3月23日に最初の本格的な戦闘が発生した。オルランド・オロ・パントハ（アントニオ）指揮下のゲリラ部隊が前夜から準備していた待伏せ攻撃を行った。アラルコンらが活躍した。政府軍兵士7人が死亡、4人が負傷し、佐官1人、大尉1人を含む14人が捕虜となった。ゲバラの日記には「8時過ぎにココが到着し、待伏せ攻撃でボリビア軍を倒したと報告した」と書かれている。

3月25日午後6時半、ゲバラはキューバ人、ボリビア人、ペルー人計43人のゲリラ部隊員のほとんどを集め、ゲリラ部隊が「ボリビア ELN」を名乗ることを決定した。この時点では、ゲバラはタニアを脱出させるべきだと考えていたが、

3月27日にラジオ放送によってタニアの正体が知られたことを知らされ、ゲバラは日記に「2年間の努力の成果が失われたことを示しているように思われる」と書いた。カミリで発見されたジープから「ラウラ・グティエラス・バウエル」の住所や電話番号が書かれた身分証明書が見つかり、それらの証拠から陶芸家のヨランダ・リバス・デ・プロスコンスカ女史の家宅捜査が行われ、同女史が「ラウラ」とは誰かを告げた。これにより「ラウラ」がゲリラを支援する工作員であることが治安当局に知られることになった。しかし、まだタニアの本名は知られていなかった。

　ゲバラはレジス・ドブレとシロ・ブストスを脱出させるためにゲリラ部隊を二分した。レジス・ドブレにはフランスでボリビアでのゲリラ活動支援のためのキャンペーンを実施してもらうこと、シロ・ブストスにはアルゼンチンに帰国してホサミ、ヘルマン等の左翼系の人々にボリビアの活動に参加するよう呼びかけることが期待された。4月17日、戦闘力を有する20数人と、残りの13人に分割され、主力はゲバラの直接指揮下でドブレとブストスをリオ・グランデ方面に移動させ、そこから北部へ包囲網から脱出させる任務に重点を置いた。

　タニアは、ゲバラが「くず」と呼んだボリビア人4人（フリオ・ベラスコ、ホセ・カスティリョ、エウセビオ・タピア、ウーゴ・チョケ）や病弱の4人等とともにフアン・ビタリオ・ビロ・アクーニャ（ホアキン）指揮下の後衛隊に配属された。日系ボリビア人のフレディ・マイムラも医学生として医療知識を有していたため、この後衛隊に配属された。タニアは分離時から39度の高熱があり（末期子宮がんによるものとの説あり）、脚部も負傷していた。中央・前衛隊と後衛隊は2週間後に再会する予定とされた。

　4月18日、レジス・ドブレ、シロ・ブストス、および「ロス」という前日にニャンカウアスにまぎれこんできた自称ジャーナリストの3人は、ゲリラ部隊に別れを告げた。中央・前衛隊はムユバンバ村占拠の準備を始めたが、探索の結果、政府軍が警戒態勢に入っていることがわかったのであきらめた。以後、ゲリラ部隊は外部とまったく接触をなくした。レジス・ドブレら3人は、その直後警察のパトロール隊に発見され、逮捕はされなかったが、軍に通報され、数時間後に政府軍によって逮捕され、ジープでムユバンバ村へ連行された。ゲバラは、翌日、農民からドブレとブストスの逮捕を知らされた。両名が逮捕されてしまったため、4月30日の日記に「キューバとの連絡が絶たれ、アルゼンチンにおける行動計画が無に帰した」とゲバラは日記に書きこんだ［高橋訳：98］。

【ゲリラ部隊メンバー】
〈前衛隊メンバー〉

姓　　名	組織名	国籍	備　　考
Antonio Domínguez Flores	León, Antinio	B	1967年9月27日投降
Lucio Edilberto Galván Hidalgo	Eustaquio	P	1967年10月12日カホネスで戦死
Ernesto Guevara de la Serna	Ramón	A	1967年10月8日負傷後拘束、翌9日殺害
Gustavo Machin Hoed de Bache	Alejandro	C	1967年8月31日バド・デ・イェソで戦死
José María Martínez Tamayo	Ricardo,Papi	C	コンゴに従軍、ボリビア先遣隊、1967年7月30日リオ・ロシタで戦死
René Martínez Tamayo	Arturo	C	1967年10月8日ケブラダ・デル・ユロで戦死
Julio Luis Méndez Korne	Ñato	B	ニャンカウアスを脱出後、1967年11月15日マタナルで戦死
Orlando Pantoja Tamayo	Antonio,Olo	C	1967年10月8日ケブラダ・デル・ユロで戦死
Guido Álvaro Peredo Leigue	Inti	B	ニャンカウアスを脱出し、1969年に再蜂起、同年9月9日戦死
Eliseo Reyes Rodríguez	Rolando	C	1967年4月25日エル・メソンで戦死
Leonardo Tamayo Núñez	Urbano	C	キューバに生還。
Harry Villegas Tamayo	Pombo	C	コンゴに同行、キューバに生還
Benjamín Coronado Cordova	Benjamín	B	1967年2月26日リオ・グランデ川で溺死
Lorgio Vaca Marchetti	Carlos	B	1967年3月16日リオ・グランデ川で溺死

（注）筆者作成

〈後衛隊メンバー〉

姓　　名	組織名	国籍	備　　考
Juan Vitalio Acuña Núlez	Joaquin	C	後衛隊隊長、1967年8月31日バドデ・イェソで戦死
Apolinar Aquino Quispe	Apolinar	B	1967年8月31日バド・デ・イェソで戦死
Walter Arancibia Ayala	Walter	B	1967年8月31日バド・デ・イェソで戦死

Haydée Tamara Bunke Bíder	Tania	A	ラパスで諜報工作、1967年8月31日バド・デ・イェソで戦死
José Castillo Chávez	Paco	B	1967年8月31日バド・デ・イェソで身柄拘束
Casildo Condori Vargas	Víctor	B	1967年6月2日ペニャ・コロラドで戦死
Hugo Choque Silva	Chingolo	B	脱走
Moisé Guevara Rodríguez	Moisés	B	親中派指導者、1967年8月31日バド・デ・イェソで戦死
Antonio Jiménez Tardío	Pedro	B	1967年8月9日イニャオで戦死
Freddy Maymura Hurtado	Ernesto	B	日系人（医学生）、1967年8月31日バド・デ・イェソで負傷して身柄を拘束され、その後殺害
Israel Reyes Zayas	Braudio	C	1967年8月31日バド・デ・イェソで戦死
Antonio Jiménez Tardío	Marcos	C	1967年6月2日ペニャ・コロラドで戦死
Jesús Suárez Gayol	Rubio	C	1967年4月10日イリピティ川で戦死
Eusebio Tapia Aruni	Eusebio	B	脱走、1967年7月25日拘束、1970年に恩赦
Julio Verazco Montaña	Pepe	B	脱走、1967年6月30日軍が殺害

（注）同上

〈その他〉

姓　名	組織名	国籍	備　考
Pastor Barrera Quintana	Daniel	B	1967年3月11日脱走。
Vicente Rocabado Terrazas	Orlando	B	1967年3月11日脱走
Salustio Choque Choque	Salustio	B	本隊留守時に根拠地捜索で拘束。1970年に恩赦

（注）同上

　後衛隊は、4月17日以後、中央・前衛隊との再合流を求めてニャンカウアス周辺を彷徨し続けたが、長期にわたって大きな戦闘がなかったことから油断が生じた。5月末にはボリビア人のフリオ・ベラスコ・モンターニャ（ぺぺ）が脱走し、6月2日にはアントニオ・サンチェス（マルコス）とカシルド・コンドリ（ビクトル）が戦死したため、6月末に後衛隊はベジャ・ビスタ地域を放棄し、リオ・

グランデの近辺に到達した。それまでにさらに2人のボリビア人、セルピオ・ア
キノ・トゥデラとアントニオ・ヒメネス・タルディオが戦死し、エウセビオ・タ
ピア（エウセビオ）とウーゴ・チョケ（チンゴロ）が脱走した。

　他方、ゲバラが率いる中央・前衛隊も4月下旬に大きな打撃を受けていた。溺
死者2人、バスケス・ビアーニャの捕捉（拷問の末、ヘリコプターから投げ落と
された）、エリセオ・レイエスの戦死等である。5月1日、ELNゲリラの初のコ
ミュニケが発表され一帯から持ち出された。コミュニケを掲載した地元紙『プレ
ンサ・リブレ』は売り切れ、ラジオでも内容が放送された。5月7日に中央・前
衛隊は漸く中央野営地に帰還できた。しかし、陸軍部隊による包囲網は狭められ
つつあった。政府軍のパトロール隊に銃撃される機会も増加した。6月初頭、中
央・前衛隊は政府軍との衝突を避けつつ、後衛隊との再合流を求めて前進した。

　6月24日、ゲバラはラジオを通じて、鉱山地帯で激しい対立が起きたことを
知った。カタビの鉱山労働者がゲリラ部隊に一日分の賃金と医薬品の一回分の割
り当てを贈ることを決定した。サン・フアンの祭りの後、政府軍が鉱山労働者の
住居を襲撃し、シグロ・ベインテ鉱山では87人の死者を出した。「サン・フアン
の虐殺」として知られることになる。紛争地帯へ移動することも、都市の組織と
接触することも、事件の重要性を評価することも、何もできないまま、ゲバラは
アルゼンチンのラジオを通じて出来事を知った。この頃より、ゲバラは情勢を分
析する際に、政治的な視点を失い始めていた。ゲバラはゲリラ戦から学んだ論理
の上に立ち、24人の小グループの軍事行動を重視するという姿勢に限定されるよ
うになっていった。6月の月間分析に書き込んでいる。「農民の組み入れ不足を
感じ続けている。これは悪循環だ。農民を参加させるためには、人口の多い地域
で持続的行動をする必要がある。それをやるには、もっとたくさんの人員が必要
だ」、ゲバラは都市の強化を考える。「われわれのもっとも緊急な課題は、ラパス
ともう一度連絡をつけることだ。そうすれば軍需品や医薬品を補給し、たとえ、
戦闘員が減ったとしても、ラパスから50ないし100人の新手を加えることができ
る」［前掲書：130-131］。

　このようにゲバラは、ゲリラ部隊が農民との接触を欠いていること、都市との
接触ができずに人員の不足だけでなく、武器、医薬品の調達にも困難に直面して
いることを認識するようになっていた。ましてや、もはや「アンデス計画」を前
進させるすべもない状態に追い込まれていた。

　7月6日、中央・前衛隊はココ・ペレドとパチョが指揮する部隊を派遣してサ
マイパタの町を占拠させた。この作戦にはココ・ペレド、パチョ、マルティネ
ス・タマヨ、アニセート、マリオ・グティエレス、フアン・パブロ・チャン等の

精鋭が参加した。しかし、この作戦はゲリラ部隊が前進できる北限となった。以後、バリェグランデ郡内を南下していくことになる。政府軍はゲリラ部隊が南へルートをとっていることをはっきりと捉えていた。

　7月中にハバナからメッセージが届いた。レナン・モンテロの交代の手続きが始まっているにも拘わらず、新しい要員がまだラパスについていないことがわかった。この要員は、シエラ・マエストラの経験者であった。また、ラパスにいたロドルフォ・サルダーニャがキューバ側の要請で第2の「母隊根拠地（フォコ）」の形成をあきらめ、ゲバラとの接触に努力を集中するよう示唆を受けた。一方、ハバナでは訓練中のボリビア人グループが23人に達した。これはPCBを含む様々な左翼組織のメンバーから構成されていた。

　7月26日、ゲリラ部隊はリオ・グランデへのルートが政府軍によって探知されていることを知らなかった。精鋭のトリニダード中隊が一帯へ空輸されていた。ゲリラ部隊とトリニダード中隊との間で相互に待伏せ攻撃が繰り返された。ゲリラ部隊は退却戦に転じた。その渦中でマルティネス・タマヨ、ラウル・キスパヤ、パチョ、シモン・クーバ、ハイメ・アラナ、アニセートが負傷した。マルティネス・タマヨは重症を負って、30日に死亡した。ゲリラ部隊は山へ退却し、中央野営地への帰路を求めた。また、故障していた無線機と、ハバナの暗号放送をキャッチして録音し解読していた録音機を失った。この時点からハバナからのメッセージは理解できなくなり、解読に大きな困難をきたすことになる。このため、情報は商業ラジオ放送に依存せざるをえなくなっていった。

　8月13日にゲバラはインティ・ペレドとパチョの強い圧力により洞穴の薬を探しにニャンカウアスに分遣隊を派遣することを決定した。一方、軍はパトロール隊の派遣を決定していた。7月末に後衛隊からウーゴ・チョケ・シルバ（チンゴロ）とエウセビオ・タピアの2人が脱走したことがきっかけとなっていた。2人は政府軍によって捕らえられ、ラグニーリャスに送られ、軍とCIAによって尋問され、チョケ・シルバは8月10日から11日にかけてサラビア大尉をゲリラ部隊が倉庫としていた4つの洞穴に案内した。そのため、武器弾薬、薬品、文書類、写真類が発見され、軍が捕獲した物品の中には一連の写真、経済問題やラテンアメリカに関するゲバラの草稿、旅券、喘息の薬等があった。ゲバラとゲリラ部隊にとっては大きな打撃となった。

　8月31日、後衛隊の探索隊が中央・前衛隊について何らかの情報を得ようとオノラート・ロハスの家に立ち寄った。ロハスから食料を購入するとともにリオ・グランデを渡河する浅瀬を教えてもらおうとした。ロハスは後衛隊を浅瀬に案内したが、事前に政府軍に密告していたため、政府軍が川の両岸から待伏せ攻撃

を仕掛けた。後衛隊11人のうち、隊長のホアキンのほか、タニア、モイセス・ゲバラを含む9人が即死し、フレディ・マイムラは政府軍に捕らえられ虐殺された。また、ホセ・カスティーヨも政府軍に捕らえられ、バリェグランデに連行されて軍情報局とCIAの尋問を受けた。後衛隊が両岸から待伏せ攻撃を受けた浅瀬は、中央・前衛隊がいた地点から4キロの地点であった。もう少しで、両隊が求めていた再合流が果たせる可能性もあったのである。

9月2日、ゲバラはラジオ放送を通じて後衛隊の虐殺について知った。最終的に後衛隊の壊滅という現実を認めたとき、ゲバラは残った戦闘員と共に早急にニャンカウアス地域を脱出しなければならないということを悟った。後衛隊と再合流するという可能性が消失したためである。そして、西北へ移動を開始した。9月3日、前衛隊が大地主の家にたどり着き、野営していた40人ほどの政府軍部隊と交戦となり、中央隊を含めて脱出のための後退戦を強いられた。その頃、ハバナから届いていたメッセージの暗号を解くことができ、ゲバラのメッセージが読み上げられた「三大陸人民連帯会議」の結果を伝えてきた。大陸規模でのゲリラ戦開始に向けたゲバラの提案が多数の支持を受けたことが伝えられた。同時にPCBのアルド・フロレスがELNの代表を装って出席していたことも伝えられた。さらに、都市支援ネットワークのメンバーの一人であるロサーノの家が家宅捜査を受けたことを知らされた。

9月6日、ゲリラ部隊が再び政府軍と衝突した。軍が大集結していることが感じられ、ゲバラはジャングルの中を前進した。恐るべき状態でリオ・グランデを渡った。ゲバラは泳いで渡ろうとした時に靴を失った。武器を失くし、ラバも失った。

9月15日、ゲバラはラジオ放送を通じて衝撃的なニュースを知った。ELNの財務担当であり、都市ネットワークの中心的人物のロヨラ・グスマンがラパスで逮捕されたのである。彼女は洞穴から発見された写真によって身元が判明し、逮捕された。彼女の逮捕と同時に、学生たちによる抗議デモが起きたが、ゲリラ戦闘員の親族・身内も逮捕されるなど弾圧は強化されていた。

9月20日、ゲリラ部隊はバリェグランデの南およそ35キロのアルト・セコの町に着いた。ゲリラ部隊の出発後、住民が軍に通報した。同24日にはロマ・ラルガという先住民居住区に着いた。ゲバラは「肝臓が痛み、嘔吐し、他の者たちは何ら成果のない行軍に疲労困憊していた」。先住民農民たちは彼らを見ると逃げた。同26日、アブラ・デ・ピカチョという村に着いた。村を出た時、前衛隊が政府軍のガリンド大隊の待伏せ攻撃を受けた。ココ・ペレド、マヌエル・エルナンデス、マリオ・グティエレスが戦死し、ダリエル・アラルコン、アニセート、フラ

ンシスコ・ウァンカが負傷した。ボリビア人の２人、アントニオ・ドミンゲスとオルランド・ヒメネスが姿を消した。ゲバラは限界状態に置かれた。

　９月28日、ゲバラは記している。「不安の日。われわれの最後であるように思えたときもあった」。砲撃から脱出しようとするたびに兵隊の姿が見られた。午前10時、46人ほどの兵隊と交戦状態になった。次に77人の部隊と出会った。そして、渓谷に閉じ込められたまま３日間が過ぎた。チリのラジオが、ゲバラがボリビアの渓谷に釘付けにされていると報じた。３日目、軍のパトロール隊が通るのがずっと見えていたので、夜の10時になってから行軍を開始した。２日の間、包囲を避けつつ夜に前進した。

　10月４日、ゲバラは絶望状態に陥った仲間たちを全力で導いていた。次の日は夜中に進み、いつも畜獣が利用する道をたどっていった。10月６日、ゲバラに導かれた17人のゲリラは水を発見し、一時的にそこに野営することにした。ゲバラは10月７日の日記に、「特に問題もなく牧歌的にゲリラ活動を開始してからちょうど11カ月が過ぎた。12時半頃、老婆が山羊をつれてわれわれの野営しているチムニーに入ってきた。捕まえなければならなかった。彼女からは兵隊について信頼できる情報は何も得られなかった」と記している。インティ、アニセート、フランシスコ・ウァンカが老婆の家までついていった。夜になり、月明かりの下で部隊は再び移動を開始した。ラジオが、政府軍がリオ・グランデとアセーロ川の間でゲリラを包囲していると報じた。政府軍は放送を通じて、ゲリラ・グループの殲滅は時間の問題であると断言していた。

　明け方の４時半、部隊は２時間だけ休憩した後に立ち上がった。エル・ユーロと呼ばれている新たな渓谷を進んだ。10月８日朝５時半、ゲバラは３つの探索を命じた。左翼をダリエル・アラルコンとパチョに、右翼をレオナルド・タマヨとニャトに、前方をアドリアソラ（ダリオ）とアニセートに任せた。その後、ゲバラは待伏せを敷くように、３つの探索隊に後退するように命じた。８日の夜が明け、ペドロ・ペーニャという農民が、ジャガイモ畑の脇をゲリラが渓谷に向かうのを見て、近くに野営しているカルロス・ペレス准尉に告げに言った。ゲイリー・プラド大尉に報告され、レインジャー大隊Ａ中隊の２個小隊が渓谷に向けて前進した。プラド大尉は司令部を設置してレインジャー部隊に渓谷の上を占拠するよう命令した。ゲバラは包囲しているボリビア軍部隊の規模を知ることができない状態で、渓谷の奥へゲリラ部隊を後退させ、夜になってから岩山の頂上までいき、包囲を打ち破るべく待った。11時半頃、見張りの交代のためアニセートとニャトを派遣した。２人が政府軍の部隊と交戦し、アニセートが戦死した。

　集結地点と定められていた岩山の頂上には政府軍が位置を制していて登れない

状態になった。銃撃戦になった。3時間にわたり銃撃戦が続いた。午後2時半頃、ゲバラはフランシスコ・ウァンカに肉体的状態のよくないものを連れて撤退するように命じ、残ったもの（パチョ、シモン・クーバ、チャン、オロ・パントハ、レネ・マルティネス・タマヨ）だけでレインジャー部隊を制圧しようとした。アラルコンの位置からゲバラのグループが動き出すのが見えた。ゲバラとその仲間たちは、アラルコンが包囲を抜け出せたものと考えていた。別の高いところにはビジェガスとレオナルド・タマヨがいた。その時、ゲバラが負傷した。右のふくらはぎに弾が当たった。くるぶしの10センチあまり上のところであった。次の瞬間に彼のカービン銃が破壊され、暴発した弾丸がかぶっていた帽子を貫通したため、渓谷に戻らなければならなくなった。グループは散り散りになった。その時、生き残ったゲリラ16人は約100人のレインジャー部隊と戦っていた。

　午後2時半頃、ゲバラは彼を支えて勾配を昇ってきたシモン・クーバとともにレインジャー部隊のバルボア伍長と兵士のエンシーナスとチョケに身柄を拘束された。ゲバラは右足を負傷したほか、殆ど動けないほどの恐るべき喘息の発作に襲われていた。使えなくなったM2カービン銃をまだ持っていた。ほかにPPKウォルターピストルとゾーリンゲンの短剣を持っていた。プラド大尉が2人を観察したが、その時ゲバラは「私はチェ・ゲバラだ」と名乗った。プラド大尉は、ブストスが描いた絵を取り出して比較し、左手を出すように求めた。証明になるとされていた傷跡が手の裏にはっきりと見られた。これにより、ゲバラが身柄を拘束されたことが確認された。

　プラド大尉は14時50分に、無線機を通じて近くのアブラ・デ・ピカチョの町と連絡をとり、副官のトディ・アギレラ中尉に第8師団本部のあるバリェグランデに報告するよう伝えた。アギレラ中尉が師団長のセンテーノ大佐に送ったメッセージでは、「ゲリラの死亡者3人と重傷者2人がいる。軍が確認した情報ではラモン（ゲバラの意）が斃れたとしている。われわれはまだ確認していない」と書かれていた。電信に応え、アギレラ中尉はプラド大尉に対し、逮捕の確認をバリェグランデで行うように伝えてきた。15時30分、プラド大尉は無線で2本目のメッセージを送った。「ラモンの逮捕確認。いかにすべきか命令を待つ。負傷している」。半時間後、アンドレス・セリーチ中佐がヘリコプターでバリェグランデを発ち、エル・ユーロ渓谷にもっとも近い村であるラ・イゲーラへ向かった。午後4時半頃、ヘリコプターは渓谷の上空を飛び、まだ戦い続けているゲリラ兵から銃撃を受けた。

　さらにナパーム弾を積んだヘリコプターが2機、戦闘地域へ接近した。プラド大尉はすぐ近くで戦っているので、爆撃しないよう無線で要請した。数分後、政

府軍の小隊がオロ・パントハとレネ・マルティネス・タマヨと交戦した。ゲリラ
側は手榴弾の攻撃を受けて死んだ。

　午後5時、バリェグランデからラパスの政府軍司令部に手短な電信が送られ
た。「ラモンの逮捕を確認した」。参謀本部へ情報を伝えるまで2時間半かかっ
た。逡巡したことになる。ほぼ同じ頃、渓谷の上で戦っていた3つのゲリラ・グ
ループ（レオナルド・タマヨとハリー・ビジェガス、インティ・ペレドとダリエ
ル・アラルコン、アドリソラおよびニャト）のうちの一つが、ボリビア軍を回避
できた場合に集まろうとゲバラが決めていた地点にたどり着いた。途中で残され
ていた踏みしめられた足跡などからゲバラに起きたことが想像された。もう一つ
のグループ、フランシスコ・ウァンカに導かれていた病人のグループは奥深く入
り込むのに成功した。医師のデ・ラ・ペドラハ（モロゴロ）、ハイメ・アラナ、
ペルー人のルシオ・ガルバンである。パチョはたった一人で渓谷の奥の穴に隠れ
ることができた。

　日が暮れた。プラド大尉はゲバラを伴ってラ・イゲーラへ撤収することを決定
した。100人の兵隊たちが戦々恐々と兵士たちの死体と、オロ・パントハ、レネ・
マルティネス・タマヨの遺体を担架に乗せて運んだ。ゲバラはシモン・クーバと
とともに縛られたまま、2人の兵士に連行された。

　午後7時半頃、ゲバラらは連行されてラ・イゲーラの村に入った。レイン
ジャー部隊のアヨロア少佐とセリーチ中佐が待ち受けていた。ゲリラの捕虜と死
者の遺体は学校に運ばれた。アドベ造りの平屋の建物で、部屋は2つしかなく、
壁で仕切られていた。シモン・クーバは部屋の一つに、オロ・パントハとレネ・
マルティネス・タマヨの遺体とともに入れられた。ゲバラは別の部屋に入れら
れた。足の傷が痛んでいたため、縄をほどかれ、アスピリンを与えられた。フア
ン・パブロ・チャンも顔を怪我していて捕虜の列に加えられた。

　午後8時30分、プラド大尉は、何度も繰り返して伝えた同内容のメッセージを
今度は電信で送った。次いで、アヨロア少佐、セリーチ中佐と共にゲバラの持ち
物を調べた。12本のフィルム、色鉛筆でゲバラが修正した24枚の地図、小型ラ
ジオ、2冊の暗号の小冊子、受け取ったり送ったりしたメッセージを書き写した
メモ帳、詩が書かれた緑色のノート、そのほかゲバラの走り書きの文字が書かれ
たメモでいっぱいの2冊のノートなどである。

　午後9時半、セリーチ中佐が電話で第8師団の指示を求めた。10分後に返事が
きた。「戦争捕虜は最高司令部から命令を受けるまで生かしておかねばならない」
と書かれていた。さらに1時間後にバリャグランデの第8師団長のセンテーノ大
佐から新たなメッセージが届いた。「明日、早い時間にヘリコプターで私が行く。

それまでフェルナンド（ゲバラのこと）を生かしておくこと」。

　一方、ラ・イゲーラではセリーチ中佐ら3人の将校がゲバラの尋問を行なったが、成果は得られなかった。ゲバラが話すことを拒否したのだ。ラ・イゲーラの電信士によれば、セリーチ中佐はそれだけでなく、ゲバラがいかなる情報も与えようとしなかったために、処刑するぞと脅した上、パイプ2本と時計を奪ったという。

　夜10時10分、バリャグランデの第8師団長のセンテーノ大佐がラパスの政府軍司令部に電報を打ち、ゲバラの扱いについて暗号で提案を行なった。「フェルナンド500、生かす＝600、最初のもののみモールス信号で。ほかは無線電話で、殺す＝700」。「拝啓、最新の公電は500がわれわれの手中にあることを認めている。600か700か具体的指示を仰ぎたい」。総司令部の回答は「600を維持しなければならない。最高の秘密保持。潜入者がいる」。

　ボリビア軍の最高司令部の将軍たちはラパスで議論していた。最初のメッセージを受け取ったのはラフエンテ・ソト将軍（陸軍司令官）、バスケス・センペルテギ将軍（陸軍参謀本部長）、アラナ・セルド中佐（軍情報部）である。彼らは軍総司令官のアルフレド・オバンド Alfredo Ovando Candia（1918～1982）将軍に会いにラパス市内のミラフローレスの軍事施設にある執務室まで行った。オバンド将軍は3人を迎えると、3軍の参謀本部長であるフアン・ホセ・トーレス Juan José Torres González（1920～1976）将軍を呼んだ。既に空軍司令官のレオン・コーリェ・クエート（PCB第2書記ホルヘ・コーリェの兄）ら3軍の高位の軍人たちと協議していた。この会議でどのような議論が行われたかは明らかではない。結論だけが知られている。将軍たちは合意に達すると、レネ・バリエントス Rné Emilio Barrientos Ortuño（1919～1969）大統領に伝えた。彼は承認した。

　夜の11時30分、3軍司令部はバリェグランデ第8師団長のセンテーノ大佐にモールス信号で次のような命令を送った。「命令、大統領、フェルナンド、700」。ゲバラに対して死刑判決が発せられた。

　ラ・イゲーラでは見張りが交代してから1時間半が経っていた。ゲバラは地面に横になっていた。傷の血は止まっていた。兵士のカルロス・ペレス・グティエレスが入ってきて、ゲバラの頭を掴み、顔に唾をかけた。ゲバラは我慢せず、彼に唾をかけた。それだけでなく、足で蹴り、宙返りさせた。カルロス・ペレス・グティエレスは地面に伸びてしまい、エドゥアルド・ウェルタが他の将校と一緒にゲバラを抑えた。

　生き残りの2つのゲリラ・グループのうち一つは政府軍の包囲を回避するこ

とができた。インティ・ペレドのグループである。夜が明けてから再び渓谷に下り、しばらく待機した後にラ・イゲーラから数キロの第2の合流予定地点へ向かった。ナランハル川の近くである。再びラ・イゲーラの方に戻らなければならなかった。

　10月9日の夜が明けた。海底電信がラパスの米国大使館とワシントンの間を行き交った。ヘンダーソン大使は米国国務省に対し、「ゲバラが逮捕者の中におり、重病ないし重症である」と伝えた。ジョンソン政権のラテンアメリカ問題の補佐官たちは CIA の情報を利用して、バリエントス政権がゲバラを捉えたらしい、負傷して捉えられている男の指紋を採って確認したいと言っていると報告した。

　ラ・イゲーラの夜が明けた。バリェグランデからセンテーノ大佐がヘリコプターで飛来した。CIA の工作員フェリクス・ロドリゲス Félix Ismael Fernando José Rodríguez Mendiqutia（1941 〜）が一緒にやってきた。センテーノ大佐とフェリクス・ロドリゲスはゲバラを見るために学校に入ってきた。ゲバラを学校から引き出し、写真撮影を始めた。ゲバラはカメラの方を見るのを拒否した。

　9日の朝からアヨロア少佐の指揮下でレインジャー部隊は生き残りのゲリラを求めて渓谷をしらみつぶしに調べた。村から500メートルか600メートルくらい離れた地点に生き残りのゲリラたちが夜になってから移動すべく待機していた。アラルコンたちであった。

　センテーノ大佐が作戦を監督するためチューロに向かった。フェリクス・ロドリゲスは小型の無線機で暗号のメッセージを送った。ロドリゲスが特に興味を持ったのは、ゲバラの日記と、暗号の本と、全世界にわたる住所録だった。セリーチ中佐は、負傷した2人の兵士を乗せてヘリコプターでバリェグランデに戻った。午前11時半、センテーノ大佐はアヨロ少佐とともにラ・イゲーラに戻り、作戦を展開中のロドリゲスたちと合流した。

　午前11時45分、センテーノ大佐はゲバラの日記とカービン銃を手にして、フェリクス・ロドリゲスとともにヘリコプターに乗って発った。アヨロ少佐がレインジャー隊員の中から死刑執行人を募った。マリオ・テラン軍曹がゲバラを殺させてくれと志願した。ベルナルディーノ・ウァンカ軍曹がゲバラの仲間たちを殺したいと申し出た。午後1時過ぎ、テラン軍曹がゲバラがいる教室に入った。下士官のペレスが貸してくれたM2を手にしていた。隣の部屋ではベルナルディーノ・ウァンカ軍曹がフアン・パブロ・チャンとシモン・クーバを撃ち殺していた。ゲバラは手首を縛られ、壁にもたれてベンチに座っていた。テランは躊躇したが、ゲバラが「何を気にしているんだ。殺しにきたんだろう」と言った。テランは戻ろうとする素振りをしたが、ゲバラが何か言おうとすると、一発目を発射

した。ゲバラは足を砕かれ、床に転がり、苦しみ、大量の血が流れ始めた。テランは二発目を発射した。腕と肩と心臓に当たった。その少し後にペレスが部屋に入ってきて、ゲバラの身体に発砲した。兵士のカブレーロもゲバラを撃った。ゲバラは、1967年10月9日午後1時10分頃に死亡した。

午後4時頃、プラド大尉は近くの渓谷でレインジャー部隊による最後の掃討を行ない、村に戻った。ラ・イゲーラの入り口でアヨロ少佐がゲバラの死刑執行をしたと告げた。プラド大尉は不快感を表した。彼はゲバラを生きたまま捉えたのだ。遺体をヘリコプターで運ぶ準備が行なわれていた。プラド大尉はゲバラの顔がゆがまないように下あごをハンカチで縛った。ヘリコプターは、着陸脚にゲバラの遺体をくくりつけて飛び去った。

エル・ユーロ渓谷の戦闘でゲリラ部隊から捕獲された一連のノートと手帳の中で、特に戦利品として価値のありそうなものが2つあった。一つは、横14センチ、縦20センチの赤っぽいノートで表紙に「1967」という年号が記されていた。もう一つはフランクフルトで印刷されたコーヒー色の手帳である。ノートには、1966年11月から12月までのゲバラの日記と、後ろの方にゲリラとハバナとの間で交わされたメッセージが記されている。手帳は、1967年10月7日までの日記である。このほか世界各国との接触のための住所を印したメモ帳が1冊、暗号の小さな本が2冊、ゲバラがレオン・フェリーペ、パブロ・ネルーダ、ギリェンの詩を写した緑色のノートもあった。プラド大尉はエル・ユーロ渓谷で日記の一つに「背嚢の中から発見」と印している。

ゲバラの日記の存在について最初に公式に発言したのは軍総司令官のオバンド将軍である。彼は10月10日のホテル・サンタ・テレシータでの記者会見で記者たちにその存在を明かした。最初の2日間は、日記は人々の手を渡り歩いていた。日記に印をつけたプラド大尉からラ・イゲーラにいた第8師団長のセンテーノ大佐へ、さらにCIAのフェリクス・ロドリゲス工作員へと渡された。ロドリゲスがコピーした後、軍情報局に、さらにオバンド将軍のもとへ渡った。オバンド将軍が中央銀行の宿舎でざっと目を通した後、副官のオルモス中尉へ、さらに第8師団の司令部へと渡り、記者会見で示されたあと、CIAの別の工作員ガルシアが要求したために彼の手に移った。ラパスに戻る機内でパモ大尉がガルシアから日記を取り戻し、オバンド将軍に返した。オバンド将軍はその後、軍情報局に渡し、金庫に保管された。

CIAによるコピーはその直後にワシントンに届いた。ロストウ大統領補佐官が日記について暗に言及した1967年10月11日付けの大統領宛て覚書が残っており、「今朝、チェ・ゲバラが死んだということが99％確実になった。（検閲削

除）。これらは今日か明日にワシントンに着くものと思われる」と記されていた
[TaiboII 2000=2001b：380]。

一週間後、軍総司令官のオバンド将軍は、日記を最高の入札者に売ると述べ
た。バリエントス大統領はこれに対抗し、既にある米国の出版社に売り渡した、
と述べた。

将軍たちは、11月中、日記の販売交渉に終止符を打とうと、米国のダブルデイ
と「パリ・マッチ」誌のマグナム社のオファーに絞った。しかし、フランスのマ
グナム社の申し込みは情報を得るための煙幕にすぎなかった。オファーは「2万
ドルから始まり、40万ドルまで達した」と言われている。11月22日、大統領令が
出され、ゲバラの文書と所有物に関しては軍に裁量権があるとされた。

日記についてはCIAによって改竄されたという説が普及している。しかし、
その是非はともかく、米国の出版社との交渉では、最初は、ボリビア軍の仲介者
として二人の米国のジャーナリストが出没した。フィデル・カストロが「CIAに
近い」と評している者たちで、「ニューヨーク・タイムズ」のアンドリュー・セン
ト・ジョージ Andrw St.Goerges とフアン・デ・オニス Juan de Onis である。
彼らは出版しないという約束で、日記のコピーを入手している。しかし、交渉は
行き詰まった。ゲバラ未亡人のアレイダ・マルチから著作権に関してクレームが
出されたという理由でダブルデイが撤退したためである。

交渉が続いている最中、1968年1月末に誰もが予期していなかった事態が生じ
た。チリのサンティアゴにあるキューバの「プレンサ・ラティナ」通信の支局に
一人のメッセンジャーが現れ、「アントニオ・アルゲダス（ボリビア内相）の代
理で来た。彼はゲバラの日記を渡したいと望んでいる」と述べた。

メッセンジャーによれば、このような事態に立ち至ったのは、アントニオ・
アルゲダス・メンディエタ Antonio Arguedas Mendieta（1928～2000）内相
が米国の干渉に激怒したためだという。「プレンサ・ラティナ」のエルナン・ウ
リベ Hernán Uribe を中心とするジャーナリストたちが集まり、突然の事態に
ついて分析した。結局、アルゲダス内相のメッセンジャーに「諾」の返事をし
て、キューバのピニェイロ内務次官にメッセージを送った。すぐさま、メッセン
ジャーがフォルクローレのレコードに収められたマイクロフィルムを持ってサン
ティアゴに戻ってきた。そこで、ジャーナリストのマリオ・ディアス・バリエン
トス Mario Díaz Barrientos が運び人とすることが決められた。ディアス・バリ
エントスは、本人は知らなかったが、キューバ内務省の工作員にガードされて、
メキシコ経由でハバナに向かった。

フィデル・カストロは後に述べている。「日記自体の信憑性にはまったく問題

はなかったのだが、すべてのマイクロフィルムを細かく調べ、信憑性だけでなく、どんなに些細なことでも偽造されていないかどうか確認した。さらに、ゲリラの生き残りの一人の日記とも照合した」。文字がゲバラのものであるかどうかを調べる作業は、ゲバラ未亡人のアレイダが元大臣秘書のマンレサの助けを借りて行った。キューバ人ゲリラの生き残り、ダリエル・アラルコン、レオナルド・タマヨ、ハリー・ビジェガスの３人も協力した。

　日記の出版は秘密裡に行われた。数ヶ月かけて転写と信憑性の調査が行われたあと、1968年６月22日、原稿はオスワルド・サンチェス印刷所に持ち込まれた。同30日午前11時45分、ゲバラの『ボリビア日記』が完成した。翌日、日記はハバナの書店で無料で配布された。また、チリ、フランス、メキシコ、イタリア、西ドイツ、米国で出版された。キューバ版には欠落部分があった。３日間が欠けていたのだ。その後、ゲバラの日記がボリビアのラパスの新聞『プレゼンシア』とラジオ放送網「ヌエバ・アメリカ」の手に渡り、７月11日から12日にかけて全文が発表された。

　同じ日、ボリビアでは日記の流出が政治問題となり、なぜ流出したのか、調査が始まった。オバンド将軍は軍に責任はないことを明らかにするために記者たちを執務室に集め、日記は箱に入れて金庫に保管されていると言って、それを見せた。一週間後、バリエントス大統領は調査を行うこととした。同じ日に内務相のアントニオ・アルゲダスが兄弟とともに姿を消し、チリに現れ、政治亡命を求めた。

　アントニオ・アルゲダスは、当時40歳の空軍少佐、弁護士、元共産党員、元MNR左派メンバーなど信頼性という点ではあまりに政治的な転向が多い。ゲバラの都市ゲリラ網の幹部を弾圧し、拷問や虐殺に目をつぶったとして非難されてもいる。しかし、亡命中にはフィデル・カストロを称賛し、ゲリラ部隊のココ・ペレドが遺していった銃を取り戻したいと語ったこともある。アルゲダスは、数ケ月後に動機を語っている。「私の基本的な意図は、米帝国主義がゲバラの日記を部分的に改竄したり変更したりするのを避けるためであった」。フィデル・カストロは数日後、「日記を持ち出したのはアルゲダスであり、無私でやったことだ」と擁護している。

　アルゲダスのその後に関しては、チリからロンドンに移ったが、そこでCIAとイギリスの諜報機関に尋問され、次いでニューヨークへ、さらにペルーのリマへと移り、最終的にウーゴ・バンセル Hugo Bancer Suárez（1926 ～ 2002）政権の崩壊後にラパスに戻っている。ラパスで裁判にかけられたが、保釈金を積んで自由の身になった。保釈されたのは自分は134本の文書を握っている、CIAと

ボリビア政府がゲバラに対する作戦で手を結んだことを暴露すると脅したおかげである。だが、アルゲダスの家は爆弾で吹き飛ばされ、銃撃され、アルゲダスはラパスのメキシコ大使館に亡命した。その後、2000年2月末に、携行していた爆破物が爆発して死亡した。自殺説もあるが、真相は知られていない。[TaiboII 2000=2001b：380-386]

　ゲバラは政府軍との戦闘が始まった当初、戦闘の国際化、ベトナム化が始まったと見なしていた。4月13日の日記には、「米国はボリビアに顧問を派遣したのは従来からの計画（1958年の相互軍事援助協定に基づく軍事援助計画）によるもので、ゲリラには関係ないと発表した。これが新たなベトナムのエピソードになるかもしれない」と書かれている。また、4月30日には、「私の論文がハバナで公表された以上、私がここにいることを疑う者は一人もいないにちがいない。米国が大々的に介入してくることはまず確実で、ヘリコプターやグリーン・ベレー（特殊部隊）を送り込んでいる。この辺ではグリーン・ベレーの姿は見かけないが」と。また、7月10日には、「一方、ドブレとペラドの供述は困ったものだ。とくに各大陸にまたがるゲリラ隊を組織する計画まで自白しているが、そこまで言う必要はなかったはずだ」と述べ、さらに7月24日には、「ラウル（カストロ）は、マクシモ・ゴメス学校での士官候補生の卒業式で演説し、多くのベトナムをと呼びかけた私のメッセージについてのチェコ人たちの論評に反論を加え、"今後ベトナムが3つも4つも増えれば、さらに血が流れることになり、望ましくないと言っている"と批判した」と記している。

　ボリビアにおけるゲリラ活動中のゲバラの意識の中には、常に米国がラテンアメリカ地域の革命情勢に介入してくる可能性と、これに対する各国のゲリラ部隊の隊列の強化の問題が強く意識されていたと言えよう。7月10日の記述には、ラテンアメリカ側が主体的なゲリラ運動の強化を図る必要性を重視しつつも、当然ながら米国にその具体的な手の内を見せる必要はないとの姿勢を示していた。このように1967年7月の時点では、ゲバラの意識の中には「フォキスモ（根拠地主義）」に基づくゲリラ活動の拡大によって、米国の軍事力を泥沼に引きずり込むという国際的構想がまだ強く意識されていたと言える。

　では、ゲバラはいつ、「アンデス計画」が、少なくともどの段階において、地理的にボリビアに限られたゲリラ活動となってしまったことを認めたのだろう。5月1日、ハバナの革命広場の壇上には、ゲバラの娘アレイダ Aleida Guevara（1960～）がフィデル・カストロとドルティコス Oswaldo Dorticós Torrado（1919～1983）大統領の間に立っていた。ゲバラはラジオで演説を聞いた。キューバ革命戦争時代の同志であるフアン・アルメイダ Juan Almeida Bosque

（1927 ～ 2009）が暗号めいた言葉で彼に献辞を捧げていた。ゲバラは日記に書いている。「ハバナではアルメイダが話していた。僕やボリビアの著名なゲリラに手を差し延べていた。演説はやや長かったが、よかった」。

　5月16日、ハバナからメッセージが届き、孤立が深まっていることが伝えられた。レナン・モンテロが、滞在期間が切れた上に、病気にかかったためラパスを出た。都市支援ネットワークはロドルフォ・サルダーニャらの幹部の手に移ったが、幹部は方向を見失い、ハバナとの連絡は維持されてはいたが、ゲリラとのつながりは完全に失われた。レナン・モンテロが去った後、ラパスはゲバラからの連絡を得られなくなったばかりか、ハバナとも連絡できなくなってしまった。フィデル・カストロはゲバラに情報を伝えることはできたが、返事もなければメッセージがゲリラに届いたかどうかも確認できなくなった。

　米国は、特に CIA を通じて、1965年1月にゲバラのアルジェの演説以後、さらに1967年4月16日に「三大陸人民連帯機構」の機関誌『トリコンティネンタル』に、「2つ、3つ、それ以上のベトナムを！」との呼びかけが含まれたメッセージが公表されて以後、極めて神経質にゲバラの動向を注視していたことは確実である。ボリビアについては、ラパスの米国大使館に CIA の駐在官が在勤していた。CIA はボリビア国内におけるゲリラの存在、ゲバラの存在について1966年後半に察知していたとされるが、本格的にその可能性を認識したのは、1967年3月11日にニャンカウアスの設営地より2人のボリビア人が脱走したこと（うち1人は警察のスパイであると自白した）、および彼らが密告した内容に基づいて3月17日に「トタン板の家」の捜索が行われて、留守役のサルスティオ・チョケ・チョケが身柄拘束されて彼が尋問に答えた内容から、ゲリラの存在とゲバラらしき人物の存在が明確になったことがきっかけであったと推察される。また、近隣のカミリの町で発見されたジープの中にタニアの身分証や連絡先のリストが発見されたこともゲリラの存在を確実視させた。さらに、ゲバラの存在が確実視されるようになったのは、4月18日にレジス・ドブレとともに身柄を拘束されたアルゼンチン人の画家兼ジャーナリストのシロ・ブストスが野営地で見たゲリラ・メンバーの似顔絵を描かされたが、似顔絵の一枚からそのゲリラがゲバラであることがほぼ確実視されるようになったからである。

　3月11日にボリビア人2人が脱走し、同17日に「トタン屋根の家」の捜索でサルスティノ・チョケ・チョケの身柄が確保された直後、バリエンテス大統領は米国、アルゼンチン、ブラジル、チリ、ペルー、パラグアイの情報部に協力を要請した。米国からは、在ボリビア大使館駐在武官のミルトン・ブルス Milton Buls 大佐、CIA 支部長ジョン・ティルトン John Tilton、同職員エドワード・フォグ

ラー Edward N.Fogler、キューバ系職員のエドゥアルド・ゴンサレス Eduardo
González が、脱走者と捕虜の尋問のためにカミリに到着した。彼らからの事情
聴取から政府軍は 3 月23日の攻撃を実施した。しかし、軍側に 7 人の死者と指揮
官のエルナン・プラタ・リオス Hernán Plata Ríos 少佐等14人の捕虜が出た。政
府軍側が敗北したことを受け、ミルトン・ブラス大佐は米国に対して緊急の援助
を要請した。この要請に応えて、直ちに顧問、情報将校、レインジャー部隊用の
武器が送付されると同時に、レオン・コーリェ・クエト空軍司令官がアルゼンチ
ン、ブラジル、パラグアイに援軍要請のため各国首都を訪問した。

　3月27日には米国特殊部隊第 3 集団のレドモンド・ウェーバー Redmond
E.Weber 中佐がラルフ・シェルトン Ralph W.Shelton 少佐とともにサンタ・ク
ルスに到着した。翌日にはベトナムでの対ゲリラ戦の専門家15人がサンタ・クル
スに到着した。 3 月30日には 3 月24日からゲリラ潜伏可能地域をムスタング機が
始めていた空爆がさらに強化された。 4 月 1 日には米国の大型輸送機 C130 が 1
機、爆薬・燃料を掲載してパナマの南部方面軍基地からサンタ・クルス空軍基地
に飛来した。サンタ・クルスに搬入された資材は翌日ボリビア空軍の DC3 型機
でカミリに移送された。これに加えてアルゼンチン空軍の DC6 型機がデ・リオ
少佐等を乗せてブエノス・アイレスのエル・パロマル基地からサンタ・クルスに
飛来した。

　4月10日には新たな戦闘が発生し、政府軍側に戦死者が10人出たほか、ルベ
ン・サンチェス・バルディビア Ruben Sánchez Valdivia 少佐が捕虜となった。
4 月12日にはパナマの南方軍司令部から 5 人の対ゲリラ戦専門家 5 人が到着し、
ジャングル戦および対ゲリラ戦に関する訓練学校を設立した。このように、 3 月
11日から 1 カ月以内に、政府軍側に18人の死者、 9 人の負傷者、40人の捕虜が発
生し、相対的にはゲリラ側に有利な戦況が続いたが、このような事態に早急に対
処すべく、その間にサンタ・クルスからカミリ方面に、対ゲリラ戦の専門家が米
国やパナマから多数派遣され、現地部隊に対する訓練を開始した。その背景とし
て、ボリビア情報部の報告が、ボリビア陸軍の作戦面および指揮面での欠陥を示
唆していたことがある。また、ゲリラ部隊の掃滅の困難さの背景にはゲリラ側の
規律の高さや戦闘経験の豊かさだけでなく、反政府勢力に位置する民族解放運動
(MNR) 系などの左翼系ボリビア人知識人層における心情的なゲリラ支援の傾向
があると分析された。ダグラス・ヘンダーソン Douglas Henderson 米国大使は
ジョンソン Lyndon B.Johnson（1908 ～ 1973）大統領に対してボリビアのジャ
ングル地帯にゲリラの存在が確認されたと報告した。

　この時期の CIA はゲバラとキューバ革命指導部の間の確執を誇大に強調する

政策をとっていたが、ゲバラがボリビアにいることが確認されたことで方針を転換する必要が生じた。何故なら、CIAはあらゆる手段を用いてゲバラはキューバで殺害されたとの説の普及に務めてきたためである。ニャンカウアスでのゲバラの存在が確認された当初、CIAはゲバラの同地域での存在を隠そうとした。1967年4月、CIAはラパスおよびゲリラ活動地域に情報操作等の専門家である多くの工作員を送り、ニャンカウアス地域のゲリラ運動を都市部の支援者から孤立化させる方針をとり、ボリビア軍および情報部をゲリラ支援・シンパ層の逮捕と外国人の出入国監視を強化する方向に指導した。

CIAが情報収集のためにニャンカウアス地域で捕虜等の尋問に関与したケースは次の通りである。

　①ゲリラ野営地からの脱走者と捕虜

　②ゲリラ部隊の捕虜となり、後に解放された陸軍将校

　③ニャンカウアス地域からの脱出に失敗したレジス・ドブレ、シロ・ブストス、ロスの3人

　④ゲリラ後衛隊からの脱走者

　①については、脱走者のパストル・ベレラ・キンタナ Pastor Barrera Quintana とビセンテ・ロカバド・テラサス Vicente Rocabado Terrazas の2人、および捕虜のサルスティオ・チョケ・チョケに対する尋問に関与し、ニャンカウアスの拠点施設である農場の「トタン屋根の家」の存在と、ゲリラ勢力の規模や主要ゲリラの相貌を聞き出している。特に、3人からゲバラらしき人物の存在を聞き出しており、ボリビアにおけるゲバラの存在が確実視される有望な情報となった。

　②については、3月23日の待伏せ攻撃でゲリラ部隊に捕虜となったエルナン・プラタ・リオス少佐と4月10日の衝突でゲリラ部隊に捕虜となったルベン・サンチェス・バルディビア少佐への尋問に関与して、客観的状況を認知する能力のある指揮官からゲリラ部隊の規模や内情について詳細な情報収集を行なった。

　③については、4月18日にゲバラが率いる中央・前衛隊に護衛されてニャンカウアス地域からの脱出を試み、ゲリラ部隊と決別してムユバンバ村方面に向かう途中で身柄を拘束されたレジス・ドブレ、シロ・ブストス、及び自称ジャーナリストの「ロス」に対する尋問に関与した。特に、レジス・ドブレとシロ・ブストスについては、ボリビア国内のゲリラ勢力の実態だけでなく、国際社会全体の、およびラテンアメリカ全体のゲリラ勢力側の実態を知る上で貴重な情報源となった。3人はカミリの町で裁判にかけられ、レジス・ドブレとシロ・ブストスは禁固30年の実刑を受けることになる。ゲバラはラジオ放送を通じて治安当局が発表

した、3人の供述内容から、7月10日の日記に「ドブレとペラドの供述は困った
ものだ。とくに各大陸にまたがるゲリラ隊を組織する計画まで自白しているが、
そこまで言う必要はなかったはずだ」と批判している。レジス・ドブレらは自分
たちの重要性を際立たせるために、ゲバラにとっては不利となると判断される情
報まで供述したのだろう。

　レジス・ドブレとシロ・ブストス他4人に対する裁判は、1967年9月27日にカ
ミリにおいて開始され、同年11月16日に判決が言い渡された。レジス・ドブレと
シロ・ブストスは主に同年3月23日と4月11日に発生した政府軍部隊に対する待
伏せ攻撃の共同正犯の容疑で有罪とされ、禁固30年の刑が宣告された。2人は、
国際的な釈放運動を背景に、オバンド政権期（1918～1982）の1970年4月に釈
放された。

　レジス・ドブレは裁判官に提出した「裁判官への手紙」において、裁判の性格
について次のように述べている。

　「またわたしはチェと全く同意見である他の部分についてはいっそう強調する
ことになろう。しかしボリビアのゲリラ運動がくぐり抜けてきた困難な状況のな
かでは、次の事柄がどんな役割を演じたかを検討する必要があるだろう。すな
わち、考えも及ばなかったいくつもの事態、人間の裏切り（これは予測不可能
だ）、党の裏切り（これは予測可能なものだが、これほどひどいものとは、そし
て狡猾なものだとは予測できなかった）、頑固に作り上げられ守り抜かれてきた
革命闘争についての概念など、である。この歴史の分析の仕事は、それをあると
あらゆる細部にわたって生き抜いてきた人々によってこそ行われるべきなのだ」
[Debrey 1968=1969：35]。

　「（一）私の行動について詳細に触れる気はないが、ここでは次の点を強調して
おきたい。私はボリビアのゲリラ戦士たちの理想にまったく共感を抱いていたの
であり、中央野営地に到着すると、ゲリラの生活のあらゆる義務と雑役につきた
い旨を、自分から進んで申し出た。つまり、野営地の内外で歩哨に立ったり、炊
事や狩猟や、その他さまざまな日常の労働に手を貸したいと願い出たのである。」
[前掲書：44]

　「（二）ゲリラの目的を世界に知らせるという私の任務は、革命事業の一環をな
しているのである。ゲリラ兵の行動に対して、完全な連帯責任を感じていない者
は、こうした連帯の任務を遂行することはできないのだ。闘争には多様な形態が
ある。情報宣伝と説得活動もまた闘争の一様式であり、ただ一時的に、この闘争
形式に専念しているにすぎないのだ。こうした意味で私は、精神的にも政治的に
も、ゲリラの同志の行動に対して、共同責任のあることを確認する。」[前掲書：

98

　また、レジス・ドブレは「軍事法廷における声明」において次のように述べている。

　「(治安当局は)二重のインチキをデッチ上げねばならなかった。その第一は、3月23日および4月10日の待ち伏せ攻撃を"殺人"と見なすことである。従って、3月23日の時点で軍隊はゲリラの存在を知らず、同地帯で"ツルハシとシャベルを手に"通常の任務を遂行しているところを不意打ちされたということを示さなければならない羽目になった。だからこそ、検事はゲリラ兵を"攻撃者"とは呼ばずに"野盗ども"と呼んでいた。

　第二にはわたしがこれらの"殺人"に直接的にではないにしろ少なくとも間接的に参加したことを、そして教唆扇動者としてゲリラの軍事的配置のなかで必要不可欠な一部をなしていたことを立証することだった。

　第一点である待ち伏せ攻撃について見よう。3月11日午前7時、ゲリラの中央野営地でのこと。まだだれひとり軍事作戦を思ってもいなかった頃、モイセス・ゲバラ隊の2人のゲリラ兵が脱走した。彼ら2人はその日も日程では狩りをするよう命令を受けており、カービン銃をつかんで河に向かって降りていった。しかし右に曲がって狩猟予定地のある東方に向かうかわりに、西の方へ、つまりカミリの方角へ姿を消したのである。これが最初の2人の脱走ゲリラ兵であり、彼らは当法廷に被告として坐っているのだ。なぜなら、これら脱走兵を被告席に坐らせるほどその"演出ぶり"は徹底しており、私の見てとったところでは、2人とも少しばかり不愉快な思いをしておいでのようだ。

　彼らの書面による供述によれば、彼らは"報告するために"首都ラパスに行こうとしたが、そこにたどりつく前の3月14日に逮捕された。

　すでに逮捕当日、彼らはゲリラについて詳細をきわめた供述を行なっている。なぜなら、2人のうち一人は犯罪捜査局(DIC＝国家警察)と「政治監察局」とつながりをもっていたことが明らかになったからである。その人物は尋問の中で次のようにはっきりと述べている。"ゲリラを密告することでなにがしかの利益を得ようと考えて、情報収集の使命をはたすためにゲリラ隊に入った"。彼の3月14日および15日付けの供述書はファイル番号30およびそれ以下の記録に入っている。それらの供述書は公開の席ではついに読み上げられなかったものだが、判事である将校諸氏はどうか注意深く読んでいただきたい。そうすれば、その中にゲリラ組織の正確な図式を発見されるだろう。当時中央野営地にいたゲリラの兵員数(20人)、チェに率いられてバリェグランデの探索に出かけた員数(30人)、ゲリラ兵の国籍、名前、いろいろな計画、野営地の位置、間道、無線送信

機をもっていたことなど……もちろんゲリラのなかに"ラモン"という変名でゲ
バラがいたこともおわかりになるだろう。そればかりか、ゲバラがいつどのよう
にしてボリビアに到着したか、どんな変装をしていたか、彼が何をしているか、
さらには彼の持ち物や当時中央野営地でどのように彼の帰還が待たれていたかな
ども。その当時中央野営地の指揮者だったアントニオは、のちに脱走したこれら
2人を他の同志と同様に扱い、なんの包み隠しもしなかったばかりか、まだそれ
まで極秘にされていたものだが、1966年11月ゲバラが到着していらいのゲバラと
その仲間の写真の完全な1セットを見せることさえしたのだ。従って2人はチェ
の中央野営地への帰還を待たずに姿をくらましたわけである。彼らはその後ただ
ちに地上と飛行機から政府軍の道案内をつとめ、次いで3月23日以前に彼らの報
告を仕上げるためにラパスの参謀本部に送られたとみずから供述している。その
あと、2人の証言だけではまだ疑念が残ったためであろうか、3月17日にはチョ
ケチョケ（やはり同じモイセス・ゲバラ隊に所属していた）が抵抗することもな
く捕虜となったが、チョケチョケは同志2人の供述を確認し、直ちに政府軍に案
内人として参加した。彼は野営地までの道筋とゲリラ隊の防衛体制について詳細
に説明したのだ。サンチェス少佐は当法廷で、チョケチョケが先導した政府軍が
4月初めいかにして中央野営地を占拠したかを陳述した。ニャンカウアス事件以
前にも政府軍にゲリラ側の状況について完全なパノラマを与えることになった第
3の情報源は、バルガスという名の案内人である。彼は軍服を着ていたものの民
間人で、3月23日政府軍部隊をゲリラ野営地に案内する途中ゲリラの待ち伏せに
あって死亡した。彼はバリェブランデの住民だが、3月初め、ゲリラの前衛隊指
導者だったマルコスは、武装した全ゲリラ兵士とともにこの男の家を訪れる不注
意をおかした。……このバルガスという男は相手をくさいとにらみ、ゲリラ兵の
跡をバリェグランデからニャンカウアスまでつけていった上、直ちにカミリの第
4師団司令部に赴いて通報した。かねがねアルガラニャスから度重なる連絡を受
けていた上に、彼の案内人の前にマルコスが率いる前衛隊が出現したことから、
軍隊が当然動員され、攻勢に転じた。3月16日、政府軍はココ・ペレド名義の家
（「トタン屋根の家」）を実力で占領したが、この作戦で兵士1人が死亡した。そ
れから以後、すでに野営地の場所を突き止めていた軍隊はますますパトロール隊
を前進させてきた。……ゲバラと仲間たちはニャンカウアスの野営地に3月1日
までに到着予定だったのに、その到着が20日間も遅れていたからだった。こうし
た不測の状況をチェに報告するため使いの者が送られた。一方、マルコスはアン
トニオの補佐を受けて中央野営地の指揮をとっていたが、ますます増大する政府
軍の圧力に抵抗するに足る兵力を持たなかったため中央野営地を放棄して後退す

ることを決めた。3月20日、やっとゲバラが到着した時は、軍の攻撃を前にゲリ
ラが撤退しているさなかだった。ゲバラはこのあわただしい撤退のなかに敗北主
義のきざしを読み取り、マルコスを解任するとともに、全員を中央野営地に呼び
戻して政府軍のいかなる攻撃に対しても同野営地を防衛することを決めたのであ
る。」[前掲書：68-71]

「わたしがここで強調すべきことは〜〜なぜなら私自身がそれを確認したのだ
から〜〜本質的に残忍なこの戦いにおいて、またゲリラが当初から困難な中で戦
い続けてきたにもかかわらず、ゲリラは一瞬たりとも人間への最高の尊厳と最大
限の人間性から逸脱したことはなかった、ということである。負傷者全員があら
ゆる可能な方法で手当を受けた。捕虜にも注意が払われ、食事が与えられた。夜
の寒さをしのぐためには彼らに毛布が支給された。戦死者と、ある捕虜の衣服が
奪われたとの供述があった。確かに彼等から長靴を取上げたことは事実である。
なぜなら密林の中では一足の長靴は死活的に重要なものであり、ゲリラは自分た
ちの靴をつくる靴工場をもっていなかったからだ]。[前掲書：77]

「だれであろうとある人間を通してゲリラを裁こうとすることは、法律的には
受け入れられないが、道徳的には、当発言者にとって異議を挿む余地はない。だ
がそれだけではない。裁判の当初に、検事が指摘したように、わたしを通して当
法廷で裁こうとしているのはキューバなのであり、キューバを被告席にすえた
がっているのだ。検事は革命キューバを"犯罪のタネをばらまく巣窟"と呼ん
だ。しかもわたしの知る唯一の"犯罪のタネをばらまく巣窟"はアメリカ合衆国
である。……この法廷における唯一の真の被告はヤンキー帝国主義とその従僕た
ちである。」[前掲書：100]

「長い間ゲバラは生命を危険にさらしてきたが、奇跡的に死を免れていた。
ずっと以前からゲバラは、どこであろうと彼が必要とされている最前線で闘う
決意をかたくしていた。ずっと以前から、彼はいつ何時でも死を受け入れる覚悟
をしていた。チェは口ぐせのようにいっていた。自分の犠牲など大したことは
ない。世界革命の流れの中の一つに事故に過ぎないのだと。そして彼の流した血
を無駄にせず未来へ結実させるかどうかは残るわれわれ各人にかかっているのだ
と。生きているときにもまして、死んだ後も危険きわまりない人間というものが
いるのだ。そして人間に恐怖をいだく連中が、たとえその屍体から手を切り落と
し、屍体を焼き尽くし、その灰を隠したとしても。われわれにとって、ゲバラは
いままた生きることを始めたのであり、革命は前進を続けているのだ。]［前掲
書：102]

さらに、レジス・ドブレの弁護士ラウル・ノビリョ（国選弁護人）は「弁護士

の口頭弁論」において次のように述べた。

「第4回公判で、アルベルト・リベラ・コルテス中佐が、検察側証人として出廷し、検察側、損害賠償請求側、弁護側の尋問に対して、次のように証言している。

（1）彼はニャンカウアス地区に2回出撃した。最初は3月17日、ゲリラ兵サルスティオ・チョケチョケを捕虜にした時だが、彼はゲリラの司令部の所在地を知らなかったので、仮小屋にたどりついたにすぎなかった。当時はまだ待伏せ攻撃や戦闘は一度も起きていなかった。しかし軍は、脱走ゲリラ兵ビセンテ・ロカバドとパストル・バレラの証言から、すでに、ゲリラ兵の存在をつかんでいた。

（2）1967年4月、2度目の出撃の時には、すでにニャンカウアス渓谷における最初の待伏せ攻撃が起きていた。彼は仮小屋と渓谷と司令部の位置を定め、十分考えた上で、ゲリラの司令部から待伏せ攻撃の場所までは、凡そ30分かかると言明した。またニャンカウアス渓谷は道路も小径もなく、殆ど垂直に切り立った絶壁のために、特別の注意を払わなければ、そこに入り込むのは危険だと言明した。そして最後に彼は、2回にわたる出撃のさいに、この地区ではレジス・ドブレを目撃したことはなく、また彼について耳にしたことすらないと言明している。」[前掲書：125]

「証拠物件のなかにあり、しかもこれまで引用してきた証人が完全に確認している種々の資料によれば、ゲリラの組織化は、1966年8月、レンベルト・ビリャがニャンカウアスの地所をロベルト・ペレドに売却した時をもってはじまったのである。」[前掲書：139]

なお、〈判決〉には次のように記された。

「ラパスでは、パリで教えられた合言葉によって、アンドレスなる人物と知り合い、彼を通じて、ラウラ・グティエレス・バウエル別名タニアと接触を持った。タニアは翌日、もう一人の被告人とともに、彼をオルロ、コチャバンバ、スクレを経て、カミリに連れて行った。カミリで彼はマキに適した衣類を買い、ついにニャンカウアス地区に入ったが、このときも"タニア"、"ココ"・ペレド、それに当時カルロス・アルベルト・フルクトーソと呼ばれたもう一人の被告人と一緒だった。」[前掲書：163]

「(g) 彼の弁護のために利用された論拠、たとえば、彼がつかまったのは戦闘に際してではなく、シロ・ロベルト・ブストスやアンドリュー・ロスと一緒に、武器を持たず、軍服もつけず、ひげを丹念に剃ってでかけたときだったと主張されている。しかしゲバラ自身は、ドブレは殺人や反逆の違法行為を煽動する理論家としての方が、もっと役に立つものと考え、特別の任務を遂行するために彼を

選んだのであり、この事実によって、以上の論拠は崩れ去る。ゲバラの日記の中に"彼は留まるためにやってきた。しかし私は、フランスに帰って支援網を組織し、キューバにも立ち寄るよう彼に要請した"と記している。

　(h) 弁護側は、彼が野営地を出たのはゲリラと決別したものであると主張しているが、ゲバラの4月14日付けの日記も明らかにしているように、彼の出発はゲリラの作戦の一部をなしていることが証明されており、弁護側の主張には、納得のいく根拠が欠けている。ゲバラの日記によると、"作戦をどのように進めたらよいか、まだはっきりわかっていない。しかし、全員を出発させ、ムユパンパ地区で少しばかり軍事行動を起こし、ついで北方へ後退するのが良策と思える。できることなら、状況によっては、ダントンとカルロスは、スクレとコチャバンバにむかって進むのが良い"。このことは、ダントンが出発を巧みに偽装するために、ロスの存在を利用したという事実を確証している。これも、すでに何度か引用した日記にはっきり記されていることで、"フランス人がイギリス人に問題を持ちかけ、誠意の証として彼らの出発を助けてほしいと頼んだ。イギリス人は条件を受け入れ、23時45分、彼らは握手を交わして出発した"。」[前掲書：168]

　レジス・ドブレの『革命と裁判』を邦訳した谷口侑は、同書の「訳者あとがき」においてゲバラのボリビアでのゲリラ運動の全般的問題について次のように記し、このゲリラ運動の性格をある程度の的確さで分析している。谷口侑は「根拠地（フォコ）」を意識的に「機動的根拠地」と訳している。筆者の「母隊根拠地」と訳す場合と「根拠地（フォコ）」の意味合いが異なるが、別の解釈として引用しておく。

　「ゲバラ自身は、ボリビアでの社会革命を指導する気はなく、ただボリビア国内にゲリラ根拠地をつくり、ゲリラがボリビア人指導者の下で自立できるようになったら、この国を去る予定だった。ゲバラはゲリラの一員であるカンバ（のちに捕らえられ、ドブレ裁判の証人となる）にいう。"その日がきたら、私は連れてきた指導幹部たちとともに出発し、他の場所にまた別のもの（ゲリラ基地）をつくることができるだろう"。フィデル・カストロの言葉を借りれば、ゲバラは"戦闘を学ぼうとする革命家のための学校"を作ろうとした。ゲバラの狙いはまずボリビアに反帝ゲリラ根拠地をつくり、全ラテンアメリカに武装闘争が波及するよう触媒作用を果たすことにあった。ボリビアでの行動と呼応して、隣接のペルー、アルゼンチンでも行動がとられる予定だったことは、ニャンカウアスにペルー人指導者の"チーノ"、アルゼンチン人ブストスが存在していたことからも理解できる。」[前掲書：193]

　「ドブレ自身が"単なる政治的パンフレット"と規定している『革命の中の革

命』がなぜこれほどまでの反響を呼んだのだろうか。それは、ドブレがラテンアメリカ革命家の間に存在していた一つのタブーを打ち破ったからにほかならない。ヒューバーマンとスウィージーはいう。"ドブレの著書は単に革命戦術のハンドブック（多くの批評家たちはこの本をそのように扱っているが）としてではなく、はるかに重要なこと、つまり革命の正統性というドクトリン全体〜〜ロシア革命以来共産主義の正統性を構成する主要要因のひとつだったもの〜〜の否定としてみなされるものである。"……キューバ革命は実際行動の上でノン・コミュニストが資本主義を転覆させうることを実証した。ドブレの著書はこの実際行動をそれに対応するイデオロギーとともに示したものである。この点については、ドブレは確かに『革命の中の革命』と取り組んでいたのであり、彼がキューバというモデルを掲げて他の人々がそこから教訓を汲み取るよう求めていることは十分に正当化される。昔はどうであろうと、（革命の）独占販売権を与えられた革命家という考え方は今日の世界において意味を失ってしまった。ドブレの最大の功績は、そのことを大胆かつ明快に、歯に衣をきせず指摘したことである。

　哲学者ロソスはこの本が革命そのものの急進化をもたらしたとその思想的影響を論じる。"この本の及ぼす影響の範囲は21世紀にならなければ識別できないだろう。その主張は次のように要約できる。第一に、それ独自の領域をもつものとしての政治を配することによって、革命行動を急進化させること。その結果、政治を超越する第一歩を印すことになる。第二に、即時性を政治的、社会的行動の領域における最重要のカテゴリーとなすこと。このことは最終的に理論と実践のあらたな関係の定義に到達する……ドブレはマルクス・レーニン主義の沈滞した面をはげしく波立たせることに成功し、彼は学生や革命の実践者たちに反省の材料を与えている。"」［前掲書：201-202］

　「（『革命の中の革命』論争の）第一の問題点は"ゲリラ・フォコ"（機動的根拠地）をめぐってである。ドブレは、ラテンアメリカの武装闘争にとって"一般住民から組織的に独立し、住民防衛の任務から解放された、政治権力の奪取を目的とする武装部隊を、人民勢力に与えるべきか否か……これこそが、虚しい言葉の羅列と真の革命理論とを識別する決定的基準なのだ"（晶文社版38頁）と述べ、機動的で柔軟かつ攻撃的"フォコ"こそ大衆の支持と政治組織化への条件を作り出すと主張し、固定基地や「武装自衛」あるいは「武装宣伝」の概念を否定する。

　これに対し、ドブレの"フォコ主義"を"キューバ型フォコの引き写し"と見て、その中にボリビア・ゲリラ挫折の手がかりをつかもうとする批判が多く出された。」［前掲書：203］

　「第2の問題点は“党とゲリラ”の関係である。ドブレは同著で“ラテンアメリカの現在の条件のもとでは、党が人民軍をつくり出すことができるか、それとも人民軍が前衛党を作り出すのか（晶文社版131頁）と設問する。そして“前衛党はゲリラ根拠地という独自の形態のもとで存在することができる。ゲリラとは生成過程にある党である”といい、フィデル・カストロの次の言葉を引用する。“誰がラテンアメリカで革命を行なうのか？誰が？人民であり、革命家たちだ ── 党があろうとなかろうと”、“フィデル・カストロは、ただこういっているに過ぎない ── 前衛なしに革命はありえないと。この前衛は必ずしもマルクス・レーニン主義であるとはかぎらないこと。さらに、革命を行なおうと欲する人々はこれらの党とは別の前衛に自らを組織する権利と義務を持っている」（同122頁）［前掲書：205-206］

　「クレア・シルバは、キューバが前衛党なしに革命を行えたのはその特殊性によるのであり、社会主義をはじめから目指す革命は党なしではありえないと反論して次のように述べている。“ドブレが〈これらの党〉という時、明らかに既存のラテンアメリカ共産党に言及していると思われる。しかし、これらの党が果して党というものの模範として挙げられるだろうか。それらは真にマルクス・レーニン主義党なのか。少なくとも圧倒的多数はそうではない。従って、もしドブレが“ある党”について考えながら、革命党全体について話しているとしたら、彼は間違っている。なぜなら、彼はそうすることにより、〈これらの党〉とは質的に異なる正真正銘の革命党が存在しうる可能性を除外しているからだ。”」［前掲書：206］

　上記のようなレジス・ドブレと弁護士の記述および供述内容、そして谷口侑の論説から判断すれば、レジス・ドブレにはラテンアメリカにおける武装闘争に対する共感は強く感じられるものの、ゲバラの国際情勢分析に基づく世界規模の構想については十分な認識を持ってはおらず、またゲバラの「アンデス計画」の有する重要性についての認識を共有してはいなかったことを知ることができる。

　カミリにおいて、レジス・ドブレやシロ・ブストスへの尋問には、エドゥアルド・ゴンサレス Eduardo González、フェリクス・ロドリゲス等、亡命キューバ人のキューバ系職員が参加していた。この事実は、1961年4月のヒロン湾事件での反革命軍の敗北、1962年10月に発生したミサイル危機の収拾結果としてCIAが主導した「マングース作戦」が停止されたことなど、亡命キューバ人がキューバ革命関係者、革命指導部に対して有していた復讐心がいかに強いものであったかを示すものとして興味深い。フェリクス・ロドリゲスはキューバ革命後グアテマラに赴き、CIAの後援を得た「2506旅団」に属してヒロン湾侵攻に参画し、そ

の後はニカラグアに置かれた CIA の対キューバ作戦部隊のチーフを務めていたが、1964年9月24日に発生したスペイン船「シエラ・デ・アランサス」襲撃事件の首謀者として更迭され、マイアミ勤務になっていた。フェリクス・ロドリゲスは、ボリビア派遣後はベトナム戦争で「フェニックス計画」に参画、またラテンアメリカにおける諜報活動に従事して、1980年代にはニカラグアにおけるコントラのサンディニスタ政権に対する攻撃、所謂「イラン・コントラ」事件に関与した。CIA 退任後、2004年にヒロン湾侵攻に参画した経験者が結集する「2506旅団協会」の議長に就任するとともに、2005年にマイアミに設立された「ピッグズ湾博物館」理事長を務めた。

　なお、レジス・ドブレとシロ・ブストスとともにムユバンバで身柄を拘束された「ロス」について、キューバ人研究者のアディス・クプル Adys Cupull とフロイアン・ゴンサレス Froilán González は、2006年に出版した『La CIA Contra el Che（チェに敵対する CIA）』において、「ロス」は CIA の工作員であり、実在しない人物であったと指摘している。同書によれば、この CIA 工作員の偽証フルネームはジョージ・アンドリュー・ロス George Andrew Roth で、一時的に滞在していたチリからボリビアに入国したこと、その行動の痕跡は1967年3月30日にブエノス・アイレスで『タイム・ライフ』誌の南米担当通信員であるモイセス・ガルシア Moisés García、在アルゼンチン米国大使館員2人、在アルゼンチン・イギリス大使館広報担当官と接触していたこと、4月5日にはサンタ・クルスに到着し、米国の「平和部隊」の隊員と接触し、翌日にはカミリに着いて通行許可書とボリビア情報部が発行したゲリラ拠点を訪問する特別許可証を入手したことが判明している。その後、4月10日にラパスに到着して CIA 関係者数人と会見し、4月16日にカミリに戻っていた。カミリ到着後、アルゼンチン人のカメラマン2人と米国 CBS の特派員ヘルメス・ムニョス Hermes Muños と同行してラグニジャスに向かい、翌日陸軍が提供した案内人に導かれて、4月19日にゲリラ部隊がいる地点に到達した。米国「平和部隊」の教官の身分証明書とプエルトリコの査証、ゲリラ部隊にゲバラ、タニア、レジス・ドブレの存在を問う質問リストを書いたメモが見つかった。レジス・ドブレらとともに身柄を拘束されてムユバンバに連行された後、彼らとともにカミリに連行されて尋問を受けた。CIA に示唆されたボリビア情報部がレジス・ドブレ、シロ・ブストス、及び「ロス」を含む7人の死亡を公表した。「ロス」は4月20日から裁判が終わった7月8日まで刑務所に収監されたが、米国大使館の依頼で行われたロナルド・ベイリー Ronaldo Baily イギリス大使の釈放要請によって釈放された。ボリビア情報部は、「ロス」の家族が当人の釈放まで一度も現れなかったことから、偽名を

使った実在しない人間であった、即ち「ロス」はCIAの工作員であったと推察した。

④については、4月17日の時点でゲバラが率いる中央・前衛隊と別れた後衛隊の人数は17人であったが、その後の溺死者2人（ベンジャミン・コロナド・コルドバ Benjamin Coronado Córdoba とロルヒオ・バカ・マルチェッティ Lorgio Vaca Marchetti）や親中派のモイセス・ゲバラ・グループからの4人の脱走者を除き、7月30日にリオ・グランデ川の渡河時には11人となっていた状況を把握することが可能となっていた。脱走者は7月末に脱走したエウセビオ・タピア・アルニ Eusebio Tapia Aruni（エウセビオ）、ウゴ・シルバ・チョケ Hugo Silva Choque（チンゴロ）、フリオ・ベラスコ・モンタニャ Julio Velazco Montaña（ペペ）、ホセ・カスティーヨ・チャベス José Castillo Chávez（パコ）の4人である。タピアとシルバの尋問はまずラグニジャスで行われ、CIA職員のレケ・テラン Reque Terán も関与して拷問を伴う尋問が行われた結果、特にシルバはロランド・サラビア大尉 Rolando Saravia 大尉が率いる一隊を食糧庫やゲリラ部隊が武器、資材を隠していた洞穴に案内した。その結果、武器・弾薬、医薬品、文書類、写真が押収された。文書類は直ちにボリビア軍の第3作戦課長のマヌエル・カルデナス・マロ Manuel Cárdenas Mallo 大佐と米軍のキンク Quink 少佐がCIAの職員1人が護送して米国に運んでCIAによる分析の対象とされた。分析作業にはキューバ系の職員が多数参加した。最大の目的はボリビアにおけるゲバラの存在を確認することであった。ゲバラは4月14日にラジオ放送を聞き、「誰が話したのか？誰が？」と記しており、文書類とこれらの物資が押収されたことがゲリラ部隊にとって大打撃であったことを示していた。後衛隊との接触を失っていたゲバラは、後衛隊からゲバラが「クズ」と呼んでいたモイセス・ゲバラ・グループの4人が脱走し、密告者に転じていたことを知らなかったのである。

脱走者等の供述の分析結果からゲバラの存在がほぼ確実視されるに至ったことからか、8月26日にパナマの南方軍司令官であるチャールズ・ポーター Charles Portar 将軍が将軍2人と大佐2人のミッションを率いてゲリラ情勢評価のためボリビアに到着した。そして、8月31日に農民オノラト・ロハス Honorato Rojas の密告によってリオ・グランデ川のプエルト・マウリシオにおいて第8師団のマリオ・バルガス・サリナス Mario Vargas Salinas 大尉が率いる部隊が両岸から後衛隊に対して待伏せ攻撃を実行することになる。後衛隊の唯一の生き残りとなったホセ・カスティーヨ・チャベス José Castillo Chávez はバジェグランデに移送された後、CIA職員フリオ・ガブリエル・ガルシア Julio Gabriel

Garcíaの尋問を受けている。さらに、死亡した後衛隊のメンバー10人の遺体の背嚢や衣服から見つかった文書類も米国に送付され、その内容が分析された。

　さらに、10月9日にゲバラが身柄拘束された後、ラ・イゲーラ村にバジェグランデからヘリコプターが到着した際、フェリクス・ラモス Félix Ramos（フェリクス・ロドリゲスの別名）と称する亡命キューバ系の CIA 職員が到着し、負傷して床に寝かされていたゲバラの傍で、ボリビア軍兵士にゲバラを殺害するよう使嗾し、ラモス自身もテラン軍曹による殺害後に遺体に狙撃したとされる［Adys：118-120］。他方、タイボは、バジェグランデからヘリコプターでラ・イゲーラに着いた CIA 職員は通信専門家のフェリクス・ロドリゲスとし、ロドリゲスはゲバラを生かしておくことを主張したほか、ゲバラと並んで写真を撮ったりと良好な雰囲気が生じたが、ゲバラがロドリゲスが CIA の職員であることを知り、ゲバラが彼を「傭兵」と呼んで互いに侮辱しあったと述べている［Taibo II 2000＝2001b：358-361］。

　タイボに拠れば、ヘリコプターがバジェグランデに到着した際、フェリクス・ロドリゲスとともに、「ドクトル・ゴンサレス」が滑走路に居て、ゲバラの遺体の移送に立ち会った［前掲書：366］。サン・ホセ・デ・マルタ病院での検死には、病院長のアブラハム・バプティスタ Abraham Baptista と内務省情報局長のロベルト・キンタニーヤ Roberto Quintanilla とともに立ち会ったのは、この「ドクトル・ゴンサレス」であった。検死報告書では9ヶ所の銃傷が認められている。足に2ヶ所、右足の真ん中三分の一のところに1ヶ所、左の腿の真ん中三分の一のところに1ヶ所、鎖骨部に2ヶ所、肋骨に2カ所、胸部に1ヶ所である。報告書には抜けていたが、喉にも1ヶ所被弾していた。致命傷は「胸部の傷とそのための出血」とされた。

　1967年10月8日、フェリクス・ロドリゲス宛に、米国の CIA から1本の電話がかかってきた。「われわれとしては、ボリビア軍がゲバラの首と両手を切り落とすことを望んでいる。君には、その2つともをこちらにもってきてほしい」と。

　10月10日午前10時に参謀本部長のフアン・ホセ・トーレス Juan José Torres 将軍から電報が届き、「ゲバラの遺体は焼却」すべしと連絡があったが、軍総司令官のオバンド将軍は頭と手を切り離し、後に身元が確認できるように防腐処理をしたらどうかと示唆した。前述の通り、フェリス・ロドリゲスにラングレーの CIA から、ボリビア軍がゲバラの首と両手を切り落とすようにとの示唆があったが、フェリクス・ロドリゲスが、この米国側の意向を、ボリビア軍最高司令官のオバンド将軍に伝え、同将軍はバジェグランデに宿営中の第8師団司令官セン

108

テーノ大佐に、ゲバラの遺体に米国の要求通りの処置を施すように言った。タイ
ボは、フェリクス・ロドリゲスは、手で十分だ、指紋で確認できると主張したと
書いているが、当時県所属医師として会見に立ち会った現地『プレンサ・リブ
レ』紙のコラム記事担当者であったレヒナルド・ウスタリス・アルセ Reginaldo
Ustariz Arce（1940～）は、2011年に邦訳出版された『チェ・ゲバラ　最後の
真実』において、首を切らないように主張したのは、次のように主張したセンテ
ノ大佐であったと証言している。「私はカトリック信者です。チェの両手を切り
落とせというご命令には従いますが、首を切ることはできません」と主張したと
いう［Ustariz=2011:268］。

　アディスに拠れば、この時の協議の場にはキューバ系の CIA 職員のグス
タボ・ビジョルド Gustavo Villoldo、エドゥアルド・ゴンサレス Eduardo
González、フリオ・ガブリエル・ガルシア Julio Gabriel García が立ち会って
いた。協議の結果、手を切り離して、ホルマリンのシリンダーに入れられること
になった。その後、世論への影響を考えて、遺体は隠された。遺体は、バジェグ
ランデのパンド連隊兵営に運ばれた後、飛行場の滑走路の横で行われていた工事
の穴に投げ入れ、ダンプカーを使って土で覆った。［Taibo II 2000=2001b：369-
371］。

　こうしてゲバラが指揮した「アンデス計画」を実現するためのゲリラ活動は、
ボリビア南部のサンタ・クルス州の南東部の一角に限定された包囲戦の中で活
動の拡大を阻まれて挫折した。ゲリラ部隊はダリエル・アラルコン、ハリー・ビ
ジェガス、レオナルド・タマヨのキューバ人３人とインディ・ペレドなどボリビ
ア人３人が生き残り、キューバ人３人は1968年３月にボリビア国境を越えてチリ
に入国し、アジェンデ上院議員に保護され、その後在フランス・キューバ大使に
伴われてタヒチを経由してキューバに生還した。他方、インティ・ペレドらはボ
リビア国内で ELN の再建のために活動を継続していくことになる。

　ラテンアメリカ革命の「大陸化」を志向して「アンデス計画」の実現を目指し
たボリビアでの「フォキスモ（根拠地主義）」に基づくゲバラのゲリラ戦略が敗
北した要因として、キューバ側では VMT 責任者のピニェイロ元 VMT 次官は、
(A)「母隊根拠地（フォコ）」の建設予定地がゲリラ運動に適切ではなかったこ
と、(B) PCB との交渉に手間取って、連携すべき勢力との統一戦線を形成でき
なかったこと、(C) ゲバラが人間主義的な精神性から後衛隊を「見捨てること」
ができず、包囲網脱出のタイミングを失ってしまったことの３点を指摘している
［Piñeiro 2006：102］。

　しかし、ピニェイロスが指摘した３点に加えて、(D) 現地の「母隊根拠地

（フォコ）」の基盤が構築されていない時点でゲバラが現地入りしてしまったことが原因となり、活動範囲が地理的にボリビアの一地域に限られることになったため、包囲網が狭められていく過程で生き残りの戦略を踏まえた脱出計画を立案できずに壊滅してしまった点を指摘しておくべきであろう。カストロがゲバラに注意していたように、ゲバラは最初から現地入りすべきではないとの助言が的を得ていたことが現実化してしまった。ゲバラの性格に由来する問題であった。

　（A）は最大の敗因と思われる点である。ゲバラのアルゼンチン志向を忖度してボリビア国内の南東部のジャングル地帯が根拠地建設予定地として選ばれたことが影響した。ゲバラがタンザニア滞在中に「ボリビア・ミッション」の先遣隊として、マルティネス・タマヨ、ビジェガス、コエーリョの３名を派遣したが、特に1963年のボリビア工作の経験があり、ゲバラの「アンデス計画」の中心的補佐として支援網を構築するためのPCBとの接触や、根拠地選定および実際の根拠地確保の任務を与えられていたマルティネス・タマヨには最大の信頼が寄せられていた。マルティネス・タマヨが最も適切な地域として選んだのはアルト・ベニ地方であった。マルティネス・タマヨはアルト・ベニ地方に根拠地建設のための農場を購入するとともに、PCBのペレド兄弟の勧めもあって南東部のサンタクルス近郊にも候補地を選定していた。そのうちアルト・ベニに取得した農場の近くに軍の訓練地があることが判明したため、PCBが斡旋した南東部サンタクルス近郊ニャンカウアスにもう一つの農場をココ・ペレド名義で取得した。マルティネス・タマヨとしてはアルゼンチン侵攻を目指すゲバラの意向を忖度してニャンカウアスなら受け入れるであろうと予測した。しかし、レジス・ドブレの報告を読んでいたゲバラにはあまり気に入ってはいなかったらしい。レジス・ドブレはアルト・ベニ地方かコチャバンバ地方を推薦していた。ニャンカウアス地域はキューバ革命時のシエラ・マエストラ地域とは異なって、ゲリラ部隊を支持して、合流するような小農層が欠如しており、「母隊根拠地（フォコ）」を建設するための社会的基盤にふさわしい社会構造を有していなかったことが重大な困難をもたらすことになった。地域の住民はゲリラ部隊に同化したりすることはほとんどなく、ゲリラ部隊が孤立し、食糧の調達にも困難が伴うことになった。さらに致命的であったのは、ゲバラが地域の住民である先住民問題に敏感でなかっただけでなく、ゲリラ部隊のボリビア人戦闘員の中にはケチュア語を理解する者はいたし、キャンプではケチュア語の学習会も行われたものの、グアラニー系の言語を理解するものが隊員の中に皆無であったことも現地住民との距離を縮める上で障害となった。

　ニャンカウアスを「根拠地（フォコ）」構築の地域として選択した問題に関し

ては、レジス・ドブレが事前に適切な報告をしていたこともあり、ゲバラの死後、1968年4月にVMTで行われたある会合にてボリビアでの敗因について議論が行われた際に取り上げられている。参加者はボリビアからの生還者3人、ペレド兄弟の兄であるアントニオ・ペレドAntonio Peredo Leigue（1932～2012）、ホルヘ・バスケス・ビアーニャ Jorge Vásquez Viaña（1939～1967）の兄弟であるウンベルト・バスケス・ビアーニャ Humberto Vásquez Viaña（1937～2013）、VMT職員の「アリエル」（フアン・カルテーロ）、アンヘル・バラゲール Ángel Balaguer等であった。席上、生還者であるハリー・ビジェガスは、「闘いは北部で行われるはずであった。われわれが活動を考慮したのはニャンカウアスではなかった」と述べ、「アリエル」に向かって「ゲバラは騙された。我々はニャンカウアスは入植地であると教えられていたが、実際はそうではなかった。作成された種々の報告書を検証する必要がある」と述べた。ウンベルト・バスケス・ビアーニャは、「ゲリラ活動地域の選択は、真剣な調査や協議なしで行われた。ビジェガスやコエーリョはボリビアを知らなかった」と述べた。ゲバラは先遣隊の任務の遂行に不満であったが、明確に批判していなかった。ビジェガスの日記の削除された部分に依れば、マルティネス・タマヨは9月にゲバラから批判を浴びせられたとビジェガスに語っていた。「最大の誤りは彼をボリビアに送ったことだった。何の役にも立たなかった」と言われ、それについてマルティネス・タマヨは心が傷ついたと応えたと言う［Castañeda 1997：422-423］。

　要は、マルティネス・タマヨは優秀な戦闘指揮官ではあったが、情報活動やPCBへの政治工作には不向きであったし、ビジェガスはコエーリョもキューバ革命時代からのゲバラの護衛であり、戦闘能力はあったが、彼らも十分な政治能力があったわけではないなど、ゲバラがピニェイロ以下のVMTメンバーへの不信から、能力的には十分でなかった側近たちを情報活動に向けたことが、最も重要な根拠地選択の判断にも大きな弱点として現れてしまった。カスタニェダは、VMTにはゲバラに対する、ゲバラの独断に対する批判が存在していたと指摘し、ゲバラとVMTとの間の摩擦を指摘している［前掲書：423］。VMTに提出されていたレジス・ドブレの報告がゲバラには「正確に」伝えられていなかったことが、根拠地選択において最大の誤謬を生じさせてしまったと思われる。さらに、先遣隊として派遣されたのは、ゲバラの側近や護衛たちであり、VTMからは工作活動の専門家が先遣隊として派遣されていない。唯一、レナン・モンテロが後にラパス工作員として派遣されたが、タニアとの不和も噂されるなど、1967年5月頃にボリビアを出国しているほか、その後任が迅速に派遣されなかった。

　（B）については、1966年1月にハバナで「三大陸人民連帯会議」が開催され

た際、PCB 以外の左翼組織である親中派共産党はトロツキスト系の革命的労働者党（POR）、レチン派の左翼民族解放党（PRIN）らと人民民主協議会（CDP）を結成してハバナに赴いたが、PCB の圧力でキューバ側から出席を拒否された。このように PCB を除く左翼諸党派が結束した事実もあり、PCB が受容すればボリビアにより広範な左翼連合組織が組織されるはずであった。しかし、PCB の頑なな姿勢からこれが実現しなかった。

　（C）については、ピニェイロも指摘したが、フィデル・カストロが「ゲバラのアキレス腱」と呼んだ要素である。3月11日にボリビア人2人が脱走し軍当局に情報をもたらして以来、ゲリラ部隊と政府軍との間に衝突や待伏せ攻撃が多発するようになったが、ゲバラはレジス・ドブレやシロ・ブストスをニャンカウアス地域から脱出させた後、病弱者を護衛する後衛隊を分離させ、2週間後に再合流することを目指したが、8月31日に至るも2つのゲリラ部隊は互いにジャングル内を彷徨して再合流することができなかった。その間に政府軍による包囲は強化され、また CIA のベトナムでジャングル戦を経験した軍事顧問が政府軍のレンジャー部隊に訓練を施すなど、政府軍側が強化される状況の中で、キューバ人のホアキン（本名フアン・ビタリオ・アクニャ・ヌニェス Juan Vitalio Acuña Nénez 1925 ～ 1967）に指揮され、病弱状態にあったタニアやモイセス・ゲバラが属していた後衛隊を、中央・前衛隊が探してジャングルの中を彷徨った結果、政府軍の包囲網から脱出し、他の地域にゲリラ拠点を構築するために移動するタイミングを失ってしまった。その背景には、ゲバラの「仲間を見捨てられない」という人間主義的な精神性があったと指摘される。ゲバラらしい「人間愛」を感じさせるが、ゲリラ部隊の責任者としては問題がなかったとは言えまい。

　谷口侑は、レジス・ドブレの『革命と裁判』の「あとがき」である「ゲリラをさばくのはだれか」において、ゲバラらの敗因について、ボリビアの革命運動側で行われた議論を整理して次のように記している。

　「以下は、ボリビア人あるいは革命側からこれまでに指摘された“ゲリラ挫折の原因”をまとめたものである。

　（1）ゲリラ側がまだ準備段階にあるうちに戦闘が発生したこと。ゲバラはリオグランデ川北方にゲリラ根拠地を完成する目標を1967年11月と予定していたが、ニャンカウアスの戦闘はこれより6カ月早く火を吹いた。止むに止まれなかったとはいえ、時機尚早のゲリラ活動の開始は、これまた準備の過程にあったラパスのゲリラ支援組織にも否定的影響を及ぼし、都市組織はついにゲリラに効果的支援を与えることができないまま、女子学生ロヨラ・グスマンの逮捕とともに壊滅した。3月までは、すべてが順調に働いており、指令はゲリラからラパス

に出されていた。しかしゲリラが作戦を開始した時、連絡は途絶えた。（中略）

　（2）バリエントス政権がアメリカの迅速かつ大量のテコ入れを受けて、大規模な対ゲリラ作戦を展開できたこと。政府軍は2回の待伏せ攻撃で不意をつかれた。しかしその後、(a) ゲリラ根拠地が発見されたこと、(b) ホアキンの率いる後衛隊が孤立したこと、(c) ゲリラ隊員の補充が行なわれず、第2戦線が開かれなかったこと —— は、政府軍に兵力の大規模な展開と「レインジャー部隊」養成のための時間的余裕を与えた。ゲバラは、米軍の直接武力介入を予想していたようである。（中略）

　（3）第三に、ボリビアの左翼、とくにPCBのゲリラ支援の欠如である。ゲリラにもっともコミットしていたはずのマリオ・モンへの率いるPCBの"裏切り"は、チェ・ゲバラ、ドブレ、フィデル・カストロから"ELNに致命的打撃を与えた"としてきびしく非難されている。（中略）

　（4）第四に指摘されているのは、ゲリラに対する大衆的支持の不足、とくに農民のそれの欠如である。ゲリラの中核は (a) 共産党のミリタント、(b) 都市出身のインテリ、学生、(c) 鉱山労働者、(d) キューバ人、ペルー人革命家だったが、土地出身の農民を欠いていた。ゲバラは『ボリビア日記』の毎月のまとめの項で、農民の組み入れ不足を繰り返し嘆いている。ボリビア人ジャーナリストのテド・コルドバ・クラウレは、この点に関して、ゲリラは場所の選択を誤ったのではないか、と次のように指摘する。"ゲリラは、大きな共感を呼び覚ましはしたが、しかし真にボリビア大衆の政治的前衛とはなり得なかった。ゲリラの政治的中核は、高原地帯（アルトプラノ）に散らばっている大衆にそのメッセージを伝えるのに重大な物理的困難を抱いていた。（ボリビア人の70%を占めるインディオ農民が住み、さらに鉱山地帯のある）高原地帯は、ペレドやゲバラの作戦地帯（海抜1000メートル）よりさらに3000メートルも高いところに位置していたのである。もちろん熱帯に属する平野部のサンタ・クルスも重要な中心で、ここをゲリラが占拠することもできる。しかしボリビアで武装蜂起が勝利するためには、同時にそれは高原でも起こらなければならない"［前掲書：194］。

　この谷口が取りまとめた敗因の分析は有益である。特に、ゲリラ戦が開始された時期の問題、建設されようとしていた根拠地の問題は、本質に迫るものである。

　これらの諸要因以外にも、指摘しておくべき点として、大局に関わる重要な問題ではないが、いま一つ不可解な点が存在する。それは、ラパスに滞在してニャンカウアス地域にいたゲバラらのゲリラ部隊とキューバとの連絡の中継点となっていたはずのVMTのレナン・モンテロが1967年5月に理由が明らかにされない

ままボリビアから出国している事実である。その後のフィデル・カストロの説明
として、レナン・モンテロがボリビアを出国したのは体調を崩したためにフラン
スに療養に向かわせたためであるとか、彼が所持していたボリビアの身分証の期
限が切れていたため、その調整のために出国したとの説明がなされている。しか
し、ダリエル・アラルコンが『一キューバ人兵士の記憶』において主張している
ように、これらの説明には説得力がない。アラルコンは、レナン・モンテロのボ
リビア出国の理由として、フィデル・カストロおよびピニェイロスに近い彼と、
ゲバラに近いタニアとマルティネス・タマヨとの間に確執が生じたことがあった
のではないかと推測している [Alarcón：145-147]。その後、いかなる研究者も
この問題を深めていないため、真相を知ることはできないが、タニアがラパスに
戻ることができなくなっていた時点で、ラパスにキューバと連絡がとれる人物が
いなくなったことはゲリラ部隊の孤立を決定づけたと考えられる。アンダーソン
はこの問題の重要性を指摘している [Anderson1997：661]。ゲバラは、8月中
の日記に、キューバからレナン・モンテロの後任は準備中であると暗号化した連
絡があったとほのめかして書いている。なぜ後任の派遣が急がれなかったのか、
疑問が残る。

　レナンのボリビア出国と後任の不在が「ボリビア・ミッション」の円滑な組織
的な機能を無能化してしまった影響は大きい。

　4月17日には中央・前衛隊と後衛隊が分離されるようになり、ゲバラの周囲に
後衛隊に属したタニアはいなくなっており、中央隊にはマルティネス・タマヨが
いたものの、ゲバラはマルティネス・タマヨが戦死した7月30日に彼に対する不
信感を日記に次のように表現している。

　「(マルティネス・タマヨは) キューバ人グループの中では、もっともだらしが
なく、日々の任務に対しても、最も決断力を欠いていた、しかし、非凡な戦士で
あったことは確かで、コンゴの第2戦線での最初の失敗のときも、ここでも、冒
険をともにしてきた古い同志だった。」[高橋訳：148]

　マルティネス・タマヨとゲバラの間にいかなる問題が生じたのか、1962～63
年当時の第1期「アンデス計画」でのマルティネス・タマヨの活動や、コンゴで
の戦闘指揮官としての活躍が知られているだけに、ゲバラのマルティネス・タマ
ヨに対する批判は、現在に至るも不可解である。ゲリラ根拠地の選定やモンへと
の交渉で手間取ったマルティネス・タマヨへの不満が蓄積していたことが推察さ
れる。

　なお、レナン・モンテロは1970年代末にニカラグアの FSLN の南部戦線の情報
関係に従事し、1979年のサンディにスタ革命政権成立後は、同政権の国家情報部

設立を手掛け、1990年の FSLN 政権の終焉まで顧問として協力するなど、キューバの対外工作面で重要な役割を果たした。

　さらに根本的と考えられる問題を考察すれば、そもそも「フォキスモ（根拠地主義）」に基づくゲリラ路線を唯一の方法論としたことにも問題があったのではないか。アルゼンチンやペルーへの革命運動の拡大のためにはゲリラ戦が必要であったという事情はあったにせよ、各国の親ソ派共産党が採るようになった「選挙」優先路線では当時のラテンアメリカにおいて革命運動の拡大は見込めないとしても、PCB 主流派が主張したような「蜂起」路線も、ボリビアでは革命運動における鉱山労働者の重要性が大きかったが、鉱山労働者が大量にゲリラ戦に参加する可能性が限定的であったことを考慮すれば、武装闘争には至らないまでも大衆的な「蜂起」路線と連結する可能性はあったのではないか。そうであるのにゲリラ戦争路線を唯一の戦術とした「アンデス計画」を至上視したために、戦術的に「蜂起」路線と連結するという選択肢が排除されてしまったことになり、それが敗北につながったという問題があったのではないかと考えられる。

（8）ゲバラ死後のラテンアメリカ・ゲリラ運動
（イ）ゲバラ死後のボリビア ELN

　1967年10月8日、中央・前衛隊の一部は、待ち合わせ場所に到達し、10月10日夜には10人が生き残っていた。その後、キューバ人医師のカルロス・ルナ・マルティネス Carlos Luna Martínez（モロ）、ボリビア人のハイメ・アラナ・カンペロ Jaime Arana Campero（チャパコ）、エディルベルト・ガルバン・イダルゴ Edilberto Galván Hidalgo（エウスタキオ）、フランシスコ・ワンコ・フロレス Francisco Huanco Flores（パブロ）の4人が戦死したため、生き残りの6人がニャンカウアス地域の包囲網からの脱出を図った。

　1968年1月19日、キューバ人3人と、インティ・ペレドおよびモイセス・ゲバラ・グループの鉱山労働者であるダビッド・アドリアソラ David Adriazola（ダリオ）の5人がコチャバンバを出発してラパスに向かった（ニャトは戦闘で負傷し、同志に射殺することを懇願したため、アラルコンが射殺した）。ラパスからはインティ・ペレドの義父の協力でチリの国境に近いオルロ州のサバヤまでたどり着き、2月19日に国境に達し、国境を越えてチリに脱出した。チリ側では、サルバドル・アジェンデが彼らを迎えて保護するための準備を行ない、ジャーナリストのエルモ・カタラン Elmo Catalán（1932 ～ 1970）らが彼らを迎えた。キューバ人3人は国警隊（カラビネロス）に拘束されてイキケに移され、イキケからアントファガスタを経てサンティアゴに移送され、サンティアゴでサルバド

ル・アジェンデと娘のベアトリス・アジェンデ Beatriz Allende（1943 ～ 1977）
が出迎えた。フレイ・チリ大統領の介入によりフランス大使館に庇護され、ド
ゴール大統領の行為でイースター島を経由してタヒチに移り、タヒチでバウディ
リオ・カステリャノス Baudilio Castellano 在フランス・キューバ大使の出迎え
を受け、同大使が同行してシンガポール、アテネ、オーストラリア、フランス、
チェコスロバキア、モスクワを経て 3 月 6 日にキューバに帰還し、ハバナのラン
チョ・ボイエロ空港でフィデル・カストロ等の出迎えを受けて帰国した。

　1968 年 4 月、インティ・ペレドはキューバを訪問し、フィデル・カストロと会
見して、ボリビアから帰還した 3 人を再建する ELN の参謀本部メンバーとして
派遣してもらいたいと要請した。フィデル・カストロは、当初、ソ連との関係
を重視してか、要請を受諾しなかったが、最終的にはインティ・ペレドの要請
を受け入れて 3 人を ELN の参謀本部に派遣することを了承した。しかし、その
際、フィデル・カストロは 3 人のうちのレオナルド・タマヨはボリビア遠征前に
ハバナ市内で起こした無免許飲酒運転による交通事故で一般人の女性と幼児が亡
くなった事故のために収監中であり、選別されたことに十分な根拠がなかったと
して、さらに新しい任務を与えられる状態にはないことを説明して、インティ・
ペレドの了解を得た。その結果、ハリー・ビジェガスとダリエル・アラルコン
の 2 人が再度ボリビアに派遣されることになった。再建される ELN には、彼ら
3 人が参謀本部を形成して、インティ・ペレドが最高指導者、アラルコンがナン
バー 2，ビジェガスが政治担当、さらにダビッド・アリアソラが兵器部長、ロヨ
ラ・グスマンが都市地下組織担当となることが決定され、組織メンバーにはボリ
ビア人 100 人、チリ人 27 人、アルゼンチン人 23 ～ 24 人、ブラジル人 1 人、ペルー
人 1 人、ウルグアイ人 1 人、ベネズエラ人 1 人、グアテマラ人 1 人、ホンジュラ
ス人 1 人の極めて国際主義的な計 150 ～ 160 人前後の参加が見込まれた ［Alarcón
1997：200 ～ 201］。チリ人の中には、ボリビアから生還したキューバ人 3 人を
国境で迎えたジャーナリストのエルモ・カタランもいた。ELN に対して、ベネ
ズエラ、コロンビア、コスタリカ、ホンジュラス、パナマ、メキシコの左翼組織
が、各国の治安組織から奪った武器をキューバを通じて提供したり、キューバが
国際市場で購入した。アルゼンチンの左翼組織やチリの左翼革命運動（MIR）か
らは資金が提供された。しかし、ELN 指導部層に金銭や女性問題が発生し始め
た。

　インティ・ペレドは、1969 年中にボリビアに帰国し、ELN の再建に努め、同
年 7 月にはボリビア人民宛てのメッセージを発したり、ELN 再建に向けた活動
を続けたが、9 月 9 日に隠れ家を警官隊に襲撃され、手榴弾を投げ込まれて手足

を負傷したまま身柄を拘束され、拷問を受けた末に極めて残忍に殺害された。チリ人エルモ・カタランは、1970年6月8日にボリビア国家情報部によって殺害された。

インティ・ペレドの死後、ELN の指導権はインティの弟のチャト・ペレド（本名オスバルド・ペレド・レイゲ Osvaldo Peredo Leigue、ペレド兄弟の末弟）が掌握しようとしたが、ダリエル・アラルコンとの間に対立が発生し、ELN は分裂した。1970年7月、チャト・ペレドとオマルはアルト・ベニ地方に近いテオポンテ地域に移動して同地域でゲリラ活動を開始し、一方キューバ人のアラルコンとボリビア人のエスタニスラオ・ビルからはテオポンテ地域から離脱した。ELN はチャト・ペレドの指揮下で内紛による殺害事件が発生したり、鉱山襲撃の際に拉致したドイツ人技術者の誘拐で取得した500万ドルのうちチャト・ペレドのグループが400万ドルを独占したりと疑惑が広がったため、キューバはキューバ人の引き揚げを決定した。キューバはパス・サモラ Jaime Paz Zamora（1939～）が1971年9月に組織することになる MIR との関係強化を図ろうとしていたため、ELN との関係は遮断された。一方、チャト・ペレド指揮下の ELN は治安部隊の掃討を受け、1970年11月初めには壊滅し、チャト・ペレドはチリに脱出した。再建 ELN がチャト・ペレドの指揮下で疑惑が生じた時期、1967年3月時点での ELN 創立者メンバーであったロヨラ・グスマンやロドルフォ・サルダーニャは ELN を離脱した。こうして、ボリビアの ELN は1970年末に崩壊した。

なお、チャト・ペレドはその後政治から離れたが、1990年代後半にはエボ・モラレス Juan Evo Morales Ayma（1959～）率いる社会主義運動（MAS）に所属し、同政権中（2006～2019）にサンタ・クルス州議会議員に就任していた。その後 MAS から離脱し、2020年1月に死亡した。

（ロ）ゲバラ死後のラテンアメリカ革命運動

ゲリラ運動がアルゼンチン、ペルー、ボリビア等で敗北していく中で、各国の親ソ派共産党からゲリラ運動を批判し、伝統的な政治・軍事論を展開する傾向が強まった。その代表はウルグアイ共産党のロドネイ・アリスメンディ Tibaldo Rodney Arismendi Carrasco1（1913～1989）であり、彼は「大陸革命の勝利は、現在の諸条件にみあった闘争方法を見出し、あらゆる闘争形態と社会活動をマスターするわれわれの努力に直接に依存する」と主張し、「あらゆる闘争形態を」との表現でゲリラ運動批判を行なった。このような「修正主義」的な傾向を表明した各国共産党指導者として、ブラジル共産党のルイス・プレステス Luís Carlos Prestes（1898～1990）、チリ共産党のルイス・コルバラン

Luis Corvalán（1916 〜 2010）、アルゼンチン共産党のビクトリオ・コドビジャ
Victorio Codovilla（1894 〜 1970、ベネズエラ共産党のヘスス・ファリア Jesús
Faría（1910 〜 1995）、さらにボリビア共産党のマリオ・モンへらが挙げられる。
このような傾向に対して、フィデル・カストロが、1967年３月13日にベネズエラ
共産党を批判するや、ベネズエラ共産党は３月15日に中央委員会政治局名で77項
目にわたる反論を行なった。こうして２つの路線の分裂が鮮明になった。

　1967年７月31日から８月10日の間、ハバナで1966年１月に開催された「三大
陸人民連帯機構（OSPAAAL）」での決議に基づいて「ラテンアメリカ連帯機構
（OLAS）」の第１回大会が開催され、ラテンアメリカ27ヶ国を代表する諸組織の
代表が参加した。出席した代表たちの間には明らかに２つの潮流が存在した。出
席を拒否されたソ連共産党の支持を受けたウルグアイ共産党のアリスメンディら
の「民族民主革命路線」を掲げる「修正主義」派と、武装闘争による大陸全体で
の社会主義革命路線というゲバラの理念と行動を体現した傾向であり、後者に
はベネズエラの FALN のフランシスコ・プラダ Francisco Prada（生年不詳〜
2014）やグアテマラの FAL のネストル・バリェらが属した。キューバはこの時
点では、後者の路線を支持し、大会では PCC 組織書記であったアルマンド・ア
ルト・ダバロス Armando Enrique Hart Dávalos（1930 〜 2017）がキューバ共
産党（PCC）を代表し、代表演説の中で次のように表明した。

　「現に対峙し合っている諸社会勢力を正確に評価するためには、われわれが
語ってきた色々の複雑な要因を考慮する必要がある。ほとんど全ての国々におい
て大土地所有制度は変形されなかった、とわれわれは述べた。しかし、資本主義
型・都市型・商業型、そして結局のところは外国独占体の利益に従属してはいる
が、ある意味では工業型ともいえる成長が同時に存在したことも否定することは
できない。

　こうした成長は階級意識をもったプロレタリアートを創りだした。大土地所有
者や寡頭制が生きながらえているのに平行して、労働者階級の集中があった。中
産階級もまた、広汎に発展した。この階級の内部では、いくつかのカテゴリーは
革命的・進歩的姿勢を持っており、今世紀に先立つ数世紀にわたる民族的であ
ると共に国際的な愛国的伝統に結びついている。これらのカテゴリーについては
ヨーロッパの小ブルジョア階級と同列には論じられない。ある場合には、彼らは
寡頭制の利益の側よりも、搾取されている人民の利益の側にずっと近いところに
いる。要するに、一方では大土地所有者と商業ブルジョアジーの最上流階層から
成る寡頭制があり、他方には都市労働者階級や、しばしば封建的状況の中で生活
している無数の農村労働者大衆 ── 他の部門の農村大衆・失業者・半失業者たち

がこの大衆に結びついている —— がいるのである。これら全ての社会カテゴリー
はさまざまな階級 —— その共通分母は搾取・貧困・ひどい停滞である。彼らはこ
の搾取を蒙り、この貧困の中で生きているのであり、このすさまじい停滞の中で
生命を保たなければならないのである —— に属している」[山崎1971：255-256]。

　このように述べて、ラテンアメリカにおいてはヨーロッパとは異なった多種多
様な大衆層が「変革主体」となっていると指摘した。そして、次のように結論づ
けた。

　「可能な方法は2つしかない。すなわち、都市および農村の働く人々・労働
者・すべての搾取されている人々の人民の利益か、あるいは、改良主義と"進歩
のための同盟"の政策か。後者はゴリラたちとペンタゴンの政策であり、ジョン
ソン、ラスクあるいはマクナマラと、ラテンアメリカの軍事カーストの政策であ
る。こうした関係においてこそ、"革命"は自己を規定するのである。従ってイ
デオロギー闘争もこうした関係において自己を規定するのである。この会議の選
択は全く明白である。それは働く人々・搾取されている人々の政策であり、ラテ
ンアメリカにおける革命の政策である」[前掲書：266]

　アルトはこのように主張して、「修正主義的」な路線の在り方を否定したので
ある。ラテンアメリカにおいては、「革命路線」と「修正主義」路線の分裂は明
白になった。キューバの姿勢は、この1967年7月31日から8月10日の間に開催さ
れた「ラテンアメリカ連帯機構（OLAS）」の第1回大会の時点では、ゲバラが
進めていた路線と完全に合致していたと評価することができる。

　ベネズエラにおいては、1962年3月にダグラス・ブラボ Douglas Bravo（1932
～2021）によってシエラ・デ・ファルコン県でホセ・レオナルド・チリノス戦
線が結成され、ブラボは1966年4月にベネズエラ共産党（PCV）から分裂して
「ベネズエラ革命党（PRV）」を結成し、「ホセ・レオナルド・チリノス戦線」と
ララ県で活動していた「ギジェルモ・シモン・ボリバル戦線」もブラボの指揮
下に入った。PRVの武装組織として「民族解放武装勢力（FALN）」が結成され、
民主行動党（AD）から分離して結成された「左翼革命運動（MIR）」と合流して
FALN—FLNとしてゲリラ活動を継続した。

　このブラボが指揮したゲリラ運動に対して、キューバ革命の英雄の一人であ
り、1989年7月に「オチョア事件」の主犯として銃殺刑に処せられることになる
アルナルド・オチョア Arnaldo Ochoa Sánchez（1930～1989）将軍が、24人
のキューバ人戦闘員を率いてベネズエラ上陸作戦を実施するために派遣される
ことが決定された。1967年5月に実行されたと思われる上陸作戦は失敗し、オ
チョアらはブラジルに出国してブラジル共産党の協力を得て同国経由で脱出し

た。ゲバラは、1967年5月13日の日記に、「ラジオはキューバ人のベネズエラ上陸作戦が失敗に終わったというニュースを繰り返し放送している」と書いており、上陸作戦が実施されたが失敗に終わった事実を知っていたことを示している。キューバは1968年にオチョアらの救出を図っている。1996年にキューバから離脱してフィデル・カストロとキューバ革命指導部に批判的となったボリビアからの帰還者であるアラルコンは、フィデル・カストロとキューバ革命指導部がオチョアを救出しながら、ゲバラを救出することができなかったはずはないと批判している。ベネズエラに対しては、オチョアらだけでなく、ブリオネス・モントト Newton Briones Montoto（1941 〜）が率いる一隊がマチュルクト地域に侵入しているほか、ララ県にはトマセビッチ Raúl Menéndez Tomassevich（1929 〜 2001）司令官とアンヘル・フリアス Angel Frías 司令官に率いられた一隊が侵入したが、陸軍部隊に掃討され、トマセビッチ他数人だけが脱出に成功した。オチョアの部隊においてはベネズエラ滞在中にオチョアとオレステス・ゲーラ Orestes Guerra González（1936 〜 2014）との間に分裂が発生し、オレステス・ゲーラ側に組したマヌエル・エスピノサ Manuel Espinosa が治安当局の捕虜となったため、オチョアはベネズエラ脱出のための支援をキューバに要請した結果、ブラジル共産党の協力を確保して救出が行なわれた［Alarcón：219-220］。取り残されたオレステス・ゲーラら6人はカラカスから脱出した。オレステス・ゲーラとオチョアは、キューバ革命戦争時にはオレステス・ゲーラが上官であったが、ベネズエラ・ミッションにおいてはオチョアが上官となったため、それが原因となって両者間の個人的な確執が拡大し、派遣部隊が分裂するに至る原因となった。革命後に急速に出世したオチョアの横柄な性格も反映したものと見られている。ベネズエラには多くの左翼組織が成立したが、左翼統一戦線的な運動は成立せず、ダグラス・ブラボが離党した後の親ソ派共産党が主流派となった。

　ブラジルにおいては、1964年3月に進歩派のゴラール政権を打倒した軍事グーデターが発生し、1966年までの弾圧の第一波が過ぎ去ると、反政府勢力は態勢の立て直しにかかった。カトリック教会の多くの幹部が反政府対決姿勢をとり、後の「解放の神学」派の傾向が強まり、学生たちは全国学生連盟（UNE）を中心に活動を活発化させた。そして、反政府運動は1968年に絶頂期を迎えた。同年3月にリオ・デ・ジャネイロで開催された小さな抗議集会において一人の学生が治安部隊に殺害されたことがきっかけとなり、大規模なデモ行進に発展した。その学生の埋葬には数千人は集まり、そこで繰り返された暴力によって、大衆の怒りが高まった。5月にはサンパウロ大聖堂に集まった労働者が抗議集会を開き、6月には学生と治安部隊の衝突から28人の死者が出た「流血の金曜日」事件が起

こった。これをきっかけとして抗議行動はリオ・デ・ジャネイロの「10万人デモ」で最高潮に達した。これと並行してミナスジェライスとサンパウロで労働者による攻撃的なストライキが実施され、大企業の占拠や主要工場の生産妨害も行われた。オザスコでのストライキでは、武装闘争のみが軍事政権を打倒できると考えた左翼勢力の影響が見られた。

　ブラジル共産党（PCB）は武装闘争に反対したが、1967〜68年に老練な党員であるカルロス・マリゲーラ Carlos Marighella（1911〜1969）に率いられたグループが PCB を離党して「民族解放運動（ALN）」を結成した。また、すでに「人民行動（AP）」が武装闘争を開始していたほか、多数の左翼的な軍人を擁する「人民革命行動（VPR）」など新しい左翼組織が登場した。

　1967年7〜8月にマリゲーラはハバナで開催された「三大陸人民連帯機構（OSPAAAL）」会議に出席し、武装闘争路線への信念を強めて帰国したが、PCB はマリゲーラの出席資格を否定する電報をハバナに送った。マリゲーラはキューバからの帰国後、1968年2月に ALN を結成した。この会議が開催された時期にはゲバラはすでにボリビアにいたため、マリゲーラがゲバラに会う機会はなかったが、当初は都市ゲリラ志向であったマリゲーラは晩年には農村ゲリラをも戦術に入れる姿勢に転じており、この姿勢の変更の背景にゲバラの影響があったと言われる。1968年12月にマリゲーラは「ブラジル人民への呼び掛け」と題するメッセージを発し、「今、われわれが努力しなければならないことは、革命闘争の強化を勝ち取るために、全国の革命勢力の戦略的配置を遂行することである。そして、さまざまな作戦行動を実現するために革命勢力を統合することは、その前提として存在している」と述べ、戦術として「ゲリラ戦の実践、大衆による広汎な戦線の組織化、大衆からの支持獲得」の3点のいずれかの戦術を選択することを提起した［Marighella 1969＝1970：56-64］。マリゲーラが呼びかけた戦術がゲリラ戦だけでなく、ゲリラ組織の統合、大衆組織の組織化など広範な戦術を有していたことが理解される。左翼組織の糾合を重視する点にもゲバラとの共通点が見られる。1969年9月に ALN は「10月8日革命運動（MR8）」とともにチャールズ・エルブリック米国大使誘拐事件を起した。11月8日、マリゲーラはサンパウロ市中心街に近いアラメダ通りで情報局の待伏せ攻撃を受けて戦死した。

　ALN などの武装組織は、1968年から活動を開始した。サンパウロの米国総領事館では爆弾事件が発生した。活動資金の調達を目的とした強盗事件も頻発した。これらの諸事件は、軍部強硬派に対し、「1964年革命（クーデター）」は敗北しつつあり、反逆者を一掃する新たな手段が必要であると認識させた。制約された自由をすら停止する口実は、些細な出来事が発端となった。下院議員による国

会演説において、独立記念日の軍事パレードの阻止を国民に訴えたことが軍部に対する侮辱と受け取られ、12月13日、コスタ・エ・シルバ大統領軍政令第5号を公布して国会を閉鎖した。軍政令第5号が布告された結果、武装闘争グループの活動が先鋭化した。軍事政権はひたすら反体制運動に対して理不尽な非人道的な対応をとるようになり、軍事独裁強化が進んだ。1969年8月にコスタ・エ・シルバ大統領が脳溢血に倒れ、職の続行が不可能になったため、軍事評議会が大統領職務を代行することを決定した。

　武装闘争を重視する急進左翼グループは、外国の外交官を誘拐し、投獄されていた政治犯との交換を要求する活動を実行した。1969年8月には、前述の通り、ALNとMR8が共闘してエルブリック米国大使誘拐事件を起こした。大口信夫駐サンパウロ総領事、フォン・ホレベン西独大使の誘拐事件も発生した。これに対して、軍事政権は国家安全保障に「有害もしくは危険な」国民に適用される国外追放令を創設したり、超法規的な殺害や拷問死等軍事政権が実行した弾圧的手段が奏功して、武装闘争の活動家だけでなく、同調者も影響力を低下させ、これによって軍事政権は武装集団を一般大衆から孤立させることに成功した。急進左翼勢力は、ゲバラの呼び掛けに応えてブラジルに新しいベトナムを創り出そうとしたが、これを実現することはできなかった。

　1969年1月にカルロス・ラマルカ・ディオゲネス Carlos Lamarca（1937～1971）が左翼系の学生や軍人を結集した「人民革命行動（VPR）」を結成した。VPRもALN等とともに武装闘争を開始したが、ALNや1969年中に結成された「民族解放司令部（COLINA）」との共闘作戦を実行することが多かった。また、1970年にはPCBから分離した「チラデンテス革命運動（MRT）」が結成され、ALN、VPR、MR8と共闘関係に入った。MRTはフランシスコ・ジュリアンが創設した「農民同盟」に関わった活動家によって結成された。これらの多くが軍事政権によって弾圧された。残されたのは、PCBを除名されたグループによって1962年に結成された「（毛沢東主義の）ブラジル共産党（PC do B）」が、パラ州東部のマラバ付近のアラグアイ河流域に建設し始めていた農村ゲリラだけだった。陸軍部隊がこの毛沢東主義のブラジル共産党を壊滅したのは、一帯を国家安全保障地区に指定した後の1975年のことであった。

　アルゼンチンにおいては、ペロン派の政治的影響力が強いという特徴的な政治環境の中で、1964年4月のリカルド・マセッティが指揮した人民ゲリラ軍（EGP）の壊滅後、EGPの生き残り、アルゼンチン共産党（PCA）の反主流派、ペロン派左派が武装闘争を志向していた。1962年には急進党のフロンディシ Arturo Frondizi Ércoli（1908～1995）大統領が軍部のクーデターで失脚させられ、軍

部が実権を握ったが、このときの軍事政権は長続きしなかった。しかし、民政移管後の急進党のイリア Arturo Humberto Illía 大統領を追放した1966年のクーデター（アルゼンチン革命）は様子が異なり、フアン・カルロス・オンガニーア Juan Carlos Onganía（1914～1995）将軍はブラジル型の官僚主義的な権威主義体制をアルゼンチンにも導入した。軍事政権は外資導入を基盤に衰退する経済を成長させようとしたが、軍事政権の厳しい統制に反対するペロン派と軍部の戦いは激しさを増し、ペロニスタから生まれたモントネロスやペロニスタ武装軍団をはじめとする都市ゲリラと軍部との抗争で多くの犠牲者が出るなど、さながら内戦の様相を呈していった。もう一つの特徴は、「解放の神学」系の運動が急速に影響力を拡大していたことで、このような政治的環境が武装闘争の拡大にも影響した。

　1968年には「ペロニスタ武装勢力（FAP）」、1969年には「モントネロス」といった都市ゲリラ組織が相次いで登場した。FAP は「モントネロス」と同様に、「第三世界司祭運動（MSTM）」に属したヘラルド・フェラリ神父 Geraldo Ferrari（1943～1969）らの参加を得て、1968年にエンバル・エルカドリ Envar El Kadri（1941～1998）の指導下でペロン派の武装組織として結成された。トゥクマン州タコ・ラロに拠点を建設したが、1968年9月17日に武装行動を実行した後、9月19日に警官隊に急襲されて逮捕者を出した。その後、1969～70年に武装闘争を再開し、1970年1月6日にはビジャ・ピリオン地区の派出所を攻撃し武器を奪った。1971年に内部分裂し、エドゥアルド・モレノ Eduardo Moreno、エルネスト・ビジャヌエバ Ernest Villanueva、アレハンドロ・ペイロウ Alejandro Peyrou らの分派が追放され、彼らは「モントネロス」に合流した。他方、FAP 全国コマンドを名乗る分派が、1973年5月22日には機械労働者組合の指導者ディルク・クロウステルマン Dirck Herry Kloosterman（1933～1973）を米国 CIA のスパイの疑いで殺害するなどの活動を行なった。

　1970年にはキリスト教民主主義系のペロン派青年組織である「貧民団」が映画館を占拠して宣伝活動を行ったり、ITT ジェネラル電気の支配人を融解して身代金100万ドルを奪うなど、小規模な集団による武装活動が増加した［小倉2015：331-332］。

　ペロンは1955年の軍事クーデターのために国外亡命した際に、アルゼンチンにおける彼の代弁者としてペロン第2期政権時代の下院憲法問題委員長などを歴任したアイルランド系のジョン・ウィリアム・クックを指名した。クックは、1960年に妻アリシア・エグレンとともにキューバを訪問して以来、キューバ革命の影響を受け、「フォキズム（根拠地主義）」と大衆を国内支配諸階級や帝国主義に対

する武装闘争に立ち上がることを提案する政治・軍事的戦略を深化させるべきだと主張するようになった。クックはこのように武装闘争を呼びかけることで、ペロン派左派に大きな影響力を持った。

　クックは、前述の通り、1961年4月に米国CIAの支援を受けたキューバ反革命軍がヒロン湾に逆上陸した際に、キューバ革命軍側の民兵として参加し、1962年には再度キューバを訪問し、アルゼンチンでの武装闘争のための統一戦線を組織することを目的として、ペロン派の抵抗グループ、共産党からの分派グループ、トロツキスト系の「労働者の言葉（PO）」からの分派グループなどをキューバに集めて、彼らとフィデル・カストロやゲバラとの会合の機会を設けた。結果的には、この際に戦略的な統一性を有する統一戦線の創設は見送られたが、キューバ側は参加したすべてのグループに、それぞれの信じるやり方でアルゼンチン国内での武装闘争を進めていくように指導し、そのために必要となる準備を提供することを確約した。

　これが発端となり、1962年から1964年の間に、ゲバラがその創設を直接に指導し、自らも合流することを目指したサルタ州の農村ゲリラ組織である人民ゲリラ軍（EGP）をはじめとして、アルゼンチンでは最初の都市ゲリラとなる国民革命武装勢力（FARN）や、後にメンバーの大半が「モントネロス」に合流したタクアラ革命的民族主義運動（MNRT）などの武装組織が登場した［廣瀬2005：199-201］。クックはペロンの後継者となるものと予想されていたが、1968年9月にブエノス・アイレスで病死した。

　クックと並んで、ペロン派が武装闘争を開始する上で大きな影響を与えたもう一人の人物は、聖職者のカルロス・ムヒカ・エチャグエ Carlos Francisco Sergio Mujica Echagüe（1930〜1974）であった。ムヒカは、フロンディシ政権の外相であったアドルフォ・ムヒカとブエノス・アイレス州の大土地所有者の娘であったカルメン・エチャグエの息子であり、1954年にはブエノス・アイレス市のサンタ・ロサ・デ・リマ教区で貧困家庭の救済に従事するようになり、1960年代には国立ブエノス・アイレス高校のカトリック学生青年同盟の顧問となった。

　ムヒカは、1968年に「第三世界司祭運動（MSTM）」の結成に参加した。MSTMは、1962年10月11日から12月8日まで開催された第2回バチカン公会議が公会議史上初めて5大陸から参加者があった公会議となり、その影響下に1967年にブラジルのオリンガ・レシフェ司教のエルデル・カマラがアジア・アフリカ、ラテンアメリカの18人の司教を組織し、第三世界の人々の貧困状態を克服することを提起して起草した「18人宣言」と、1968年8月にコロンビアのメデジンで開

催された第2回ラテナメリカ司教会議（CELAM）の合意書の影響を受けて結成された。MSTM は、経済・政治・文化権力の社会化や生産手段の私的所有の廃止を主張し、当時アルゼンチン国内にいた司祭5000人のうち800人が加盟していた。1964年にムヒカがカトリック学生青年同盟の顧問をしていた国立ブエノス・アイレス高校に、カルロス・グスタボ・ラムス（Carlos Gustavo Ramus（1947～1970）、フェルナンド・アバル・メディナ Fernando Abal Medina（1947～1970）、マリオ・エドゥアルド・フェルメニッチ Mario Eduardo Fermenicchi（1948～）が入学し、カトリック学生青年同盟に加入したことから、ムヒカの影響下で同盟の活動が活発化するようになった。1967年7月末にはメディナがクックとともにハバナで開催された「ラテンアメリカ連帯機構（OLAS）」の会合に参加した。メディナは翌年にもノルマ・アロスティト Esther Norma Arostito（1940～1978）とともにキューバを訪問しており、武装闘争の訓練を受けて帰国し、武装グループの組織化を開始した。

　「モントネロス」が初めて公の場に登場したのは、1970年6月1日であった。その2日前の5月29日、前記の3人とノルマ・アロスティトが「ピンダポイ作戦」を実行して、ペドロ・エウヘニオ・アランブル将軍（1955年にペロン政権を打倒した軍事クーデターの首謀者であり、1955年から1958年まで大統領となり、その間にペロン派を弾圧した人物）を自宅から誘拐した事実を公表した時であった。6月1日にモントネロスは『コミュニケ』第1号を発出して、誘拐の事実と、アランブルをブエノス・アイレス市内で人民裁判にかけて死刑を宣告し、フェルナンド・アバル・メディナがアランブルの死刑を執行したと公表した。その後、「モントネロス」は1972年に国民革命軍（ENR）と、1973年に革命軍（FAR）と合併した。FAR は、キューバ革命の影響下で、カルロス・オルメド Carlos Olmedo、マルコス・オサティンスキ Marcos Osatinsky（1933～1975）、フアン・パブロ・マエストレ Juan Pablo Maestre、ロベルト・キエト Roberto Jorge Quieto（1938～1976）、フリオ・ロケ Juan Julio Roqué（1940～1977）、ロベルト・ペルディア Roberto Perdia らのアルゼンチン共産党（PCA）の青年組織である共産主義青年連盟のメンバーが主体となって結成されたマルクス・レーニン主義組織であった。1975年12月28日に「モントネロス」幹部のロベルト・キエトが拉致され失踪した。「モントネロス」の武装闘争は、1976年末にペロン派の基盤からも孤立した形で実行され、軍事独裁政権が掲げた「全国再編プロセス」の作戦下でほぼ抑え込まれた。

　「モントネロス」およびこれに合流した FAP、ENR、FAR 以外の武装組織として、トロツキスト系の革命的労働者党（PRT）の軍事組織であった「人民革

命軍（EPR）」があった。PRT は、1965年 5 月25日に、マリオ・ロベルト・サントゥチョ Mario Roberto Santucho（1936 ～ 1976）らを中心とする「インドアメリカ人民革命戦線（FRIP）」と、ナウエル・モレノ Nahuel Moreno（1924 ～ 1987）、レアンドロ・フォテ Leandro Fote、アンヘル・ベンゴチェア Ángel Bengochea、ミルシアデス・ペーニャ Milcíades Peña らを中心とした「労働者の言葉（PO）」が合流して結成された。

　PRT は、1968年 8 月に開催された党大会の開催前、党内に拡大した武装闘争路線に反対してナウエル・モレノらの旧 PO 系のメンバーが分裂し、PRT「真実」派（PRT-La Verdad）を結成した。他方、サントゥチョらの分派は PRT「戦士」派（PRT-El Combatiente）を名乗った。PRT「真実」派はその後、社会主義労働者党（PST）を結成した。PRT「戦士」派は第 4 回党大会において、権力掌握の中心的戦略として武装闘争を採用し、①革命は大衆的な反帝国主義・社会主義革命である、②産業プロレタリアートとその同調者である都市小ブル・貧農を主体とする、③主要な矛盾は帝国主義および国内ブルジョアジーと労働者階層・貧困化した貧困層・貧農との間に存在する等、目指すべき革命の性格規定を行なった。

　1970年 7 月中旬に PRT 中央委員会は再び三分裂したが、サントゥチョらの多数派は同年 7 月30日に第 5 回党大会を開催し、「社会主義・労働者の革命戦争を開始するため」に ERP（人民革命軍）を結成した。ERP は毛沢東主義的な長期人民戦争論をとり、ゲバラ流の「フォキスモ（根拠地主義）」をも採用した。主要メンバーは、サントウチョとその妻アナ・マリア・ビジャレアル AnaMaría Villareal のほか、ルイス・プハルス Luis Bujars（1941 ～ 1971）、エンリケ・ゴリアラン・メルロ Luis Goriarán Merlo（1941 ～ 2006）、ベニト・ウルテアガ Benito Jorge Urteaga（1946 ～ 1976）、ドミンゴ・メンナ Domingo Menna（1947 ～ 1976）、ジョセ・ホエ・バクステル José Joe Baxter（1940 ～ 1973）らがいた。1973年以降は正規ゲリラ軍（大隊・中隊・小隊・分隊編制）の創設を目的とし、トゥクマン州、パラナ州、ブエノス・アイレス市などに中隊規模の武装部隊を編成した。

　ERP は1976年 7 月19日に、ブエノス・アイレス市内のビジャ・マルテリ地区の隠れ家を治安部隊に急襲されて最高幹部のサントゥチョとベニト・ウルテアガが死亡したことを経て、1976年中に組織的にほぼ壊滅された。その後、ルイス・マティニ（1941 ～）に代表されるグループと、ゴリアラン・メルロに代表されるグループに分裂した。1979年に開催された第 6 回党大会において ERP の解散が決定され、メルロらはニカラグアに行って FSLN の南部戦線の戦列に加わり、

当時キューバ内務省から派遣されて FSLN の情報部門顧問となっていたレナン・モンテロ（第6節参照）の指導下で活動した。このグループには1964年4月にサルタ州内で活動中に行方不明となった EGP の創立者であったホルヘ・リカルド・マセッティの息子であるリカルド・マセッティ Ricardo Masseti（1955～）がキューバ内務省 VMT 工作員として加わっていた。

　ウルグアイにおいては、コロラド党とブランコ党の権力独占が長く続き、1967年にコロラド党のオスカル・ヘスティド Oscar Diego Gestido Pose（1901～1967）大統領が就任するまで続いた。ヘスティドの急死を経て、同年12月に大統領に就任したホルヘ・パチェコ・アレコ Jorge Pacheco Areco（1920～1978）は、大衆運動の徹底的な弾圧と左翼諸党派への攻撃を企て、「福祉国家」の「警察国家」への転化を成し遂げた。非常事態宣言、大学キャンパスの制圧、急進的出版物の発禁、大量逮捕、これらがパチェコ・アレコ政権の姿勢であった。このため、大衆運動が激化し、内陸部にあって貧困と飢餓、そして大土地所有者の絶対的権力の下での圧政にあえいでいた農民にも影響を与えた。1963年7月に元社会党員で1950年代にさとうきび労働者の組織化に注力していたラウル・センディク Raúl Sendic Antonccio（1925～1989）によって「トゥパマロス民族解放運動（MLNT）が結成され、都市部において政府要人の誘拐や外国企業への襲撃といった神出鬼没のゲリラ闘争を展開し、現状に不満を抱く中間層や労働者の間に徐々に支持を拡大していった。

　1966年12月には、「トゥパマロス」が新しい拠点に物資を搬入していた際に警察との偶発的な衝突が発生し、この銃撃戦で「トゥパマロス」の幹部であったマリオ・ロバイナ Mario Robaina が殺害され、その直後に発生した銃撃戦ではカルロス・フロレス Carlos Flores が殺害された。「トゥパマロス」の活動で最も代表的となった事件は、1968年8月7日に起きた治安部隊コマンドのウリエル・ペレイラ・レベルベル Ulises Pereira Reverbel（1917～2001）の誘拐事件と、翌1969年3月4日に実行された政府高官ご用達のカジノ「サン・ラファエル」襲撃事件である。ペレイラ・レベルベルは、パチェコ・アレコ大統領の親友であり、同政権の強硬路線の立案者であった。「サン・ラファエル」襲撃事件では、「トゥパマロス」は公表した声明文において、資金奪取を正当化して、「ブルジョア所有物をわれわれが所有しなければならないという意味と労働者の所有になるところのものとの間に明確な区別を設けなければならない。何らかの再分配をせずにブルジョアの所有物を獲得する権利をわれわれは有している」と声明した［崎山 2010：86］。

　「トゥパマロス」の活動が頂点に達したのは1970～71年であった。当時、

「トゥパマロス」は誘拐した人物を監禁する施設を「人民監獄」と称して設置し、誘拐活動を継続した。センディクは1971年8月に逮捕されてプンタ・カレタス刑務所に収容され、9月6日に他の「トゥパマロス」のメンバー100人と集団脱走したが、翌年9月に再逮捕された。1971年の大統領選挙では、伝統政党にあきたらない諸勢力を結集した「拡大戦線（FA）」の得票率が全国で18％、首都モンテビデオでは31％にも達した。「拡大戦線（FA）」は、同年2月5日に社会党、共産党、キリスト教民主党（PDC）、コロラド党左派の拡大戦線人民運動等、左派・中道左派の連合勢力として結成された。

　しかし、この選挙で「拡大戦線（FA）」が勝利できなかったため、「トゥパマロス」は戦術を一層エスカレートさせ、選挙後1カ月足らずのうちにタクシー会社から無線機を強奪したり、警察を主な標的とした襲撃を繰り返した。1971年に大統領選挙で当選したコロラド党のフアン・マリア・ポルダベリー Juan María Bordaberry Arocena（1928 ～ 2011）は、1972年3月に大統領に就任すると、「トゥパマロス」との全面抗争に全力をあげ、4月15日には内戦状態を宣言し、軍隊の大量投入に踏み切った。それまで政府の弾圧をうまく逃れてきた「トゥパマロス」も、軍との直接対決では劣勢を免れず、1972年9月にはセンディクをはじめとする主な幹部が相次いで逮捕され、同年末までにほぼ組織は壊滅状態に陥った。

　以上のように、1960年代後半のラテンアメリカ諸国においては、大土地所有者を背景とする寡頭制支配を基盤とした軍事政権や強権的な独裁政権の下で、社会変革を目指す諸勢力によってキューバのラテンアメリカ革命戦略、特にゲバラの国際戦略や「ラテンアメリカ計画」および「アンデス計画」に共鳴し連動する傾向が生じたが、1960年代末の世界的な急進化傾向に危機感を感じた米国国内支配層とその意向を反映したCIAに連動したラテンアメリカ各国の保守派・現状維持派の反転攻勢の下で、ほとんどの運動が1960年代末から1970年代初頭に抑圧されて壊滅した。

　これら諸組織が共通して示した国際システムと国内社会構造の変革を目指す志向性は、その後かろうじて地下のマグマとなって流れ続けることになる。そして、このマグマの流れは、1990年代末頃からのラテンアメリカ全体に広がった合法路線での政権掌握が可能となった政治的状況の変化の下で、左翼連合勢力を形成した諸勢力によって実現された多数の左翼・中道左翼政権の成立と長期化という2010年代中頃までの傾向となって継承された（第3章第5節参照）。

（9）ゲバラの思想と構想の評価

　ゲバラについては、1967年10月9日の死以来、ラテンアメリカ革命に命を賭けた人生のロマン性に対する崇拝と、極めて俗物的好奇心と根拠なき信仰のようなゲバラ理解が先行し、その思想の本質を究明しようとする努力は限定的にしか見られなかった。その後、1997年6月にゲバラを始めとするボリビア・ゲリラ運動に参加して死亡した元ゲリラの遺体が発見され、ゲバラの遺体もキューバのサンタクララに建設された「ゲバラ廟」に祀られるなどを契機としたゲバラ・ブームが起こり、ゲバラの写真や関係グッズが資本主義消費市場で商品化されるなどの傾向が生じ、「1968年」世代に懐旧的なゲバラ崇拝が復活するとともに、若い人々の間にも「憧れ」的な機運が生じたが、ゲバラの世界構想や思想の本質が追及され、議論されることは限定的であり、商業主義に流される傾向が強く見られた。

　こうした状況下で、本書では敢えてゲバラの思想や世界構想が持つ意味を改めて整理し、その世界史的意味を検証することを重視した。

　ゲバラの世界構想は、本書において言及してきたが、単にラテンアメリカ革命戦争に固執したものではなく、国際社会の中で不当な国際システムの元凶となっていた米国帝国主義を世界的規模でどのように粉砕していくかという問題意識から、世界各地域に米国の軍事力を分散して個別撃破することで、全体的に米国帝国主義の打倒を図るという全世界的な構想であった。ゲバラの「コンゴ・ミッション」も「ボリビア・ミッション」もそのような世界構想の下で展開されたものであった。

　他方、ゲバラの国際分析と構想は、1960年代半ばのソ連が進めた「平和共存」という外交政策は本来先進諸国との「平和競争」を目指したものであり、その一方で中ソ対立にも見られるような社会主義諸国の動向は、解放途上にある途上地域の志向性とは相いれないものであるとの現状分析に主軸が置かれた。その背景にはソ連で推進されていた経済政策や対途上国支援政策が、ゲバラが考えた本来の社会主義建設の在り方に反すると見られたという点にあった。このようなゲバラの思想の基盤となったのは、ゲバラの「主意主義」的な社会主義観、マルクス主義観であり、それは1950年代にゲバラが経験した2度にわたるラテンアメリカ縦断旅行の最中に会得したものであった。

　その最大の転換点となったのは、1920年代に活躍したラテンアメリカ最大のマルクス主義思想家と言われたペルーのホセ・カルロス・マリアテギ José Carlos Mariátegui La Chira（1894 ～ 1930）の思想との出会いであった。マリアテギは、1920年代ヨーロッパ・マルクス主義のルカーチ、コルシュ、グラムシらと共通し

た「主意主義」的な立場から、ロシア・マルクス主義や第2インターナショナル
に見られた経済的諸要素を重視した唯物史観を批判して、労働者や先住民等の変
革主体の主体性を重視して、革命は単に物質的な条件によってだけでなく、人間
の主体的な意識形成を経て実現されるとの「主意主義」的なマルクス主義を確立
した。

　このような立場から、マリアテギはペルーにおける社会主義革命は、労働者の
階級意識と、先住民が未だに保持していた共同体的な土地所有や協働労働に代表
される社会主義的な実践が合流して実現すると提起した。それ故に、マリアテギ
はペルーにおいては労働者の「前衛党」ではなく、労農同盟的な「大衆党」が必
要であると主張した。こうしたマリアテギのペルー社会主義革命論は、1929年5
月にブエノス・アイレスで開催された第1回ラテンアメリカ共産党会議において
ウンベルト・ドローズ Jules Humbert-Droz（1891〜1971）、ビクトリオ・コド
ビジャ Victorio Codovilla（1894〜1970）等のコミンテルン代表によって批判
された。

　マリアテギが指導したペルー社会党（PSP）は、この会議に向けて『階級的行
動の前史と発展』、『反帝国主義的視座』、『ラテンアメリカにおける人種の問題』、
『ペルーに関する報告』の4本の文書を提出したが、1952年5月にゲバラが行なっ
た第1回目の南米縦断旅行中にペルーに立ち寄った際に訪問したウーゴ・ペスセ
Hugo Pesce Pescetto（1900〜1969）博士こそ、同会議にマリアテギとともに
出席し、『ラテンアメリカのおける人種の問題』の「II. 人種問題の重要性」から
最終章の「V. 結論と基本的任務」を執筆した人物であり、コミンテルンからの
批判に対し、先住民の人種問題は民族問題ではなく、民族問題から人種問題を切
り離すべきであり、民族自決論に基づいて先住民の自決権を語ることは適切では
ない、「先住民の間に維持されている原始的な経済的集産的な組織と労働におけ
る協力精神の存続を重視すべき」であり、先住民の権利を尊重することに限定す
べきである、と論じた。ペスセ博士は、マリアテギの思想性を最もよく理解して
問題意識を共有していた人物であった。

　ゲバラは1952年5月の第1回目の南米縦断旅行中と1953年9月の第2回目の中
南米縦断旅行中に2度にわたってリマのペスセ家に立ち寄って、同博士とマリア
テギ等のテーマについて話し合う機会を得た。医師であると同時にペルー共産党
員として社会変革を目指したメスセ博士の人生は、ゲバラの人生に模範を示すこ
とになる。1960年にゲバラが『ゲリラ戦争』を出版した際、献辞を付して自著を
同博士に送っており、献辞には「ウーゴ・ペスセ博士、あなたは知る由もないで
しょうが、あなたは人生と社会を前にした私の姿勢に、大きな変化をもたらしま

した」と書いて、自分の人生観を形成する上でペセセ博士から強い影響を受けたことを認めている。自分が迷い求めていた社会的存在としての在り方をペセセ博士の社会的地位とその人生の中に見出した。

ゲバラは第2回目の南米縦断旅行中に、ペルーでアプラ党（PAP）系の活動家であり、最初の妻となるイルダ・ガデア・アコスタ Hilda Gadea Acosta（1925～1974）宛の紹介状を入手して、グアテマラ到着後にイルダと知り合った。ゲバラは、アプラ党内でも急進派であったイルダからマリアテギの著作である『ペルーの現実解釈に関する7試論』のほか、『エル・アルマ・マティナル（夜明けの精神）』、『マルクス主義の防衛』などの著作を紹介され、また、グアテマラ滞在中にマルクス・エンゲルスの『共産党宣言』、マルクスの『資本論』、エンゲルスの「家族・私有財産および国家の期限」、マルクスの『反デューリング論』と『空想から科学へ』、レーニンの『帝国主義論』、『何をなすべきか』等を読みマルクス主義者に転じていたが、イルダとの間ではマリアテギについても議論した。特に、『エル・アルマ・マテナル』に収録された『ムンディアル』誌の1925年1月16日号に掲載された「人間と神話」はマリアテギの思想の核心を表わす代表的労作である。マリアテギはその中で、「プロレタリアートは社会革命という神話を有している。その神話に向かって熱烈かつ活発な信念で心を動かされる。（中略）革命家の力は科学にあるのではない、その信念、その熱情（パッション）、その意思にある。それは宗教的な、神秘的な、精神的な力である。それは神話の力である」と述べていた。後にゲバラは、社会主義社会建設のプロセスにおいて労働自体がもつ倫理的機能の重要性を主張するようになる［小倉2002：247］。

ゲバラは、マリアテギの思想から影響を受けて、1960年代に「新しい人間」論を展開した。ゲバラが1965年にウルグアイの雑誌『マルチャ』の要請に応えて執筆して3月12日付けの同誌に掲載されたほか、『ペンサミエント・クリティコ』の1967年10月号にも掲載されることになる論稿「キューバにおける社会主義と人間」に「新しい人間」という言葉と概念が現れる。［小倉 2004：126］

ゲバラは革命直後から、国立銀行総裁や工業相の地位にあって、革命初期の1960年代初頭にキューバにおいて社会主義建設期の労働はどのような原理によってなされるべきかをめぐって行われた激しい論争に関わり、共産主義モラルを欠いた社会主義経済には否定的で、自分たちの戦いは貧困との闘いと同時に疎外との闘いでもあるのだとの立場に立って、この論争における片方の当事者であった。ゲバラは、社会主義建設の労働は個人的で物質的な動機によってではなく、集団的で精神的な動機によって組織されるべきだと考えた。

ゲバラにとって、共産主義とは単なる「分配の一方式」なのではない。「意識

の行為」を重視することで、資本主義とは異なる価値観を生み出すはずの新たな
システムであった［太田2000：35］。おそらく1960年代半ばにゲバラが示したソ
連における社会主義建設の在り方に対する批判も、このような視座に根差してい
たと思われる。従って、ゲバラを単なる「ゲリラ戦争論の理論家」というような
単純論で論じることや、ロマンティストとして崇拝するだけにとどめることは歴
史的に見て正しくはない。

　しかし、ゲバラの思想に欠陥があった点も指摘しておくべきだろう。その一つ
は、「主意主義」的に主体性を重視するあまり、人間の主体性を過信しすぎると
いう傾向があった点ではなかろうか。「主体性」を重視する運動が常に陥りやす
い陥穽である。この点は、ゲバラに関しては、コンゴ問題についても、ボリビア
滞在期についても指摘しうる。

　コンゴでは、ルムンバ暗殺後に解放勢力の間に統一に向かう情勢はなく、また
主要な解放勢力の指導者はコンゴ国内にいて解放運動を指導するのではなく、国
外で安逸な日々を送っていたり、解放勢力の下に組織された大衆層には解放闘争
に強いられる緊張も問題意識も十分に備わっていないような状況にあった。確か
に、ゲバラが直視したような、傭兵集団や米国やベルギーの帝国主義的な動向に
対する反発が存在したことは事実であったろうが、そのような反発や不満を統一
的な解放運動に結集させるような主体的な意思は強くは存在していなかった。

　問題はボリビアにおいても同様である。1964年11月4日に発生したバリエント
ス将軍のクーデター後、これに反発した学生や鉱山労働者の運動が厳しく弾圧さ
れ、これが学生・労働者層の反政府姿勢を強めるという客観的情勢が存在したの
は事実であったが、マリオ・モンヘ書記長に代表されるPCBの大半は武装闘争
に反対するか、曖昧な姿勢をとるなど、最大の左翼組織であるPCBが大衆の中
に見られた反政府的な運動の盛り上がりを統一化の方向に指導するというような
主体的姿勢をとることはなかった。

　いずれの場合も、ゲバラが革命を前進させる客観的な情勢は存在していると判
断したにも拘わらず、現地の人々の間には武装闘争を推進して現状を打破してい
くという強固な主体的な意思は十分に確立されていなかった。それが、ゲバラの
主体性に対する過信である。

　他方、本書第3部以降に展開する内容との関連で重要なのは、ゲバラがつねに
現地の左翼勢力の統一戦線の結成を求めたという事実であり、今日に至る国際社
会の変革を考える上でも極めて重要な姿勢であった。ボリビアにおいて、ゲバラ
はPCBを軸に親中派共産党、トロツキスト系の革命的労働者党（POR）、レチ
ン派の左翼民族解放党（PRIN）を包摂した統一戦線的運動を志向したが、PCB

のセクト主義的で否定的な姿勢が原因となって実現しなかった。ゲバラの左翼統一戦線路線という考え方の影響を受けたものか、アルゼンチンにおいても、ブラジルにおいてもゲリラ組織間で統合・合流の傾向が強く見られた。他方、ウルグアイにおいては1971年に「拡大戦線（FA）」が結成されることで左派・中道左派勢力の統一戦線化が実現した。このようなラテンアメリカ各国における左翼統一戦線的な運動の結成を図ろうとする傾向はゲバラがコンゴに出発する以前から、ペルーについても目指されていた傾向であった。ゲバラが、当時の国際社会の中でのソ連を批判した立場は、ソ連は途上諸国の民族解放闘争を支援すべき立場にあるとする立場からなされたものであり、中ソ両国に対する批判も社会主義諸国は帝国主義勢力を前に途上諸国を支援するために結束すべきとの立場に発した批判であった。このように、ゲバラは常に資本主義システムの打倒を目指す社会主義勢力は国際的にも国内的にも結束して戦うべきとの一貫した姿勢を基本としていた。

これに対して、欧米諸国や日本の左翼勢力は、1960年代より伝統的左翼勢力と新左翼勢力との間に、あるいは新左翼諸党派間で多数の死傷者を出すなどのセクト的な対立抗争（内ゲバを含む）を繰り返したことは、左翼運動を考える場合に十分に考慮すべき出来事であった。大きな目的の達成のためには「小異」は捨てるという姿勢を重視しなければ、左翼勢力の共通目的の達成は実現されないだろう。

他方、ゲバラの国際戦略、則ち、「２つ、３つ、あるはそれ以上のベトナムを！」という呼びかけは帝国主義勢力の主軸である米国には大きな脅威となったことは疑いない。ちょうど、ベトナム戦争がテト攻勢によって転換点となるその半年前の時点で、1967年７月にハバナで開催された「三大陸人民連帯会議」において公表されたこの戦略が、特にCIAに与えた衝撃は大きいものであったと推測される。だからこそ、ゲバラがボリビアにいる可能性が強まった1967年３月11日に脱走したボリビア人が同14日に身柄を拘束されて、軍当局にもたらした情報に基づいてCIAは迅速に対応したことからも立証される。亡命キューバ系の職員でありフロリダにおける対キューバ諜報活動の中心であるフェリクス・ロドリゲス等の亡命キューバ系の職員多数がラパスに、サンタ・クルスおよびバリェグランデに派遣された事実は、CIAがゲバラの存在の可能性をいかに重視していたかを示す証左である。ボリビアがベトナムになるかもしれないという懸念が強く持たれたに違いない。

そのような懸念は、1968年10月３日にペルーでベラスコ最高司令官指揮下の軍事クーデターが発生して左翼軍事政権が成立した事実、同10月11日にはトリホス

Omar Trijjos Herrera（1929 ～ 1971）中佐を含む国家警備隊によるクーデターが発生して、後に民族主義政権が成立した事実、1969年12月26日にチリに人民連合（UP）が結成され、1970年9月4日に実施された大統領選挙でアジェンデUP政権が成立したというラテンアメリカにおいて1968 ～ 70年に生じた事態、さらにこの時期にブラジル、アルゼンチン、ウルグアイで種々の左翼ゲリラ運動が発生して、活動を拡大させたという事実を考慮すれば、ゲバラが「革命の大陸化」による米国帝国主義の軍事力の分散と個別撃破を図るためにボリビアに「根拠地主義（フォキスモ）」に基づく「母隊根拠地（＋訓練基地＋後方支援基地）」を構築しようとした構想が、決して荒唐無稽な「夢想」であったわけではなく、米国帝国主義とその同盟者たちに相当な危機感を与えるものだったことは再認識されなければならないだろう。

　この認識がなければ、1973年9月のチリにおけるピノチェッ軍事独裁政権の成立後に南米4カ国の軍事政権が米国CIAを背景として左翼組織・左翼運動・大衆運動の撲滅を目指す「コンドル作戦」を1975年以後1980年代末まで展開したことの歴史的意味が理解されないことになる。それらは「第2のベトナム」という泥沼化を避けようとする米国帝国主義とラテンアメリカ諸国のその同盟者たちによるゲバラの「世界構想」に対する反撃であったと位置づけるべきだろう。このような米国とその同盟政権による「コンドル」作戦は、これらの勢力によるゲバラの「亡霊」との戦いであったと言える。

　しかし、このような反動的な意図は実現されない。1980年以後、ラテンアメリカ諸国は「民主化」を進展させ。1990年代末以降は選挙を通じて左派・中道左派政権が続々と登場し、しかも長期政権化するという政治的環境の変化をもたらすことになる。それゆえに、ゲバラを単にボリビアのゲリラ運動の指導者に限定して捉えてしまえば、ゲバラの構想が有した世界史的な意味を矮小化することになろう。

　さらに、ゲバラを正当に評価するために、ゲバラの欠陥としてその性格に発する問題があったという点も指摘しておかねばならないだろう。前述の通り、ゲバラのボリビアにおけるゲリラ闘争が敗北した要因として、「仲間を見捨てられない」というゲバラの人間主義的な精神性があったが、そのようなゲバラの好ましい性格があった一方で、英雄であったがゆえにあまり言及されない事実として、主に側近ともいえる立場にあったビジェガスやアラルコンらが表明したゲバラの性格も指摘しておくべきだろう。ボリビアから生還したビジェガスは戦死したマルティネス・タマヨが愚痴を漏らしていたとして内話を残しているし、生還しながらも1996年にキューバから離反したアラルコンも回想録『一キューバ人兵士の

『記憶』の中で、ゲバラにはカリスマ性があり、また大きな奉仕精神を持っていたが、その一方で潔癖主義・完全主義であったため、他者の欠陥には神経質であり、特に他者の怠慢を許せない性格を有していたので、人間関係がぎくしゃくしたことも多々あったと証言している。そして、ゲバラの厳しく苛烈な性格を思えば言いたいことも言えず、他方ゲバラに畏敬の念をもっていたことは事実で、そうであるからこそ反論もできず、ゲバラの過ちも糊塗しようとした、と自分たちの在り方を振り返っている［Alarcón1997：164-170］。

　キューバ革命時代からの戦友でありコンゴでも活躍した側近のマルティネス・タマヨが7月31日に戦死した際、前述の通り（第7節）、同日の『日記』に、「リカルド（マルティネス・タマヨ）は、キューバ人グループの中では、もっともだらしなく、日々の任務に対しても、最も決断力を欠いていた。しかし、非凡な戦士であったことは確かで、コンゴの第2戦線での最初の失敗の時も、ここでも、冒険をともしてきた古い同志であった」と記している。有能な戦闘員であったことを認めつつも、長年にわたる側近である死者に対しては酷な表現をしている。

　ゲバラの傍らから、側近になるべき重要な人物が消えていった。コンゴで副官を務めたドレケがボリビアに同行していないし、ボリビアにおいてゲリラ部隊にとって重要であった時期にVMT工作員のレナン・モンテロがボリビアから去っている。これらの動きの背景に、ゲバラとの間の人間関係があったとも考えられる。

　人間であるから、このような性格上の問題があったのは誰にでも生じることであり、事実として確認しておくべきであろう。しかし、それ以上に重要なゲバラの思想に欠陥がある。それは太田昌国氏が指摘しているように、不正や差別、貧困に対して厳しい姿勢を持っていたゲバラには、その一方で、ボリビアのジャングルの中で接したグアラニー系の先住民に対する同情や理解が決定的に不足していたという点である。太田氏は、次のように述べている。

「ゲバラを"国境を超える革命家"と呼ぶことは今もおかしくはない。だがボリビアでの『ゲバラ日記』を読む時、彼がボリビア東部の先住民族グアラニーを前にして途方に暮れている記述を何度も目にする。"農民は相変わらずわれわれの隊列に参加しようとしない。以前から知っている農民の態度を見ていると、希望の兆しがないではないが"。"農民の参加が得られない状況が続いている。もっとも、ここしばらく彼らとの接触がない以上、当然のことだが"。"政府軍は作戦行動の能率を高める一方、われわれに対する農民大衆の支援はさっぱりで、むしろ敵の通報者になりつつある"。"インディオは他人が入り込めない目付きをしている"。国境を自在に超えたゲバラも、一国内の複雑な民族構成を前に戸惑ってい

るかに見える。白人革命家・ゲバラは、その短い一生の中では、先住民族・インディオとの間に厳然と存在する"くにざかい"までは容易に超えることはできなかった」[太田2000：28-29]。

　ゲバラが白人であることが国境を超える上での障害である点については、1963〜64年にアフリカ諸国を歴訪した際にナセル・エジプト大統領に指摘されていた点である。ナセルは、ゲバラが白人であることによって、アフリカの解放闘争において十分な理解を得られないだろうと指摘していた［TaiboII 2000=2001b：84，Castañeda 1997:349］。キューバのような多人種社会になじんでいたことや社会変革を最優先するあまり、ゲバラが民族・人種問題に鈍感になっていた感は拭えない。

　チリのMIR（左翼革命運動）に関わった現代作家ルイス・セプルペダ Luis Sepulveda（1944〜2020）は、後に自らが関与した1960年代政治闘争の在り方を振り返りながら、次のように述べている。

　「60〜70年代の政治的な試みは……ラテンアメリカ全体をほぼ均一な全体にすることだったのです。たとえばぼくが積極的に関わっていたチリの政治団体は〈チリで革命を起こすために、ラテンアメリカに社会主義国連合を創るために闘おう〉という方針を宣言していました。ところがぼくたちはその連合に加わりたいかどうかをアイマラ人やケチュア人、あるいはチアパスの先住民たちに尋ねはしませんでした。ぼくたちは均一な全体を求めがちだったのであり、大陸で最も豊かなもの、つまり、相違を否定していたのです。混血の住む一つの大陸として全体を見ていたのです。でもその大陸は先住民のものであり、また、混血を望まなかった大勢の人たちの大陸でもあるのです。わたしたちはそこにあった多くのものに、また、イデオロギー的偏向のせいでそうしたものを見ていなかったことにいま気づきはじめているのです」[安藤1997：217]。

　先住民の意思を軽視する傾向にあったのは、決してゲバラだけではなかった。1960年代当時のラテンアメリカの非先住民系の人々、特に社会運動に従事する人々には先住民系の人びとに対する、心の中の「上から目線」やイデオロギー的偏向を捨てることはできない傲慢さが存在していた。欧米中心主義的な精神傾向である。ゲバラもその例外ではなかったのである。

　ゲバラには、このように民族・人種的なマイノリティ問題に関する無神経さが見られたが、他方で狭い「後ろ向き」の「ナショナリズム」に対する認識不足もあったように思われる。

　ゲバラは「国際主義的」なゲリラ部隊の創設を目指したが、他方当時1960年代の国際的な変革運動や解放運動においては、国境に限定された狭い「後ろ向き」

の「ナショナリズム」が「国際主義」の志向性を上回っていた事実をゲバラがどのように認識し、評価していたのかという問題も存在する。コンゴでは、解放勢力は「部外の者」であるゲバラが戦闘指導者として介入することを認めようとしなかったし、ボリビアにおいても PCB 政治局やモンヘ書記長はボリビア革命の軍事的指導者としてのゲバラの役割に対して否定的な姿勢を採り続けた。いずれのケースにおいても、変革運動や解放運動でありながら、ゲバラが掲げたような崇高な「国際主義」的な方向性とは裏腹に「後ろ向き」の「ナショナリズム」を克服できるような状態にはなかった。1960 ～ 70年代の周辺部資本主義社会においては、「後ろ向き」なものであるにせよ、「ナショナリズム」が支配的な精神傾向であった。ゲバラはそのような狭い「ナショナリズム」を超えた「国際主義」を掲げていた。

　その後国際社会は、1980年代末からは経済的な「グローバル化」の進展の中で、「後ろ向き」の「ナショナリズム」は徐々に低下する傾向が生じているが、その意味合いでゲバラの時代意識は「国際主義」の実現において、時代を先駆ける精神性を有していたと評価できる一方で、1960年代後半においては現実的な時代認識の欠如として現れたと言える。

　以上のような種々の欠点が、ゲバラのような「理想的な英雄」と見られがちな人物にもあったことは忘れられてはならない。しかし、その一方でゲバラが資本主義消費社会において安っぽく「商品化」されてしまわないためにも、ゲバラが有していた、理不尽な経済格差を生じさせる資本主義システムや、植民地主義の負の遺産を現在も再生産している不当な国際システムを告発し、これらの変革を目指そうとした「チャレンジ精神」や「変革姿勢」は貴重なものであり、特に若い人々の間で、いつの時代にも引き継いでいくべきである。

　その際注意すべきは、ゲバラを「ゲリラ戦」至上主義者とみるのではなく、彼の弱点でもあったと思われるのだが、「選挙」至上主義は民主主義の形骸化しかもたらさないため社会変革には不向きであることは当然の前提であるとしても、ゲリラ戦を実行するのと並行して、「蜂起」路線の有効性を考慮に入れておかねばならないだろう。この「蜂起」路線には街頭行動をはじめ種々の実力行使が含まれるが、非「選挙」至上路線とゲリラ路線との間に広範囲の可能性が存在することを認識しておくべきだろう。

　このような広範囲の方向性の中に、ゲバラの崇高な「精神」は存在し続けている。これを生かしてゆかねばならない。キューバにおいて、あるいは全世界において、「ゲバラ讃歌」の言葉として今日も使われている次の言葉は、人類が人類自身がもたらした大きな問題に直面していくことになるこれからの時代にも有効

である。¡Hasta La Victoria Siempre!（永遠の勝利まで！）。

── 3.「1968年」再考 ──

（1）共産同とキューバ

　ゲバラ死亡の４ヶ月後、1968年１月30日にベトナムでベトナム人民軍および南ベトナム民族解放戦線（NLF）によるテト攻勢が実施され、ベトナム戦争が大きな転機を迎えた。テト攻勢に対する米軍・南ベトナム政府軍の反撃の中で、1968年３月16日には、米国陸軍第23歩兵師団第11軽歩兵旅団バーカー機動部隊指揮下の第20歩兵連隊第１大隊Ｃ中隊によって引き起こされた村民504人の虐殺事件、所謂「ソンミ村事件」が発生し、これをきっかけに全世界的にベトナム反戦運動が爆発的に拡大した。同時に1968年にはフランスの「５月革命」をはじめ、先進諸国を中心に「若者の叛乱」あるいは「学生の反乱」と呼ばれる社会現象が生じ、この「若者の叛乱」の中でベトナム反戦の抗議行動が全世界的に展開された。そして、このベトナム反戦運動の街頭デモや占拠された大学などの施設においてゲバラの写真が大きく掲げられ、ゲバラの展開したゲリラ戦争に対する共感が示された。しかし、このようなゲバラに対する共鳴は、ゲバラの思想や国際戦略を正確に理解した上でのものではなく、寧ろ心情的な共感を背景にしている傾向が強かった。

　日本においても、1960年代後半からの大学紛争の拡大を契機とした「学生の反乱」と「若者の叛乱」の拡大の中で、学生が占拠した大学施設や、学生たちや市民の街頭デモでゲバラの写真が掲げられるなど、ゲバラがいわば時代の寵児であるような受けとめられ方がなされた。特に、共産同（第２次ブント）系にはそのようなゲバラやキューバ革命に対する漠然とした共鳴意識が強く見られた。また、第４インター系でも「世界革命」の視座からゲバラの姿勢に対する共感が示された。

　共産同は第１次共産同の分裂後、関西では「関西地方委員会」は分裂せずに残り、1962年には「関西共産同」（関西ブント）が結成された。関東では、ブントではなく、「下部組織」である社学同（社会主義学生同盟）の結成の模索が、さまざまな背景を持ちつつ進められ、最終的に独立社学同が、1965年６月に関西ブントと「統一委員会」を形成、次に、マルクス主義戦線派（マル戦派）が「統一委員会」と合同し、1966年９月に再建第６回大会が持たれて第２次ブント（共産同）が結成された。

　第２次ブントの初代議長であった松本礼二（本名高橋良彦）の指導下で、国際主義的な姿勢から1968年８月６日に共産同の呼びかけで「国際反帝会議」を開催

したが、その会議にキューバ代表が出席した。これに先立って、1968年6月に共産同国際部長の工藤興平が、キューバを訪問している。

　「国際反帝会議」に出席したキューバ代表は、同年8月に開催されたべ平連主催の「反戦と変革に関する国際会議」にも出席したが、後に共産同赤軍派を結成する塩見孝也と田宮高麿が同代表と接触し、キューバへの渡航可能性を打診し、肯定的な反応を得た。この接触を仲介したのは、3派全学連が中核派全学連と反帝全学連に分裂した際に反帝全学連の初代書記長となった関西ブント系の藤本敏夫であった。藤本は1970年に、1966年に山本満喜子が設立した「日本キューバ文化交流研究会」の事務局長に就任した。この日本キューバ文化交流研究会は、キューバが1970年に向けて砂糖生産を1000トンに増産する計画を立てていた時期に、生田あい等の関西ブント系の活動家や学生たちをキューバにさとうきび刈り支援のために送っていた実績もある。

　塩見らは1968年8月頃のキューバ側との接触においてキューバ渡航に関して肯定的反応を得ていたことから、1969年8月に赤軍派が結成され、10月の東京・大阪戦争や、10月末に首相官邸攻撃のために武装訓練を行なっていた大菩薩峠での「ふくちゃん荘」大量逮捕事件によって治安当局によって大弾圧を加えられた時期に、赤軍派は「世界同時革命」に向けた「国際革命根拠地」を建設するため、キューバへの渡航を目指し、同年11月12日に同派国際部長の小俣正道（京大全共闘議長）をキューバに派遣して、キューバ側の反応を確認しようとした。

　赤軍派がキューバに対してどのようなイメージを抱いていたか、元議長の塩見孝也は次のように述べている。

　「仮に負けても、仮に、そこで犠牲になっても、内ゲバより権力との闘いのほうを選択すべし、同じ犠牲になるなら、そっちのほうで進むべし」といった民衆と人間を信ずる、極めてシンプルな思想、感性、世界観がありました。

　"赤軍スピリット"、"ブント魂"というものがあるとすれば、僕はかねがね、こう考えていました。端的にいえば、"前衛の軍人化""まず隗より始めよ！"はゲバラやカストロのように戦うことです。カストロは"愛国者"、民族主義の革命的政治家でしたが、何よりもゲリラ戦の先頭に立ち、それに皆がついてゆく中で指導力を発揮し、指導者となってゆきます。

　もっと、わかりやすくいえば、"よど号"闘争で示した軍事・政治指揮官としての田宮のように戦うことといえます。あるいは、連合赤軍事件直後の"リッダ"闘争の奥平、安田、岡本、3君のように闘うことだと思います。」[塩見2004：213]

　「この獄死を含んだ無期攻撃に打ち勝った思想の質は、明らかにカストロ・ゲ

バラの質であり、田宮の質であり、奥平・安田君の質であったと、今になってはっきりと対象化できます。」[前掲書：214]

「最高指導者には、どんな時でもやはり毛沢東やカストロのように、民衆や民族、人間を信じ、余裕綽々で悠揚迫らぬ恰幅も必要です」。[前掲書：214]

塩見の発言には、理論的な思想性がまったく見られず、あくまで感覚的にカストロやゲバラに対する信仰が、毛沢東に対してと同様に、「ブント精神」と連動する革命家と表現されているに過ぎない。赤軍派のキューバ志向は、中ソ対立の中でのキューバの姿勢やゲバラの思想を理論的に分析して評価した結果として導き出されたものではなく、第3世界における社会主義革命路線とゲバラのゲリラ戦略に対する共感、フィデル・カストロのカリスマ的指導性、キューバが米国等からのハイジャック犯を受入れていたことに対する漠然とした共鳴を背景としていたに過ぎないと思われる。しかし、このようなフィデル・カストロ、ゲバラに対する感覚的な共鳴から赤軍派はキューバ渡航を構想したようだ。

1969年11月に日本を出国した赤軍派国際部長の小俣昌道は、米国においてウェザーマンやブラックパンサー党と接触した後、キューバを訪問し、赤軍派メンバーの亡命受け入れを打診したが、積極的な反応を得られずに1970年3月下旬に帰国した。治安当局によって厳しく監視されていた赤軍派は、「国際革命根拠地」の建設予定地としてキューバを予定していたが、ハイジャックを実行してキューバに渡航するには、距離的に遠すぎることや、米国を経由せずにキューバに直行することは技術的には不可能であるとして、とりあえずハイジャックして北朝鮮に渡り、北朝鮮から海路でキューバに向かうという2段階の渡航計画が策定された。このような方向転換には、小俣がキューバにおいてキューバ側から積極的な反応を得られなかったことが背景にあると考えられる。キューバへの直接渡航から北朝鮮を経た2段階渡航への計画変更が考慮されたのは、1970年1月下旬以降であったと推定される。小俣は2021年1月に逝去したため、もはやこの点に関して詳細な事情を知ることはできない。

「よど号事件」後の1975年11月頃に北朝鮮に自主的に渡って小西隆裕と結婚した福井タカ子は、その後北朝鮮に行って取材した高沢皓司に、「ちょうど1月の末ぐらいだったと思いますが、（小西隆裕と）しばらくぶりに会ったときに、突然、"キューバに行くから、2、3ヶ月はもう会えないぞ"と言われました」と証言している［高沢2000：168］。従って、1月末時点ではまだ北朝鮮行きは計画には入っていなかった。その後に北朝鮮行きが決定された。高沢は次のように述べている。

「当初の赤軍派の計画によればこのハイジャック計画の行き先はキューバと考

えられていた。事実、キューバには事前に連絡もとって受け入れを打診していた。人を派遣したりもしていた。その計画が決行直前になって行き先が北朝鮮に変更されたことについてはいくつかの紆余曲折があったと思われる。ほとんど地球の裏側に位置するキューバは、遠過ぎるという事情もあった。距離がではない。途中で給油するなどの事態が増えれば増えるほど制圧される危険をともなうからである。ともあれ行き先は計画段階のキューバから北朝鮮に急遽変更された。」［高沢2000：168］

　２段階渡航への転換の事情について現在も北朝鮮にいる小西隆裕は、2020年３月27日に配信された『現代ビジネス』において次のように述べている。

　「キューバと新左翼との交流があって親近感が強かった上に、私たち自身、具体的な連係の線があったから、当時の駐日キューバ大使と、私たちの知人を介し直接会って交渉しました。（中略）キューバへ渡るために"強奪した船で米軍と銃撃戦をしながら行く"という荒唐無稽な方法が検討された。ところが、この計画はあっけなく挫折。"駐日キューバ大使がキューバ行きを断りながら、『近くにもっとよい国があるではないか』と勧めてきた"」。

　このあたりの事情が明確ではない。「当時の駐日大使」とは誰であったのか、同大使が否定的な感触を述べたのか、キューバが否定的な姿勢を示したのは、小俣を通じてではなかったのか。しかし、３月31日に「よど号ハイジャック事件」を起こした赤軍派メンバーは、ハイジャックを実行した後も、最終目的地はキューバであったと宣言していた。

　小西隆裕は、「よど号」がソウルを飛び立って平壌に到着する直前にリーダーの田宮高麿から指示されて「闘争宣言」を作成したが、その中で、「われわれの闘争はまだ第一歩を踏み出したにすぎない。これから北朝鮮に到着し切れるか否か、北朝鮮に到着した後、軍事訓練と、キューバ、北ベトナムへの更なる飛行とが可能となるか否か、そしてその後は……。全く未知の世界である」と書いた［前掲書：61-62］。

　このように「よど号ハイジャック」実行グループは、ハイジャック実行後も最終目的地としてキューバを視野に入れていたのである。

　この点に関連して、塩見孝也に対する東京地裁での裁判における判決文には、次のように記され、赤軍派が北朝鮮渡航を決定したのは1970年３月中旬以降であったと説明している。

　「六　被告人及び弁護人らは、判示第四のいわゆる「よど」号事件について、共謀の成立を争い、次のとおり主張する。

(1) いわゆる国際根拠地論は、当初からキューバを対象としており、昭和四五

142

年一月上旬東急ホテルで開かれた拡大中央委員会において設置された国際調査委員会も、専ら右目的のためにキューバ情勢と同国への渡航方法を調査するためのものであり、同調査委員会は、船舶、航空機の両手段につき、合法、非合法を含めた諸々の渡航方法の調査を開始した。

(2) ところが、同年一月中旬過には、キューバに滞在していた同派の小俣昌道から、キューバの政治情勢が変化し、同国における根拠地建設が難しい旨を伝える手紙が被告人に届き、右国際根拠地論の前提が動揺したうえ、前記拡大中央委員会で提示された七〇年秋武装蜂起のための国内でのオルグ活動の過程からブントとの対立が激化し、同年二月以降は赤軍派組織をあげてブントとの対決姿勢を固め、同月一四日には遂に同志社大学においてブントと衝突し、多数の逮捕者を出すに至った。こうした諸情勢から、被告人及び高原浩之を中心とする政治局は、同月二六日遂に前記拡大中央委員会で提示した国際根拠地建設、七〇年秋武装蜂起の方針を撤回することとし、これを下部構成員らに伝達した。しかし、翌二七日東横線都立大学駅付近の喫茶店において、物江克男、前田祐一、大西一夫、川島宏、上原敦男らから右方針変更を批判されたため、一応従前の方針を続ける旨を答えたが、被告人及び高原らは、その後も依然として方針転換の方法を模索し、田宮高麿、小西隆裕ら従前の路線を強硬に主張する国際調査委員会の幹部らと議論し、さらに、下部構成員らの意見を吸収するため、同年三月一三、一四日の両日にわたり、岡本武、若林盛亮、山田敏夫らの意見を聴取したものであり、右経緯に照らせば、右三月中旬の時点において被告人が北朝鮮へのハイジャックを計画していなかったことは明らかである。

(3) 検察官は、同年三月一三、一四日の両日にわたり、東京都豊島区駒込の喫茶店「白鳥」等において、被告人、田宮、小西、前田の四名が北朝鮮へのハイジャックについて具体的な謀議を遂げた旨主張し、前田の検察官に対する同年五月二、三日付、同月四日付、同月六日付、同月九日付各供述調書謄本によれば、いずれも三月一三日午後九時すぎころから右「白鳥」において謀議した旨記載されているが、被告人は、同日午後七時ころから駒込を離れ、同日深更まで同区巣鴨の喫茶店において、大西一夫、F子らと会っていたものであること、前田も、同日午後七時ころから駒込を離れ、中野に住む知人のG子方を訪ね、翌一四日午前一時ころまで同所にいたものであるから、同日午後九時ころから前記駒込の喫茶店「白鳥」において謀議をすることはありえない。同月三一日田宮、小西らによって実行された「よど」号のハイジャックは、かねてから国際根拠地建設、七〇年秋武装蜂起を強硬に主張していた田宮、小西らが、同月一五日被告人らが逮捕されたことにより、組織の崩壊を恐れて独自に計画実行してきたものであ

る。」

「1　被告人をはじめ赤軍派構成員らがキューバに対し強い親近感を有していたことは、世界共産主義革命を信奉する同派の主張に照らしても十分首肯しうるところであり、同年一月上旬の拡大中央委員会において提示された国際根拠地論も、キューバ革命の歴史から発想されたことが窺われ、その対象国として同国が想定されていたことは明らかである。また、同月中旬ころ被告人と前田が喫茶店で会った際、被告人が、前田に対し、キューバに滞在している小俣からの、キューバは現在国内問題に重点をおいており、赤軍派の戦略、戦術などには関心がなさそうである旨の手紙を示した事実があることも、弁護人主張のとおりこれを認めることができる。しかしながら、キューバを目的地としつつも、一月上旬の拡大中央委員会において発表された派遣要員候補者である長征軍のメンバーは、判示のとおり、主として逮捕状が出ていると思われる者及び東大事件で保釈中の者らであって、合法的に海外に渡航することが不可能であることが予想され、また、非合法手段による渡航を企てるには、キューバは遠隔地でありすぎることが考えられ、《証拠省略》によれば、既に右拡大中央委員会において北朝鮮へのハイジャックの話も出ていたことが窺われる。また、《証拠省略》によれば、判示のとおり、同年一月二〇日ころのいわゆる松原アジトにおける調査委員会の会合において、田宮から、船でキューバに行くのは技術的に難しいので、ハイジャックによりまず北朝鮮に渡り、同国を経由してキューバに行くとの方針のもとに、北朝鮮へのハイジャックの可能性を調査することが提案され、右提案に従い、上原、森清高において、判示のとおり、千歳、米子、宇部の各空港等の調査を行ったこと、《証拠省略》によれば、被告人は、判示のとおり、ハイジャックに向けての準備を進めつつ、同年二月末ころ、判示の下井草アジトにおいて、上原に対し、技術的な理由からハイジャックで北朝鮮に行くことにした旨を話していること、さらに、《証拠省略》によれば、判示のとおり、被告人は、同年三月一三、一四日両日も、田宮、小西、前田の三名と同様の方針のもとに北朝鮮へのハイジャックを謀議したことが認められるのである。これらの事実からすれば、被告人は、前記小俣からの手紙にもかかわらず、依然としてキューバを国際根拠地建設の目的地としつつ、専ら技術的な理由からまず北朝鮮へのハイジャックを計画し、以後一貫して、右方針のもとに、調査委員会と緊密な連絡をとり、判示第四の一記載のとおりの準備、謀議を重ねたものと考えられ、被告人の思想からして北朝鮮へのハイジャックを計画することはあり得ない旨及びキューバ情勢が悪化したので国際根拠地論の前提自体が動揺した旨の被告人及び弁護人らの主張はいずれも採用しがたい。」［東京地方裁判所昭和45年合わ429号判決］

　元赤軍派議長の塩見孝也は『赤軍派始末記』（2003年）で次のように述べている。

　「ブリガーダ（奉仕員）といってキューバに行っているやつ、それは生田あいの体験です。この人は立命館大の出身で、女性。のちのブント「赫旗派」の議長です。彼女は関西ブントで、赤軍派シンパみたいなものでしたが、キューバに行ったことがあるんです。藤本敏夫の組織（キューバ国際交流研究所、1970年設立）を通じて、結構仲間を連れて行った…そういう意味じゃ藤本にも、「8・3集会」以来の国際主義の闘いが生きていた、といえそうです。…キューバにシンパシーを感じていてぼくらが「国際根拠地論」をいうとキューバと結びつける役割を果たしてくれた。」

　「キューバについてはほかにもエピソードがあります。赤軍派の国際部長で、第2次ブントの国際部員の小俣正道が、新婚旅行でどこかいきたいといっていたので、…キューバに行かせた。情報を探って来いということでね。実際向こうで色々な連中と会って、キューバがどういうような状況か、はたして僕らが想定していた形になるのかどうか？結局、小俣のもたらした情報はよいものではなかった。キューバ自体もゲバラが亡くなって4年後というので、ちょっと路線転換して穏和になっているようだった。だから、キューバへ行くという話が現実化するかどうかはわからん、という報告でした。（中略）1969年の末頃、2，3回キューバ大使館の若手の役人と付き合いがあったんです。68年の8・3国際反帝集会にキューバの連中がやってきて、そこで知り合ったんです。彼らには、「国際根拠地で、俺らは行くから」という話をした。向こうは、僕や田宮と同じくらいの年齢で、20代の後半くらい。彼は東京の某所で「来るんだったら受け入れる」と言ったわけです。…ですから、本当に向こうへ行って、なんとか連絡とろうとしてたことはしていたわけです。彼とは3，4度会って、基本的にはツーカーというような感じにまでなっていた。…その彼は日本からPLOに行き、PFLPとかあの辺をずっと回って、その後キューバに帰ったという話です。今も高官でいるという。僕はそいつに会いたいんだよな、実際。」［塩見2003：106-110］

　生田あいは、その後も共産主義者同盟（赫旗派）議長、「共産主義者の建党協議会」全国調整委員を務める等、社会運動家として活躍し、1999年に結成された共産主義協議会・未来（コム・未来）の事務局長になり、2008年に結成された新党準備会「革命21」でも事務局長に就任している。

　このように、「よど号ハイジャック」事件によって1970年4月2日に北朝鮮に渡った赤軍派メンバーは、北朝鮮での軍事訓練を受けた後、最終目的地としてキューバに渡航して、さらに軍事訓練を受けることを望んでいたのである。その

背景には、キューバが政治的なハイジャックを受け入れる傾向があったことと、キューバにおいて1960年代初頭からラテンアメリカ諸国のゲリラ組織や左翼組織のメンバーをキューバ国内で軍事訓練を提供していたという事実を赤軍派が知っていたと推定される。因みに、北朝鮮もラテンアメリカ諸国の左翼組織メンバーを訓練のために受け入れていており、おそらくハバナ、プラハ経由で彼らは北朝鮮に渡航していた。この点についてはキューバ VMT のピニェイロが、ジャーナリストによる質問に対して否定していない [Piñeiro：54]。いずれにせよ、赤軍派は北朝鮮においても軍事訓練を受けることは可能だと判断していたようである。

（2）日本の「1968年」現象

　日本においても1968年は「若者の叛乱」の年と表現され、全共闘運動、新左翼運動、およびべ平連（「ベトナムに平和を！市民連合」）の運動が「1968年」を象徴するとされる。しかし、「1968年」を論じるにあたっては、日本共産党（日共）・民青（民主青年同盟）や日本社会党・社青同協会派などの旧左翼の運動をも対象に入れる必要がある。その理由は、本章において展開するように、1960年代後半から1970年代初頭に生じた世界的な「若者の叛乱」に代表される社会変革を目指す運動は、レーニン主義的な前衛党論を破棄するか、継続するかをめぐって分岐したと考えるべきであり、世界的に見ても最大の左翼勢力であったマルクス・レーニン主義的な、あるいはレーニン主義的な組織や運動をも対象とする必要があるからである。

　従って、1968年前後に展開された運動は、日本においては全共闘運動、新左翼運動、べ平連やさらに日共・民青、社会党・社青同協会派が、それぞれ質の異なる運動を展開すると同時に、複雑な重なりを有する一帯の現象として表現されたと見るべきである。

　1960年代の日本は、高度経済成長の時期であり、経済成長に伴う都市部における製造業の発展と、それに呼応した農村から都市への人口移動、中間層の増加等の社会変動を生じた。その結果、大学進学者も増加し、大学内でのマスプロ教育に象徴される教育内容の希薄化や大学進学が中間層上層以上への社会的上昇を保障する条件ではなくなるというように、学生の間に疎外感やアイデンティティの喪失感が高まった時期であった。そのような新たな状況が生まれる中で、1965年に慶應義塾大学、高崎経済大学、近畿大学、1966年に早稲田大学、明治大学において大学紛争が発生したが、大学紛争の直接の原因となったのは、主に授業料値上げ問題や学生会館管理問題であった。

　しかし、1968年1月に大学紛争が発生した東京大学、同年5月に発生した日本
大学においては、直接の原因となったのは、東京大学では医学部の民主化問題
（医療法改正問題が発端）、日本大学では抑圧的な学内体制に対する抗議行動（大
学の経理不明追及が発端）であった。このように大学紛争の要因は、経済的問題
から政治的問題へと質的に変化し、そこに新左翼運動が介入することで、1968
〜70年に「若者の叛乱」と呼ばれるような大規模な社会運動へと発展していっ
た。

　日本における新左翼運動は、1956年2月のソ連共産党第20回大会においてフル
シチョフ共産党第一書記・首相が行なったスターリン批判と、同年10月にハンガ
リーに発生したいわゆる「ハンガリー事件」（ハンガリー労働者党のスターリン
主義的独裁に対する民衆反乱を、ソ連が翌1957年までの2回にわたって軍事介入
で弾圧した事件）がきっかけとなり生まれた。スターリン批判とハンガリー事件
を主要な契機として、1957年1月に日本トロツキスト同盟が結成され、その後
1960年安保闘争の前後に日本共産党を批判した学生層を中心に共産主義者同盟
（共産同）が結成され、さらに1960年代に日本共産党から除名・離党を経て構造
改革派の諸党派、および同党から分離した毛沢東主義の諸党派が結成された。こ
れら新左翼系の諸党派は、1965年の日韓闘争（日韓条約締結反対闘争）後に低迷
化した運動を全共闘運動とベトナム反戦運動に介入することで再生を図り、ま
た青年労働者の間に職場反戦、地域反戦の形で反戦青年委員会運動を拡大させ
て、1968〜70年が新左翼運動の全盛期であるかのような足跡を残した。しかし、
1970年初頭に世論の支持率喪失をもたらした過激化（赤軍派の武闘路線、東アジ
ア反日武装戦線の爆破事件、連合赤軍事件等）と内ゲバ（革共同革マル派対同中
核派、革マル派対革労協等）を経て、影響力を低下させていった。

　日本においてベトナム反戦を目的に市民を中心に結集したのはベ平連（当初は
「ベトナムに平和を！市民文化団体連合」と呼ばれた）であった。ベ平連は1965
年4月24日に東京で最初のデモを行なったが、それに先立って3月30日に新左翼
の共産同・社学同、革共同中核派、社青同解放派（後の革労協）の3派が日韓闘
争と絡めて「日韓会談粉砕・ベトナム侵略反対全国学生総決起集会」を実施して
いた。ベ平連はその後、全国各地に拡大して1969〜70年には数万人規模の街頭
デモ動員力をもつほどに成長した。ベ平連は、既成政党や労組などの組織には包
摂されない無党派の「ただの市民」の運動として「非暴力直接行動」に徹した運
動とみなされるようになった。しかし、ベ平連の主要なリーダーであった小田実
（1932〜2007）、開高健（1930〜1989）、鶴見俊輔（1911〜2015）らは無党派層
と言えるものの、いいだもも（1916〜2011）、吉川勇一（1931〜2015）らは構

造改革派の共労党（共産主義労働者党）の幹部であったことから、共労党の戦略がべ平連の運動の背後にあった可能性は否定できない。事務局長であった吉川勇一などは市民運動であるべ平連の政治運動化を目指していたが（後述）、このような傾向がその後の共労党の軌跡と重なる面もあるので注目される。しかし、べ平連の運動全体には無党派層が多く参加していたことは事実であり、その点は歴史的に認識しておく必要がある。

　こうして日本の「1968年」は、ベトナム反戦運動の延長線上に大学紛争という運動の在り方が加味され、それがもたらした大衆的な高揚に新左翼運動が乗じるという形で大きな社会現象を引き起こしていった。その幕開けとなったのは、1967年10月8日に佐藤栄作（1901〜1975）首相の南ベトナムを含む東南アジア・オセアニア諸国訪問の出発に抗議して行われた反日共系3派（共産同・社学同、革共同中核派、社青同解放派）全学連による阻止行動（第一次羽田闘争）と、同年11月12日に佐藤首相の訪米に抗議した3派全学連による阻止行動（第2次羽田事件）であった。この抗議行動にはML派、第4インター系の労働者・学生のほか反戦青年委員会の労働者やべ平連の若者も参加した。訪米した佐藤首相は、同月15日にジョンソン大統領との間で日米共同声明を発表、それに対して野党各派が抗議して、沖縄では7万人規模の抗議集会が催された。

　このようなベトナム戦争への協力を目的とした日米同盟強化の中で、1967年9月に米国から原子力艦隊の日本への寄港が申し込まれ、11月2日の閣議で佐藤政権は寄港を承認した。これを受け11月8日、辻一三（1903〜1989）佐世保市長が翌1968年1月に原子力空母エンタープライズを含む艦隊が佐世保に寄港することを公表した。佐世保市内では、社会党、共産党、地区労が中心となって、1964年11月の原潜シードラゴン入港以来続いていた反対運動を再編成してエンタープライズ入港阻止行動を開始した。第2次羽田事件直後に「エンタープライズの寄港阻止に全力を挙げ、来年中に佐藤内閣を打倒する」と述べていた秋山勝行（1942〜）3派全学連書記長（中核派）は、1968年1月に福岡で開催された反戦会議において、「原子力艦隊寄港阻止のために佐世保に3000人から3500人を動員し、第三の羽田にしたい」と語っていた。佐世保では1月18日に社共両党と地区労による「5万人抗議集会」が、21日には「2万人抗議集会」が催されたほか、公明党も17日に1万5000人規模の抗議集会を、民社党も22日に抗議集会を実施した。3派全学連はエンタープライズ寄港予定日前日の1月17日午前に急行「西海」で佐世保入りし、平瀬橋での最初の衝突以来、21日までに機動隊と4回衝突し、市民の関心を引き寄せた。佐世保にはのべ9300人の学生が入った。

　その後、3派全学連を主軸とする新左翼運動は、1968年1月29日の東京大学医

148

学部自治会の無期限スト突入、2月5日の沖縄嘉手納基地へのB52の飛来（11月19日には爆弾搭載のB52が爆発）を経て、3月28日には米軍キャンプの王子病院開設に反対する病院内将校クラブを占拠する抗議行動を行なった。また、5月27日の日本大学での使途不明経理追及を契機とした全学共闘会議の結成や、6月2日のF4Cファントム戦闘機の九州大学構内への墜落事故に対する抗議デモの実施を経て、6月15日にはべ平連を中心に全国各地でベトナム反戦「6月行動」が実施された。その後、6月26日には東京教育大学で筑波移転に反対する学生スト突入、6月28日には東京大学で全学共闘会議が結成され、7月2日には安田講堂が占拠された。10月21日には国際反戦デーの集会・デモが全国600ヶ所で実施され、東京では3派全学連が新宿駅を占拠、警察庁は騒乱罪を適用して734人を逮捕した。12月7日には那覇市でB52撤去・原潜寄港阻止県民共闘会議が結成され（140団体が参加）、同14日に嘉手納で総決起集会を実施し、3万人が基地へ抗議デモを行なった。

このように、1968年は全共闘運動、新左翼運動、べ平連だけでなく、佐世保市民や沖縄住民もベトナム戦争への日本政府の加担に反対する大衆的な行動に参加した。他方、当局側は各大学の意向を受けて、翌69年1月18～19日に東京大学安田講堂等を占拠していた学生を排除するため機動隊を導入して631人を逮捕、2月18日には日本大学に機動隊を導入して全学封鎖を解除したが、大学紛争はその後全国に拡大していき、同年中に機動隊が導入された大学は41大学に達した。

4月28日には沖縄デーが闘われたが、新左翼各派は霞が関占拠を掲げたものの、機動隊が大量に配置された霞が関には向かわずに、群衆を加えて銀座・新橋地区を5時間ほど占拠するにとどまるなど、機動隊を前にした新左翼・全共闘の街頭戦闘力はすでに低下傾向にあった。そして、7月30日には全国全共闘代表者会議が89大学の代表の参加で催され、9月5日には全国から178大学の全共闘代表が日比谷野外音楽堂に集まり、「全国全共闘」が結成された。しかし、議長・副議長には無党派が選ばれたものの、実務を握る書記局員は全員が8派連合の新左翼から選出されるなど、無党派層を主体とした全国全共闘運動は終焉する。同年10月21日の国際反戦デーには、社共統一行動に全国600ヶ所で86万人が参加する一方で、新左翼各派が東京で新宿駅占拠を行なって、1505人が逮捕された。さらに、11月18日には8派連合の主導で佐藤首相訪米阻止闘争が闘われたが、各派は羽田近くの蒲田現地に到着する前に主要駅で機動隊に阻まれ、1689人が逮捕された。

以上のように、1970年の日米安保条約の自動延長を前に、大衆的な反対運動が高揚していった。その中で新左翼各派が行動を急進化させていき、各大学での機

動隊導入によって敗北を喫した全共闘運動が新左翼各派の行動に巻き込まれていくようになった。また、新左翼各派は、1970年7月7日に行われた入管闘争に関連する集会で、華青闘（華僑青年闘争委員会）から提起された「差別意識」批判を前に自己批判を迫られるなど、その限界を露呈し始めた。そして、佐世保でのエンタープライズ寄港阻止の際に見られたような市民の関心は低下し、新左翼運動に収斂されていった「若者の叛乱」は社会的に孤立を余儀なくされていった。その背景には最大の要因として、次節で詳述するように、社会構造の変化に伴う変革主体の変容を通じて、19世紀末以来の伝統的なマルクス主義理論、特にレーニン主義的な「前衛党論」が有効性を失くし始めていたという実態が進行し始めていたことがあった。

　しかし、指摘しておくべきことは、日本におけるベトナム反戦運動が、単に米国帝国主義によるベトナム侵略に反対する世界的な動向に連動していたばかりでなく、太平洋戦争のの戦前・戦中に日本が近隣諸国に侵略を行なった反省から、米軍がベトナム戦争で使用していた武器の多くが日本の企業によって生産されていたという事実を踏まえて、日本がベトナム戦争に加担しているという問題意識から発したものであったことである。1966年10月19日と11月15日には「ベトナム反戦直接行動委員会」が、米軍がベトナムで使用していた銃器・弾薬の大部分を生産していた日特金属と豊和産業に抗議行動を行なったことはその象徴となった。街頭デモを展開したベ平連の運動に参加した大部分の人々の意識も、日本が過去に犯した犯罪への反省から発したものだった。日本の反戦運動の特徴は、平和憲法の擁護という消極的なものだけではなかったことにあった。過去の日本の在り方、則ち日本が近隣諸国を侵略した歴史的事実に対する批判が、ベトナム戦争という新しい時代における帝国主義戦争への加担を拒否するという精神性を生み出したという構図が見られたことを、歴史的に認識しておくべきであろう。また、このような精神性が、1975年前後に第2次大戦後にアジア諸国への経済的侵略を告発する行動に決起した「東アジア反日武装戦線」の思想にも反映されていたことも記憶にとどめておくべきであろう。

（3）日本における「1968年」論の展開

　日本においては、「1968年」世代の全共闘運動経験者による客観的な視座に立った本格的な「1968年」研究は行われてこず、40年後の2008年頃よりポスト「1968年」世代の研究者から本格的な研究が発表されてきている。

　2018年に「1968年」研究における画期的な研究書である『東大闘争の語り　社会運動の予示と戦略』を出版した小杉亮子は、同書において日本における「1968

年」研究の傾向について、①1960年代当時から現在まで続く、メディアなどによる否定的な集合的記憶の形成、②「社会運動」を歴史的に位置づけるうえでの固定的な視点としての「史観」の問題性、③一部の当事者は現在にいたるまで当時について沈黙を選んできたこと、の３つの理由により、「日本では、1960年代学生運動の社会的背景や形成・展開の過程、社会的影響についての総括が不十分なまま50年が経過してしまった」[小杉：6-9]と概観し、「これまで1960年代学生運動の先行研究は数少なく、否定的な集合的記憶と“1968年”世代と後継世代の断絶という問題は適切に対応されてこなかった」と評価した[前掲書：13]。その上で、小熊英二が2009年に出版した『1968（上下）』は数少ない総括的な研究であると紹介しつつ、その特徴を「小熊英二は、参加者が書いた手記やジャーナリストの手による記事などの２次的資料を分析し、1960年代学生運動を、高度経済成長に対する集団摩擦現象であり、社会の激変によってアイデンティティ・クライシスに陥った若者たちが集団で繰り広げた『“自分探し”運動』だったと位置づけた。また小熊はラディカルな直接行動や主張を念頭に、1960年代の学生たちの運動は『“政治運動”としては拙劣』であり、『若者の“自己確認運動”や“表現行為”』の側面が強かったと評価する」と指摘している[前掲書：13-14]。

　2009年７月に小熊英二が「1968年」研究において画期的となる『1968（上下）』を出版した。上下巻で2000頁を超える大著である。同書において小熊は、「あの叛乱は、高度経済成長に対する集団摩擦反応であった」との視点から、日本における資本主義システムの進展を段階区分した上で、若者たちの叛乱が生じた要因として、次の諸点を指摘した。

（1）大学生数の急増と大衆化。「60年代前半に大学進学率は急上昇し、63年には高等教育の大衆化のメルクマールである15％を超えた。60年代後半の進学率上昇はそれほどではなかったが、ベビーブーム世代が人数的に多く、大学者数が急増した。その結果として、マスプロ教育が一般化し、学生と教員のコミュニケーションも希薄となった」。そして劣悪な教育内容と設備にもかかわらず、施設拡充や新校舎建設などで学費値上げがたびたび行われ、豊かでない家庭に育った学生や勤労学生の怒りを呼び起こしたこと、また、大学生の急増により、サラリーマンが若者の未来への閉塞感の象徴となった点が挙げられる[小熊2009b：777-778]

（2）高度成長による社会の激変。「これには何重もの現象がからまりあっている」。その一つは、「急激に豊かになった生活文化の変動に、この世代の価値観がついていけなかったこと」、地方出身の学生には都会生活が“コンクリート・ジャングル”と感じられる一方で、経済難で進学できなかった友人たちに対する

罪悪感が、「資本主義社会」や「管理社会」への憎悪、「産学協同」に反対する意識につながり、繁栄の陰にいる犠牲者たちへの連隊意識が芽生え、それらが在日コリアン、水俣病患者、非差別部落出身者の諸問題への関心をもたらした［前掲書：778-779］。

(3) 戦後教育の下地。敗戦直後から「平和と民主主義」の理念に沿った教育が行われたが、高度成長期に訪れた受験戦争に直面した若者たちが他者を蹴落とす受験戦争に罪悪感を抱き、「自己否定」という意識を生じさせた。こうして、「戦後民主主義の欺瞞」を批判する若者たちの叛乱を助長することになった［前掲書：784-785］。

(4) 高度成長による社会の激変がもたらした、若者たちのアイデンティティ・クライシスと「現代的不幸」からの脱却願望。この時期から自然環境の消失と並行してリアリティの希薄化が発生し、アイデンティティ・クライシスとリアリティの希薄化に悩んで自傷行為、摂食障害、不登校といった1980〜90年代に注目されることになる問題が萌芽的に現れた。「疎外」が右翼学生にも見られる意識となった［前掲書 786-791］。

　しかし、小熊は、若者たちの叛乱は、「政治運動」としては「大きな限界があった」と指摘する。その原因は、「政治運動として反乱をリードするはずのセクトは、マルクス主義に基づく革命理論を濫造したが、ほとんど状況に即していなかった」と論じる。「結果として、当時のセクトの現状分析論や革命理論は、現在からみれば『すべてピントのはずれた』塵芥の山となっている。新左翼運動が、山中のゲリラが農村に波及して解放区を広げて都市を包囲するという、当時の日本社会の情況からみればおよそ時代錯誤な毛沢東思想を掲げた革命左派を前身の一つとする連合赤軍を生み、彼らの手持ちの『地図』に載っていなかった『ミニ・ディズニーランド』の新興別荘地で銃撃戦を展開して事実上の終焉を遂げたというのは、新左翼の限界を象徴するものであったと思われる」と述べ、1970年前後の叛乱の時期とは、一般に見られているように新左翼運動が活躍した時期ではなく、逆に新左翼運動が限界を晒した時期であったと論じる。しかしながら、他方で、「セクトの教条的なマルクス主義の言葉にあきたらなかったノンセクトやリブの活動家も、自分たちの閉塞感を表現する言葉をつくれなかった」、「セクトの与えてくれた世界観に従えばアイデンティティの安定と仲間が得られると期待してセクトに引き寄せられた」という現象も生じたと指摘した［前掲書：794-795］。

　小熊が主張した、セクトが掲げた革命理論は「ほとんど状況に即していなかった」という指摘は、後述の通り、1960年代後半以降は「前衛党論」が有効性を失

いつつあった時期であるから、正鵠を得たものであると言えるが、それは新左翼各派の問題だけでなく、共産党・民青にもあてはまる事態であったことも付加しておかねばならないだろう。それは、レーニン主義的な「前衛党論」と、さらにはレーニン主義的な国家論が崩壊し始めたという現象があったがためである。他方、1968〜70年の時期は、全共闘運動やベ平連のようなノンセクトの運動や、リブのような社会運動が拡大した時期であり、小熊のこれらの人々に対する評価は、彼らの存在の歴史的意味を解さない、非歴史的な見方である。

　他方で、レーニン主義的な「前衛党論」が有効性を失った時期であったとすれば、この時期における共産党（日共）・民青の姿勢も吟味しておく必要がある。その意味において、東大紛争において典型的に見られた日共・民青の紛争に対する対応の経緯が、日共・民青の運動に大きな影響を与えた一例として、1972年5月に発生した「新日和見主義」分派問題を取上げておくべきだろう。東大紛争が急進化していく中で、宮本顕治（1908〜2007）日本共産党委員長と不破哲三（1930〜）書記長が、1969年の衆議院議員選挙に向けて「民主連合政権」路線への支持の拡大を目指して、有権者における共産党のイメージのソフト化を目論んで、東京大学等における民青の姿勢の転換を強要した（不破哲三は1970年に『人民的議会主義』を出版。日本共産党は1970年の第11回党大会で、民主連合政府の樹立についてあらためて具体的な展望を示し、1973年の第12回党大会では、民主連合政府の政府綱領について討議決定した）。

　東大の民青は、医学部問題や文学部問題が表面化して、全共闘系の組織が各学部でストを主張していた時点では、全共闘・新左翼系への対抗から、彼らと同様にスト実行を主張していたが、1968年11月7日に宮本顕治委員長が、選挙における共産党のイメージ悪化を懸念して方針転換を強要した。正に「鶴の一声」が発せられた。そして、1972年5〜9月に、1968〜69年の時期に急進化路線を指導した東京大学の共産党（日共）青年部・民青指導部にいた人々が、選挙重視の宮本・不破路線を批判したとして「新日和見主義」分派を形成して反党行為を行なったとして批判され、多くの者が「査問」された。所謂「新日和見主義」事件である。川上徹は、分派が実際に形成されていたのかについては認めているが、しかし、査問された多くの人々は勉強会などには参加した経緯は少なからずあるものの、意図的に分派活動を行なったという事実はなかったと見られる。この問題は、共産党（日共）にはレーニン主義的な「前衛党論」が有効性を失いつつあったという事実を全く認識できずに、社会構造の変化と社会変革主体の変容が生じつつあった現実に対する認識もなく、運動を継続してきたという意味で、新左翼各派と同様の問題を有していたことを認めておくことが必要である。

　前記のような小熊英二の『1968（上下）』に関しては、全共闘世代の当事者から強烈な批判が浴びせられた。その最大の理由は、方法論的に小熊が資料・ビラを重視し、当事者へのインタビューを軽視したと思われる点に対する批判であったが、また小熊が東大闘争の全共闘運動について、「"自己探し"運動」と表現したことに対する感情的な反発に基づく批判が原因であった。このため、小熊の著作は「1968年」論の進展のためには重要な足跡を残したが、客観的評価は芳しいものでなかった。

　他方、松井隆志は、『運動史とは何か』に収録した「私の運動史研究宣言」において、当事者による小熊の『1968（上下）』に対する批判の多くは「同書における事実誤認・解釈の誤りに集中した」と指摘し、大方の批判に共鳴しつつも、「ただし、誤りの量だけが問題とは考えない」として、「同書をそうした誤認識に導いた、小熊の方法論をめぐる重大な問題が存在していると考える」と主張する［松井2019：17］。松井が指摘する方法論をめぐる重大な問題とは、「インタビューをしなかったことだけが問題であるわけではなく」、「〈現場感覚〉のなさ」に問題があると言う。即ち、「どこかで自分なりの〈運動現場〉を持つ体験がまったく欠落している人間に、まともな運動史が書けるとは、やはり思えないのだ」と主張する。運動史研究においては、このような〈現場感覚〉は極めて重要である。しかし、松井が言う〈現場感覚〉とは、運動経験だけを指すものではなく、「重要なのは運動史への切実な関心を生み出す何らかの〈現場〉意識こそが、その人なりの〈運動現場〉と言えるのではないか」と付言している［前掲書：19］。運動史の視点からは重要な指摘であろう。もしこのような提起がなければ、ポスト「1968年」世代には、「1968年」研究ができないことになってしまう。運動史の矮小化を避け得るためには、松井の提起は極めて重要である。

　その意味で、小杉には運動経験はないようであるが［小杉2019：79］、松井が言う「運動史への切実な関心を生み出す何らかの〈現場意識〉」が存在する。それ故にこそ、小杉の研究は運動史研究において重要な意味を持つものとなっている。

　小杉の『東大闘争の語り』の特徴は、「1960年代の学生たちがくぐり抜けた運動文化をめぐる冒険を、予示的政治と戦略的政治という、社会運動をつくり動かしていく際に見られるふたつの普遍的な運動原理の対立と共存としてとらえる」点にある。小杉は「予示的政治では、社会運動の実践そのもののなかで、運動が望ましいと考える社会のありかたを予め示すような関係性や組織形態、合意形成の方途を具現化し、維持することがめざされる。そこでは、運動がその手段となるような、いずれ到達する理想や目標は前提とされない。望ましいとされる

154

のは、目的に向けた合理的かつ効率的な行為ではなく、参加者みなが尊重される合意形成過程をへて決定された行為の遂行である」とし、さらに「戦略的政治ではマクロな社会変革がめざされ、かつ社会運動における行為は道具的なものとして位置づけられる。予示的政治は、戦略的政治を批判するもので、社会運動における行為はそれそのものが変革を構成する自己充足的なものとしてとらえるために、よりミクロな次元での変化や創造に重要性を見出す」と説明する［小杉2016：21-23］。こうして、小杉は『東大闘争の語り』の結論として、当事者44人への聞き取り調査の結果、当事者は戦略的政治を目指すものと、予示的政治を目指すものに分岐したと総括する。

　筆者は、小杉における「戦略的政治」を志向したとされる当事者は、日本共産党や新左翼諸党派の多くに見られた、いわばレーニン主義的な「前衛党論」を維持した人々であり、一方「予示的政治」を志向した人々は、諸セクトが体現した「前衛党論」を否定し、社会運動への特化を志向した人々であると読み替える。その上で、「1968年」当時には、東大だけでなく、全国的に見て、これら二つの傾向の間に、双方にまたがる姿勢を採った「第3の志向性」、「第3の傾向」、「第3の潮流」が存在し、この潮流がその後の社会運動において重要な位置を占めてきたと見る。このような傾向は、単に日本だけでなく、後述のように、ラテンアメリカやスペインにも見られた傾向であり、今日の世界的な社会運動に共通する傾向である。その傾向は、換言すれば、「前衛党論」を拒否した「新しい左翼運動」の在り方であると考えられる。

　小杉の視角からは、東大闘争に限定することなく、「1968年」全般を分析対象にし「前衛党論」を肯定するか、否定するかを軸に分析した場合には見えてくる「第3の方向性」の存在が見えてこない。東大闘争に分析をしぼったという方法論に起因する問題だと思われるが、現在に至る世界的な変革潮流を分析する際に重要なこの「第3の潮流」が軽視されれば、現在の世界的な変革運動の実態を理解できなくなってしまう。1968～70年の時期に日本に現れた、そのような「第3の潮流」とも呼ぶべき諸傾向をすべて網羅することは困難だが、整理すれば次のようになろう。

（イ）前衛党の否定：共産同蜂起派（三上治1941～、神津陽1944～）と情況派（共産同再建準備委員会。特にその後「游撃」派（古賀遑1940～、斎藤克彦等）が分離した後の「遠方から」グループ：松本礼二1929～86、石井暎キ1937～、長崎浩1937～、篠田邦雄1937～）、特に、石井暎キの社会医療法人石心会（川崎市幸区、埼玉県狭山市等に定着）の展開。

（ロ）無党派左翼（天野恵一1948～）・独立左翼（太田昌国1943～、大窪一志

1946 〜)・アソシエーショニズム（柄谷行人1941 〜）等の「無党派」、「独立左翼」、および「アナーキズム」と位置づけられる傾向。

(ハ) 市民運動化の志向：構造改革系の共革党と共労党：統社同→共革党→1987社会主義戦線、共労党・プロ学同→2000民主主義的社会主義運動（MDS）

(ニ) 全体的市民運動の志向（吉川勇一1931 〜 2015：「シングル・イシュー」の社会運動と全体を担う政治党派という関係を越える運動）（吉川勇一『市民運動の副題』(1991)、鶴見良行1926 〜 94：ベ平連の「変革運動への拡大」＝「根本的社会変革論」）

　(イ) については、特に注目すべきは、共産同「叛旗派」と、共産同「遠方より」グループの動向である。小杉亮子も『東大闘争の語り』の中で、1960年安保の際に全学連主流派となった社学同の一部には前衛党を否定する傾向があったと指摘しているが［小杉2018：110］、これが1969年に「叛旗派」と「情況派」を形成することになる潮流である。

　「叛旗派」の三上治（味岡修、1941 〜）や神津陽（薬師神忠昭、1944 〜）は、「叛旗派」結成時に明確に前衛党論を否定する傾向を示していた。この「叛旗派」と「情況派」の両派は、1969年10月に共産同（第2次ブント）の主流派であった「統一戦旗派」によって追放された。

　元「叛旗派」の幹部であった三上治と神津陽は、1975年の三上の「叛旗派」離脱（乾坤社設立）や1977年2月の「叛旗派」解散後、2000年以後に出版した著作（三上治『1960年代論（I）』(2000年)、『1960年代論（II）』(2004a)、『1970年代論』(2004b)、神津陽『極私的全共闘論』(2007年)）の中で、1960年安保当時から共産同の中で前衛党論に疑問を感じており、その後1966年9月の「第2次共産同」結成を経た後も前衛党論を継続する主流派諸グループ（1968 〜 69年当時の戦旗派、ML同盟、マルクス主義戦線派、赤軍派等々）とは前衛党論に関して違和感があったと指摘している。

　三上治は、『1960年代論（I）』において、同派の教祖と言われた吉本隆明（1924 〜 2012）の思想について、「吉本はまた世界的な革命思想としてのレーニンの思想を批判した。その中心をなしたものは前衛党論批判である。吉本隆明が批判したもう一つはレーニンの国家論である」と述べ［三上2000：128］、吉本の前衛党論批判を踏襲する姿勢を示した。

　三上は、第2次共産同の結成下で組織された社学同について、社学同は「レーニンらの革命運動の名残である」、「イデオロギー的な統合力を持つ共産党や革共同とは」異なって「党派としての思想的、あるいはイデオロギー的な一致はなかった」と述べ［前掲書175］、第2次共産同および社学同は新しい左翼運動の試

156

みであったと論じている。この点につき三上は、「新たな別の系譜の左翼の世界
観や世界像の形成は困難な所業だったのである」［前掲書：179］、「左翼的に言え
ば、マルクス主義の世界観や世界像が空洞化していくのに、それとは別の系譜の
左翼的な世界観や世界像を形成することの困難さをひしひしと感じていた」［前
掲書：181］と述べている。「叛旗派」の最高幹部であった三上は、「新しい左翼
運動」の必要性を認識していたのである。その背景として三上は、「1960年代を
通して、"高度成長の時代"が確実に進展し、「資本主義の高度化は資本主義世
界の危機に至るだろうという左翼的願望を越えて」［三上2004a：48］進み、「都
市化の進展」とともに、「急速な近代化」の過程は「時間の感覚のスピード化と
自由な空気を広げ、当時の人々の「秩序感覚や感性の基盤」を変え、「進歩的な
理念の背後に潜んでいる古臭い秩序感覚に対する嫌悪として、共産党や総評など
の左翼組織に対する嫌悪感」を芽生えさせ、新しい運動の必要性を認識させた。
そして、「1960年代以降目指してきた独立左翼の系譜の思想と言葉が必要だった」
と総括している［三上2000：186］。「叛旗派」は、1976年12月に「叛旗派解体政
治集会」を開催し、1977年2月に解体宣言を発表して事実上解散した。
　一方、神津は2007年に出版した『極私的全共闘史』において、共産同の系列
で、三上が指摘しているような「新しい左翼運動」を模索する「思考枠組み」と
して存在したのは、「社学同全国事務局」名で作成された中大ブントが指導した
「SECT6」の「反前衛自立組織論」であり［神津2007：11］、それは「党派死滅
を目指す指標となる最後の党派」の必要性を主張する傾向であったと指摘してい
る［前掲書：218］。
　1961年12月5日に発行された『SECT6　機関紙創刊号』は、「安保闘争以後1
年の革命的左翼の危機の本質は、日本における新たな共産主義運動の創成が、前
衛の意識性が大衆の爆発的エネルギーを抑圧する契機として機能し続けた過去の
わが国革命運動に根強い前衛主義の克服をこそライトモティーフとして実現され
た意義を評価し得ず、"新左翼"の名の下に、ア・プリオリな前衛意識を保持し
たまま、"わが革命的マルクス主義"の合唱によるかの前衛主義を縮小再生産す
る革共同全国委員会の"勝利"の中にこそあったのである」と述べ、前衛主義の
否定が前衛主義の縮小再生産をもたらした「新左翼」運動の限界を1961年の時点
で指摘していた［SECT6 1973：7］。
　このように、「叛旗派」では「前衛党批判」や「党派死滅」が志向されており、
彼らは全共闘運動を「政治運動というより社会運動であり、相互に刺激を与え
つつ展開していた」［三上2000：138］と総括している。このような共産同（社学
同）の運動をさらに社会運動面を強調して展開させ、前衛党の否定という面で特

に注目されるのは、1969年に共産同主流派を「叛旗派」とともに放逐された「情況派（共産同再建委員会派）」のうち、1974年に「情況派」から「游撃派」が分離した後に残った「遠方から」グループである。

　このグループには1966年に再建された第2次共産同の初代議長であった松本礼二（高橋良彦、1929〜1986）も加わっていた。このグループの石井暎禧（1937〜）は1973年に地元の川崎市幸区に社会医療法人「石心会」を「ブント精神」に基づいて設立し、地方医療を展開し、その後埼玉県狭山市、東京都立川市、昭島市、横浜市鶴見区内等に、現在では合計で約30の病院、クリニック、看護師派遣センターなどの医療施設を設立して「ブント精神」に基づいて運営している。設立時に同法人の事務局長に迎えられていた「よっちゃん」（高橋良彦、）こと松本礼二は1986年に亡くなり、法人全体としてはかつての「共産同」からの継続性は希薄になったが、政治的センスとして「ブント魂」を継続して3000人の医師、看護師、医務職員を擁して独特な地域医療活動を展開している。この例は、明らかに「前衛党的政治運動」と「非前衛党的社会運動」という二分法ではとらえきれない現象だと思われる。

　「遠方から」グループの松本礼二、石井暎禧、長崎浩（1937〜）、篠田邦雄は「4人組」と言われ、1976年には革共同革マル派と革共同全国委員会派（中核派）に対する内ゲバ停止折衝を半ば実現し（革マル派代表は出席したものの、中核派代表は欠席）、1978年9月には三里塚芝山空港反対同盟（島寛征事務局次長）と自民党（加藤紘一（1939〜2016）官房副長官）との間で、右翼保守派のフィクサーである元血盟団メンバーの四元義隆（1908〜2004）を担ぎ出して停戦合意を自民党幹事長であった加藤紘一官房副長官との間に成立させるなど（合意書は長崎浩が執筆）、左翼離れした「政治的寝技」を特技とする特異な能力を発揮した人びとであった。成田空港建設での仲介に関しては、林大幹（1922〜2004）運輸政務次官が運輸省筋の圧力で読売新聞にリークしたために実現しなかった。加藤紘一は林大幹のリークを認めている。

　石井暎禧は、市田良彦との共著である『聞書き〈ブント〉一代』に『〈革命〉の現実的展望の時代：80年代』（『遠方から』第5号　1980年4月15日発行）を転載して、プロレタリア革命論を否定し、労働組合が革命運動の主体になりえないと論じている。

　「労働組合、あるいは都市プロレタリアの企業別組合への“組織化”が、階級形成戦に応じえないことは、もはや非常にはっきりしている。そればかりでなく、世界水準での革命運動の主体に労組がなりえないことも、また明瞭である。我々の歴史的経験から言っても、もうそろそろ労働組合イコール“革命主体”と

いう単純な図式を捨ててはどうか。たしかに、"右からの批判"がその1点に集中している現状から、逆に左翼がその1点に踏みとどまらざるをえぬという"心理"的背景は我々も理解するところであるが（中略）だからといって、この決定的な問題点を"左翼"的図式の絶対的擁護などという発想でお茶を濁してしまってはいけないのだ。」[石井／市田2010：223]

（ロ）について、天野惠一（1948〜）は1999年に出版した『無党派の運動の思想』において、次のように述べ、前衛党の革命観に影響されるような政治運動ではない社会運動（大衆運動）への方向性を提起している。

「私にとって"無党派の党派性"とは、党の形成へ、という常に運動の持続（多くの敗北を含む）の中で自然発生的に出てくる意識の自覚的拒否によって示されるものである。この間、そういう思いを強めてきた。自分の担っている具体的運動の"外"に"全体"や"普遍"を求めることをしない、いいかえれば、個別の具体性の内側から"全体"へ向かう努力を生き続ける大衆運動家であり続けたいと私は思っている。」[天野1999：114]

「差別 ── 選別教育（「能力」主義教育）の批判あるいは、大学における学生自治権（自己決定権）の拡大強化、さらにはベトナム反戦（アメリカの侵略戦争を支える日本政府への批判、戦争をつくりだす社会への批判）といったそれなりに共通した運動テーマとそれの持続。この時代のこういう課題に対して、武装政治革命で一挙にすべて解決するなどと思い込んだ人間だけが、あの時代に活動していただけではあるまい。そういう〈革命観〉へのはっきりした不信も、あの時代の運動の思想の中に生み出されていたはずである。そして、その不信は、すべて運動をやめる（途中下車）というかたちで表現される以外になかったわけではないのだ。」[前掲書：212]

他方、太田昌国（1943〜）は1960年末から執筆活動や社会運動への関与を継続しつつ、常に「独立左翼」として「無党派」な立場から広範囲の問題意識をもって社会問題に挑戦してきた。特に、本書が分析対象の一つとしたゲバラに関しても、極めて重要な問題提起を行っている。ゲバラ論に関しては、2000年に出版した『ゲバラを脱神話化する』において、「英雄ゲリラ」や「ゲバラ・ブーム」のような通俗的な扱いを越えて、社会主義国家論や革命論の次元におけるゲバラ思想の問題点として、窮極的なゲリラ運動のありかたとして「軍」の解体にかかる思想が見られないと批判的に論じている[太田2000：47-58]。このゲバラ思想における「革命軍」解体の欠如、社会主義国家キューバにおける「軍」解体の実行性の欠如という指摘は、前衛党論の展開の中に「社会主義国家」において「軍」の解体の方向性が存在しないという欠点の指摘につながる、極めて鋭い

「前衛党」論批判になっていると言える。

　一方、柄谷行人（1941 〜）の場合は、1960年当時は共産同（ブント）に近い位置にいながら、その当時から前衛党論に否定的で、現在ではアナーキズムの一種であり「協同組合社会主義」とも言いうるアソシエーショニズムを掲げている（2000年12月に NAM（New Associationist Movement）を結成、2002年3月解散）。

　柄谷は、2000年に NAM 結成に際して発表した『NAM 原理』の中で、次のように述べている。

　「資本と国家を揚棄することを課題とする運動はすでに2世紀近い歴史をもっている。それはユートピア社会主義と呼ばれたり、共産主義と呼ばれたり、アナーキズムと呼ばれたりしてきた。しかし、20世紀の末に、それらが最終的に無惨な結果に終わったことを認めなければならない。もちろん、資本主義のイデオローグが何と言おうと、資本と国家が存続するかぎり、それらに対抗する運動が不可避的に生じる。だが、それが真に新しく、有効な運動であるためには、過去の革命運動への根本的な反省が不可欠である。たんなる修正や弥縫によって、社会主義的運動が回復されるはずがないし、されるべきでもない」［柄谷2000：11］。

　柄谷は、世界史的な長期的展望の視点から、資本と国家に対抗する運動が、マルクス主義的な「共産主義」の運動の段階を過ぎていると指摘しているのである。他方、『NAM 原理』には NAM に「予示的」傾向が存在することを示して、「NAM は、その組織形態自体において、この運動が実現すべきものを体現する。すなわち、それは、選挙のみならず、くじ引きを導入することによって、代表制の官僚的固定化を阻み、参加的民主主義を保証する」と述べている［前掲書：18］。従って、NAM は「第3の潮流」を方向性として示しながらも、「予示的」傾向をも有していたと言えよう。

　アナーキズム的な方向性としては、1968年の東大闘争時の民青幹部であった東大文学部出身の大窪一志（1946 〜）を挙げておくべきであろう。大窪は、1972年5月に日本共産党内で発した「新日和見主義分派」問題の「4大悪人」の一人と呼ばれて査問を受け、その後共産党（日共）＝民青を批判して離脱した。大窪はその後、生協運動に従事しながらアナーキズムの研究をするなど（ジョン・ホロウェイ『権力を取らずに世界を変える』（2009年）の訳者）、脱「前衛党」化から「新しい政治運動」のあり方を模索するなど、注目すべき方向性を示してきたと言える。

　大窪は、2007年に出版した「新日和見主義」分派問題に関わった川上徹との共

160

著『素描1960年代』において、次のように述べ、日本共産党が掲げていた「大衆的前衛党」論を「前衛党」論を克服できない「前衛党」論の欺瞞性として、次のように批判している。

「民主主義とは、政治的な概念であり、ひとつの統治形態の原理、すなわち“統治者と被統治者との一致”という自己統治原理にほかならないのに、そうではなくて、実体的正義が実現された状態を民主主義というかのような捉え方になっていく」[川上／大窪2007：369]、

「そこには、大衆的前衛党というものの矛盾があらわれていたと言えるだろう。大衆の党であると同時に前衛の党であるという矛盾である。共産党の組織論は、レーニンの『何をなすべきか』で定式化した“非合法の職業革命家からなる党”という基本的に市民社会の“外”にある〈前衛の党〉から出発している。戦後、それは、トリアッティが定式化した“労働者および勤労者の広範な大衆を指導するために必要な、すべての力、すべての能力を集中した党”という基本的に市民社会の“内”にある〈大衆の党〉へと転化していかねばならなかった。この相反する2つの要素を「弁証法的に」統一したのが、「大衆的前衛党」にほかならない」[前掲書：380]。

（ハ）の1968〜70年当時は「8派共闘」などで革共同全国委員会派（中核派）、共産同、社青同解放派等と共に「新左翼運動」の一角を形成していた構改系の諸組織は、その後「市民運動化」する傾向が強く見られた。統社同・共革党系は1987年に社会主義同盟（フロント）を結成したが、2015年に発生した安保関連法制抗議行動では「個人参加」で参加した。共同代表の朝日健太郎（1944〜）は、「革命の前衛、党派という発想はなく、組織として部隊をだしていません。個々が自分の考えでそれぞれ活動しています」と述べ、穏健な市民運動に転換したと述べている［小林2016：227］。他方、1970年12月における共労党の3分裂を経て、日本共産党（日本のこえ）・民学同系の一部は2000年に民主主義的社会主義運動（MDS）を結成したが、MDSも2015年の安保関連法制抗議行動では「個人参加」で参加するなど市民運動化した。

このように構改系諸党派の「市民運動化」が顕著に見られた一方で、逆に「市民運動」の政治化を志向する傾向も見られた。その典型は1965年に結成された「ベ平連」の中に生じた、（ニ）の傾向である。

1968年8月に「ベ平連」主催で、「反戦と変革に関する国際会議」が開催されたが、会議のテーマとして、米国の反戦運動のラディカル派の影響を受けて、鶴見良行（1926〜94）などが「変革」をテーマとして取り上げることを提起し、市民運動の飛躍を掲げた。しかし、この際の提案は「ベ平連」内の松田道雄

(1908 〜 1998) らの「市民運動」派によって拒否された［平井2020：157］。吉岡忍 (1948 〜) らは、鶴見良行らと同様の問題意識から、「フンダメンタル・ソーシャル・チェンジ（＝根本的社会変革）」を掲げた［高草木2016：63］が、「ベ平連」内には、このような「ベ平連」の政治化を掲げる傾向は強く残った。特に、1965年から1987年まで長年にわたり事務局長を務めた吉川勇一 (1931 〜 2015) は、1991年に出版した『市民運動の宿題』において、「"シングル・イシュー"の社会運動と全体を担う政治党派という関係を越える運動」としてベ平連は「政治運動化」すべきであったと論じている。

　この吉川勇一について、2015年7月15日に慶応義塾大学三田キャンパスにおいて行われた講義・シンポジウム「戦後70年、市民運動について考える ── 吉川勇一を偲んで」において高橋武智は、「シングル・イシューでは飽き足らず、世界に対して全体像をもっていなければならないという意識を持ち続けていただろうと思います」と論じている［高草木他2016：71］。吉川勇一が共労党出身であったことを考慮すれば、共労党にはもともと、市民運動に特化しつつも社会運動と全体を担う政治党派という関係を越える運動の在り方を重視する傾向が存在していたと評価すべきなのではなかろうか。高草木は、元共産党党員で共労党員であった吉川は、「ベ平連」という市民運動において、「"政党に属する人"を一人一人の個性ある生身の個人に分解することで、"無党無派"をつくりかえることに尽力したのだと私は考えています」と論じている［高草木2016：22］。

　吉川は1974年の「ベ平連」の解散後、1980年に小田実や色川大吉が共同代表になった「日本はこれでいいのか市民連合」（日市連）の結成に参加し、「ベ平連」がベトナム反戦というシングル・イシューだったのに対して、政治全般を扱う市民運動を立ち上げた。このような傾向を市民運動の「政治化」と評することができるのではなかろうか。なお、吉川は1987年の東京都知事選挙に小田実や小中陽太郎が立候補する話が持ち上がった際に、「日市連」と決別している。小田や小中とは異なって、吉川にとっての「政治化」とは既成の代表制民主主義に取り込まれることを意味してはいなかったと考えられる。

　ここで扱った（イ）〜（ニ）の外にも、私が「第3の潮流」も呼んでいる、「非前衛党」的ではあるものの、政治傾向の存在は否定しえない「社会運動」「市民運動」の流れは存在してきましたし、現在もなお存在し続けていると思われる。ある意味では、後述するスペインやラテン・アメリカの例をも考慮に入れれば、このような方向性こそ、これからの時代に強まっていく傾向ではないかと思われる。

（4）「1968年」現象の世界史的意味

（イ）「1968年」現象の背景

　「1968年」を論じる際に重要であるのは、「1968年」をグローバルな視点からどのように捉えるについてであるが、筆者は世界的な「1968年」現象を世界資本主義システムの変化の中に位置づけて考えるべきだと考える。その意味で、小熊英二の『1968（上下）』や小阪修平の『思想としての全共闘』は、「全共闘」運動を高度経済成長と関連させて論じており、評価すべきである。

　小熊が2009年に出版した『1968（上下）』に関しては、前述の通り、種々の批判もあるが、「"あの時代"の若者たちの叛乱が遺した最大のものは、高度成長への、そしてその結果として出現した大衆消費社会への適応であったと考える」［小熊2009b：835］と、また「あの叛乱は、高度経済成長に対する集団摩擦反応であった」として、「大学生数の急増と大衆化」と「高度成長による社会の激変」を指摘している点は評価すべきである［前掲書：777-778］。

　他方、小阪も「変化全体の背景にあったのは高度経済成長を通じて日本に大衆社会が出現したこと自体である。それ以前と、それ以降では社会のあり方が根本から変わってしまった。都市の膨張と郊外の拡大をふくんだ都市化、地域共同体の解体から過疎の進行、そしてテレビや自動車が日本の津々浦々まで浸透し農業が主要な生業ではなくなり、高校・大学への進学率は上昇し、人びとの生活のありようが深く変化していった時期である」と述べている［小阪2006：18］。

　筆者は、小熊が、「1968年」現象の背景には日本が「脱工業化」社会になったことがあると指摘する点に賛同するが、日本が「脱工業化」を開始した時期に関しては意見を異にする。小熊は日本が「脱工業化」社会になったのは、サービス部門就労者数が製造業就労者数を上回った1994年以後であると述べている点については異論がある。

　小熊は、2018年5月に発行された『思想』に掲載された論稿「"1968"とは何だったのか、何であるのか」において、日本においては1992年に製造業就労者数がピークに達したと述べている［小熊2018：32］。他方、2009年に出版された『1968』下巻では、1994年にサービス部門就労者数が製造業部門就労者数を上回ったと述べている［小熊2009b：849］。確かに、製造業就労者数が1992年頃にピークに達したのは事実であるが、1994年にサービス部門就労者数が製造業就労者を初めて上回ったという点については見直しが必要である。1990年及び1995年の統計を見ると、サービス業に分類されている業種は、①宿泊業・飲食サービス業、②学術研究・専門技術サービス業、③生活関連サービス業・娯楽業、④教育・学習支援業と、⑤「ほかに分類されないもの」であり、卸売・小売業、金融・保険

業・不動産業、運輸・通信の３業種がサービス部門に含まれていなかった。さらに1995年の統計では情報通信業もサービス業含まれていない。これら４業種は本来サービス業に含まれるべき業種であり、これらを合わせると日本においてサービス業就労者数が製造業部門就労者数を上回ったのは1970年代末と見るべきである。

　他国の例を見ると、例えば、スペインにおいては、（1940年に第３次産業従事者が製造業及び鉱業部門である第２次産業従事者を上回ったが、その後の逆転を経て）第３次産業従事者が第２次産業従事者を最終的に上回ったのは1970年代後半であった。1970年代当時はまだ「中進国」程度であったスペインが、日本より早く「脱工業化」したとは考えられないので、日本においても先ほどの４業種を含めたサービス部門就労者数が製造業部門就労者数を上回ったのは1994年ではなく、1970年代末であったと判断すべきではないかと思われる。

　確かに、先進諸国における本格的な「脱工業化」はサービス部門就労者数が製造業就労者数を上回った後に生じると考えられるが、筆者は「脱工業化」は数の問題として、サービス部門就労者数が製造業部門就労数を上回るようになったことが「脱工業化」を示すものではなく、「脱工業化」時代を画するのは資本主義システムの進化の質的な問題として、価値増殖の基軸が物質的生産から非物質的生産に移行した事実であったと考える。確かに、日本においては、「脱工業化」が米国やフランスなどの欧米先進諸国に比べて遅れたことは事実であったが、重要なのは質の変化である。

　アントニオ・ネグリ Antonio Negri（1933～）とマイケル・ハート Michael Hardt（1960～）は2004年に出版した共著『マルチチュード』の中で次のように述べている。

　「20世紀末の数十年間に、工業労働者はその主導権を失い、代わりに主導権を握ったのは"非物質的労働"だった」[Negri/Hardt 2004=2005a：184]

　「産業（工業）労働者階級の数は世界的規模では減少していないものの、この階級はもはやグローバル経済において主導的役割を果たしていない。他方、今日における生産は、経済的な見地だけでではなく、社会的生産（物質的な財の生産のみならず、コミュニケーション・さまざまな関係性・生の形態といった"非物質的な"ものの生産をも含む）という、より一般的な見地から考えられなければならない。非物質的労働とは、知識や情報、コミュニケーション、関係性、情緒的反応といった非物質的な生産物を創り出す労働である。サービス労働や知的労働といった従来使われてきた用語はこうした非物質的労働のある側面を表している（略）」[前掲書：19-20]。

　「非物質的労働が今や主導的な立場を獲得しつつあると主張する時、私たちは何も世界の労働者の大半が主として非物質的な財を生産していると言っているわけではない。それどころか農業労働者はこれまで何世紀にもわたってそうだったように、今も量的な意味では優位を占めているし、工業労働も地球全体も数としても減っていない。非物質的労働は地球全体の労働からするとあくまで少数派であり、それが行われる場所も地球上の支配的な地域に集中している。

　私たちが主張したいのは、今や非物質的労働が質的な意味での主導権を握るにいたり、他の労働形態や社会そのものにある傾向を強いているということである。」[前掲書：186-187]

　このような労働者階層の変化に関して指摘してきた種々の研究の中で最も早い時期に論じたものとして注目すべきなのは、フランスのセルジュ・マレ Serge Mallet（1913 ～ 1998）が1963年に出版した『新しい労働者階級』の中で「新しい労働者階級」の出現を指摘していることである。また、1962年に米国のダニエル・ベル Daniel Bell（1919 ～ 2011）が「ポスト工業化社会の到来」において、さらにアラン・トゥレーヌ Alain Touraine（1925 ～）が1968年に出版した『現代の社会闘争　５月革命の社会学的展望』と1969年に出版した『ポスト工業化の社会』において、「脱工業化と"新しい労働者階級"」について言及している。

　特に、アラン・トゥレーヌは、『ポスト工業化の社会』において、社会運動の変化に関して、「今日の脱工業化社会とは、（中略）こうした新しい社会において新しいタイプの社会紛争が出現しているのである。（中略）学生運動こそは、その分力こそ多様ではあるが脱工業化社会の特徴的な最初の社会運動と思われるのである」と述べている。

　さらにトゥレーヌは次のように論じて、フランスの５月革命において、「最もよく組織された大産業別組合部門」が「異議申し立て」に対して呼応しなかったのに対して、脱工業化社会における「新しい労働者階級」が積極的に呼応したと述べている。

　「労働者階級のうちでもっともよく組織された大産業別組合部門が、新しい異議申し立ての主張にたいする反応においてはいちばん遅鈍であったという点である。ひたすら権利主張だけにとどまる目標をもっとも大きく乗り越えたのは、鉄道労働者や港湾労働者、鉱山労働者ではない。経済的な最先端部門、研究機関、あるいはラインにおいて権威をもつ人々ではなく専門的技術をもって職能を遂行するという意味での幹部職員、そしてもちろん大学においてこそ、いちばん急進的でいちばん革新的な運動が出現しているのだ。」[Touraine 1968=1970：28]

　この意味で、フランスにおいては1963年にセルジュ・マレが出版した『新しい

労働者階級』の中で論じたような「労働者貴族」ではない、「脱工業化」社会において登場した「新しい労働者階級」が、1968年の「5月革命」において学生たちに呼応したと考えられる。セルジュ・マレも『新しい労働者階級』の1969年新版の序文で、この事実を指摘している。

「彼らは労働者階級の少数派であり、いわんや人民諸層全体のなかでは、いっそう少数派である。しかしながら、さまざまな社会層は、万里の長城で切り離されているわけではない。もっとも先進的な資本主義的産業が、より遅れた諸形態に影響をあたえてゆくのと同様に、新しい労働者階級の行動は、他の諸層の行動に影響を与える。生産組織の管理、雇用の安定性の保証、経済指導の官僚主義的方法の拒否にかんする要求は、それが先進的工業部門にあらわれればあらわれるほど、一般的なものとなった。」[Mallet 1963＝1970：初版序文37]

「1968年5月のように、旧労働者階級と新労働者階級との大きな分裂が現れたことはかつてなかった。そのことは、この分裂は、統一化されてはいないがまとまった運動を通して、そして、労働運動の深刻な対立を誘発する権力の空白という枠のなかで現れたので、なおさら明白である。」[前掲書：7]

「先端産業の伝統的諸部門〜〜自動車産業の組み立てライン、エレクトロニクス産業のハンダ付け向上や付属部品工場など、その賃金が伝統的産業の同じカテゴリーの賃金と大差ないようなところ〜〜は、運動の続行の道を選んだ。

さらに、運動の急先鋒は、シュダヴィアシオン（南部航空機製造会社）でもクレオンのルノーでも、カンのSAV–EMでもソショーのプジョーでも、ブザンソンのロディアセタでもレカンのトムソンでも、職業学校出たての青年労働者たちで構成されたことはすでに明らかである。彼らは工場のなかに、自分たちの養成に見合った職業資格も、彼らに約束されている雇用と所得の保障も、技術学校や養成講座で学んだことをまじめに考えることを可能にする（少なくとも彼らはそれを信じている）職業的自律性や昇進の可能性も、見いだせなかったのである。……明らかに学生たちよりも前に〜〜バリケードを築き、機動隊を攻撃したのは彼らだった。数日と二晩の街頭闘争で自分たちの大学の支配権を握り、ドゴール主義権力にこれを押し付けた学生たちの活動は、彼らの叛乱の口火となった。これは、交渉よりも行動の方が大きな権力を獲得できるということの証拠であった。」[前掲書：9–10]

しかし、このようなフランスの場合に比べると、日本の場合には1960年代末に「全共闘」運動や新左翼諸党派と連動した「反戦青年委員会」に参加した青年労働者たちは公的部門・民間部門のいずれにおいても、その大部分が「新しい労働者階級」と分類しうる階層ではなかった。この事実から言えば、小熊英二が日本

が「脱工業化」したのは米国やフランスに比べて遅かったと指摘していることは正しいと思われる。しかし、日本においても1980年代から1990年代に家電産業や自動車産業などの製造業部門の生産がピークに達したと同時に、それら部門において非物質的生産に従事する「新しい労働者」層が出現していた事実を重視すべきだと思われる。その結果として、日本では1960年安保の時代から、急進派の青年労働運動は「反合理化」闘争を重視する姿勢をとっていた。

「脱工業化」において重要なのは、「数」の問題ではなく、「質」の問題であるという点であり、資本主義システムが物質的労働から非物質的労働の段階へ移行したという事実であり、そのような「脱工業化」プロセスの中で、それに伴う「合理化」に対する反対運動が日本においては青年労働者を急進化させたという事実である。

さらに、物質的労働から非物質的労働への生産基軸の移行が持つ重要な意味は、社会変革の主体が「工場労働者」であるプロレタリアートだけではなく、「新しい労働者階級」である「認知労働者（コニタリアート）」、さらにはプロレタリアートとコニタリアートの双方が転じうるプレカリアートのように「労働者層」が多様化し、変革主体がさらにルンペン・プロレタリアート、ノマド（定住地なき越境者）、ノマド・ワーカー（固定勤務地なきリモートワーク労働者）、給与所得のない家事労働者、小農等の中間層をも含む「多種多様性」と表現しうる人々になってきたという事実である。この「多種多様性」はアントニオ・ネグリやマイケル・ハートの「マルチチュード」に類似した概念であるが、筆者はフーコーの「生政治」の概念抜きにした、「多種多様性」という言葉を使っている。

1967年7月31日から8月10日までの間ハバナで開催された「ラテンアメリカ連帯機構（OLAS）」第1回大会において、キューバ共産党（PCC）を代表して演説した組織担当書記のアルマンド・アルト・ダバロスは、ラテンアメリカにおいては寡頭制とこれと同盟する帝国主義に対して「多種多様」な階層が、対峙していると述べており、1960年代後半の時点で、変革主体として「多種多様性」が形成されている事実を指摘していた。「こうした成長は階級意識をもったプロレタリアートを創りだした。（中略）労働者階級の集中があった。中産階級もまた、広汎に発展した。この階級の内部では、いくつかのカテゴリーは革命的・進歩的姿勢を持っており、今世紀に先立つ数世紀にわたる民族的であると共に国際的な愛国的伝統に結びついている。これらのカテゴリーについてはヨーロッパの小ブルジョア階級と同列には論じられない。ある場合には、彼らは寡頭制の利益の側よりも、搾取されている人民の利益の側にずっと近いところにいる。要するに、一方では大土地所有者と商業ブルジョアジーの最上流階層から成る寡頭制があ

り、他方には都市労働者階級や、しばしば封建的状況の中で生活している無数の
農村労働者大衆 ── 他の部門の農村大衆・失業者・半失業者たちがこの大衆に結
びついている ── がいるのである。これら全ての社会カテゴリーはさまざまな階
級 ── その共通分母は搾取・貧困・ひどい停滞である」[山崎1971：255-256]。

　アルトはこのように述べて、ラテンアメリカにおいてはヨーロッパとは異なっ
て、多種多様な大衆層が「変革主体」となっていると指摘した。

　「1968年」は、正にこのような「多種多様性」と呼びうる人々が変革の主体と
して登場してきたこと、そのような現象が生じたことに重要性があると考えられ
る。そして、その流れが今日まで続いてきて、2010年12月から2011年３月の「ア
ラブの春」、同年５月のスペインの「５月15日運動」、同年９月の米国のオキュパ
イ・ウォール・ストリート運動、2012年６月のメキシコの「YoSoy#132（私は
132番目）」運動、2014年３〜４月に台湾に発生した「ひまわり学生運動、同年10
〜11月に発生した香港の「雨傘運動」、そして日本での2011〜12年の反原発運
動から2015年の安保法制抗議運動などの、いわゆる「ネットワーク型」の組織原
理を有する社会運動が拡大し、さらにＳＮＳを使用した「クラウド型」という新
しい社会運動の登場という「激震」を生じさせてきたと見ることができよう。

　繰り返しになるが、「脱工業化」は決して「数」の問題ではなく、資本主義社
会の質の変化の問題として捉えるべきである。製造業部門就労者数の問題だけで
見れば、ラテンアメリカなどの途上国では、そもそも近代化のプロセスの中で製
造業部門の発達が遅れたのに対してサービス部門の方が急速に成長したために、
元々サービス業従事者の数が多かったわけであるから、先進諸国で生じたような
サービス業就労者数がある時期に製造業就労者数を上回るという現象は生じな
い。従って、数の上で製造業就労者がピークを過ぎた後を「脱工業化」社会と見
るのは先進諸国に偏向して見方であり、「1968年」を論じる際に参考にできる指
標ではない。重視すべきは、物質的生産から非物質的生産へ、「モノ」の生産か
ら「記号」の生産へと価値増殖の基軸が移行し、現在は世界資本主義システムが
「認知資本主義（Cognitive Capitalism）」の段階にあり、変革主体がプロレタリ
アートやコニタリアートを含む「多種多様性」と呼びうる人々に広がってきてい
るという事実である。

（ロ）資本主義社会の変化
（ａ）非物質生産の主軸化
　「1968年」現象が生じた時期から、資本主義社会の変化が進行し始めていた。
端的に言えば、資本主義における価値増殖が「モノ」の生産から「記号」の生産

に変化し始めていたということであり、それに伴って資本主義社会における「変革主体」の主力が、工場労働者（工業労働者）が量的な面では主力であり続けたものの、社会的な重要性においては、徐々に非物質生産労働者に移り始めたということである。資本主義システムにおける価値増殖の「記号」の生産への移行は、工場労働者に基盤を置いた革命論を展開してきた伝統的な革命理論の有効性を喪失させると同時に、「ポスト工業化（脱工業化）社会」と表現されたようになる。

　「ポスト工業化（脱工業化）社会」という語は、1962年に初めてアメリカの社会学者ダニエル・ベル（Daniel Bell, 1919 〜 2011）によって定式化された。ベルは、それまでの伝統社会 / 産業社会（ないし近代社会）の二分法による社会学的歴史区分では当時の社会変動を読み解けないとして、「ポスト工業化（脱工業化）社会」を第三の区分として導入した。その後、論者によって意味やニュアンスの差を伴いながらも使用されるようになるが、アラン・トゥレーヌ Alain Touraine（1925 〜）やアルビン・トフラー Alvin Toffler（1928 〜 2016）など多くの論者が、情報・知識・サービスなどを扱う産業が社会において重要な役割を担うに従い、社会の支配構造の変容が見られることを指摘してきた。

　ベルが主張した「ポスト工業化（脱工業化）社会」とは、財の生産からサービス（高度情報サービスなど）に経済活動の重心が移行し、理論的知識が社会の「中軸原則」となり改革や政策形成の源泉となる社会である。ここから、「知識階級」と呼ばれる専門・技術職層の役割が大きくなり、組織運営の様式も経済外的な要因を配慮する「社会学化様式」に変わっていく社会、すなわち、「人間相互間のゲームを基本的な原理として運営される社会」が導かれる。しかし、この社会でも、社会計画に関しては必ずしも合理性だけで押しとおすことはできず、最終的な政策決定をめぐっては、効率性を追求するテクノクラート（官僚層）と各集団の利害を代表する政治家との間の矛盾が続くことになる。

　ベルは、1973年に出版した『脱工業化社会の到来』において、次のように述べている。

　「"脱工業化社会"という概念は、技術的知識の中心性を強調する。それを軸として、新しい技術、経済成長、社会成層が組織される。この中軸の原則が先進工業社会でますます支配的になりつつあるということは経験的に示され得る」[Bell 1973＝1975a：157]

　「封建制〜資本主義〜社会主義という系列と前工業社会〜脱工業社会という系列はともにマルクスに由来しているといえよう。マルクスは、生産様式は社会的関係と生産"諸力"（すなわち技術）を含むと定義した。彼は現在の生産様式を

資本主義的と呼んだが、もし資本主義という言葉を社会的関係に、工業という言葉を技術にそれぞれ限ってみれば、分析上、いかに異なった結果が展開されるかがわかる。この意味で、ソ連と米国が所有の問題を中軸にして相互に離反しているとはいえ、ともに工業社会であるのと同様、資本主義的脱工業社会がありうるように社会主義的脱工業化もありうるであろう」[前掲書：159]

「脱工業化の概念は、工業社会や資本主義の理念と同じように、概念図式としてのみ意味を持っている。それは社会組織の新しい中軸的原則を明確化し、ますます脱工業的になった社会が直面しなければならない共通の核を定義するものである。脱工業化の理念は、（中略）社会システムの概念に依存するものではない。（中略）現在私の主たる理論的関心は、西側社会における分化と社会構造の乖離、ますます反体制的に、反戒律的になりつつなる文化と機能的合理性と実力主義を志向する社会構造に向けられている。脱工業という概念は〈社会構造〉の変化を明確化しようとする努力のあらわれである。しかし、私が繰り返し論じてきたように、社会の他の2つの分析次元、すなわち政治と文化の次元の変化とは違って、この領域の変化には必然的相関はないのである」[前掲書：159]。

次に、ポスト脱工業化（脱工業化）社会における労働者の問題を考察し、「先進工業社会の問題は、労働者階級とは何か、ということなのである。それは"工場労働者"であるのか、"工業労働者"であるのか、それともさらに広義の"ブルーカラー労働者"であるのか。（中略）古典的なプロレタリアートは工場労働者から成り、その階級意識は、彼らの労働条件から生まれた。しかしそれを最も包括的に定義した場合においてさえ、ブルーカラー集団は、先進社会または脱工業社会の中で、しだいに少数者になりつつある。プロレタリアートあるいは労働者階級とは、賃金・俸給のために働く〈すべての〉人々のことなのであろうか。しかしそれでは、概念が拡大されすぎて歪曲され、実体が見失われてしまう」と論じ、ポスト工業化（脱工業化）社会において重要性を増してくる非物質生産労働者を「新しい中間階級」や「ホワイト・カラー」として把握することを否定して、「新しい労働者階級」という概念を参考にしつつも、さらにそれを精査してハーバート・ギンタス（Haerbert Gintis, 1940〜）が主張した「教育ある労働者」、即ち知的産業労働者と見たが、しかしその傾向は「伝統的な専門家主義を（イデオロギーの水準ではたしかに）主張する可能性が大きい集団」と見なした[前掲書：207]。

一方、1969年に『脱工業化の社会』を出版したフランスのアラン・トゥレーヌ（Alain Touraine, 1925〜）は、1968年の学生叛乱現象の分析から、「ポスト工業化(脱工業化)社会」を論じた。トゥレーヌは「学生運動こそは、脱工業化社会

の特徴的な最初の社会運動と思われるのであり、この社会運動は脱工業化社会にあっては、チャーチスト運動が、パリ・コミューンが19世紀の工業社会に占めたのと比肩しうる地位を占めているのだ」と述べ［Touraine 1969=1970：3］、さらに「新しい型の社会がわれわれの眼下で随所に形成されつつある。これらに先行した産業社会とこれらの社会との距離をはっきり示そうとするなら、これは脱工業化社会と呼ばれることになろう。もっとも、今日なお資本主義的であろうと社会主義的であろうと、その形態こそちがえ先行した諸種の工業化社会はこの脱工業化社会と同じように混じりあっている。これら新しい型の社会を、その支配的権力の性質によって名づけようとするならば、テクノクラシー社会と呼ばれよう。これらの社会を、まずその生産様式および経済組織のパターンの示す性格から規定しようとするならば、プログラム化社会と呼ばれよう。この最後のプログラム化社会という用語は、この新しい型の社会における労働および経済活動の性格をいちばん直接的に示すものであるから、これからの問題の分析にいちばん有効だと思われる」と述べ、テクノクラート化とプログラム化を「脱工業化社会」の特徴と見なした［前掲書：11］。

そして、このような「脱工業化社会」において、学生らが反乱する理由について次のように論じた。

「変化しつつある社会では、デクノクラシーにたいしてもっとも直接の形で蜂起するのは、変化にたいしていちばん抵抗の少ない、また変化によっていちばん有利な立場を与えられる部類の人々なのである。

経済の領域での蜂起という以上に既存の社会・文化にたいする蜂起が生じる。なぜかといえば、かつてと同様今日の社会的闘争も、民衆の側から2つの相互補完的な種類の反発を動員するからである。

つまり、一方の側からは、指導的階級によって社会の方向づけが私的にほしいままにされているという事態にたいして、社会の方向づけそのものを自分たちの手で規定しようというアピールが現れる。他方の側からは、集合体によって統御されることのないさまざまな変化にたいして、個人または集団としての経験から生ずる犯行が現れる。

青年層、もしくは他の社会的部類が闘争に入りこむ理由は、自分たちが変化に方向づけられているためであり、同時にまた支配的諸勢力が背後に身を潜めている非人間的な疑似合理性に抗して自分たちの"私生活"を守るためである。

しかし資本主義が他の工業化過程にある社会では、この私生活による抵抗は先ず労働の擁護という大前提の影響を受けており、自分たちの職業や地方的集合体を基礎とするのが常であった。しかし、いまや社会生活の諸領域にくまなく攻撃

の手を伸ばす操作・統合・侵害を行う権力に直面して、抵抗には全人格が動員されることになる。」[前掲書：20]

　しかしながらトゥレーヌは、「脱工業化社会」において，「労働者階級や労働組合運動」が弱体化するとは考えず、「脱工業化社会」においては，「新しい社会紛争とは、生産体系の外側に位置するのではなく、生産体系の中枢に位置するものである」とし、さらに「これらの紛争は、社会生活の新しい諸領域に広がっているが、その理由はもっぱら情報・教育あるいは消費がかつて以上に生産の領域と密接に結びついていることにある。それゆえ、社会闘争を政治生活・経済権力と分離するようなことは断じてしてはならない。もし今日の現実の社会運動が文化を攻撃するのが通例だとすると、その理由は、社会運動が経済的諸問題とはなれたものであるからというよりは、この社会運動がまだ序の口のものにすぎないからである。またこの運動は、むしろ一個の全体としての社会と文化に総体的に反抗しているから文化を攻撃するのである。それはこの運動が新しい指導的権力の攻撃を正面から行いえないから文化を攻撃するという理由にとどまらないことはいうまでもない。それは、就中、次のことに起因している。すなわちプログラム化社会の形成の今日的段階では、また特に新しい指導的階級が依然資本主義的ブルジョアジーから十分自由に分離するまでに至っていない段階では、自らを経済成長と豊かさへの到達それ自体とを同一視してしまうような社会に対して社会運動が起こっている、ということである。

　自らを進歩そのものと一体化している指導的階級のユートピアにたいして、反ユートピアが起こってくることは避けがたい。この反ユートピアは、消費社会あるいは生産組織の行使する拘束力をひっくるめて拒否すると同時に、経済上・政治上の旧来の権力と新しい指導的諸勢力を拒否するのだ」と述べ、学生層による反乱は、「文化的異議申し立て」であり、「文化的異議申し立ては、新しい社会紛争の前衛に他ならない」と論じた［前掲書：29-30］

　そしてトゥレーヌは、「脱工業化社会」においては、労働者階級の問題は社会的問題の討論の中心主題ではなくなったとして、次のように論じた。

　「プロレタリアの状況は、すべての人が富、労働紛争が制度化されつつある社会においては、もはや社会的問題の討論の中心主題とはもはやなりえないのだ。今日社会運動が組織されることができ、またじっさいに組織されているような目標というのは、これとは反対に、情報の統制、地方自治体の自主性、大学制度の自由と“国家からの解放”、労働を人間の能力に順応させること、真の所得政策、などである。

　次のような仮説を立てることもできよう。すなわち最も“敏感な”社会問題

は、テクノクラシー、消費者たち、そして専門職業人たちがもっとも直接的に相互に向かい合うような問題、すなわち教育、公衆衛生そして社会空間の組織などが提起する諸問題であるという仮説である。世論はこれらの問題を労働の問題ほど容易に把握はしない。なぜなら労働問題は、長い間組合組織によって説明され取り扱われてきたからだ。そうかといって世論がこれらの問題に敏感でないというのではない。反対にこれらの問題は労働問題においては見出されないような普遍性を持っている。」[前掲書：86]

このように、トゥレーヌは、社会的問題の広範化を論じた上で、これらの諸問題を適切に分析するためには「資本主義の研究」こそ「社会階級の分析」には必要であるとして、「テクノ＝ビュロークラシー権力の支配を特徴とする一つの産業社会」の分析にとどまらず、「今から新しい社会構造、新しい社会紛争、新しい社会運動の形を明確にしておくことに務めなければならない」と主張した［前掲書：96］。

他方、米国の未来学者であるトフラー Alvin Toffler（1928 〜 2016）は、1980年に出版した『第3の波』の中で、人類の歴史における大きな技術革新の「波」の概念に基づいて三種類の社会を描いた。そして、それぞれの波は「古い社会と文化を脇へと押しやる」とした。

第1の波は農業革命の後の社会であり、約1万5000年ほど前から農耕を開始したことにより、それ以前の狩猟採集社会の文化を置換した。

第2の波は産業革命であり、18世紀から19世紀にかけて起こった。工業化により、それまでの農耕社会から産業社会へと移り変わる。社会の主な構成要素は、核家族、工場型の教育システム、企業である。トフラーは次のように書いている。

「第2の波の社会は産業社会であり、大量生産、大量流通、大量教育、マスメディア、大量のレクリエーション、大衆娯楽、大量破壊兵器などに基づくものである。それらを標準化と中央集権、集中化、同期化などで結合し、官僚制と呼ばれる組織のスタイルで仕上げをする。」

「石炭、鉄道、繊維、鉄鋼、自動車、ゴム、耕作機械製造 —— これらは第二の波の古典的産業である。基本的には単純な電気メカニックの応用であり、大量のエネルギーを消費し、巨大な産業廃棄汚物を吐き出し、公害をもたらす。その特色は、長時間労働、不熟練労働、反復作業、規格化された製品、高度に集中化された管理体制などである。

先進工業国では、1950年代の中頃から、これらの産業が明らかに時代おくれのものとなり、衰退し始めた。米国を例にとると、1965年から1974年までの10年間

に、労働人口は21％増加したにもかかわらず、繊維産業の従業員数は6％しかふえず、鉄鋼産業の従業員は10％減となったのである。スウェーデン、チェコスロバキア、日本などの第二の波の国家でも、こういうパターンが顕著であった。

　これらの時代遅れの産業は、安い労働力を持ち、技術水準の低い、いわゆる"開発途上国"へ移っていき、それとともに、社会におよぼす影響力も弱まった。もっとダイナミックな、新しい産業が次々に出現したのである」[Tofler 1980＝1980：202]

　他方、第3の波は「脱工業社会」である。トフラーは1950年代末にはこれについて論じ初め、多くの国が第2の波から第3の波に乗り換えつつあるとした。彼は、それを説明する造語を多数作り出し、他の人々が発明した情報化時代、情報化社会、情報革命のような造語にも言及した。トフラーは、第3の波で主軸となる産業分野について次の通り論じた。

　「新しい産業は、いくつかの点で、前の時代の産業と著しく異なっている。新しい産業は、まず第一に電気メカニックではないし、第二の波の時代の古典的科学理論にもとづいたものでもない。量子電子工学、情報理論、分子生物学、海洋学、原子核物理学、社会生態学、宇宙科学といったような、ここ4半世紀の間に生まれ育った新しい学問の最先端で開発された産業なのである。これらの新しい学問のおかげで、われわれは第二の波時代の産業が尺度としていた時間や空間より、はるかに微小な単位を手にするようになった。（中略）これらの新しい科学と現代の急速に進んだ計測技術が、コンピューターとデータ処理、航空宇宙産業、合成石油化学、半導体、革新的な通信産業など、新しい産業を生み出したのである。」[前掲書：203]

　また、地域的に第3の波の産業が進出した地域について次のように論じ、「第3の波」が拡大する方向を指摘するとともに、「第3の波」の中で主軸となる産業について次の通り指摘した。

　「技術の分野で、第二の波から第三の波への移行がいちばん早く訪れたのは米国で、1950年代の中頃であった。東部、ニューイングランドのメリマック・バレーのような旧産業の町は不況のそこに沈む一方、ボストン郊外の国道128号線沿いや、カリフォルニア州の「シリコン・バレー」と呼ばれる地帯は一躍脚光を浴びるようになった。郊外には、ソリッド・ステートのトランジスターなどを研究する物理学者とか、ショステム・エンジニアリング、人工頭脳、高分子化学などの専門家がどんどん移り住んだ。

　技術の移動を追うように、仕事と富が移動した。南の"サンベルト地帯"の各州には、大口の軍需産業の受注によって細心の技術施設が次から次へと建設さ

れ、一方、東北部や5大湖周辺の旧産業地帯は疲弊し、破産しかねない状況に落ち込んだ。ニューヨーク市の長期的な財政危機は、まさに、この技術変動を反映するものだった。フランスの鉄鋼業の中心地だったロレーヌ地方の不況も同様である。そして、やや次元をするが異に、イギリス社会主義の衰退についても、同じことが言えるのである。第2次大戦後、イギリス労働党政府は、産業のとりでを確保すると発表し、かつ、実行した。ところが労働党政府が国有化したとりででは、石炭、鉄道、鉄鋼と、いずれも後日技術革新が迂回して十営過ぎるものばかり、いってみれば前時代のとりでだったのである。

第3の産業を持つ地域が栄え、第2の波の産業地域は衰えた。この変換はいま始まったばかりである。今日、多くの国で、政府は移行に伴う弊害を最小限におさえながら、意識的にこの構造改革を促進している。」[前掲書：203-204]。

トフラーは「第3の波」に抵抗する人々について、「どう見ても貧しいとは言えず、無学でもない人びと、必ずしも反技術でもなく、経済成長に反対しているわけでもないが、野放図な技術革新が自分自身と世界全体の生存を脅かすと考える人びとが、この反抗に加わっている。そして、こうした人びとの数が、急速に増加しているのだ。

このなかの過激派は、機会があれば、ラッダイトと同じ手段に訴えるかもしれない。コンピューター装置や、遺伝子学研究室、建設中の原子炉などが爆破される可能性は十分にありうる」と述べ［前掲書：216]、さらに「こういう運動は、しばしば反動的だと非難されるが、実は、台頭しつつある第3の波の重要な一部なのである。（中略）各国で、技術への叛乱の核になる人々が、徐々にその数を増している。彼らは、自分では意識していないが、第3の波の代理人なのである」[前掲書：219-220] と指摘しているが、「第3の波」によって生じる雇用形態の変化、労働者層の変化については十分に分析していない。

トフラーは、政治面に関しては、「第2の波の時代が、"多数派優先の政治"であったとすれば、おそらく明日の社会は"少数派と多数派の政治"、つまり多数決とマイノリティー・パワーを融合させたものになるであろう。明日の政治体系を築くための第2の骨組みは、半直接民主主義という原理にほかならない。選ばれた代表者への依存から、自分たち自身が代表となることへの、転換である。つまり間接代表と直接代表の双方を取り入れたものが、半直接民主主義である」[前掲書：613-614] と述べ「代議制の概念そのものが崩壊している」として、「多数派優先の政治」からの脱却を主張した。

（b）「第4次産業革命」

他方、1971年に「世界経済フォーラム」を創設したクラウス・シュワブ

（Klaus Schwab、1938 ～）は、2016年に『第4次産業革命』を出版し、エマージング・テクノロジー（先端的技術）の開発と実行により、第4次産業革命と呼ぶべきプロセスが進展していると主張した。シュワルブは、これまでの産業革命のプロセスは3段階を経過してきたとして、次のように説明する。

「蒸気機関の発明と鉄道建設とによりもたらされた第1次産業革命（1760年代 ～ 1840年代）は、機械による生産の到来を告げるものだった。電気と流れ作業の登場によってもたらされた第2次産業革命（19世紀後半～ 20世紀初頭）は、大量生産を可能にした。1960年年代に始まった第3次産業革命は、半導体、メインフレームコンピューター（1960年代）、パーソナルコンピューター（1970年代～ 1980年代）の開発とインターネット（1990年代）によって推進されたことから、一般的にコンピューター革命あるいはデジタル革命と呼ばれている」［Schwab 2016=2016:17］。

そして、人類はその次の「第4産業革命の入り口」にいると主張し、「第4次産業革命は、今世紀に入ってから始まり、デジタル革命の上に成り立っている。第4次産業革命を特徴づけるのは、これまでとは比較にならないほど偏在化しモバイル化したインターネット、小型化し強力になったセンサーの低価格化、ＡＩ、機械学習である。コンピューターのハードウェア、ソフトウェア、ネットワークを中核とするデジタルテクノロジーは、第3次産業革命で大きく発展したものであり目新しいものではないが、より高度で統合されたものとなりつつあり、その結果として社会やグローバル経済を変容させている」と述べ、「第4次産業革命では、認知力の向上が人間の生産量を増加させている」と論じた［前掲書：17］。

そして、第4次産業革命の影響がもたらす規模の大きさを次のように指摘した。

「第4次産業革命ではエマージング・テクノロジーと幅広いイノベーションが、これまでの産業革命をはるかに凌駕する速度と範囲で普及している。世界人口の17％、約13億人は電気を利用できないため第2次産業革命を十分に経験してさえいない。第3次産業革命についても同じことがいえる。インターネットにアクセスできない人が40億人（世界人口の半分強）もいて、ほとんどが発展途上国に住んでいる。紡績機（第1次産業革命の代表的発明）がヨーロッパ外に普及するのに約120年かかったが、インターネットが世界中に浸透するのに10年もかからなかった。（中略）

私は第4次産業革命が過去の3度の産業革命とまったく同じように強烈で、影響が大きく、歴史的にも重要なものになると確信している。とはいえ、第4次産

業革命が効果的かつ集約的に実現される可能性を制限しかねない要因として、主な懸念点が２つある。

　第一に、第４次産業革命に対応するには私たちの経済、社会、政治のシステムを考え直す必要があるが、各分野においてリーダーシップ不足と変革への理解不足を感じている。一国で見てもグローバルで見ても、イノベーションの普及を管理し、混乱を防止するための制度的枠組みが不十分か、まったく存在していない状態だ。

　第二に、世界は第４次産業革命が創出する機会と問題の概略に関する一貫性のある建設的な共通構想もなければ、さまざまな個々人やコミュニティに力を与えつつ、根本的な変革に対する大衆の反発を避けるのに必要な説明もない」［前掲書：19-20］。

　しかしシュワブは、第４次産業革命はプラスの社会的・経済的効果をもたらすものの、その一方で、構造的な不平等を助長しかねないと指摘する。

　「第４次産業革命では、大きな利益がもたらされるが、それと同じくらい大きな問題が生じることになる。とくに懸念されるのは、不平等の悪化だ。不平等が高まることによる問題は、私たちの大半が消費者であり生産者でもあることから定量化が難しく、イノベーションと破壊が私たちの生活水準と幸福に好影響と悪影響の両方をおよぼすことになる。

　最も得をしているように見えるのは消費者だ。第４次産業革命は、実質無料で消費者の個人生活の効率を高める新たな製品やサービスを可能にしている。タクシーを予約する、フライトを確保する、製品を購入する、支払いを行う、音楽を聴く、映画を見る —— どれもいまや手元で行うことができる。すべての消費者にとってテクノロジーが有用なものであることに議論の余地はない。インターネット、スマートフォン、数千ものアプリは、私たちの生活を楽にし、概して生産性の高いものにしている。私たちが読書、インターネットの閲覧、コミュニケーションに使うタブレットのようなシンプルなデバイスには、30年前のデスクトップコンピューター5000台分の処理能力があるが、情報の保存コストはほぼゼロだ（１ギガバイトの保存コストも平均は、20年前は１万ドルを超えていたのに対し。今日では年間0.03ドル未満）。

　第４次産業革命により生じた問題のほとんどは、供給側（すなわち労働と生産の世界）で起こったように思われる。過去数年にわたり、最先進国の圧倒的大部分や、中国のような成長著しい経済大国で、労働分配率が大幅に低下した。この低下の半分は、投資財の相対的な価格下落で説明できる。この価格下落自体、イノベーションの進展が要因である（これにより企業は資本を労働で代替するよう

になった）。

　その結果、第4次産業革命の大きな受益者は、知的資本または物的資本の提供者であるイノベーターや投資家、株主になっている。これにより、労働に依存する人々と資本を有する人々の間に、富の差が拡大していることがわかる。それはまた、実質所得が一生増えないことや子供の暮らしが自分たちよりよくならない可能性があると確信した多くの労働者の間に幻滅感が広がっていることの説明になる」[前掲書：24]。

　また、エマージング・テクノロジーが労働市場に与える影響について、「大規模な技術的失業の発生により段階的に社会的、政治的なハルマゲドンに至ると信じる人々」[前掲書：54] がいると指摘する一方で、さらに機械が人間にとって代わる可能性に関して次のように指摘する。

　「いまのところの兆候として、第4次産業革命では過去の産業革命時よりも新産業で生み出される仕事が少なく終わりそうだ。“テクノロジーと雇用に関するオックスフォード・マーティン・プログラム”の推計によれば、米国の労働人口のわずか0.5％が今世紀の変わり目には存在しなかった職業に就いている。1980年代に労働人口の約8％が新産業で生まれた職業に就いており、1990年代には同約4.4％だったので、21世紀初頭のこの数字は少ない。これを裏づけているのが、技術と失業の興味深い関係性を浮き彫りにした直近の米国経済国勢調査だ。この調査によると、情報技術の確信とその他の破壊的技術は、製造にさらなる労働力を必要とする新たな製品を生み出すのではなく、既存労働者を代替して生産性を向上させる傾向にあるという」[前掲書：57]。

　シュワブは、「第4次産業革命によって男女の役割にさらなるギャップが生まれる可能性がある。これは第4次産業革命の負の結果といえる。全体的不平等とジェンダー・ギャップの双方を増加させ、女性が才能を活用し、将来の労働力となることを一層困難にするからだ。さらに、多様性の増大から生まれる価値や、組織内のあらゆる階層で男女バランスが取れたチームが生み出す優れた創造性と効率性が企業にもたらす利益もリスクにさらわれる」と指摘している [前掲書：63]。

　このような雇用面で大きな影響をもたらす可能性があるある第4次産業革命に関して、シュワブは、次のように述べて、「負」の影響をもたらすリスクを警告する。

　「私たちが直面している課題は、変わりゆく労働力と進化する労働の性質に合致した、新たな形態での社会契約と雇用契約の考案である。労働市場の成長を阻害したり、人々の就労形態を制限したりしないで、ヒューマン・クラウドによ

る搾取というマイナス面を抑えてなければならない。それらが叶わなければ、ロンドン・ビジネス・スクールの経営組織論教授であるリンダ・グラッドマンが『ワーク・シフト』で述べているように、第4次産業革命は「仕事の未来」の負の側面 ── 社会における細分化、隔絶、排斥レベルの上昇 ── をもたらす可能性がある」[前掲書：69-70]。

　「第4次産業革命の進展によって、さらに不平等が拡大する可能性がある。ロボットやアルゴリズムにより、労働力ではなく資本の必要性が高まる一方、投資（より正確には、デジタル経済における事業開発）には大きな資本があまり必要としなくなっている。かたや労働市場では求められる技術的スキルセットに偏りが生じ、（中略）。こうしたトレンドの誕生で勝者となるのは、熟練度の低い労働または普通資本のみを提供可能な人々ではなく、新たなアイデアやビジネスモデル、製品やサービスの提供を通じて、イノベーション主導のエコシステムに本格的に参加できる人々である」[前掲書：124]

（ｃ）認知資本主義

　前節で示したように、種々の研究が、資本主義システムが1970年代頃より物質的生産から非物質的生産が主流となる時代に入ったことを指摘してきた。そして、シュワブの「第4次産業革命論」では、IT技術の進展によって1990年代頃より「第4次産業革命」に伴う社会変化が生じており、それとともに社会格差の拡大や男女間の雇用ギャップの拡大が生じる可能性が論じられた。

　では、1990年代以降の資本主義システムのプロセスを、単にIT技術の進展という側面だけでなく、資本主義システム全体の問題として捉えるならば、どうように捉えるべきなのか。それに応えうる議論が「認知資本主義論」である。「認知資本主義」論は難解な議論である。

　山本泰三は、2016年に編集・出版した『認知資本主義』において、Y・ムーリエ＝ブータン（Yann Moulier-Boutang, 1949～）やC・ヴェルチェッローネ（Carlo Vercellone）に依拠して、「認知資本主義」論を整理している。山本はまず、「認知資本主義」について、「商人資本主義および産業資本主義の時代を経て、1990年代に姿を見せ始めた、第3のタイプの資本主義であり」、「認知資本主義は知識によって知識を、生きているものによって生きているものを生産する」と述べ、さらにC・マラッツィ（Christian Marazzi, 1951～）を引用して「変貌を遂げた価値増殖プロセスは、もはや価値の抽出が財・サービス生産という委託地に限定されているとは見なさず、工場の鉄柵を越えて拡大し、資本が流通する領域、すなわち財とサービスが交換される領域に直接入ってゆく。つまり価値を抽出するプロセスが、再生産と分配の領域にまで拡大している」と述べている

[山本 2016：2]。

　山本に従って議論を整理してみる。山本は、認知資本主義論の意義について、次のように述べている。

　「認知資本主義論は、"知識社会"や"クリエイテイブ経済"などといった観点に近い面がある。一般にグローバリゼーションという言葉で指し示される情勢において重視されるべき特質を、これらは問うものであろう。しかし認知資本主義という仮説の構えについては、まず以下の点に留意すべきである。すなわちそれは、ある時期を単線的な時間の流れからただ単に切り取る、あるいは時間の矢の先端というだけの理由で現状に関心を払う、といったものではない。近代以降の社会・経済システムを資本主義という枠組みによって理解し、その資本主義の構成、性質の重大な変化に着目することで、現代を歴史的に位置づけようとしているのである」[山本 2016：2]。

　認知資本主義のマクロ経済レジームの特徴は、①フォーディズムとは異なる労働のあり方、すなわち、非物質的労働の拡大が情報通信技術の発展とともに、雇用形態だけでなく、企業の組織と戦略も変化させ、非物質的な商品の生産と知識を軸にした新たな生産に基づく一つのマクロ的なチャンネルを生み出している。②他方で、金融の役割の増大、すなわち、金融化によって、マクロ経済全体の調整が行われるようになっている点である。認知資本主義レジームはフォーディズムに比べ、本質的に不安定である。

　認知資本主義は、蓄積において知・イメージ・ネットワーク・組織能力などのような無形のもの、あるいは「非物質的なもの」の意義が増大しているという点によって、資本主義の現代的な趨勢を特徴づけるわけである。先述のように、ムーリエ=ブータンは、これを知と生の生産として要約した。知識の重要性はイノベーシションの必要性と関係しているが、イノベーションへの強迫は、かつてのような連続的な成長の見通しが失われたことの裏返しである。

　また、認知資本主義でいう「知識」は、専門的知識のようなものだけに限定されない、広い意味をもつと考えなければならない。それは現場で見出されたコツ、会話の中でふと閃いたアイデア、口承されてきた薬草の処方、顧客の多様な意見、ある分野に通暁している人物の連絡先、コミュニティにおける作法、交通手段の利用法、あるいは料理の味わい方かもしれない。このような知は、さまざまな程度の広さにおいて分有、共有されており、分有・共有されることによって存在できる。知識それ自体という次元を語ることが可能なのは、明示化・形式化され流通可能となっている知識の形態に限られる。むしろ知識と生活・生命はそもそも密接につながっていたのであり、だからこそ「知識による知識の生産」と

「生による生の生産」は結びつけられることができる。このような生産の変容を準備したのは、直接的には福祉国家が促進した集合的サービス、とりわけ教育の普及であるが、戦後資本主義の成長と危機に関わる、社会的コンフリクトおよび新たな主体性の発展については後述する。また、医療や健康産業、バイオテクノロジーが今後の有望な分野と目されていることも、知と生と資本の現代的関係を如実に示している。［前掲書：4］

　「なぜそれが認知資本主義と呼ばれるのか。知識そのものや情報通信技術が今日の世界の重要な前提となっていることはもちろんだが、客体としての知識や情報技術は、じっさいにそれをさまざまに用い加工する、人間の生きた労働、そして人間に体化された生きた知識によって現実に機能することができる。すなわち知識や情報は人間の認知能力にこそ依存している。「最近のテクノロジーは技能を判断で置き換える」。いまや情報は希少であるところか圧倒的に過剰というべきであり、むしろその情報へ向けられる注意が希少なのである。現代の資本主義においてもっぱら動員されるのは、このような認知的な活動一般だといえよう―― それが労働であれ消費であれ、1960年代と1990年代の間における資本主義の精神の変容と、それとほぼ同時期に起こった、脳構造における目差しの変化との間に対応関係が存在する。認知科学の展開を参照するならば、認知という問題設定は、狭義の知覚にとどまらず、情報の入力と出力の間で起こる内的過程を捉えようとするところから始まっている。5感はもちろんのこと、思考、記憶、言語活動、意識下の知覚、感情が焦点となるが、そこからコミュニケーション、さらに意味の解釈、知識の社会的生産、審美的判断などに至る諸活動へと問題は広がっていくことになる。実のところ、それは個体の心理あるいは内的な過程にとどまるものではない」［前掲書：5］。

　山本に依れば、ヴェルチェッローネは、生産および生産の社会関係の変容を知識―権力関係の歴史的動態から捉えるという観点から、資本主義の長期的歴史を以下の3つに区分する。まず、形式的包摂の段階（16〜18世紀）。これは前貸制に基づく、商人的・金融的な蓄積メカニズムである。この段階では生産の主導権は手工業者および労働者の側にある。次に実質的包摂の段階であるが、これはいわゆる産業資本主義に相当し、産業革命に始まり20世紀中葉において完成を見る生産システムといえる。これは生産現場から知を剥奪し、複雑労働を単純労働へと還元し、知識は固定資本とヒエラルキー型企業組織に体化される。（テイラー主義が典型）。そして第三が「一般的知性」の段階、すなわち認知資本主義である。ここでは生産における認知的次元の重要性が回帰し、非物質的労働が拡張するのだが、同時に商人的・金融的メカニズムが再び優勢となる。現代の分散的知

性、あるいは「脳の協働」とは、生きた知識に依拠する自律的な協働である。こうして資本主義による労働の包摂は、ある意味で再び「形式的」なものとなる。

　以上のような図式化によってヴェルチェローネは現代資本主義の特異性を位置づけ、現代の諸問題を分析するための視座を得ている。これはかなり長期の歴史的パースペクティヴにおける仮説だという点に注意が必要である。とはいえ、これまでみてきたような諸傾向は多方面で持続的に拡がり強まっている。今後これが新たな段階と呼びうる一つの体制の形成に至るのかどうかは別にして、「趨勢」としての認知資本主義という仮説を立てることは現時点で可能だろう。

（ハ）変革主体の変容

　全世界的な「1968年」現象の背景には、以上のような資本主義システムの変化が存在したわけである。そして、資本主義システムの変化に伴って「変革主体」の変容が生じた。

（a）マルチチュード論

　前節で触れたような認知資本主義段階における労働者の存在形態の変化を論じ、「マルチチュード」の概念を最も早く提起したのは、ネグリ Antonio Negri（1933 ～）とハート Michael Hardt（1960 ～）である。彼らは、資本主義システムの進展の中で、非物資的労働が持つ重要性を指摘し、非物質労働に従事する労働者の存在に注目して「マルチチュード」論を論じ始め、それをフーコーの「生政治」の概念と結びつけた。二人は、2000年に出版した『帝国』から、2003年にネグリが行った『〈帝国〉をめぐる五つ講義』、共著で2004年に出版した『マルチチュード』、2006年にネグリがラフ・バルボラ・シェルジ Raf Valvola Scelsi（1957 ～）のインタビューに答えた『社会主義よ、さらば』、及び共著で2007年に出版した『コモンウェルス』において、次々に「マルチチュード」について論じ、概念の精査を図っていた。これらの著作で論じられた「マルチチュード」論をフォローすれば次のように整理できよう。

　2000年に出版した『帝国』において、二人は「マルチチュードが〈帝国〉という文脈の中でいかにして政治的主体に生成しうるのかをより視点を絞って探る必要がある」と主張し、「マルチチュード」は「〈帝国〉の指令によって生み出されるものであるかのように見えてしまうかの可能性がある」と述べ、そうではなく、「搾取され従属を強いられた生産者たちからなるマルチチュードの形成は、20世紀の革命史のなかにもっとはっきりと読み取ることができる。1917年、1949年の共産主義革命、1930年代と40年代の反ファシズム闘争と、60年代から1989年にいたるまでの数多くの解放闘争のあいだにマルチチュードの市民権の条件が生

まれ、広がり、そして強化された。打ち負かされるどころか、20世紀の革命はそれぞれ前進を続け、新しい政治的主体性、すなわち、〈帝国〉の権力に抗して叛乱するマルチチュードの条件を突きつけることで、階級対立の争点を変容させてしまったのだ。革命運動が確立したリズムは、新たな生の時間の脈動、つまり、新しい時間の成熟と変態なのである」と論じた。[Negri/Hardt 2000=2002：489]

さらに続けて、「〈帝国〉の構成は、これら諸力の台頭の帰結であって原因ではない。だから、〈帝国〉が、社会的・経済的諸関係のグローバル化という新しい現実に適合した権利の体系を、その努力もむなしく構築できないでいるのも不思議ではない。(中略) この不可能性の原因は、マルチチュードの革命的性質に求められる。マルチチュードの闘争こそが、自己のイメージの逆立像としての〈帝国〉を産み出した」[前掲書：490] と論じた。

そして、政治的主体としてのマルチチュードは、「生政治的な自己組織化のことにほかならない」として、フーコー的な「生政治」の概念と結びつけた。

ネグリは、2003年に行った『〈帝国〉をめぐる五つの講義』において、さらにマルチチュード論を詳論し、「マルチチードは以前になかったものをすべてそれ自身で表現する概念である。動機は、行為、プロセスになり、民主主義とは、マルチチュードが（特異性の相互作用に通して）、共同意思、つめり外部を持たないまったく自律したそれゆえわれわれが絶対意思と呼ぶ共同意思を表現するような形態である」[Negri 2003=2004：145] と述べた上で、マルチチュードの概念について次のように論じた。

「近代の最終局面ではマルチチュードに関する別の定義にわれわれはしばしば向き合ってきた。大概は、人民と言う概念のもとでマルチチュードを定式化しようとするのは不可能であることから出てくる定義である。資本主義の発展と、諸階級に著しく分節化された複合的社会の成功に伴い、大衆としてのマルチチュードの観念が不可欠となっている。この場合、マルチチュードは大衆化し混乱し不明確ではあるが、それでいて衝突または抵抗の力を持ち合わせている集合として描かれる。このように定義された大衆の概念が、大工業の生産形態のもとで資本主義の発展に従属するマルチチュードの何らかの特徴的要素を現していることは疑いない。しかし、同様に、このような大衆に関する概念が同時代に実現する労働組織つまり労働力の展開と結びつけるのには、あまり適していないことも事実である。実際マルチチュードの概念が新しい形態の労働組織や社会と対比され始める瞬間に、つまりマルチチュードの概念が、技術的・政治的な階級構成の形で分析される時、他でもなくその時、(16世紀から18世紀に至る共和主義的潮流に

起きたように）単に政治的用語ではなく、まさに資本主義の、社会の、—— これがさらに重要であるが —— 主観性の発展の新たなる局面に関する物質的・存在論的な標識としてマルチチュードの概念を再構築することが可能なのである。

　ポスト近代の局面では、マルチチュードの概念は、非物質的労働を表現するマルチチュードの能力と、非物質的労働を通して（活動を通して）生産を自己再領有できる潜勢力とによって規定される特異性の存在と結びついている。ポスト近代の労働力はマルチチュードの形態の中に現れると言うことができよう」[前掲書：149]

　「概括し概念化して言えば、マルチチュードを語る場合、われわれは基本的に３つのことを主張している。社会学的及び社会に関する哲学的観点から、なによりもまず、集合として、主観性の、つまり特異性の多様性（多数性）としてのマルチチュードについて語るのだ。第二番目に、非労働者的社会階級としてのマルチチュードを語ることになる（この場合、その典型は、フォーディズムからポストフォーディズムへの、物質的労働のヘゲモニーから非物質的労働のヘゲモニーへの移行における労働の移行の経験である）。最後に第三番目に、マルチチュードを語る場合、大衆の中で押しつぶされずに、自律的、独立的、知的な展開の能力がある多様性（多数性）について言及することにしよう。労働の潜勢力の展開によって、労働力は、労働手段と協働の配置の再領有化を通して、隷属と主権の弁証法に終止符を打つことができるようになる。この観点からこのテーマを政治的用語に翻訳すると、民主主義的な潜勢力としてのマルチチュードの仮説を提出することができるであろう。というのもマルチチュードは、自由と労働を一緒にしそれらを〈共同的なもの〉の生産の中で結合させるからである。これらの用語で語られれば、政治的なものと社会的なもの、生産性と〈生〉の倫理のあらゆる区別がなくなることは明らかである。このように定義されたマルチチュードは、開かれた動態的な構成的な概念として現前する。われわれは生政治的な状況にある。ここでマルチチュードの概念は生政治的な状況で全面的に生きることを開始する。

　生産的なカテゴリーから政治的なカテゴリーへの移行は、マルチチュードの概念の定義に関する限り、歴史的プロセスと深く関連している。私の考えでは、非物質的労働に基づいて組織される生産的なカテゴリーから切り離してマルチチュードの概念を読み取らないように、かなりの注意を払うことが必要である。しかし同時に歴史的に規定された移行として、物質的労働から非物質的労働への移行（〈一般的知性〉の構築を具体化する移行）を考慮することが重要である。」
[前掲書：159-161]

　さらに、ネグリとハートは2004年に共著で『マルチチュード』を出版した。同書には、『帝国』出版後の2001年9月11日に発生した、所謂〈9・11〉と、2003年3月に始まったイラク戦争とイラク反戦運動、及び「世界社会フォーラム」の開始などの反グローバル化運動の進展という国際情勢の変化が考慮に入れられた。

　同書において、二人はマルチチュードの概念について次のように論じた。

　「概念的レベルにおいてマルチチュードを、人民・大衆・労働者階級といった、社会的主体を表すその他の概念から区別しておこう。人民は、伝統的に統一的な概念として構成されてきたものである。いうまでもなく、人びとの集まりはあらゆる種類の差異を特徴とするが、人民という概念はそうした多様性を統一性へと縮減し、人びとの集まりを単一の同一性とみなす。"人民"とは一なるものなのだ。これとは対照的に、マルチチュードは多なるものである。マルチチュードは、単一の同一性には決して縮減できない無数の内的差異から成る。その差異は、異なる文化・人種・民族性・ジェンダー・政敵指向性、異なる労働形態、異なる生活様式、異なる世界観、異なる欲望など多岐にわたる。マルチチュードとは、これらすべての特異な差異から多数多様性にほかならない。

　大衆という概念もまた、単一の同一性に縮減できないという点で人民と対称をなす。確かに大衆はあらゆるタイプや種類から成るものだが、互いに異なる社会的主体が大衆を構成するという言い方は本来すべきではない。大衆の本質は差異の欠如にこそあるのだ。すべての差異は大衆のなかで覆い隠され、かき消されてしまう。人びとのもつさまざまな色合いは薄められ、灰色一色になってしまうのだ。大衆が一斉に動くことができるのは、彼らが均一で識別不可能な塊となっているからにすぎない。これに対してマルチチュードでは、さまざまな社会的差異はそのまま差異として存在し続ける —— 鮮やかな色彩はそのままで。したがってマルチチュードという概念が提起する課題は、いかにして社会的な多数多様性が、内的に異なるものでありながら、互いにコミュニケートしつつともに行動することができるのか、ということである。

　最後に、マルチチュードを労働者階級から区別しておかねばならない。労働者階級という概念は今や、生活を維持するために働く必要のない所有者から労働者を区別するだけでなく、労働者階級をそれ以外の働く人びとから切り離すための排他的な概念として用いられている。この概念は、もっとも狭い意味では工業労働者のみを指し（この場合は農業やサービスその他の部門に従事する労働者から切り離される）、もっとも広い意味ではすべての賃金労働者を指す（この場合は貧者や不払いの家事労働者など、賃金を受け取らないすべての人びとから切り離

される）。

　これに対してマルチチュードは包括的で開かれた概念であり、近年のグローバル経済に見られる重要な転換を取り込もうとするものだ。すなわち、一方で産業労働者階級の数は世界的規模では減少していないものの、この階級はもはやグローバル経済において主導的役割を果たしてはいない。他方、今日における生産は、単に経済的な見地からだけではなく、社会的生産（物質的な財の生産のみならず、コミュニケーション・さまざまな関係性・生の携帯といった"非物質的な"ものの生産をも含む）という、とり一般的な見地から考えられなければならない。

　このようにマルチチュードは、これら多様な社会的生産の担い手すべてを潜勢的に含んでいるのである。」[Negri/Hardt 2004=2005a：19-20]

　さらに、二人は同書において、「マルチチュードの成立条件」を次のように論じた。

　「マルチチュードの概念はある意味で、経済的階級理論にとって統一性か多様性かという二者択一は不必要だということを裏づけているともいえる。マルチチュードとは、それ以上縮減できない多数多様性であり、マルチチュードを構成する特異な社会的差異は、常に表現されなければならず、決して統一性や同一性、無差別性に平板化することはできない。しかもマルチチュードは、断片的でバラバラに散らばった多数多様性ではないのだ。」[前掲書：180]

　「マルチチュードを資本の支配のもとで働くすべての人びと、したがって潜在的に資本の支配を拒否する人びとからなる階級としてとらえてみよう。

　このマルチチュードの概念は、労働者階級の概念 ── 少なくとも19世紀から20世紀にかけてこの概念が使われ始めた頃の ── とはまったく違うものである。労働者階級とは基本的に排除にもとづく限定的な概念であり、もっとも限定的な意味においては工業労働者のみの指すため、それ以外の労働する階級はすべて排除される。またもっとも広い意味では、すべての賃金労働者を指すが、その場合も賃金収入のない階級は排除される。

　労働者階級という概念からその他の労働形態が排除されるのは、たとえば男性の工業労働と出産・子育てにまつわる女性の再生産労働、工業労働と農業労働、就労者と失業者、労働者と貧者といったものの間に種類の違いがあるとする考え方に基づく。労働者階級は主要な生産的階級であり、資本の直接的な支配下に置かれているため、資本に対抗して効果的に行動できる唯一の主体だと考えられているのだ。それ以外の被搾取階級は資本と闘うことがあっても、労働者階級の指揮に従う場合に限られる。

　これが過去に事実だったかどうかはともかく、マルチチュードの概念は、もはやそうした考えが今日にはあてはまらないという事実に立脚している。別の言い方をすれば、マルチチュードの概念は、どんな労働形態も政治的優先権ももたないという主張にもとづいているのだ。」[前掲書：182]

　そして、マルチチュード論を展開する上で、二人は「非物質的労働」が重要性を増してきたという労働形態の変化を強調した。

　「従来、労働者階級から排除されてきた労働の形象について話を進める前に、まず労働者階級そのものが変化してきた一般的な道筋を、とりわけ経済における主導的立場に関して簡単に見ておくべきだろう。どんな経済システムにおいても数多くの異なる労働形態が共存しているが、そこには常に、あるひとつの労働の形象が他のものに対して主導権を行使するという状況が存在する。そしてこの主導的な立場にある労働の形象がいわば渦のような役目を果たし、他の労働の形象に、その中心的な特性を徐々に採り入れるように仕向けるのだ。この主導的な形象が支配的なのは量的な意味ではなく、他の形象に対してそれらを変質させる力を行使するという意味においてである。ここでの主導権は（他のものすべてを）巻き込みつつ質的な変容と移行を促す傾向を意味する。

　19世紀から20世紀にかけて、工業労働は量的には農業のような他の生産形態と比べて依然、少数派にととまっていたものの、グローバル経済においては主導的な立場を占めていた。工業は自らの渦のなかに他の生産形態を引き込むという意味において、主導的だったのである。その結果、農業や鉱業、さらには社会そのものまでが工業化を余儀なくされた。単にその機械的な営みだけでなく、工業労働が刻む生のリズムとそれが規定する労働日が家族や学校、軍隊をはじめ、すべての社会制度を徐々に変質させていったのだ。変質した労働敢行は、工業化された農業などの分野のように、当然ながら工業のそれとは異なっていたものの、共有される要素は増大していった。このプロセスで私たちがもっとも興味を惹かれるのは、特定の具体的な労働形態の多数多様性はそのまま保たれながらも、共通する要素はどんどん増えていく傾向にあるということだ。

　20世紀末の数十年間に、工業労働はその主導権を失い、代わりに主導権を握ったのは“非物質的労働”だった。非物質的労働とは、知識や情報、コミュニケーション、関係性、情緒的反応といった非物質的な生産物を創り出す労働である。サービス労働や知的労働といった従来使われてきた用語はこうした非物質的労働のある側面を表しているが、その全容をとらえるものではない。まず最初に、非物質的労働には二つの基本的な形態があるという点を押さえておこう。第一の形態は、問題解決や象徴的・分析的な作業、そして言語的表現といった、主として

知的ないしは言語的な労働を示す。この種の非物質的労働はアイディアやシンボル、コード、テクスト、言語的形象、イメージその他の生産物を産み出す。

　非物質労働のもうひとつの主要な形態は、“情動労働”と私たちが呼ぶものである。心的現象である感情とは異なり、情動とは精神と身体の両方に等しく関連する。喜びや悲しみといった情動は、一定の思考の様態と一定の身体の状態をともに表現することで、人間という勇気体全体の現在の生の状態を明らかにするのだ。したがって情動労働とは、安心感や幸福感、満足、興奮、情熱といった情動を生み出したり操作したりする労働を指す。具体的には、弁護士補助員やフライトアテンダント、ファーストフード店の店員（笑顔でのサービス）といった仕事に、情動労働を見出すことができる。少なくとも支配諸国において情動労働の重要性が増していることは、たとえば雇用者が被雇用者に対して、教育や好ましい態度、性格、「向社会的」行動を主要なスキルとして強調し、それらを身につけるよう要求する傾向に表れている。好ましい態度と社会的なスキルを身につけた労働者とは、情動労働に熟達した労働者と同義なのである。

　非物質的労働を伴う実際の仕事には、ほとんどの場合、この両方の形態が混在している。たとえばコミュニケーションの創造にかかわる仕事は、明らかに言語的で知的な作業であると同時に、コミュニケーションし合う当事者同士の関係には必然的に情動的要素が含まれる。ジャーナリストやメディアはただ単に情報を伝えるだけでなく、ニュースを魅力的でエキサイティングな、好ましいものとして提供しなければならないとよく言われる。つまりメディアは、情動と生の形態を創造しななければならない。実際、あらゆるコミュニケーションの形態はシンボルや言語、情報の生産と、情動の生産とを組み合わせているのである。さらに非物質的労働は必ずといっていいほど、物質的な労働形態と混ざり合う。医療労働者が情動的・認知的・言語的な仕事と並行して、簡易便器を洗ったり包帯を替えたりといった物質的労働を行うのはその一例だ。

　すべての非物質的生産に伴う労働は物質的なものでもあることを、ここで強調しておかなければならない。どんな労働もそうであるように、それには人間と頭脳とがかかわっている。非物質的なのはあくまでもその生産物なのである。この点で、非物質的労働が非常に曖昧な用語であることを私たちは認識している。むしろこの新たに主導権を握った労働形態を、「生政治的労働」として —— 物質的財だけでなく、さまざまな関係性や、最終的には社会的生そのものを創り出す労働として、理解したほうが適切なのかもしれない。このように生政治的という語は、経済的なものと政治的なもの、社会的なもの、そして文化的なものを分けてきた従来の区別がどんどん不鮮明になってきたことを示唆する。とはいえ、生政

188

治という用語はほかにも数多くの概念上の複雑さを伴うものであり、そのため曖昧さはあるものの、非物質性という概念のほうが最初は理解しやすく、経済的変容の一般的傾向をより適切に示すものだと思われる。

　非物質的労働が今や主導的な立場を獲得しつつあると主張するとき、私たちは何も世界の労働者の大半が主として非物質的な財を生産していると言っているわけではない。それどころか農業労働者はこれまで何世紀にもわたってそうだったように、今も量的な意味では優位を占めているし、工業労働も地球全体も数としては減っていない。非物質的労働は地球全体の労働からするとあくまで少数派であり、それが行われる場所も地球王の支配的な地域に集中している。

　私たちが主張したいのは、今や非物質的労働が質的な意味での主導権を握るにいたり、他の労働形態や社会そのものにある傾向を強いているということである。言い換えれば非物質的労働は今日、工業労働が1950年前に占めていたのと同じ立場にあるのだ。当時、工業労働は地球全体の生産のほんの一部を占めるにすぎず、ごく一部の地域でのみ行われていたにもかかわらず、それ以外のあらゆる生産形態に対して主導権を行使した。あらゆる労働形態と社会そのものが工業化を強いられた当時と同様、今日の労働と社会は情報化を強いられ、知性やコミュニケーションや情動を重視するものへと変容を強いられているのだ。」［前掲書：183-187］

　そして、ネグリとハートは、1970年代以降、フォーディズム的生産からポストフォーディズム的生産構造に移行するとともに、マルチチュードの闘争形態がネットワーク型に移行し、それが生政治的領域で生起するという特徴を見せるようになったと指摘した。こうしたゲリラ組織のネットワーク型組織への転換を象徴した運動として、二人は1987年と2000年にパレスチナに噴出したインティファーダ（民衆蜂起）と1994年にメキシコのチアパス州に登場したEZLNを挙げ、特にEZLNは「旧いゲリラ組織と生政治的ネットワーク構造を持つ新しいモデルとの間のいわば蝶番のようなもの」であると論じた。［前掲書：149-152］

　こうしてゲリラ型運動からの転換が生じ、さらに「闘争の新しい国際的サイクル」が、「1990年代末、グローバリゼーションの諸問題をめぐって」登場した［前掲書：5］。「闘争の新しいサイクルの発端となったのは、1999年にシアトルで開かれたWTO閣僚会議に対する抗議行動である」。それ以後、IMFや世銀、NAFTAといった「新しいグローバル権力構造を代表する機関に抗して、それ以前からグローバル・サウスで起きていた無数の闘争のなかに、抗議行動サイクルの真の起源があることを明らかにしてみせた」と論じ、グローバル・サウスで生じる種々の抗議運動が、「共通の闘争サイクルの一部」であることが明らかに

なったと論じた。

　こうした新しい闘争スタイルに見られるマルチチュードのもつネットワーク型の組織形態の新しさについて、ネグリとハートは次のように論じた。

　「20世紀後半の抵抗運動や反乱には、主として踏襲すべき2つのモデルがあった。ひとつ目は闘いの同一性に基づいて組織が形成される伝統的な形態で、その統一性はたとえ党のような中心的指導部の下で作り上げられる。この場合、（階級の）ほかにも重要な対立軸 —— たとえば（人種・民族性・ジェンダー・セクシュアリティなどの）マイノリティの地位にかかわるものは存在するかもしれないが、あくまでも闘いの統一性が優先されるため、それらは副次的なものとみなされる。労働者階級の政治史はこうしたモデルであふれている。ふたつ目の支配的モデルは最初のモデルの対極に位置しており、個々の集団がそれ以外の集団との差異を表明し、自らの闘いを自律的に行う権利にもとづく。差異を重視するこちらのモデルは、主として人種、ジェンダー、セクシュアリティを柱とするさまざまな闘いをとおして発展してきた。

　この二つの支配的モデルの提示する選択肢は明確だ —— 中心的な同一性の下にひとつに統合された闘いか、それとも私たちのもつさまざまな差異を肯定するバラバラの闘いか、である。ところが、マルチチュードの新しいネットワーク型モデルは、この二つのモデルを選択肢から外してしまう —— というより、それらの旧いモデルを否定するのではなく、それらに別の形の新しい生を吹き込む。」[Negri/Hardt 2004=2005b：58]

　次に、ネグリは2006年にイタリアの研究者兼ジャーナリストであるラフ・バルボラ・シェルジ Raf Valvola Scelsi（1957〜）が行ったインタビュー『社会主義よ、さらば』（邦訳『未来派左翼』）において、1999年11月のシアトルWHO閣僚会議抗議デモ以後の変化を「新たなサイクルが始まった」[Negri 2006=2008：116]と指摘し、この事実を既成の左翼は理解できなかったと論じた。ネグリは、シアトルの抗議デモの新規性は、これまでの運動とは異なり、「ひとりひとりが〈共〉を循環させたということ」であり、「根本的なのはむしろ、マルチチュードのただなかにおいてヘゲモニーをもつようなおおいなる政治路線が形成されてきたということ」であると主張した。そして、このような「新しいサイクル」への移行について、「マルチチュードをばらばらの状態で出現させ、それからこれを社会的に、そして政治的に再構成するという移行が起きている」と論じた[前掲書：168]。

　そして、ネグリはシアトル以後の時代について、次のように論じた。
「あらゆる点から見て、われわれはいま、"中間期"あるいは"空位期"とでも呼

べる時期に身を置いている。つまりわれわれは、〈帝国〉的な統治形態が一般化し、階級関係が変容を遂げつつある移行期のただなかに身を置きながら、その一方で、移民たちの大移動とマルチチュードの構造をどう結び付ければいいのかまだわからずにいるということです。

　知的労働に携わるプレカリアート、従来の〈大衆労働者〉、そして移民たちを皆で団結させるということが何を意味するのか、われわれはまだよくわかっていません。自分たちがいったい何のためにデモをやっているのか、われわれはまだよくわかっていないのです。したがって、われわれは理論にもとづいて行動しているわけではなく、ひたすら実利的に行動しているだけなのです。」[前掲書：179]

　そして、マルチチュードを構成する人々については、「マルチチュードを構成するのは、中レヴェルから高レヴェルの教育を受け、知識労働に従事する賃金労働者たちです。彼らは最新のIT機器を使って働くことに慣れていますが、そのIT機器はたんなるコミュニケーションの手段であるというだけではなく、サービスの生産とも結びついている。彼らは商品の生産と流通の価値を新たに形成する力をもった、生産労働力の典型として台頭してきました」と説明し、さらに「認知労働」について、「認知労働とは"想像力＋自由＋労働"のことであり、経営者が計測できる時間の外にある労働のことです。なぜならこの労働は時間を支配するのであって、時間によって支配されるものではないからです」[前掲書：107] と論じた。

　次に、ネグリはハートとの共著で、リーマン・ショック後の2009年に出版した『コモンウェルス』において、マルチチュードを「別の近代性」論と絡ませるとともに、マルチチュードの闘争の基盤を〈共〉にあるとして、マルチチュードの「生政治的行動」を通じた政治的主体を形成していく方向性を論じた。

　二人は同書において、〈共〉の実践に基づくマルチチュードの方向性には「反近代性」ではなく、「別の近代性」であると述べ、「別の近代性」について、「別の近代性は反近代性と同じく近代性の階層秩序と衝突する概念ではあるが、抵抗の諸力を反近代性より明瞭な形で、自律的領域のほうへと差し向けようとする」[Negri/Hardt 2009=2012a：172] ものであると説明し、「別の近代性」を追求した知識人としてフランツ・ファノン（Frantz Omar Fanon, 1925 ～ 1961）を、さらに運動としてメキシコのEZLN、政治のあり方としてボリビアのエボ・モラレス（Juan Evo Morales Aima, 1959 ～）政権を挙げた。そして、EZLNの特徴として、「固定したアイデンティティに基づくものではない」、「彼らは自分たちが"欲するものになるための"権利を求めた」[前掲書：177] と指摘した上

で、特にボリビアの例について次のように述べている。「近年のボリビアでの一
連の闘争の経験が明らかにしているのは、マルチチュード形態が労働者階級を構
成する多様な要素間や、人種的・民族的領域における多種多様性の間で政治的
組織を構築できるばかりではなく、これら2つの軸の間においても政治的組織を
構築することができるということである。"さまざまな運動の断片化は、社会そ
のものが民族的・文化的・政治的・階層的・地域的に区分されている現実を表し
ている"と、ボリビアのアルバロ・ガルシア・リネラ（Árvaro Marcelo García
Linera, 1962～）副大統領は書いている。"このことは私たちに、社会的なるも
のを階層的な融合としてではなく、一時的な水平的ネットワークとして接合する
ための新たな方法を考案するよう迫るものだ。"

　マルチチュード形態は、決してすべての扉を開けるオールマイティなカギでは
ない。だがそれは、現実の政治的問題を適切な形で提起し、その問題に取り組む
ためのモデルとして、自律的で対等な社会的特異性たちから成る開かれた集合体
を措定する。それらの社会的特異性が一緒になって、それぞれの行動を水平的な
ネットワークなのかで並行した道筋に沿って接合することにより、社会変革は可
能になるのだ。」［前掲書：183-184］。

　ネグリとハートは、マルチチュードにおける諸々の特異性の存在のあり方を
論じ、さらにボリビアの例から、「マルチチュード」は「常に変化し続けること、
混交と運動を繰り返す」「不断の変貌のプロセスのなかにある社会のことでもあ
る」［前掲書：187］と、その可変性を強調した。

　そして、マルチチュードの実践によって「生政治的労働」が自律性を主張す
る可能性が開かれたが、それを実現するためには「好機は、政治的主体によっ
てしっかりとつかまえなければならない」として、「政治的組織化」の必要性を
主張した［前掲書：263］。その上で、（イ）一貫性のある政治的行動をとるマル
チチュードの能力、（ロ）マルチチュードの行動のもつ進歩性ないし解放的な性
格について疑問を呈する向きもあると認めて、具体的には、マルチチュードの
内在性と多数性が政治のための暴力の障害になる（ラクラウ Ernesto Laclau,
1935～2014）、マルチチュードの政治にアンビバレンスが伴う（ヴィルノ Paolo
Virno, 1952～）、内的な政治的基準が欠如する（バリバール Étienne Balibar,
1942～）、マルチチュードは支配権力に同調する（ジジェク Slavoj Zizek, 1949
～）などの批判を取り上げた。これらの批判に対しては、①「マルチチュード
であることからマルチチュードを作ることへと視点を移し、マルチチュードを
〈共〉に基づく絶え間ない変貌のプロセスだと認識すること」［前掲書：276］、②
「マルチチュードが自然成長的な政治的主体ではなく、政治的組織化のプロジェ

クトであることを示す」こと［(前掲書：270)、③「家族や企業、ネーションな
どの社会的制度に蓄積された、あらゆる腐敗した〈共〉の逸脱形態から脱出する
こと、を認識し、「マルチチュードにふさわしい政治的組織化の理論を構築すべ
きだ」と主張した［前掲書：283]。

そして、マルチチュードが進むべき方向性として、「マルチチュードを構成す
る諸々の特異性は、マルチチュードによる種々の反乱と反逆の事例に即して並行
的に接合され、力強く持続的な〈共〉的プロセスを形づくっていくのである」と
論じた［2009=2012b：272]。

このように、ネグリとハートは、『マルチチュード』までは、非物質的労働と
いう面を重視していたが、『コモンウェルス』においては、フーコー的な「生政
治」概念をより重視する姿勢を表明した。こうして、ネグリとハートはフーコー
の「生政治」の概念に大きく影響された形で、〈共〉的プロセスを形成していく
マルチチュードの政治的主体論を展開した。

（ｂ）労働者層の成層化と「多種多様性」

ネグリとハートは、以上のように「マルチチュード」論を展開したが、「マル
チチュード」論は必ずしも一様ではない。ネグリやハートはフーコーの「生政
治」の概念に依拠し、「マルチチュード」の生政治的行動を通じた政治的主体を
形成していく方向性を論じたのに対し、ヴィルノ Paolo Virno(1952～)、は「生
活諸様式と言語ゲームを一元的に命名するために、マルチチュードと言う概念を
利用した」[Virno 2001=2004：182]。分析方法において明確な違いが存在する。
筆者はヴィルノと同様に、「マルチチュード」論における「生政治」論の一元的
な応用には否定的立場をとる。

筆者は、新自由主義的なグローバル化が進展する中で、ネグリやハートが主張
するようなグローバル化した世界の新しい政治体である〈帝国〉が出現してい
るとの指摘に同意するとともに、新自由主義的な「勝者総どり」の論理が大多数
の人々を収奪し周縁化している状況に抵抗し抗議して、その変革を求める主体は
「多種多様性」の人々であると見る。この「多種多様性」がネグリやヴィルノが
掲げるそれぞれ異なる「マルチチュード」論に類似しているが、あくまで独自の
概念として提起したいと考える。

ネグリとハートにしろ、ヴィルノにしろ、「マルチチュード」論において展開
している本質的な問題意識は資本主義システムの変化の中で変革主体がどのよう
に変容しているかという点である。資本主義システムが「ポスト工業化社会」に
移行し「記号資本主義」さらには「認知資本主義」へと進化していくにつれて労
働者階層が成層化し、もはや「プロレタリアート」という概念では捉ええない階

層分化した単一的でない複雑な社会集団となってきた。特に、非物質生産に従事する「認知労働者」の重要性が増大してくる中で、ネグリは2006年に出版した『さらば、ミスター社会主義』（邦語訳『未来派左翼』）において「認知労働者」を「コニタリアート」という用語で表現している。

　まずネグリは、「プロレタリアート」と「コニタリアート」の関係について、次のように示唆している。

　「今日の社会階層化は、左翼の主張とは異なり、中流層が拡大する方向に変化してきていないのは明らかでしょう。現実はむしろ、プロレタリアートが拡大する方向に向かっている。その原因は、かつては中流層に典型であった生産機能をいまやプロレタリアートが担わされつつあるからです。左翼はこの事実を理解できないために、従来の社会階層化のあり方に固執し、中流層との政治的同盟を目指しています」[Negri 2006=2008：158]

　その上で、「コニタリアート」について、「コニタリアートの出現によって中流層の像が修正を迫られている」[前掲書：158]、また「（左翼は）コニタリアートの不安定性という根本的問題を理解していません」[前掲書：158]と述べている。

　ここで示されたネグリの認識には基本的な欠陥がある。それは、先進資本主義諸国において見られる「新自由主義」の下での中間層（中流層）の地盤沈下は事実であるにしても、新興・途上諸国においては過去20数年ほどの間に底辺層が中間下層に上昇してきたという事実が配慮されていないため、先進資本主義諸国で生じたことが、あたかも世界全体に生じているかのように誤って提示されていることである。

　このネグリの誤謬を含めて「コニタリアート」の問題を見れば、資本主義システムの「認知資本主義」化にともなって労働者層の成層化が生じ、「コニタリアート」化した労働者層が中間層（中流層）化しているという事実を確認しなければならない。従って、労働者層の成層化にともなって生じた「コニタリアート」の出現によって、ネグリの主張には反して、労働者層と中間層（中流層）の政治的同盟の可能性は拡大し、それが「変革主体」の「多種多様化」の一面を成しているのである。

（5）ラテンアメリカの事例
（イ）ラテンアメリカの「1968年」現象

　ラテンアメリカでは、周辺部資本主義社会として資本主義的発展が遅れ（欧米日型の経済進化プロセスをとらず）、「中間層」の成長も1960年代に漸く本格化し

194

た。これらの「中間層」は主に、大土地所有層と商業資本家層から成る寡頭制の支配下で産業資本家層や労働者・貧農層と連携して寡頭制支配の打倒を目指したが、特に政治面においては、寡頭制を支援する保守派軍部の姿勢もあり、政治的民主化の推進には大きな障害に直面した。

（ａ）５類型

このような状況下で、ラテンアメリカ諸国においても1968年前後に寡頭制支配の打倒を目指すとともに、政治的民主化を達成しようとする種々の運動が生じた。これらの「中間層」主体の運動は、各国の個別事情を背景として、以下の５つの類型に分類できる現象を生じさせた。

①比較的日米欧先進諸国の「1968年現象」と類似した現象が生じたメキシコ
②「中間層」の不満を背景とした軍部革新派によるクーデターが発生したペルーとパナマ
③「中間層」を主体とする中道政治勢力の左右分裂と、左派勢力との連携から社会主義政権が登場したチリ
④軍事独裁政権下でゲリラ運動が発生したブラジル、アルゼンチン、ウルグアイ
⑤社会主義体制下で民主化運動の兆しが見られたキューバ

また、上記の５類型以外に、１類型として分類しうるものではないが、1968年に生じた越境的な現象として追加すれば、2018年11月29日にユネスコに無形文化遺産に指定されたジャマイカの「レゲエ」がある（1968年にスカやロックステディを継承して成立）。この「レゲエ」の思想的基盤となった「ラスタファリズム」というアフリカ回帰的な「ブラック・パワー」の表現であるポストコロニアリズム系の思想と運動は、1968年10月16日に発生した「西インド大学」の学生を中心とした黒人急進派の運動（ロドニー暴動事件）を契機として強まった。

他方、レゲエほどの世界的展開はないものの、1960年代後半からの急進的な社会変革を目指す政治的な動向に先立って、米国のプロテスト・ソングなどの影響を受ける形で、各国の文化的伝統をも加味したカウンター・カルチャー的な「新しい歌」（Nueva Canción）運動が先行した。チリでは「ヌエバ・カンシオン」と呼ばれたが、アルゼンチンでは「ヌエボ・カンシオネーロ」キューバでは「ヌエバ・トローバ」、ドミニカ共和国では「ヌエバ・フォルマ」と呼ばれた。ブラジルの「トロピカリア」も、カウンター・カルチャー的な機能を持っていた。

さらに、ラテンアメリカにおける「1968年」現象として、上記のような動向と連動して生じた越境的な同時代現象である「解放の神学」派の動向も重要である。「解放の神学」系の運動については第５節で詳述するが、この運動はドミ

ニコ会系のペルー人聖職者であるグスタボ・グティエレス（Gustavo Gutiérrez Merino 1928〜）を神学上の理論的指導者とし、貧者・被抑圧者への福音を重視する神学運動であり、1968年8月にコロンビアのメデジンで開催された第2回ラテンアメリカ司教会議で半ば公認され、域内各国に大きな影響をもたらした。「解放の神学」の影響はカトリック教だけでなくプロテスタント系（プレスビテリアン派等）にも、また地域的にはアジア（フィリピン等）にも拡大した。

　ラテンアメリカにおけるその影響はメデジン会議からさらに拡大し、その後ニカラグアのサンディニスタ民族解放戦線（FSLN）政権（1979〜90年）において4人の閣僚を輩出した他、ハイチ（アリスティド Jean-Bertrand Aristide 1953〜政権、第1期：1994〜96年、第2期：2001〜04年）やパラグアイ（ルゴ Fernando Armando Lugo Méndez 1951〜政権：2008〜12年）で「解放の神学」派の聖職者の大統領を輩出するまでに社会的影響力を強めた（但し、いずれも軍部クーデターや議会内クーデターで倒された）。

（b）ラテンアメリカ各国の「1968年」

（i）メキシコ

　メキシコにおいて発生した「1968年」現象は、同年7月22日に生じたライバル的関係にあった大学進学課程校3校の生徒間の騒乱事件に端を発して10月2日に発生した治安部隊による集会参加者に対する大量虐殺事件であるトラテロルコ事件に至るプロセスと、10月12日から27日までメキシコ・シティで開催された「メキシコ・オリンピック」という二つの出来事に象徴される。

　1968年7月22日から10月2日にいたるプロセスは、本質的に学生運動が主導した運動に教師、知識人、主婦、労働者、専門家層が広範囲に参加した社会運動であったと評価される。このプロセスは次の5段階に区分できる。

①7月22日〜31日、運動の開始期。国立自治大学（UNAM）と国立工科大学（IPN）の進学課程校の学生の間で街頭騒擾が発生し、治安部隊の介入で紛争が拡大した時期。

②8月1日〜同22日、全国スト評議会（CNH）が6項目要求を提示して、教員・一般市民もこれを支持して紛争が拡大した時期。

③8月23日〜9月17日、政府が譲歩して公開対話を受け入れる用意があると表明しつつも公開対話が実現しない時期。

④9月18日〜10月1日、政府の弾圧が強化された時期。

⑤10月2日にトラテロルコ広場で権力犯罪が発生して、以後弾圧された学生運動等が低迷に向かう時期。

10月2日、エチャベリア Luis Echeverría Álvarez（1922年〜）内相がディア

ス・オルダス Gustavo Díaz Ordaz Bolaño（1911 〜 1979）大統領との会談後、
9月1日の大統領教書によって、休戦ではなく解決への道が開かれたと信じる
と表明。同時刻、UNAM のルイス・ゴンサレス・デ・アルバ Luis González de
Alva と IPN のアンセルモ・ムニョス Anselmo Muñoz CNH 代表が政府代表の
ホルヘ・デ・ラ・ベガ・ドミンゲス Jorge de la Vega Domínguez とアンドレ
ス・カソ・ロンバルド Andrés Caso Lombardo と会見した。

　午後4時半、トラテロルコ団地と外務省建物に隣接する「三文化広場」で開催
される集会に参加する学生のほか、学生運動に共鳴する教職員、知識人、主婦、
労働者が結集し始めた。家族ぐるみで参加した人々も多数いた。午後5時15分に
は広場は1万人の参加者で埋まっていた。集会は午後5時40分から実施され、指
導者たちが演説した演壇は、トラテロルコ団地内の「三文化広場」に面したチワ
ワ棟に設置されていた。

　午後5時50分、軍と警察のヘリコプター2機が到来して上空を飛行し始めた。
その直後に外務省の建物の方向から上空に向けて信号弾が発射された。その時
点で兵士5000名と200両の戦車・装甲車・輸送車両が広場を包囲していた。その
時、信号弾に呼応するかのように、チワワ棟方面から広場に集まった集会参加者
と広場を包囲する陸軍部隊に対して銃撃が加えられた。これに対して、軍に対す
る攻撃が行われたと理解した陸軍部隊が応戦し、広場及びチワワ棟方向に銃撃が
開始された。そのため、集会参加者は恐慌状態に陥ったが、広場は軍によって包
囲されていたため広場から脱出することはできず、多くの参加者は広場にうずく
まるか、チワワ棟を含むトラテロルコ団地の住宅に助けを求めて逃げ込んだ。ま
もなく、チワワ棟内や広場に散開的に私服で潜伏していた「オリンピア大隊」メ
ンバーは CHN 幹部層を逮捕する命令を受けた。「オリンピア大隊」の存在は、
広場を包囲した陸軍部隊には知らされていなかった。「オリンピア大隊」のメン
バーは左手に白色の手袋か、白いハンカチを着用して識別できるようになってい
た。「オリンピア大隊」のメンバーは、混乱を増幅させる目的で集会参加者や軍
部隊に対して銃撃を継続した。

　チワワ棟内では「オリンピア大隊」のメンバーが、集会当初から同棟にいた学
生や同棟に逃げ込んだ人々に対して床に伏せるよう命じると同時に彼らに暴行を
加え、また同棟内の住宅に匿われた CNH 幹部層を逮捕するために全棟の住宅に
対して家宅捜索を行って学生たちの身柄を拘束して治安部隊に引き渡した。治安
部隊による集会参加者に対する弾圧は翌3日未明まで続いた。2日夜に発生した
「オリンピア大隊」と広場を包囲した治安部隊によって行われた弾圧により、政
府発表（内務省連邦安全保障局）では死者26名、負傷100名と発表されたが、3

日付けの現地紙等は、死者は20名から28名、負傷者は数百名に達したと報じた。現在でも「10月2日事件」での死傷者数については諸説があるが、メキシコ人作家のオクタビオ・パス Octavio Paz（1914〜1998）は英紙『ザ・ガーディアン』紙のジョン・ロッダ John Rodda 記者が1968年に挙げた死者325名説を最も信頼における数字として挙げ、この数字が実態に近いとの評価が一般化したが、同記者は4年後の1972年に微調整して死者267名、負傷者1200名という数字を示しており、この数字が現在でも最も現実的な数字とされている。また、集会に参加しただけで不当に拘束された者は1536名に達した。

　政府は、事件は広場に面した建物に潜伏した挑発者から銃撃が行われ、これに対して陸軍部隊が銃撃が行われた方向に応戦したものであると説明した。政府によって強く統制されていた多くの現地メディアも、学生の挑発によって陸軍部隊が広場に面する方向に狙撃で応戦したことが事件を引き起こしたと、学生側に原因があるかのような報道を行った。しかし、2001年にフォックス Vicente Fox Quesada（1942〜）PAN 政権期に実施された政府調査は、銃撃は「オリンピア大隊」に配属された大統領護衛隊のメンバーによって行われたとの結論を公表している。

　「10月2日事件」後、メキシコ・オリンピックが開催されたこともあり、事態は鎮静化し、10月末に CNH はその後の活動方針として、①拘束者の無条件解放、②大学・学校の返還、③弾圧の停止を求めることを決定し、政府は大学・学校の返還に応じたが、学生側は11月初旬に各大学学部・学校ごとに拘束者の釈放されない限り、ストを継続することを決定した。事態は沈静化に向かい、12月4日にすべての大学・学校で授業が再開され、同6日に CNH は解散した。しかし、ディアス・オルダス政権の下では民主化は実現されることなかった。その後、民主化はエチェベリア次期政権の下で、政府が許容する範囲でその一部が実現されることになる［小倉2015：96–138］。

　ラテンアメリカ諸国の中で「1968年」が語られ続けている国はほぼメキシコだけである。メキシコでは2018年12月1日に左派の国民再生運動（MORENA）の党首であるロペス・アブラドル Andrés Manuel López Obrador（1953〜）政権が発足した。メキシコでは、第2次大戦後の長期的な安定的な経済成長の下で1960年代までに「中間層」が成長する一方で、長期的な（1929〜2000年）一党支配体制を維持した制度的革命党（PRI）の3部会制（労働者、農民、一般）という党組織の下では中間層に対応する「部会」がなかったために、新「中間層」は PRI 支配体制に入り込めず、また占拠制度も PRI の常勝を確保することを目的とした非民主的なものであった。このため、1968年10月2日に発生した「トラ

テロルコの夜」に象徴される「1968年」の運動の主役となった学生、教職員、保護者等の要求は「政治的民主化」に向けられた。そのような歪なPRIの一党支配体制が漸く改善されたのは、1990年代後半であり、複数政党制が根づいた変革プロセスの中で2018年12月にロペス・オブラドル政権が成立した。また、こうした数十年に及んだ変革プロセスの中で、1994年1月1日には、先住民をも加えた新しいメキショ・ネイション」の確立に向けて、政治的民主化を求めた、後述するEZLN（サパティスタ民族解放軍）の武装蜂起も発生した。

(ii) ペルー

　ペルーにおいては、1968年10月3日未明、陸軍の機甲師団の部隊が、ベラスコ JuanVelasco Alvarado（1910〜1977）三軍統合司令官兼陸軍司令官の指揮の下、大統領官邸に侵入し、同時に国家議事堂、国営ラジオ局、リマ県庁等占領して、ベラウンデ Fernando Belaúnde Terry（1912〜2002）政権を打倒するクーデターを実行した。同日未明、クーデターに関与していなかった陸軍の各部隊、空軍、海軍もクーデターを実行した陸軍首脳部に忠誠を表明し、クーデターは全軍的な行動となり、三軍によって革命評議会が設立された。軍内では事前に秘密裡に「インカ計画」を名づけられた軍政の統治計画が作成されていた。革命評議会が、同計画の下、10月2日付けで作成されていた「革命評議会」名の声明を発表し、「正当な社会的正義、活性的な社会的発展、道徳的価値の再確立を達成する」ことを示した。

　ベラウンデ政権は新興の中間層を基盤とする人民行動党（AP）とキリスト教民主党（DC）の連立政権であり、大土地所有制を基盤とする寡頭制勢力の経済的基盤を奪うために農地改革を掲げたが、大土地所有者層の反発で改革が進められないばかりか、石油開発部門を外国資本に牛耳られていたため、大衆層だけでなく中間層の中にも同政権に対する批判が強まっていた。

　クーデターの主体となったのは、主に陸軍を中心に海空軍をも含む中間層出身の佐官クラスの革新将校団であった。彼らは、第2章第4節で示したようなELNやMIRのゲリラ活動の鎮圧に動員されたものの、ゲリラ運動が農村地域で発生した背景には大土地所有者層が存在し、これら大土地所有層の経済的基盤を壊滅しなければ、新しい都市大衆層が成長してきたペルー社会の安定化と発展は望めないとして「農地改革」を掲げ、また対外的には外国資本の抑制を目標として、以下のような種々の社会変革と外交路線の変更を目指す路線を選択した。

①農業・農地改革の実施。接収した農地は経営規模を維持したまま協同組合に再編。
②米国系石油企業IPCの接収。

③外交路線の変更。反米・第三世界主義外交に転換。親ソ外交も採用（陸空軍兵器のソ連体系兵器への転換）。

④混合経済を標榜する一方で、労働者共同体・社会所有形態の採用。ユーゴ型自主管理方式の導入。

⑤大衆動員システム（SINAMOS：全国社会動員制度）の採用。先住民農民・都市大衆の社会・政治的参加の促進。

　これらの諸措置の実施により、ベラスコ政権は国際的には左翼（容共）・第三世界主義政権と見なされた。特に、非同盟運動やG77の指導国になるなど、ベラスコ大統領は第三世界主義の旗手と目された。

　しかし、急進主義路線が進む中で、軍内部の保守層の反撃も強まり、ベラスコ政権内で急進派が左翼急進派と権威主義派に分裂したため、政権の求心力が低下し、プロセスの急進化を懸念し始めた中間層が離反したことが最大の原因となって、1975年8月にベラスコ政権はモラレス・ベルムデス Francisco Morales Bermúdez（1921〜）将軍が率いる軍右派の軍内クーデターで打倒された。政権崩壊後、経済関連政策の多くは効力を失った。最大の目的であった大土地所有制の解体はある程度進んだが、編成された協同組合制度の下では生産性が低下し、結果的に1970年代後半以降に農地売買自由化が許可されることによって資本主義企業の参入が加速するなど、農業の資本主義化の進展をもたらした。一方、先住民農民と都市大衆層の社会・政治的参加は定着し、大衆層の体制化を結果して、1970年代後半から1980年代における全国的な左翼勢力の成長をもたらした。

(iii) パナマ

　パナマにおいては、寡頭支配層が米国との関係を重視し、運河地帯から生み出される経済的利益にあずかろうとし、政治的にも米国への依存を深めた。しかし、次第に米国に従属する寡頭制に対抗する勢力が登場した。その代表的組織が「アクション・コムナル（AC）」であった。1931年1月、ACは国家警備隊本部と大統領官邸を急襲し、寡頭制を基盤とするフロレンシオ・アロセメナ Florencio Harmodio Arosemena（1872〜1945）政権を打倒した。ACの指導者はアルモディオ・アリアス・マドリ Harmodio Arias Madrid（1886〜1962）であったが、アルモディオの後を弟のアルヌルフォ・アリアス・マドリ Arnulfo Arias Madrid（1901〜1988）が継ぎ、独自の政党である国民革命党（PNR）を結成、地方の小土地所有者、牧畜業者、商人、大学・教員・学生層等を基盤に、中央集権的で干渉主義的な政府を目指した。アルヌルフォ・アリアス政権の特徴は、運河建設以来、主権を侵害してきた米国と、これと連携して利益を貪ってきた寡頭制に対する民衆の反発を背景にナショナリスティックな姿勢を強調したことであ

る。彼は反米主義を打ち出し、「パナマ人のためのパナマ」を政治スローガンに掲げたが、親米的な寡頭勢力によってクーデターで打倒された。

アルヌルフォ・アリアスは1968年の大統領選挙で再当選を果たしたが、過去には天敵であった寡頭制の支持を確保するまでに保守化していた。彼は、国家警備隊の有力者を次々に首都から遠ざけ、その影響力を急激に抑制しようとしたために国家警備隊の反発を招き、10月１日の大統領就任式から10日後の同月11日にオマル・トリホス Omar EfraínTorrijos Herrera（1929〜1981）中佐やボリス・マルティネス Boris Néstor Martínez Salazar（1933〜1969）少佐らの率いる国家警備隊のクーデターによって打倒された。

その後、国家警備隊クーデター派の内紛による権力闘争を経て、1969年３月にトリホスが全権を掌握した。トリホスは1981年７月末に事故死するまで事実上の国家最高指導者ではあったが、法的には国家元首である大統領職には就かなかった。

トリホスは反米・反寡頭制の姿勢を打ち出し、反米ナショナリズムの傾向を強めていた多くの国民の支持を得た。トリホスは、硬軟自在に権力を行使し、一方では、都市の労働者層と連帯する姿勢を示して労働法を整備するなど労働者層の取り込みを図った。また、農村部においては農民組合を支援し、学校、診療所などを建設し、農村社会のインフラ整備を図るとともに、農村から都市への急激な人口移動を防ぐために努力した、これらの政策は貧困層の味方というイメージ戦略と相まって、トリホスのカリスマ的指導性を確保する上で役立った。

他方、トリホスは自由な政党活動を禁止し、大学の自治や学生の反政府運動を弾圧するなど、国民の政治的権利を奪っていった。トリホスは国家警備隊を強化して市民運動を抑圧するとともに、諜報部を通じて政敵を拉致・拷問・暗殺するという強権的な政治体制を強化した。特に、トリホスは、くすぶっていた国民の反米ナショナリズムを煽りつつ、運河地帯の奪還を最終目的とする主権回復運動を先導することに努力した。

トリホス政権は外交的には、第三世界諸国との関係を緊密化して、米国に対して国際的圧力をかけた。ニカラグアではソモサ政権打倒に向けて闘っていたFSLNに便宜を図ってパナマを利用することを容認したほか、軍事政権によって抑圧されていたラテンアメリカ諸国からの亡命者を庇護するなど、左翼的姿勢を強調する政策を展開した。トリホスは、外交面では国内に強まる反米ナショナリズムを背景とした米国との運河返還交渉に最大の力を入れ、もし運河交渉が失敗に終わった場合、ゲリラ闘争を開始すると公言して米国の決断を迫った。米国のカーター James Earl Cartar Jr.（1924〜）政権は、運河の経営権がパナマに移管さ

れた場合でも、運河と船舶航行の安全が確保できるならば、米国の国益は保たれると柔軟に応じ、同政権はこの立場から「永久中立化案」を練り上げ、運河返還後も米国の防衛線を存続させることを条件とする新条約をパナマ側に提示し、トリホスもこれを受け入れた。基本合意は1974年に達成され、この基本合意に基づいて交渉は1977年6月まで行われ、同年9月7日に新条約が締結された。トリホスは即時返還を目指していたが、この点は実現できなかった。新条約の調印式はワシントンで行われたが、調印式にはフィデル・カストロはカーター大統領に招待されなかったが、トリホスは訪米の機上でキューバ上空を通過した際、フィデル・カストロ宛に無線でメッセージを送り、招待されなかったことに遺憾の意を伝えた。

　トリホスは、1981年7月31日にパナマ・シティ西方90キロのセルバ地帯にある別邸に向けてパナマ空軍の軽飛行機で移動中に機体に爆発が生じて搭乗機が墜落した事故で死亡した。

(iv)　チリ

　チリにおいては、1938年に急進党（PR）を中心として社会党や共産党によるペドロ・アギーレ・セルダ Pedro Aguirre Cerda（1879〜1941）人民戦線（FP）政権が成立し、1948年まで継続した他、1950年代には社共両党によって人民行動戦線（FRAP）が結成されて、政局の中で労働者層や中間層の一部を基盤にした左派勢力が常に一定程度の勢力を維持してきた。1950年代には急進党（PR）に続いて中間層を基盤とした新興のキリスト教民主党（PDC）が勢力を拡大し、1960年代には政局は右派、中道、左派の3極化が顕著となった。

　1964年9月に実施された大統領選挙ではPDCのエドゥアルド・フレイ Eduardo Frei Montalva（1911〜1982）が勝利し、フレイPDC政権が成立した。フレイ政権は大土地所有制の打倒を目指して農地改革の推進を掲げたが、大土地所有層の妨害によって選挙公約通りの農地改革を実施できない中で、「中間層」を基盤とするPDCとPRが改革の遅れに批判を強めた党内左派の欲求不満を背景としてそれぞれ左右に分裂した。PDCでは、1969年5月にフレイ政権に満足しない「解放の神学」派の影響を受けた左派が人民統一行動運動（MAPU）を創設し、急進党では党執行部の急進化に反発した右派が1969年4月に急進民主党（DR）を結成して分離した。こうしてPRとMAPUが社会党、共産党の左派勢力や社会民主党（PSD）、独立人民行動（API）の中道左派の小党派2組織と連携して、1969年12月に6党派によって人民連合（UP）が成立し、翌1970年9月4日に実施された大統領選挙を経て、同年10月にサルバドル・アジェンデ Salvador Isabelino del Sagrado Corazón de Jesús Allende Gossems（1908〜

1973）UP 政権が発足した。UP は労働運動を基盤とした FRAP が拡大され、中間層を基盤とする PR、MAPU 等中道左派を糾合したものであった。

　特に注目されるのは、PDC からの MAPU の分裂である。MAPU に参加した人々や PDC 内に残った左派の人々の多くは、「解放の神学」派系のイエズス会のゴンサレス・アロヨ González Arroyo 神父が指導した「社会主義を目指すキリスト者運動」と連動していた。チリにおいては、1920 ～ 30年代に「社会キリスト教」派が形成されており、1960年代末の「解放の神学」派の流れに合流していた。

　1971年7月にハイメ・ガムスリ Jaime Rodrigo Gazmuri Mujica（1944 ～）やエドゥアルド・アケベド Eduardo Aquevedo らの MAPU 代表団が7月26日のキューバ革命記念儀式に参加するため招待されてキューバを訪問し、一行はキューバ滞在中にフィデル・カストロと会見したが、その際フィデル・カストロは、MAPU はマルクス主義路線に転じることなく、キリスト教左派にとどまるよう説得した。

　アジェンデ政権は、外交的には明確な親ソ・第三世界主義路線をとり、政権期にはキューバと並んでラテンアメリカ諸国の左翼組織・革命組織のメッカとなったほか、国際的にもレジス・ドブレ、アンドレ・グンター・フランク Andre Gunder Frank（1929 ～ 2005）など多くの左翼系知識人を惹きつけた。

　アジェンデ政権は議会内で PDC の妥協を得て政権に到達したものの、議席数は過半数に達していなかったため、種々の改革を実施する際にも既成の法律を利用するか、新たな大統領令に基づくか以外に選択肢がなかったため、農地改革や鉱山国有化等の改革推進において徹底的な政策を実施することができなかった。そのため UP 内に PDC との妥協を目指して穏健な姿勢をとる共産党、社会党右派、PR、MAPU 穏健派と、改革推進に実力行使を先行させる UP 外の左翼革命運動（MIR）に連動する社会党左派、MAPU 急進派が路線対立を起したため、それが生産低下や流通障害などの社会情勢の不安定化をもたらし、1973年9月11日に発生した CIA に支援された軍・右派勢力によるクーデターを呼び寄せる結果となった。

　このようなプロセスの中で、MAPU の分裂に際して PDC 内に残っていた左派が再び PDC から分離して、1971年7月にキリスト教左翼（IC）を結成して UP に加盟した。IC は「キリスト教的で人間主義的な革命組織」と自己定義した。IC は、UP 内では MAPU 急進派を一部吸収するなど勢力を拡大し、MIR や社会党左派等の UP 内外の急進派勢力と連動する動きを採った。しかし、UP 側が望むほど、PDC からの離脱者が議会内での三極構造を変化せるほど大きなものとならず、UP、PDC、右派の3極構造を打破するには至らなかった。

　チリにおいては、「歴史的なくくり」として「1968年」やアジェンデUP政権よりも、軍事クーデターが発生した「1973年」が重要な転換点とされており、それに先立つ1970年のアジェンデ政権をもたらした1968～70年前後が歴史的「転換点」として論じられることは限定的である。ピノチェッ（Augusto José Ramón Pinochet Ugarte（1915～2006）軍事独裁政権の打倒を目指した民主化闘争は、1990年の民政移管に向けて、反「9・11」を軸に展開されることになるが、そのような傾向は、逆に「1968年」からアジェンデ政権の時期への郷愁を伴うプロセスであったと捉えることもできよう。

(v)　キューバ

　キューバにおいては、革命直後より多くの亡命者が国外に脱出した。当初は、バチスタ政権関係者や親米的な企業経営者・大都市所有者層が中心であったが、1960年10月頃からの社会主義化路線の決定や1961年4月17日の「社会主義宣言」後、革命戦争に参加した「7月26日運動」や「学生幹部会」のメンバーの中からも反革命派に転じる者や国外脱出を図る者が増加し、1959年から1963年までに約25万人、さらに1965年9月28日にフィデル・カストロがマタンサス州カマリオカ港から10月10日までに脱出することを許可した結果（実際には11月15日まで延長された）、約5000人が出国するなど社会主義化に反発する出国者が続いた。しかし、企業家層や中間層知識人の中には革命に共鳴してキューバに残る者も少なくなかった。

　1968年に公開されたトマス・グティエレス・アレア Tomás Gutiérrez Area（1918～1996）監督の作品『低開発の記憶』は、エドムンド・デスノエス Juan Edmundo Pérez Desnoes（1930～）が1965年に発表した同名の小説を映画化したもので、革命直後の1961年という時期を背景に、キューバに残った有産階層出身の知識人の、心情的には革命を擁護しつつも革命の方向性とは相容れない行動パターンをとる心理的葛藤を扱った作品であった。1968年という年は文化人・知識人が革命を支持するか離反するかという境目に立たされた年であった。

　同時に、1968年はキューバにとっては、国際情勢の中で、特にソ連との関係において微妙な年であった。フィデル・カストロ政権は、ゲバラの死の判明後、ゲバラを英雄視して国民の結束を図り、ラテンアメリカ諸国のゲリラ組織への支援を継続する一方で、経済停滞のためにソ連との関係改善を図る必要にも迫られていた。そうした中で、1967年10月から翌68年3月までの間に親ソ派である旧人民社会党（PSP）系のアニバル・エスカランテ Anibal Escalante（1909～1977）を中心とするグループである「ミクロフラクション」との権力闘争に勝利するためにカストロ・グループ自体が親ソ姿勢を強めて同グループを粛正・排除し（35

人が更迭・除名され、2人が自殺）、同年8月にはチェコスロバキアの民主化運動である「プラハの春」を圧殺したソ連およびワルシャワ条約機構軍の行動に率先して支持を表明するなど、それまでのキューバ革命指導部の在り方としては理解しがたい動向を示すようになった。

　このようなキューバ革命指導部の姿勢は、体制に反抗的な姿勢を強めつつあった旧有産階層出身の知識人に対する抑圧姿勢にも表れた。その典型的な例が1968年10月に発生した「パディージャ事件」である。同年10月、詩人エベルト・パディージャ Heberto Padilla（1932 〜 2000）の批評的な詩集『ゲームの外で（Fuera de Fuego）』が、キューバ作家・芸術家協会（UNEAC）主宰のフリアン・デル・カサル賞を受賞した。その前年にパディージャは、雑誌『髭を生やした鰐』で、キューバ人作家のリサンドロ・オテロ Lisandro Otero González（1932 〜 2008）の『ウルビーノの情熱（Pasión de Urbino）』に厳しい批評を加えていた。オテロは1964年にその本でスペインのセイス・バラール社のブレーベ図書賞を狙ったが、亡命した元外交官ギジェルモ・カブレラ・インファンテ Guillermo Cabrera Infante（1929 〜 2005）が『3匹の淋しい虎たち』で同賞を受賞した。この件につき、パディージャは批判的記事を書き、当時文化審議会の副会長であったオテロの作品のような、凡庸な作品が大きな注目を集めるが、カブレラ・インファンテの作品のような文学的水準が極めて高い本について、政治的理由で語ることができないのは残念であると述べ、「革命の裏切り者」と見なされていたカブレラ・インファンテを公然と賞賛する発言を行なった。この記事によって、パディージャは作品を発表する場を制限されるようになった。

　そして、パディージャの UNEAC のアフリアン・デル・カサス賞の受賞に対し、同年11月10日付けの革命軍機関誌『ベルデ・オリーボ（Verde Olivo）』に「パディージャの挑戦」と題する論稿が掲載され、「パディージャは帝国主義に対する闘争において、世界の敵と同盟することを選択した」と批判した。革命指導部に近い立場からこのような批判が出たことを考慮して、11月15日に UNEAC は、パディージャが革命建設のプロセスの中でキューバが直面する諸問題を克服して行く使命感を共有していないとして、パディージャの入賞を撤回した。

　このような「パディージャ事件」の発生後、スペインやラテンアメリカのスペイン語圏諸国の作家たちのなかにキューバ当局のパディージャに対する処置に反対を表明した。スペインのフアン・ゴイティソロ Juan Goytisolo（1931 〜 2017）、ペルーのマリオ・バルガス・ジョサ Juan Mario Pedro Vargas Llosa（1936 〜）、メキシコのカルロス・フエンテス Carlos Fuentes Macías（1928 〜 2012）、コロンビアのガブリエル・ガルシア・マルケス Gabriel García Márquez

（1927 〜 2014）たちであった。彼らはカサ・デ・ラス・アメリカスの長官である
アイデー・サンタマリア Haidée Santamaría Cuadrado（1923 〜 1980）宛てに
抗議書を送ったが、事実上無視され、事態は沈静化した。

　しかし、この「パディージャ事件」が1971年3月に再燃した。きっかけは、
1970年12月7日にチリのアジェンデ UP 政権から駐キューバ大使としてホルヘ・
エドワーズ Jorge Edwards Valdés（1931 〜）が任命され、キューバに赴任し
たことに対し、エドワーズ本人はキューバ革命を擁護する姿勢をとってきたが、
キューバ政府はエドワーズがチリの保守系紙『エル・メルクリオ』紙の社主の
遠戚であったため、エドワーズを「ブルジョア知識人」と見なして、「好ましか
らざる人物（ペルソナ・ノングラタ）」として国外追放処分に処した。パディー
ジャが、エドワーズにフィデル・カストロに批判的な『英雄たちが私の庭の草を
喰う』の国外での出版を依頼していたことが判明し、エドワーズの国外追放の
2日前の3月20日に詩人である妻のベルキス・クサ・マレー Belkis Cuza Malé
（1942 〜）とともに治安当局に逮捕された。

　その直後の4月2日にメキシコ・ペンクラブが19人のメンバー連名で抗議書を
フィデル・カストロに送り、さらに抗議の動きはスペイン語圏諸国や一部欧州諸
国にも広がった。キューバ治安当局は、パディージャを尋問して、無理やり友人
たちや他の作家たちにも容疑を拡大し、パディージャは4月27日に釈放された
が、その夜、UNEAC の臨時会合でパディージャは自己批判を行なうとともに、
これらの友人たちや他の作家に対する批判を行なった。

　4月9日にはフリオ・コルタサル Julio Florencio Cortázar（1914 〜 1984）、
カルロス・フランキ、カルロス・フエンテス、フアン・ゴイティソロ、オクタ
ビオ・パス Octabio Irioneo Paz Losano（1914 〜 1998）、ガルシア・マルケス、
バルガス・ジョサ、ジャン・ポール・サルトル Jean-Paul Sartre（1905 〜 1980）
らがフィデル・カストロ宛てにパディージャの逮捕に関する連名の抗議書を送っ
ていたが、4月27日におけるパディージャの自己批判を受け、キューバ当局がパ
ディージャを心理的な圧迫によって偽りの自白を強要したとして、強い批判が国
際的に広がった。

　この「パディージャ事件」をきっかけに、キューバ革命以来、キューバ革命指
導部を支持してきたラテンアメリカと欧州諸国の文化人・知識人の間に、革命指
導部を支持し続ける者と革命指導部をスターリニズムであると批判して離反する
人びとに分裂した。前者の例がガルシア・マルケスであり、後者の例がバルガ
ス・ジョサであった。

　1968年にはキューバにおいて、前述のように、ミクロフラクション事件、チェ

コ侵攻支持問題、「パディージャ事件」が連続して発生し、研究者の中には、同年はキューバが親ソ路線に転じ、国内的にはスターリニズムに転じた年であったと評価する傾向が存在する。しかし、キューバが単純に親ソ路線に転じたと見るのは誤りだろう。なぜなら、ラテンアメリカ諸国のゲリラ運動支援はピニェイロのVMTを通じて一貫して継続されていたからであり、キューバが単純に「米ソ平和共存」路線の下で、ゲリラ運動支援を放棄した事実はない。1975年に本格化されるキューバによるアンゴラのMPLA支援もソ連の了解の下に実施されていた。実際には、米ソ間の代理戦争的な地域紛争においては、キューバは独自のアフロ・キューバニズム、あるいは独自の第三世界主義に基づいてゲリラ運動の支援を続けていた。従って、1968年におけるキューバの路線多様化は、米国を始めとする帝国主義勢力に対する社会主義圏の防衛を重視した結果であったと判断すべきであろう。

　キューバでは「パディージャ事件」のように、革命前から存在した有産階層出身の旧「中間層」が革命後に徐々に革命体制に不満を強めて，一見「プラハの春」などの「民主化」運動に近い動向を示し始めた。しかし、キューバの「1968年」は、必ずしも「チェコ」型の「民主化」運動には発展せず、一方的にフィデル・カストロ政権によって、「体制の維持」、「社会主義圏の堅持」の目的の下に抑圧され、その犠牲者の多くはその後政府の許可を得て、漸次的に出国したため、国内に「民主化」運動の種を残すことも限定的となった。

(vi)　ブラジル・アルゼンチン・ウルグアイ

　ブラジル、アルゼンチン、ウルグアイにおいては、第2章第8節において言及したように、強権的体制や軍事独裁体制の下で、民主化等を求める学生・労働者の運動が、ゲバラのゲリラ運動やキューバ革命指導部の公認の支援を得てゲリラ運動が展開したが、ウルグアイの「拡大戦線」のように左派・中道左派勢力の統一戦線が結成される場合には、合法的な選挙活動を重視する方向に向かう場合も見られた。アルゼンチンやブラジルにおいても、ゲバラが望んだような左翼統一戦線を形成しようとする動きは見られたし、ゲリラ運動間の連携も進められた。

(ロ)　ラテンアメリカ諸国の現状
(a)　左派・中道左派政権の登場と長期政権化

　「1968年」現象の影響として、1968年以後のラテンアメリカの状況について触れておく必要がある。「1968年」後、約35年を経て、21世紀のラテンアメリカに顕著となった特徴は、1960～70年代とは異なって、民主的な直接選挙によって左派・中道左派政権が登場しうる政治的環境が定着したことである。その結果と

して、1999年2月のベネズエラのチャベス Hugo Chávez Frías（1954 ～ 2013）政権の登場を端緒として、ブラジル、アルゼンチン、ウルグアイ、ボリビア、エクアドル、ニカラグア、エル・サルバドルなど、ラテンアメリカ33か国中、一時は社会主義国であるキューバも含めて17か国に左派・中道左派政権が登場し、かつ政権が長期化するという現象が生じた。それらの左派・中道左派政権を列挙すれば次の通りである。

* 1999年2月～2013年3月、チャベス Hugo Rafael Chávez Frías（1954 ～ 2013）ベネズエラ政権（統一社会党 PUSV）
* 2001年3月～現職、ゴンザルベス Ralph Everard Gonsalves（1946 ～）セントビンセント・グラナディーン政権（統一労働党 ULP、2009年6月 ALBA 加盟）
* 2003年2月～2011年2月、ルラ Luis Inácio "Lula" da Silva（1945 ～）ブラジル政権 (労働党)
* 同年5月～2007年12月、キルチネル Néstor Carlos Kirchner（1950 ～ 2010）アルゼンチン政権（ペロニスタ左派）
* 2004年3月～2014年6月、スペンサー Wilson Baldwin Spencer（1948 ～）アンティグアバームーダ政権（統一進歩党 UPP、2009年6月 ALBA 加盟）
* 2005年3月～2010年3月、バスケス Tabaré Ramón Vazquez Rosas|（1940 ～ 2020）ウルグアイ政権（拡大戦線 FA）
* 同年5月～現職、スケリット Roosevelt Akerrit(1972 ～) ドミニカ政権（ドミニカ労働党、2008年1月 ALBA 加盟）
* 2006年1月～2009年6月、セラヤ José Manuel Zalaya Rosales（1952 ～）ホンジュラス政権（2008年8月 ALBA 加盟→2009年6月クーデターで倒壊）
* 2006年2月～2019年11月、モラレス Juan Evo Morales Ayma（1959 ～）ボリビア政権（社会主義運動 MAS、事実上のクーデターで亡命）
* 2007年1月～2017年5月、コレア Rafael Vicente Correa Delgado(1963 ～)エクアドル政権
* 同年1月～現在、オルテガ Daniel José Ortega Saavedra（1945 ～）ニカラグア政権（FSLN）
* 同年12月～2015年12月、フェルナンデス Cristina Elisabet Fernández（1953 ～）（キルチネル前大統領夫人）アルゼンチン政権（ペロニスタ左派）
* 2008年8月～2012年6月、ルゴ Fernando Armindo Lugo Méndez(1951 ～)パラグアイ政権（「進歩のための愛国同盟」、クーデターで倒壊）
* 同年6月～2014年6月、フネス Carlos Mauricio Funes Cartagena(1959 ～)

　　エルサルバドル政権（FMLN）

＊2010年3月〜2015年3月、ムヒカ José Alberto Mujica Cordano（1935〜）ウルグアイ政権（拡大戦線 FA）

＊2011年1月〜2016年5月、ルセフ Dilma Vana Rousseff(1947〜) ブラジル政権（労働党）

＊同年7月〜2016年7月、ウマラ Ollanta Moisés Humala Tasso（1962〜）ペルー政権（ペルー民族主義党 PNP）

＊2012年11月、ベネズエラ大統領選挙でチャベス現大統領が勝利→2013年3月5日チャベス死亡→4月14日大統領選挙でマドゥロ副大統領が勝利し、大統領に就任。現在に至る。

＊2014年5月〜2018年5月、ソリス Luis Guillermo Solis Rivera（1958〜）政権コスタリカ政権（市民行動党 PAC）。

＊同年6月〜2019年6月、サンチェス・セレン Salvador Sáncgez Cerén（1944〜）エルサルバドル政権（FMLN）

＊2015年3月〜2020年3月、バスケス・ウルグアイ第2期政権（FA）

＊2017年5月〜現職、Lenin Boltaire Moreno Garcés（1953〜）モレノ・エクアドル政権（国民同盟）

＊2018年5月〜現職、アルバラード Carlos Alvarado Quesada（1960〜）・コスタリカ政権（市民行動党 PAC）

＊2018年12月〜現職、ロペス・オブラドル Andrés Manuel López Obrador（1953〜）メキシコ政権（国家刷新運動 MORENA）

＊2020年11月〜現職、アルセ Alberto Arce Catacora（1963〜）ボリビア政権（MAS）

＊2021年7月〜現職、カスティーリョ José Pedro Castillo Terrones(1969〜)ペルー政権（自由なペルー：Perú Libre）

　このようなラテンアメリカにおける多くの左派・中道左派政権の登場と長期政権化は、キューバのラテンアメリカにおける位置に変化を生じさせることになる。キューバは、革命後の1962年1月に米国主導で米州機構（OAS）から排除されたが、1990年代末以降に多数登場した左派・中道左派政権の圧力もあり、米国も対応の変化を迫られることになった。2008年1月のオバマ Barack Hussein Obama（1961〜）政権成立後の同年4月に OAS はキューバを排除した決議案の撤廃を求める決議案を米国を含む満場一致で採択してキューバの OAS 復帰を認めた。他方、キューバは2011年に米州大陸の米国とカナダを除く33カ国によっ

て史上初のラテンアメリカ・カリブ諸国共同体（CELAC）が成立しているため、OAS の歴史的意味はなくなっているとして復帰手続きをとっていない。さらに、このようなラテンアメリカ諸国におけるキューバーの立場の変化も影響し、2014年12月に米国とキューバは国交正常化に向けた交渉の開始が発表され、その後の正常化に向けた交渉を経て、2015年7月1日に国交正常化を実現した。しかし、2021年1月にバイデン Joseph Robinnetto Baiden Jr.（1942〜）民主党政権が成立した後も、バイデン政権が同年7月13日にキューバ国内に発生した生活上の不満に発する政府批判の街頭行動に対する当局側の姿勢を批判するなど内政問題に干渉する姿勢を採っているために、キューバ・米国関係の正常化の進展は限定的である。

　1960年代にフィデル・カストロやゲバラが、キューバ革命の存続のためには多くのラテンアメリカ諸国に革命が達成されることが望まれるとして、ラテンアメリカ革命の「大陸化」路線を進めたが、21世紀に入ってラテンアメリカに多くの左派・中道左派政権が登場することで、かつてのフィデル・カストロやゲバラが求めた環境が表面的には実現したと言えよう。

　ゲバラはラテンアメリカ等におけるゲリラ闘争という武装闘争路線を重視したが、それは武装闘争しか闘争形態が見出せない場合に限られており、合法的な権力奪取が可能な場合にはそのような選択肢を否定していたわけではない。1960年に出版した『ゲリラ戦争』においてゲバラは、「政府がなんらかの形の人民投票によって権力につき、── その投票が欺瞞的なものであろうとなかろうと ── 少なくとも表面上は、合憲性を保持している場合には、ゲリラ活動を開始することはできない。なぜなら平和的闘争の可能性がまだ完全になくなっていないからである」と述べており［Guevara1960＝1966：15］、合法的な権力奪取を否定していたわけではない。その意味で、20世紀末からラテンアメリカ諸国において生じた左派・中道左派政権の多数登場はゲバラの姿勢の延長線上に生じたものであり、それによってキューバのラテンアメリカにおける孤立化からの脱却を可能にしたと言える。

（b）左派・中道左派政権の失速

　前述のように、ラテンアメリカ諸国では1999年以降、多くの左派・中道左派政権が登場し、かつ長期政権化したが、2015年以降、ブラジル、アルゼンチン等の主要国で反左派勢力が政権を奪還する傾向が一部に生じた。しかし、その後2018年12月のメキシコのロペス・オブラドル政権の発足後、ボリビア、ペルーで左派政権が再登場するなど、「左傾化」の揺れ戻しも生じている。

＊2015年11月、アルゼンチン大統領選挙で野党中道右派のマクリ Mauricio

Macri（1959～）候補が勝利。

＊同年12月、ベネズエラで実施された総選挙でベネズエラ統一社会主義党
（PSUV）等連立与党政権が大敗。

＊2016年8月、ブラジルでルセフ Dilma Vana Rousseff（1947～）大統領が政
府会計粉飾に関与した容疑で停職に追い込まれる。

＊2018年5月、ベネズエラのマドゥロ Nicolás Maduro Moros（1962～）大
統領が大統領選挙で再選されたが、投票率は40％以下であったため、反対
派は選挙を正統化せず。また、ラテンアメリカ諸国の約半数が大使を召還
したほか、米国や EU が制裁を強化した。国外からの支援を背景に、2019年
1月に反対派の野党連合である民主統一会議（人民意思党 VP）のグアイド
Juan Gerardo Guaidó Márquez（1983～）国会議長が暫定大統領就任を宣
言した。

＊2019年10月、ウルグアイ大統領選挙の結果、ラカジェ・ポウ Luis Albeerto
Aparicio Lacalle Pou（1973～）（国民党 PN 所属）が当選。右を受け、15
年間続いた拡大戦線（FA）の政権が終焉し、2020年3月に PN、コロラド党、
カビルド・アビエルト党、独立党及び「人々の党」の連合による中道右派政
権に移行した。

（ハ）ラテンアメリカにおける「第3の潮流」

　ラテンアメリカにおける「1968年」の意味を総括的に整理すると、世界的な
「1968年」現象に近い現象が生じたが、より特徴的なことは「中間層」が重要な
役割を果たしたことであり、「中間層」の急進化の結果として1968～70年代初頭
に種々の政治的現象が生じたが、その後は政治的プロセスの急進化を経て、これ
に反発する「中間層」の保守化が顕在化したため、変革プロセスは一時的に中断
した。しかし、その後、1990年代末から顕著になった「中間層」の再度の成長と
急進化を経て、再び変革志向が顕著になった。

　ラテンアメリカにおけるこのような「1968年」現象およびその後の経緯の中
で、「1968年」現象の影響の中で生じた「第3の潮流」として指摘しうるのは、
「解放の神学」派の越境的な動向と、1980年代前半にメキシコのチアパス州にお
いてマヤ系先住民を基盤に形成された EZLN（サパティスタ民族解放軍）の事例
である。

（a）「解放の神学」

　第2次世界大戦後、カトリック教会は近代世界を受け入れてこなかった過去の
姿勢を自己批判するようになった。キリスト教神学は聖書や歴史の研究、実存主

義との対話などを通じて新しい問題の追及を始めた。だが、このような傾向も1950年の法王ピウス12世（1876〜1958、在位1939〜1958）の回勅『ファーニ・ゲネリス』によって終止符を打たれてしまった。しかし、1960年初頭、法王ヨハネ23世（1881〜1963、在位1958〜1963）が公会議の開催を呼びかけてから流れに変化が生じた。この公会議は法王の無謬性を決議した第1バチカン公会議（1869〜70年）以来、初の公会議であった。

　1962年10月から1965年12月まで第2バチカン公会議が開催され、アジア、アフリカ、ラテンアメリカの聖職者も史上初めて参加して、公会議の本会議や作業部会では、進歩的な神学者グループによって慎重に進められてきた考えや提案が承認された。初の礼拝に関する布告（典礼憲章）により、15世紀にわたって行われてきたラテン語によるミサに終止符が打たれた。第2公会議では、カトリック教会は何十年にもおよぶ神学者の活動を受け入れ、人類とともに旅する「巡礼者」としての立場を認めた。そして、この第2公会議からさらにラディカルな変貌を遂げ、人間の歴史における神の所業のあかしを「人間の進歩」の中に認め始めた。ラテンアメリカの司教たちは、他の第三世界の司教たちとともに、現代世界の教会に関する文書「現代世界憲章」に発展の問題を含めるべきだと主張した。第2公会議後、ラテンアメリカのカトリック教徒たちは公会議の結論をラテンアメリカに適用しようとしただけでなく、ラテンアメリカの問題にも探り始めた。

　第2バチカン公会議は、聖職者たちを「世界」との対話に駆り立てた。ヨーロッパの楽観的な目には、世界は急速な技術的・社会的変動を経験しているように映った。しかし、第三世界の視角からすれば、広汎な貧困と抑圧こそ現実の世界であり、そのためには革命が求められていると認識された。公会議以降に出された文書を見ると、この印象はますます強まる。1967年に法王パウロ6世（1897〜1978、在位1963〜1978）が発表した回勅『ポプロールム・プログレシオ（諸民族の進歩推進（Populorum Progressio）』はそのような性格の持つものであった。パウロ6世は、第3世界の発展問題に焦点を当てた。この回勅は穏健な調子で書かれていたが、既存の国際経済秩序に対する強い批判を示唆していた。この直後に第三世界の18人の司教からなるグループが法王の声明を引用しながら、それをはるかに越える内容の声明を発表した。この18人の声明は、その影響を受けて「第三世界司祭運動（MSTM）」の結成をもたらしており、後に武装闘争を開始したアルゼンチンのモントネロスやペロン派武装勢力（FAP）の形成に影響を与えた。このほか、ペルー、チリ、コロンビア、メキシコ、ニカラグア等の国々に同じような傾向を有する司祭のグループが出現した。

　1968年8月にラテンアメリカ諸国の130人のカトリック司教が、第2バチカン

公会議の決定をラテンアメリカに適用するためにコロンビアのメデジンで第2回ラテンアメリカ司教会議（司教協議会総会）を開催した。ラテンアメリカ司教協議会（CELAM）は会議に備えて準備文書を配布したが、それは経済状況、生活水準、文化状況、政治状況を概観したもので、内容的にはこれまでに発表された各種の声明と同じ性格を持ち、さらに社会における教会のプレゼンスについて検討され、最後の数頁において神学に関する考察がなされていた。実際にメデジン会議の文書の作成にかかわったのは、少数派の司教と約100人の専門家からなるアドバイザーであり、メデジン文書には彼らの考えが反映されていた。

メデジン会議では、司教たちは断固たる表現を用いて、キリスト教徒に対して社会変革に加わるように呼び掛けた。彼らは「制度化された暴力」を非難し、それを「罪の状態」であると規定した。また、「広範かつ、大胆かつ、愁眉の、大いに革新的な変動」を訴えた。そこでは、「革命家」は根本的な変革を追及する人々であると好意的に描かれていた。司牧活動については、人権の擁護や「意識向上のための福音化」の実行など、多くの活動が挙げられていた。さらに、教会は連帯という立場から貧者の置かれた状況を分かち合うべきだと指摘された。ブラジル等で展開されていた「基礎共同体（Comunidad de Base）」については、数ケ所にわたって言及され、その後この運動は急速に拡大することになる。

司教たちはまた、「解放」という言葉や、それに似た言葉を用いて、「真の発展」すなわち「個々の人間や人間全体にとってより人間的な状況へ移行すること」を聖書の「出エジプト記」になぞらえていた。ラテンアメリカの聖職者たち、とくに司祭、修道女、信徒の活動家たちは、メデジン文書を司牧のための新しい包括的アプローチを容認するものとして熱狂的に歓迎した。

メデジン会議のアドバイザーたちの中に、ペルーのドミニコ派の神学者であるグスタボ・グティエレス・メリノ Gustavo Gutiérrez Merino (1928～) がいた。グティエレスが特に深く関わったのは、教会における貧困に関する文書であった。メデジン会議の数週間前に、グティエレスはペルーの漁港であるチンボテで開催された集まりで、「解放の神学（Teología de la Liberación）」の概要を明らかにした。ラテンアメリカにおいて「解放の神学」という言葉が使われたのはこの時が初めてであった。

グティエレスはメデジン会議後、さまざまな論文や対談の中で、「解放の神学」の思想を展開した。グティエレスは、神学とは「神の御言葉に照らした実践に対する批判的考察である」と述べている。すなわち、社会構造の中で貧者がどのように扱われているか、キリスト教徒や教会がどのような行動をとっているかについて、これまでの教会のあり方を批判した。「解放の神学」派の人々は、キリス

ト教はより公正な世界の実現のための闘いにどのように関わっていくかという点に力点を置いた。

また、「解放の神学」派は、ラテンアメリカを問題提起のための材料として意識的に捉えたが、自分たちの神学が特殊な状況から成立したものであるならば、他の神学についても同様のことが言えるのではないかと考えた。彼らがかつて単純に普遍的な神学と考えていたものはヨーロッパの神学、つまり、豊かな世界の神学であることに気づいた。そして、豊かな世界の神学とは問題が異なるだけでなく、方法、つまり神学への関わり方も異なることに気づいた。こうして、「解放の神学」派の人々は、キリスト教神学の脱「ヨーロッパ化」という意識を持ち始めたのである。

第2回ラテンアメリカ司教会議の結果は、ラテンアメリカ諸国の聖職者だけでなく、カトリック教徒、さらにプロテスタント教徒にも大きな影響を与えた。ペルーではキリスト教民主党（DC）系の知識人がベラスコ左翼軍事政権に協力したほか、チリにおいてはキリスト教民主党（PDC）内で生じた左右分裂を契機としてアジェンデ UP 政権を成立させている。アルゼンチンでは「第三世界司祭運動（MSTM）」がモントネロス結成時に創始者となった青年たちに影響を与えた。また、メデジン会議の直前あたりからブラジルで開始された「基礎共同体」運動は、その後ラテンアメリカ各国に拡大して、キリスト教左派の運動の基盤を形成していった。

このような大衆的基盤の拡大を背景として、ニカラグアにおいては1970年代末に「解放の神学」派の聖職者が FSLN と連携してソモサ体制の打倒に重要な役割を果たした他、1979 ～ 89年の FSLN 政権において、エルネスト・カルデナル Ernesto Cardenal（1925 ～）文化相、フェルナンド・カルデナル Fernando Cardenal（1934 ～ 2016）教育相、エドガルド・パラレス Edgard Parreles（1942 ～）社会福祉相。ミゲル・デスコト Miguel D'Escoto（1933 ～ 2017）外相の4人の聖職者が入閣した。

その後、1980年3月24日にエル・サルバドルのオスカル・ロメロ Oscar Romero サンサルバドル大司教の軍による暗殺事件が発生したが、その一方で同年10月13日にはアルゼンチン人のプロテスタント系の「解放の神学」派である「平和と正義」の代表である人権活動家のアドルフォ・ペレス・エスキベル Adolfo Pérez Esquivel（1931 ～）がノーベル平和賞を受賞した。

1990年代以降には、ハイチのアリスティド Jean-Bertrand Aristide（1953 ～、政権第1期：1994 ～ 96年、第2期：2001 ～ 04年）大統領やパラグアイのルゴ Fernando Armindo Lugo Méndez（1951 ～、政権：2008 ～ 12年）大統領のよ

うに「解放の神学」派の聖職者が大統領に就任する例も出現した。

　「解放の神学」派に準ずるカトリック神学の推進を行なった聖職者として、長らくメキシコのチアパス州のサンクリストバル司教を務めた（1999～2004年）サムエル・ルイス Samuel Ruiz García（1924～2011）がいる。サムエル・ルイスは、サンクリストバル司教就任後、サンクリストバル市内のドミニコ教会を拠点に周辺のマヤ系先住民の組織化に努め、住民組織「密蜂」を結成した他、同市内に「バルトロメー・デ・ラス・カサス人権協会」のような先住民の人権擁護を目的とした活動を教会活動の一環とした。1994年1月1日にEZLNの武装蜂起が発生してからは、メキシコ連邦政府が組織した全国仲裁委員会に先住民の利害を代表する立場から参加して、両者の協議の円滑化を図る上で貢献した。

　また、「解放の神学」派は大衆運動の展開にも影響を与えた。その一例として、ペルーで1980年代以降に展開された青少年の自立的運動である「キリスト教労働者の息子たちである働く子ども・青少年の運動（MANTHOC：Movimiento de Addolescentes y Niños Trabajadores Hijos de Obreros Cristianos）」がある。

　ペルーにおいては、ベラスコ左翼軍事政権期に達成された先住民農民や都市大衆層の社会・政治的参加の促進の結果、1970年代後半から左翼勢力の伸長が見られたが、1990年代には都市大衆層に対する左翼勢力の影響力も急速に低下していった。このような状況下で大衆運動の展開に大きな役割を果たしたのが「解放の神学」派の聖職者たちであった。

　1962年に開催された第2バチカン公会議以後、ペルーおいてはグティエレス神父の指導の下で、ラテンアメリカの社会的諸問題に対して批判的立場に立つ聖職者が「解放の神学」派の運動を形成し、革新派聖職者200名余（司祭全体の数％）によって「社会情報分析機関（ONIS）」が組織され、農民共同体、労働組合、都市住民組織などの社会運動と連携して、人びとを社会変革と解放に向けた実践へと導いていく傾向を強めた。

　他方、1980年4月に「センデロ・ルミノソ（SL）」が武装闘争を開始し、SLが1982年からは都市部での無差別テロも辞さない武闘路線を強化し、83年からはこれに対抗する「トゥパク・アマル革命運動（MRTA）」の武装闘争も始まった。特に、「センデロ・ルミノソ」の活動が活発化したアヤクチョ県、アプリマック県などの山岳部中南部においては、SLと治安部隊による戦闘の狭間で難民化して都市部に移動する先住民を中心とした山岳部農民が増加した。

　1980～85年の中道右派の人民行動党（AP）と右派のキリスト教人民党（PPC）の連立を基盤としたベラウンデ政権下で加速した都市部底辺層の生活水準の悪化や、それと並行して、山岳部における治安情勢の悪化のために生じた沿岸部

都市部への移動の拡大の結果、就学年齢にあるにもかかわらず、通学できずに、家計支援のために街頭で働く子供たちが増加していった。「解放の神学」派の聖職者の中には、このような都市部において街頭で働く子供たちの支援に尽力する指導者が現れた。1976年には彼らが指導して子供たち自身によって「キリスト教労働者の息子たちである働く子ども・青少年の運動（MANTHOC：Movimiento de Adolescentes y Niños Trabajadores Hijos de Obreros Cristianos）」が結成され、また1992年には「働く子ども・青少年のための教育者養成機関（IFEJANT）が設立され、働く子どもたちに寄り添う教師の養成が図られ、働く子どもたちを対象とした教育プログラムを採用する公立校も増加していった。さらに、1996年にはMANTHOCを含む30以上のNGOによって働く子ども組織の連合体である「ペルーの働く子ども・青少年全国運動（MNNATSOP：Movimiento Nacional de NATs Organizados del Perú）」が結成され、約1万4000人の働く子どもたちが組織する運動に拡大した。1999年にはMNNATSOP運動の要請により、運動を側面的に支援し、主に子どもたちの諸権利について共に学び促進していく場を提供するための機関として「永山則夫・働く子ども・青少年のための教育機関（INFANT–NAGAYAMA NORIO）が結成された。

　他方、国際的には1996年にインドのクンダプールでラテンアメリカ、アフリカ、アジアの働く子どもたちの団体が集まってクンダプール会議が開催され、次のような〈クンダループ宣言〉が採択された。この宣言には、ペルーのMNNATSOPも参加している。

〈クンダプール宣言〉

　①わたしたちは、私たちの問題、わたしたちの主導権、わたしたちの提案、わたしたちの組織過程を認めるよう求める。

　②わたしたちは、子どもたちによって生産された製品がボイコットされることに反対する。

　③わたしたちは、わたしたちの労働に対して敬意が払われ、その安全が確保されることを望む。

　④わたしたちは、わたしたちの状況に適した方法による教育を望む。

　⑤わたしたちは、わたしたちの状況に適した職業訓練を望む。

　⑥わたしたちは、良い条件の健康管理を望む。

　⑦わたしたちは、わたしたちに関係する、地方、国家、国際レベルのあらゆる決定に意見を求められることを望む。

　⑧わたしたちは、わたしたちの置かれた状況の原因、まず第一に貧困に対する闘いが推進されることを望む。

⑨わたしたちは、子どもたちが都市へ移住させられることがないように、もっと多くの活動が地方でなされることを望む。

⑩わたしたちは、わたしたちの労働を搾取することに反対するが、わたしたちが教育と余暇の時間を持てるような労働に賛成する。

この MANTHOC や MNNATSOP の運動の最大の特徴は、「解放の神学」派の聖職者などによって指導されながらも、働く子どもたちが自主的に自分たちの組織化を進めていったことにある。同様の運動はブラジル等の諸国にも発生したが、MNNATSOP の場合、リマ市だけでなく、全国的には1万数千名の子どもたちが網羅されるにいたった。彼らは、「主役論：プロタゴニスモ（Protagonismo）」と呼ばれる独自の主体性論（社会的主体論）を構築した。そもそも「主役論：プロタゴニスモ」は、「解放の神学」派の聖職者によって提起されたものであり、被抑圧者自身が政治的主体として社会変革に携わることが自己の解放につながると主張した思想であり、この思想が MNNATSOP において継承され、権利主体としての「子ども」という認識が運動内で培われた（Cussianovich 2006＝2016：29-36）。

「主役論：プロタゴニスモ」は、1970年代のペルーにおける大衆運動の高揚の中で主張された「民衆主役論（Protagonismo Popular）」に刺激されて、1976年に MANTHOC が結成された際に考案された「働く青少年の主役論」の延長線上に完成された概念である。この概念は、大人を中心とした援助主義や保護主義によって子どもを客体にするのではなく、大人も子どもも分け隔てなく社会に働きかける「主役」であることを意味する。

このようにペルーの働く子ども・青少年の運動である MNNATSOP は、周辺部資本主義社会において、1980年代以降の新自由主義経済モデルの下で加速する農村部および都市部における貧困化の結果として、「解放の神学」派の聖職者たちの指導を受けているとはいえ、子ども・青少年自身が社会変化に向けた「主体化」を目指した一つの好例であると見ることができよう。

「解放の神学」派は、マルクス・レーニン主義的な前衛党論を否定する一方で、キリスト教神学の新しい解釈に基づいた政治的運動として1960年代末以降ラテンアメリカ各国を中心に政治・社会にまたがる運動として拡大され、社会的に大きな影響をもって今日にいたっている。明確に、社会主義的な方向性を容認しつつも、マルクス・レーニン主義的な前衛党論を否定する宗教的互助精神に基づき、それぞれの国内保守派と経済的支配者に対抗する政治・社会運動であると同時に、越境的なグローバル運動としても注目される。

（b）EZLN

　ラテンアメリカにおいて、もう一つの「第3の潮流」の一例として指摘できるのがメキシコのサパティスタ民族解放軍（EZLN）である。EZLN は、今日、「グローバル・サウス」における変革主体が具体的にいつ頃から形成され始めたかを判断する上でも、重要な運動である。

　EZLN は、メキシコにおける「1968年」現象の継続として都市ゲリラ運動を展開した都市部出身の青年層によるゲリラ運動であった民族解放戦線（FLN）が1983年にメキシコ最南部のマヤ系先住民の居住地域であるチアパス州のラカンドン密林に入って結成したマヤ系先住民4部族を基盤にした政治・社会運動である。1994年1月1日にチアパス州内で、NAFTA（北米自由貿易協定）反対、先住民自治、政治的民主化等を掲げて武装蜂起した。

　チアパス州の州都トゥクストラ・グティエレスはメキシコ・シティーの南東約670キロにあり、州面積は7万5千数百平方キロ、太平洋に面した沿岸部を除けばそのほとんどが高地か山岳地帯、東部にはラカンドンの密林が広がり、南隣のグァテマラに接している。人口は2010年国勢調査の時点で約480万人、その4分の1がマヤ系先住民である。EZLN の武装蜂起が発生した当時、非識字率は30%、スペイン語を解さない人口約30万人、無収入・最低賃金以下の人口比率は約60%、メキシコ最貧の州と呼ばれていた。しかし、原油、天然ガス、ウラン等の地下資源、水力発電ではメキシコ全体の22%を生産し、コーヒーなどの農作物や木材などを産出する豊饒な土地である。

　1994年1月1日、EZLN は NAFTA（北米自由貿易協定）発効日に武装蜂起した。EZLN は、同州北部からラカンドン密林地帯に居住するマヤ系のツォツィル、ツェルタル、トホラーバル、チョルの4部族の約10万人を基盤とし、参加した戦闘員は2千数百人程度と見られた。EZLN はかつてスペイン植民地時代にチアパス州の州都であったサンクリストバル・デ・ラス・カサス市やオコシンゴ町、アルタミラノ町、ラス・マルガリタス町の4ヶ所を占拠した。武装蜂起で最も激烈な戦闘が行われたのはオコシンゴ町であった。この町での戦闘は、まさにマヤ系先住民がいかに国内植民地的支配を受けていたかを象徴するものであった。オコシンゴ町では、1991年に農民たちが耕作地を求めて、大土地所有者所有の農牧地を占拠した。これに対して大土地所有者側は、軍や警察によって訓練された数百名の私兵を編成して先住民を排除した。先住民を実力で排除した私兵たちはパトロン達が提供したトラックに乗り込んでオコシンゴ町に乗り込んで凱旋行進した。彼らはカトリック教会関係者を、占拠を煽動したとの理由で暗殺することを画策するまでしていた。先住民はその後、1992年10月12日のコロンブスのアメリ

カ到達500年周年の日に、500年を「屈辱と抵抗の500年」と称してサンクリスト
バル・デ・ラス・カサスで1万人以上のデモ行進を行ったが、先住民が同市市内
を堂々と行進したのは史上初めてであったと言われる。この当時から先住民の武
装蜂起が予想される気配があった。

　チアパス州では、15世紀初頭のスペイン人の入植以来、先住民に対する非人
道的な抑圧が間断なく続いてきた。1545年3月にチアパス司祭として赴任した、
前出のバルトロメー・デ・ラス・カサス Bartolomé de las Casas（1473 or 1483
〜1566）は「インディアス新法」の提言者であったことや、着任後に先住民を
虐待したエンコメンデーロ達に死の直前の懺悔聴取を拒否したために、同州のエ
ンコメンデーロ達に忌避され、暴力的な圧力を前に、教会からほとんど外出でき
ず、1546年3月には離任しなければならない事態となった。このような大土地所
有者層による封建的・半封建的な支配が400年以上にわたって続いていた。

　1994年1月当時、EZLNの指導部は24人の先住民「司令官」と3人のチアパス
州外出身の「副司令官」から成っていた。その後、「副司令官」の一人が武装蜂
起の戦闘中に戦死し、一人が蜂起後に脱落したために、マルコス副司令官が唯一
の副司令官として、EZLNの事実上の最高指導者として、対外的なスポークスマ
ンの役割も担っていた。1995年2月に離脱者の密告によって、内務省はマルコス
副司令官はメキシコ・シティーのメトロポリタン自治大学の教員であったマルク
ス主義構造主義哲学のアルチュセールの研究者であった、タマウリパス州タン
ピコ出身のラファエル・セバスティアン・ギジェン・ビセンテ Rafael Sebastián
Gillén Vicente（1957〜）であると発表した。マルコス副司令官自身はこれを肯
定したことはない。この外部から先住民社会に入った都市部出身の青年たちが、
先住民社会の中で先住民と生活を共にする過程で、1980年代後半にマルクス主義
的な運動理論を放棄して、名称は変更せずに、先住民精神に基づく武装抵抗運動
に路線を転換した。

　1994年1月1日、EZLNはサンクリストバル市のラジオ放送局を占拠して、蜂
起に先立つ前年12月に作成した、以下のように始まる『ラカンドン密林宣言』を
発表した。

　「いまわれわれは宣言する。もうたくさんだ。

　メヒコの人民へ、メヒコの仲間たちへ。

　われわれは500年に及ぶ戦いから生まれた。初めは奴隷制との闘いであった。
ついで蜂起者が指導するスペインからの独立戦争、その後は北アメリカの拡張主
義に吸収されることを回避する戦いがあった。そして、われわれの憲法を制定
し、われわれの領土からフランス帝国を追い出すために戦った。ポルフィリオ・

ディアス PorfilioDíaz（1830 ～ 1915）独裁体制は改革諸法をわれわれに適正に
適用することを拒んだが、人民は自らの指導者を創りだし決起した。こうして
サパタとビリャが登場したのである。彼らはわれわれと同じように貧しき人間で
あった。われわれ貧しき人間には、人間形成にもっとも基本的なことすら認めら
れなかったが、それは、単なる肉弾としてわれわれを利用し、われわれの祖国か
ら資源を略奪するためであった。飢えや治療可能な病気でわれわれが死んでも、
彼らは何ら痛痒を感じない。われわれが何もない無一物でも、彼らは心を痛める
ことはない。われわれに雨露の凌げる家屋、土地、仕事、健康、食物、教育がな
くても構わない。しかも、われわれの手には、自由かつ民主的に自分たちの権力
執行者を選ぶ権利もなければ、外国勢力からの独立もなく、われわれやこどもの
ための平和も正義もない。しかし、いまわれわれはもうたくさんだと宣言する。
メヒコという民族性を本当に創り上げた者の後継者は、われわれである。われわ
れ持たざる者は無数にいる。われわれはあらゆる仲間に呼びかける。われわれの
この呼びかけに応じてほしい。」［EZLN 1994=1995：57-58］

　この宣言全文は、戦争宣言、EZLN 指揮官ならびに将校幹部への指令、戦争税
法、逃走する人民の権利と義務に関する法律、革命軍の権利を義務に関する法
律、革命農地法、女性に関する革命法、都市改革法、労働法・現行法の補足、産
業・商業法等13項目なら成っていた。EZLN は彼らの戦いは、スペインによる侵
略から始まった500年に及ぶ戦いであると主張した。まさに、「われわれ」と「彼
ら」という表現が、スペインによる侵略に対する反植民地闘争が現在も続いてグ
ローバル化加速期の国内植民地主義（＝〈新〉植民地主義）に対する闘争に転化
しているとの認識を示している。

　EZLN は武装蜂起後、同年 1 月 6 日付けのコミュニケで次の 4 条件を提示し、
それに基づいて全国仲裁委員会を結成せよとメキシコ政府に呼びかけた。4 条件
とは、① EZLN を交戦団体であると認めること、②すべての戦闘地域において
双方が停戦すること、③連邦軍部隊は農村住民の人権を尊重しつつすべての町村
から撤退して兵営地に戻ること、④農村地域にたいする無差別爆撃を停止する
こと、であった。これに対しサリナス政府は、武装蜂起がテロ専門家によって
煽動されたものであるとして、空爆と陸上部隊による反撃を継続、EZLN をその
本拠地であるラカンドン密林に追い詰めた。しかしながら、国会でも、国内外
の市民社会でも、武力に訴えることには反対するが、EZLN の主張に共鳴する声
が上がり、1994年 1 月12日、メキシコ市では和平を求める大規模なデモ行進が実
施された。このような世論に押される形で、カルロス・サリナス・デ・ゴルタリ
Carlos Salinas de Gortari（1948 ～）大統領は同日、停戦を発表し、マヌエル・

カマチョ・ソリス Manuel Camacho Solis（1946〜2015）外相を和平調停責任者に任命して、1月12日に一方的に連邦軍に停戦命令を下した。EZLN も政府との和平交渉に同意した。

2月21日にはサンクリストバル司教サムエル・ルイスが全国仲裁委員会の代表委員となり同市カトリック大聖堂で第1回和平会議が開催されたが、3月2日に EZLN は要求は満たされていないと発表、先住民農民による2万人以上の抗議デモを実施し、4月10日にはメキシコ・シティに向けた先住民デモが行われた。

連邦政府との最初の和平交渉は決裂、1994年6月12日に EZLN は「第2ラカンドン密林宣言を発表し、闘争の継続を訴えた。そして蜂起1年後の1995年1月15日に「第3ラカンドン宣言」、さらにその1年後の1996年1月1日に「第4ラカンドン宣言を発出した後、1996年2月16日には前年4月から再開されていた一連の和平協議に基づき、「先住民の権利と文化に関する協定」（サン・アンドレス協定）を締結した。

しかし、続く「民主主義と正義に関する作業部会」での交渉がまったく進展せず、先住民の権利と文化の擁護を憲法に盛り込むとの当初の合意も果たされないまま、1996年9月2日、EZLN は、①EZLN政治犯の釈放、②政府全権代表の任命、③監視委員会の設置。④「民主主義と正義」に関する政府側の真摯かつ具体的な提案、⑤先住民共同体に対する軍事的迫害の停止、の5条件が満たされるまで交渉は中断すると発表した。

その後、超党派国会議員を中心メンバーとする和平調停委員会（Comisión de Concordia y Pacificación：COCOPA）が結成され、1996年11月サン・アンドレス協定に基づく憲法改正原案（COCOPA原案）を作成し、当事者双方に提示した。EZLN とチュアイフェット Emilio Chuayffet Chermo（1951〜）内相はいったんこれに同意するが、セディージョ Ernesto Zedillo Ponce de León（1951〜）大統領の反対にあって交渉再開の道は再び閉ざされた。

連邦政府は、暗礁に乗り上げた交渉再開の糸口を見出すため、1996年12月と1998年3月に憲法改正に関する政府提案を行ったが、EZLN はこれを拒否した。そして長い沈黙の後、1998年7月に EZLN は「第5ラカンドン密林宣言」を発表して、憲法改正原案の成立を訴えた。

セディージョ大統領は EZLN に対しては強硬姿勢を貫く一方、国民と EZLN の民主化要求に応える選挙制度の改革を実施した。しかし、変革を求める世論は衰えず、2000年7月の大統領選挙において、ついに71年間にわたって政権の座にあった制度的革命党（PRI）が右派の国民行動党（PAN）に敗れて下野した。PAN のフォックス候補は選挙運動中からチアパス紛争の解決に積極的な発言を繰

り返していたが、その公約を実現すべく、大統領就任直後の2000年12月5日に憲法改正原案を国会に上程した。

　EZLNはこれに呼応し、2001年2月末から1ヶ月ほどの間、マルコス副司令官を含む幹部24人が首都へバス行進を行い、その途中各地で連続的に集会を実施した。そして同年3月28日にはメキシコ憲政史上初めて先住民が国会に招かれて演説し、彼らの現状と憲法改正原案成立を訴えた。

　このように和平交渉再開への明るい兆しが見えたものの、結局同原案は与野党（PANとPRI）議員の反対にあって成立せず、議員提案された別の「改正」案が国会で可決されたにすぎなかったため、2001年4月29日、EZLNはフォックス政権との和平交渉再開には応じないと発表した［山本2002：267-273］。

　EZLNは先住民社会と市民社会との連携を進め、前者については全国規模の全国先住民会議（CNI）を結成し、市民社会との間では1997年9月にFZLN（サパティスタ民族解放戦線）を結成した。こうした中で、当時の与党であったPRIを背景として私兵である準軍事組織が結成され、EZLNを支持する先住民共同体に対する襲撃事件が続発し、1997年12月22日にはチェナロー地区にあるアクテアル村で、EZLNの傘下ではなくサムエル・ルイス司教が支援する住民組織「蜜蜂」に属する村民45人が虐殺される事件が発生するなど、チアパス情勢は紛争が長期化するに伴って悪化の一途をたどった。

　EZLNは歴代政権との交渉が難航する中で、蜂起7年後の2001年9月に「大地の色の行進」を実施したが、その後、市民社会との関係を総括して、市民社会との交流の場としてきた「アグアスカリエンテス」を解消し、2003年8月にはEZLNを支持する村落共同体で構成されるサパティスタ叛乱自治区（MRAEZ）と、それらの各地区が抱える諸問題を調整する機関として「善き統治評議会（JBG）」を発足させた。その評議会が置かれる場所が、「カラコレス（蝸牛）」と呼ばれることになった。その後、EZLNと市民社会との関係は希薄になり、EZLN系の村落共同体の孤立化が深まっている。

　EZLNの蜂起から20年以上を経て、EZLNから脱落する共同体が増える一方で、歴代政権の「新自由主義」経済政策の下で推進される観光開発や鉱業開発のために強制的に立ち退かされる共同体農民が増加してきた。一部はEZLNに参加しているものの、残りの先住民農民にEZLNが影響力を行使しえない状態も発生しており、私兵集団による先住民農民の強制立ち退きが続発するなど先住民の苦難が続いている。このような状態は、EZLNが先住民もが参加しうる新しいネイションを求めているものの、それが未だに実現されていないことを示すものである［小倉 2007：226-230］。従って，一部にEZLNをポストモダン論から扱おう

とする傾向があるが、EZLN はポストモダンよりもアンチモダンと見るべきであろう。

　そしてこの間、EZLN は1996年1月30日に「第1ラ・リアリダー宣言」を発して、「人類のため、新自由主義に反対する大陸間会議」の開催を呼びかけた。「第1ラ・リアリダー宣言」では次のような「呼びかけ」が行われた。

　「第1回"人類のため、新自由主義に反対する大陸間会議"
世界の人びとへ
兄弟よ

　ここ数年、カネの力はその犯罪的な顔の上に新たな仮面をつけた。国境を越え、人種や膚の色など関係なく、カネの力は宣言を傷つけ、誠実を侮辱し、希望を暗殺している。"新自由主義"と呼ばれる、特権や富や免罪符が一部の人に集中する歴史的な犯罪は、悲惨と絶望を民衆に広める。

　新たな世界大戦が勃発している。だが今やその被害者は人類全体である。あらゆる世界大戦と同様に、求められているのは世界の新たな分割である。

　人を殺し、人を忘却させるこの近代戦争を、人びとは"グローバリゼーション"という名前で呼ぶ。世界の新たな分割とは、権力を権力の手に、悲惨を悲惨の中に集中させることにほかならない。

　世界の新たな分割は、先住民、若者、女性、ホモセクシュアル、レスビアン、有色の人びと、移民、労働者、農民という"マイノリティ"を排除する。世界の地下を形成するこれらのマジョリティは、権力にとって、排除可能なマイノリティとして立ち現れる。世界の新たな分割はマジョリティを排除するのである。

　金融資本と腐敗した政府の近代軍は、可能な唯一の方法で侵略、進撃する。その方法とは破壊である。

　世界の新たな分割は、カネとその追随者のみが居場所を得る。男と女と機械は同じ奴隷で、排除可能となる。嘘が支配し、メディアと儀礼によって嘘は倍加する。（中略）

　人間らしさの代わりにわれわれに提供されるのは株価指数、尊厳の代わりにわれわれに提供されるのは悲惨のグローバル化、希望の代わりにわれわれに提供されるのは虚しさ、生の代わりにわれわれに提供されるのは恐怖のインターナショナルである。

　新自由主義が代表する恐怖のインターナショナルに反対し、われわれは希望のインターナショナルを立ち上げなければならない。国境や言語や膚の色や文化や性別や戦略や思想を超え、生き生きとした人間らしさを欲するすべての人は団結しなければならない。」

　1996年7月27月～8月3日に、チアパス州内において第1回「人類のため、新自由主義に反対する大陸間会議」が開催された。EZLNの各種「宣言文」に「新自由主義」という用語が登場するが、「新自由主義」という言葉がEZLNによって使用されるのは、1995年1月1日付けの「第3宣言」以降であるが、マルコス副司令官の話を聞く限り、武装蜂起直後のインタビューで反「新自由主義」の立場をとっているとすでに明言している。しかしながら、当初は「新自由主義」については深く言及せず、マルコス副司令官による本格的な「新自由主義」批判が文書化されるのは1997年7月のことである [Marcos1997=2005]。

　第1回「反新自由主義・大陸間会議」には42ヶ国から5000人が参加し、翌1997年7月26日からはスペインで第2回会議が開催された。この「反新自由主義・大陸間会議」に発して形成されたヒエラルキーを持たない水平型ネットワークは、その後アクシオン・サパティスタのメンバー一人を含むワーキング・グループによって反資本主義・反「新自由主義」を基本理念とし、ネットを通じたグローバル・コミュニティの創設を目的とする具体案が作成され、1999年11月シアトルでのWTO閣僚会議抗議デモ、2001年1月ダボスでの世界経済フォーラム抗議デモ、2001年7月20日ジェノバでのG8サミット抗議デモにも大きな影響を及ぼした。

　第1回「反新自由主義・大陸間会議」の重要な点は、採択された決議文に「グローバル・サウス」の概念が示されていていたことである。同決議文には次のように表現が見られた。

「〈誰もが被害を受けるグローバル権力〉

「国民国家と各国諸政府の上に、多国籍的で、多国家的な自己批判的な権力の構築が新しい舞台の一部を形成している。今日、これまでよりも増して、一握りのビジネス界と金融界の人々が統制管理し、何十億人の人類の生活と未来を決定しており、各国政府はグローバル権力である国際金融機関であるIMFと世界銀行が策定する政策の単なる執行者に成り果てている。今日の世界では、諸国民国家の統制管理は益々縮小している。経済は諸国政府の支配から徐々に抜け出す傾向にある。これらは今やビジネス界がより安価な価格で必要とするインフラ提供者の機能を果たしている。コミュニケーション手段、コミュニケーション類、生産的投資を含む資本の流れはナショナルな枠組みを失いつつある。主権の解体はこれらのプロセスの影響の一つである。解放のプロジェクト、特に周辺諸国においては、戦略的闘争の一つとして主権の回復を統合しなければならない。そのためには、新しい支配の被害を受けている諸国民の連携した行動が必要である。例えば、資本流通に関する社会的統制の確立、脱税天国の廃止、総じて国際的な資

224

本移動に関する社会的統制が必要である。就中、資本の巡回的投資に関する規則を確立し、巨大な多国籍企業による不平等競争に対して生産能力を保護するための権利を回復することが必要である。国家介入主義に戻ることを求めるのではない。また、諸国政府が世界的な金融権力の荒波から我々を保護してくれることを期待するわけではない。諸国政府は新自由主義政策の保証者であり保護者である。彼らはそのために存在しているのであり、他の役割を期待することはできない。寧ろ、我々は、我々の生命、我々の資源、我々の未来を決定する権利の回復である、自決権として理解されている主権の回復を求める。これを効果的にするために、形態においてナショナルな、内容において大衆的で国際的なこの闘いは、中心的な諸国の被支配者と排除された人々による連帯と抵抗の諸形態を伴なっていかねばならない。」［EZLN 1996：41］

「〈グローバル権力にどのように抵抗するか〉

　経済的・政治的な権力のグローバル化の結果に対する回答は、多種多様な闘争の形態に示されてきた。政党や組合その他の伝統的な諸組織は、新自由主義による危機に直面しており、都市や農村の労働者、農業従事者や移民、女性や青年、総じて割れの国々の多数を占める人々は、新自由主義に抗して、防衛し抵抗するために新しい組織形態を早急に構築しなければならなかった。低開発諸国では、大衆的な貧困の先鋭化のためにさらに困難であった。闘争は、闘争しなければ消滅や死を避けることの出来ない、先住民、貧農、移民、児童・女性のような貧しく周縁化されてきた、大多数の人びとの生き残りのための最低必需品の充足が重視された。先進諸国では、労働者は、ストライキ、組合闘争等の古い闘争方法を、先端技術によって量的減少し、新しい労働・生活条件に従わされた新しい構成が、資本主義の歴史始まって以来の産業予備軍を形成する大量の低賃金労働者の出現を前に使用することを縮小することを余儀なくされた。ここでも、闘いは生き残りを賭けるものである。」［前掲書：46–47］

　上記の文書において、「グローバル・サウス」は、「中心的な諸国の被支配者と排除された人々」、「低開発諸国では、闘争しなければ消滅や死を避けることの出来ない、先住民、貧農、移民、児童・女性のような貧しく周縁化されてきた、大多数の人びと、（中略）先進諸国では、資本主義の歴史始まって以来の産業予備軍を形成する大量の低賃金労働者」という表現で表されていた。

　「グローバル・サウス」という用語が初めて使用されたのは、1995年にタイのバンコクにインド、インドシナ諸国、フィリピン等のアジア諸国の主に農民の支援を目的に設立された「フォーカス・オン・ザ・グローバル・サウス（Focus On The Global South）」においてであり、その設立趣旨において「グローバ

ル・サウス」とは、「（新自由主義的な）グローバリズムによって周縁化され疎外
された人類の大多数の人々」と定義されていた。EZLN が呼びかけた第 1 回「反
新自由主義大陸間会議」は、この「ザ・フォーカス・オン・ザ・グローバル・サ
ウス」設立の 1 年後に開催された。

　「グローバル・サウス」の概念について、世界社会フォーラム（WSF）の国
際委員であるボアベントゥラ・デ・ソウサ・サントス Boaventura de Sousa
Santos（1940 ～）は「グローバル・サウス」という概念は用いていないが、「グ
ローバル左翼」との用語を用いて、WSF による世界的な反「新自由主義」的な
グローバル化に対する抗議・抵抗運動を表現していた［de Sousa 2006：13-34］。
このようなデ・ソウサの問題意識を継承して、2017年に出版された『グローバ
ル・サウスにおける貧困の政治経済学と社会変容』において編者のマリアーノ・
フェリス Mariano Félix とアーロン・ローゼンバーグ Aaron L.Rosenbarg は、
「我々の筆者のグローバル・サウスの定義はその地政治学的でポストコロニアル
的な次元を含むが、それだけでなく、デ・ソウザが指摘したように、グローバル
資本主義によってもたらされたあらゆる苦難から結果した世界的な犠牲者のコ
ミュニティ」と説明している［Félix／Rosenberg 2017：27］。

　このような問題意識は日本においても表現されてきた。2016年に出版されたシ
リーズ『グローバル・サウスはいま』の第1巻『グローバル・サウスとは何か』
において、岡野内正は、「21世紀初頭のグローバル化時代とは、もはや諸国家群
の対立の時代ではない。グローバルな資本主義体制を守ろうとする少数のグロー
バル・エリートと、その体制が生み出す雇用不安にしたがって生活不安の中で
翻弄される全人類の大多数の約70億人との間での対立の時代である。…というの
が、筆者の現状認識であり、時代診断である［松下／藤田 2016：304］と述べて
おり、「グローバル・サウス」の概念を適切に表現している。いわば、「グローバ
ル・サウス」とは、「新自由主義」的なグローバル化によってその恩恵から排除
された人々の旧南北両世界にまたがるコミュニティであると定義しうる。このよ
うに定義することで、「グローバル・サウス」の概念は明確になろう。

　この『グローバル・サウスとは何か』において、さらに次のように論じられて
いる。

　「グローバル・サウスという概念は、ほぼ1980年代以降のグローバル化と新自
由主義の広がりを主要な契機として誕生している。「南」と「北」の諸関係を内
包する呼称である。それは、こうした20世紀から21世紀への転換期に向かう時代
的構造変容とその特徴を背景とした「南」と「北」の諸関係の相互浸透・依存あ
るいは融合・統合化の深まったグローバルな空間を前提としている。（中略）

226

　"グローバル・サウス"の概念が登場する時代的背景と直接的な契機を確認する必要があろう。それは、新自由主義を生み出してきた20世紀型資本主義（国民国家を前提とした"フォード主義的―ケインズ主義的"資本主義）の限界および冷戦の終結を1つの契機にしたグローバル化の加速的進行である。そして、ここで言うグローバル化とは新自由主義的グローバル化である。(中略)

　結局、グローバル化の時代には情報・通信・運輸技術の急速な発展により、カネ、モノ、ヒト、情報などが広範囲に普及し、国民国家の位置は相対化され、また"脱領域化"や"再領域化"の現象も現れている。そして、いまでは多くの人々の経験を通じて明らかになっているが、このグローバル化の展開のもとで実に多くの越境型の問題群が噴出してきた。たとえば、自然環境の悪化、世界的規模での格差拡大、不法移民・難民の増大、多様な形態の国境を越える犯罪、コモンズ ── 保健、水、輸送、エネルギー、知識、種子など ── の収奪などがすぐに挙げられる。これらの現象は、いまや国家と社会の安全保障のみならず、リージョナルおよびグローバルな社会を危うくする脅威と考えられるようになった。また、世界的規模で展開するアグリビジネスの戦略や投機的ビジネスは、庶民の日々の生活の様々な領域で直接影響を及ぼしている。こうして、グローバル化の影響は不均等ではあるが、リージョナルな空間のみならずローカルな場、普通の民衆の生活まで深く行き渡っていることは十分認識されている。

　以上のような「新自由主義」型グローバル化の影響を受けているのは「南」の人々だけではない。「北」の人々も同様である。多国籍企業の権力と影響力の先例のない拡がり、そして、そのグローバルな生産の展開により、グローバルかつナショナルに富のへ激しい集中があり、超富裕層と大多数の人々とのギャップは拡大している。「新自由主義」型グローバル化は「グローバル・ノース」と「グローバル・サウス」との間のみならず、また一国内においても急激な社会的不平等を生み出した。

　注目すべき現実は、「南」と同様の貧しい「北」にも多数存在し、同時に、「南」のエリートが富を蓄積している多くの裕福な地帯が「南」にもあることである。グローバル化の下で、国境を越えて組織され拡散されている新たな社会的ヒエラルキーや不平等の諸形態が出現している。

　こうした社会的ヒエラルキーと不平等のグローバルな存在は、グローバル時代の「南」は、かつての「南」ではなく「グローバル・サウス」なのである。冷戦終結後、「第2世界」の崩壊により「第3世界」概念は言うまでもなく使われなくなった。先進国へのキャッチアップをイメージした「発展途上」という用語も、「先進」と「途上」の二項対立も有効性を失いつつある。」［松下／藤田

2016：1-3]

　このように「"グローバル・サウス"は、グローバルな支配および抵抗の様式によって特徴づけられる理論的ルーツ」をもつ概念なのである。そして、「新自由主義」型グローバル化の下で、それは搾取や疎外や周辺化といった共通の経験を有するあらゆる被支配集団と"抵抗する"諸集団を包含する政治的アクターを示す概念でもある。"グローバル・サウス"は世界的規模で"不平等を伴って複合的に発展"する過程を伴うのである」[同上：5]。

　「グローバル・サウス」は「第3世界の置き換え」でもなく、「発展途上世界」というカテゴリーの変形でもない。「グローバル・サウス」の概念は、新自由主義型グローバル化という文脈で使われ、新自由主義型のグローバル化の下で差別や疎外、周辺化といった共通の経験を持つすべての諸グループを包含する概念である。従って、そこには世界中の虐げられた人々や抵抗する人々が含まれる[前掲書：45]。

　このような「グローバル・サウス」という国際秩序の新しい局面を表現する概念が、EZLN が呼びかけた第1回「反新自由主義・大陸間会議」において表出されていたのである。同会議の議論において、「新自由主義」的なグローバル化の進展の中で迫害される周辺諸国の「排除された人々」とともに、社会構造の変化を前に闘争形態を変更せざるをえなくなった先進諸国の労働者層等の「多種多様な」人々の連携と連帯が主張され、「グローバル・サウス」の概念が明確に示されていたのである。

　この第1回「反新自由主義・大陸間会議」において、翌1997年7月に第2回会議をスペインで開催することが決定され、国際社会に呼びかけが行われ、同年7月末にマドリッド、バルセロナ、ルエスタ（アラゴン州）、アルムニェカル、エル・インディアノ（アンダルシア州）のスペイン国内5ヶ所で第2回会議が分散開催された。初日の7月26日にマドリッドで作成された第2回会議の宣言文には、「この第2回会議は、女性、男性、老年、青少年が5大陸から EZLN の5つのアグアスカリエンテスに集まり、新旧の戦いの虹を形成することができた1年前に生まれた衝動を維持している」と表現され、「5大陸」の人々の連帯と共闘が強調された[http:www.nodo50.org/encuentro/manif.]。

　こうして、EZLN が1996〜97年に開催を呼びかけた「反新自由主義・大陸間会議」に「新自由主義的」なグローバル化を問題視する「5大陸」の人々が参加するととともに、メキシコとスペインで連続的に開催されることで、新自由主義がもたらす諸問題を協議する「南北」世界をまたがる協議の場が設定されたことにより、「グローバル・サウス」形成が具体的に開始されたと評価しうる。

　このように、EZLN が呼びかけた第 1 回「反新自由主義・大陸間会議」の議論において、「新自由主義」的な「グローバル化」の進展の中で迫害される周辺諸国の「排除された人々」とともに、社会構造の変化を前に闘争形態を変更せざるをえなくなった先進諸国の労働者層の連携と連帯が主張され、「グローバル・サウス」の概念が明確に示されたのである。

　EZLN が1996年 7 月に開催した「反新自由主義・大陸間会議」は、20世紀末から今日に至る「グローバス・サウス」から発した社会運動の起点となった。その後、この「反自由主義・大陸間会議」に端を発して、2002年に始まった「世界社会フォーラム」や1999年12月のシアトル「WTO 閣僚会議」に対する抗議デモや、2001年 7 月の G 7 ／ G 8 に対するジェノバ G 8 サミットに対する抗議デモが生まれ、さらに恒常的に「サミット・プロテスト運動」が展開されるようになった。現在は「G20サミット」に対するプロテスト運動に対象が拡大されてきた。

　EZLN の例は、レーニン主義的な前衛党論に依拠していた都市部の中間層出身者が、先住民社会の固有の価値観に触れる中で、前衛党論的な「外部注入」を自己批判し、自分たちが先住民から非欧米的な価値観に学ぶという姿勢から、「新しい政治・社会運動」を形成し、そして先住民運動に発してグローバルな社会変革運動の基盤を形成した実例である。

（7）スペインの事例

（イ）フランコ体制期

　「1968年」現象は決して地表に現れた現象だけでなく、地表には現れなくても、地中の「地下水」の水脈として流れてきたものもあった。前述のラテンアメリカもその一例であるが、ヨーロッパでもスペインの例がある。スペインでは、1968年にフランスの「5 月革命」に連帯する学生・芸術家の運動が対抗文化運動という形で表現されたが、フランコ政権によって武力弾圧されたように、フランコの独裁政権下にあって、街頭行動を伴うような反体制運動が徹底的に弾圧されたため、先進諸国のような「1968年」型運動は1971年 2 月に中間層の青年層によって結成されたイベリア解放運動（MIL）による資金調達を目的としたゲリラ活動が散発的に発生しただけであった。この MIL については、2006年にマヌエル・ウエルガ Manuel Huelga（1957 〜）監督が製作した「サルバドールの朝」によって映画化されたが、治安部隊との銃撃戦で負傷して拘束された MIL の活動家である学生出身のサルバドール・プイグ・アンティック Salvador Puig Antich（1948 〜 1974）は1974年 3 月に鉄環絞首刑という中世的な残忍な処刑方法で殺害

された。

(ロ)「5月15日運動（15M）」と「ポデモス」

　1975年のフランコの死後に生じた「民主化」を経て、1979年9月に社会労働党（PSOE）は臨時党大会を開催してフェリペ・ゴンサレス Felipe González Márquez（1942～）書記長の下で「社会主義政党」であることは維持しつつも「脱プロレタリア化」に方向転換した。この臨時党大会で採択された綱領文書の中で「労働者階級は多様化した」という表現で、「自身の労働力を売る新たな層が出現し、彼ら（専門家・技術者、官僚・事務官、直接的には生産と結びついていない労働者など）は生産過程において、従属的な立場に追いやられている」と指摘し、知識人、専門職、小企業経営者、農民等をも勤労者層として PSOE の基盤に拡大すべきだと論じて「脱プロレタリア化」路線を提起した。

　しかし、この PSOE の「脱プロレタリア化」路線は労働者総同盟（UGT）への依拠からの脱却が遅々として進まないなど、十分な成果を上げなかったため、スペインの「多種多様性」に相当する人々は、社会労働党（PSOE）を乗り越えて、2011年5月15日に「5月15日運動（15M）」という社会運動を登場させた。そして、この「M15」の展開の延長線上に2014年1月に「新しい左翼運動」である「ポデモス」が結成され、「住宅ローン被害者」を中心として、プロレタリアートだけでない「多種多様性」と言いうる大衆層全般から成る新しいタイプの「グローバル・サウス」を基盤とする左翼運動が登場した。

　「アラブの春」の現象に見られたチュニジアやエジプトにおいて、SNS を通じて大規模な街頭行動が実行された傾向の影響を、いち早く受けたのはスペインであった。スペインでは2011年5月11日に、マドリッドの「プエルタ・デル・ソル広場」やカタルーニャ自治州の州都バロセロナ市の「カタルーニャ広場」など全国数十ケ所で二大政党への不信と社会格差の拡大、特に不動産バブルの崩壊によって生じた住宅強制退去問題に関する抗議デモが実施された。

　「15M」を開始したのは、失業状態や不安定雇用状態にある若者や、強制立ち退き処分によって生じた住宅喪失者が多くを占めていた。無党派層が多かったが、左翼諸党派の共産党（PCE）を中心とした統一左翼（IU）、社会主義青年同盟（Juventudes Socialsitas）、反資本主義左翼（Izquierda Anticapitalista）、赤い潮流（Corriente Roja）の党員・シンパや、労働者員会（Comisiones Obreras）、労働総連合（UGT）、労働総同盟（CGT）の組合員章所持者、ATTAC 等の社会運動組織のメンバーが参加していた [Roitman 2012：112]。

　「15M」は、その規模と実践の特徴のため、運動の発端当初から多くのメディ

アの注目を集めた。全国紙『エル・パイス』が 5 月15日のデモ当日に行った
インタビューでは、デモを呼びかけたプラットフォームである「真の民主主義
を（Democaracia Real Ya!）」のメンバーは、「運動の目的は何か」との質問に
対し、「イデオロギーや利害関心は脇に置いて、我々が本当に怒っていること
に対して集中して抗議すること」と答えている［池田2014：82］。具体的には、
政治的腐敗が蔓延した二大政党の傾向に対して、真の民主主義の欠如を糾弾し
ている。運動の目的は参加者によって用いられたスローガンにも良く表れてお
り、そのうち、最も代表的なものは「いない、いない、我々は代表されていない
（¡Que no, que no, que no Nos Representan!）」というものであった。このよ
うな、真の民主主義の欠如を批判して、政治のあり方を批判する傾向は、集会会
場に掲げられた多くのスローガンに見られた。代表的なスローガンとしては、次
のようなものが見られた。

（1）「今、民主主義を求める（Ahora Democracia, y la Quiero Ya）」
（2）「もう汚職はたくさん（Basta Ya de Tanta Corrupción）」
（3）「民主主義よ、君が好きだが、君はいない（Democracia, Me Gustas,
　　　Pero Te Noto Ausente）」
（4）「透明と参加、それが純粋な民主主義だ」（Ya Transparencia y
　　　Participación Somos Pura Democaracia）」
（5）「今日、怒れる者はいるが、諦めるものはいない（Hoy Hay Más
　　　Indignados y Menos Resignados）」
（6）「もっと民主主義を、もっと正義を、もっと自由を（Más Democracia,
　　　Más Justicia,）」Más Libertad）」
（7）「選挙人名簿に汚職政治家はいらない（Ningún Político Coruupto Más
　　　en las Listas Electorales）」
（8）「息子に民主主義を愛することを教えよ（Enseña a tu Hijo a Amar la
　　　Democracia）」
（9）「我々は何千もの理由を持つ反逆者である（Somos Rebeldes con Mil
　　　Cauzas）」
（10）「諦めるものはソファーに、怒れる者、変革者は広場に（Resignado en
　　　el Sofá, Indignados y Revolucionados en la Plaza）」
（11）「真の民主主義を求めて、遠くまで到達できるようにゆっくり歩もう
　　　（Vamos Despacio para Llegar Muy Lejos：Por Una Democracia Ya ）」
（12）「限りなき民主主義を夢見る（Sueño Una Democracia Sin Limites）」
　　　［Mauronval 2017：18-67］

「プエルタ・デル・ソル広場」で、「真の民主主義」を求めるスローガンの次に多く見られたのは、住宅立ち退き問題に関するスローガンであった。

（1）「住宅は公共財産であるべきだ（La Vivienda Debe Ser un Bien Público)」
（2）「家がないのなら、広場に残ろう（Si No Tenemos Casa, Nos Quedamos en la Plaza)」
（3）「人なき家もなく、家なき人もなく、すべての者に住宅を（Ni Casa Sin Gente、Ni Gente Sin Casa, Viviendas para Todos Ya!)」
（4）「尊厳をもって生きたい（Queremos Vivir Dignamente)」
（5）「家もなく、職位もなく、年金もなく、そして恐れもなく（Sin Casa, Sin Curro, Sin Pensión, Sin Miedo)」
（6）「我々は住宅への権利をもつが、それは憲法違反ではない（Tenemos Derrecho a una Vivienda, y Esto No es Anticonstitucional)」

　全体的に、「怒れる者」という表現が多く見られた。「15M」運動の背景には、汚職を背景とした政治不信と、新自由主義経済政策の結果として拡大した理不尽な社会的格差に対する「怒り」が存在した。この時期、2010年12月にフランスの政治学者・元外交官であるステファン・エッセル Stéphane Frédéric Hessel (1917～2013) が出版した小冊子『怒れ！慣れ！』がフランスで大きな反響を呼んでいた。同書は初版6000部であったが、たちまち200万部が増刷された。スペインにおいても、2011年2月にスペイン語版が出版された。同書の中で、エッセルは、次のように述べている。

　「確かに今日の世界では、怒る理由が昔ほどはっきりしなくなっている。言い換えれば、世界はあまりに複雑になった。命じたのは誰なのか、決定を下したのは誰なのか、支配の系統をたどるのは必ずしも容易ではない。もはや相手は、明らかに悪行を働いている一握りの権力者ではないのだ。今の相手は広い世界であり、誰もが知っているとおり、相互依存する世界である。（中略）だがこの世界にあっても、許し難いことは存在する。それを見つけるためには、目を見開き、探さなければならない。若者よ、探しなさい。そうすれば、きっと見つかる。」

　「すでにわかっているだけでも、新たな課題が2つある。一つは、貧富の膨大な格差である。しかもこの格差は拡大し続けている。これほどの格差は、20世紀、21世紀になるまで出現したことがない。今日の世界で最貧層と呼ばれる人々は、一日たった2ドルの所得しかない。このような格差を放置してはならない。このことだけでも、行動が求められている。

　もう一つは、人権である。それから、後で述べるように地球環境の問題もあ

232

る。」［Hessel 2010＝2011：43-48］

　このエッセルの言葉から、「15M」運動の参加者たちは「怒れる者（インディグナドス：Indignados）」を自称するようになり、スペイン語のこの言葉が、グローバル・サウスの変革運動を追求する人々の間に世界的に普及することになっていった。スペインは、正に「怒れる者」という表現を切実に感じる人々が増加していた。

　スペインは、1991年１月にEU統一通貨ユーロを導入してユーロ圏に加入して以来、その前後からの単一欧州の形成過程において資本移動の自由が確立されていくなかで、比較的成長余地が大きいと判断され、ドイツやフランスなどから多額の資本が流入した。さらに、欧州中央銀行（ECB）による統一消費者物価を用いた画一的金融政策が、ユーロ圏の中でも物価上昇圧力が強いスペインの実質利子率をマイナスで推移させる結果をもたらしたため、資金需要を刺激した結果、銀行による融資が拡大して、不動産・住宅部門を中心とする資産バブルの発生をもたらした。ユーロ導入時の1999年末から不動産バブルのピーク時にあたる2006年末までの間、銀行部門による融資残高総額に占める建築不動産部門・住宅ローン向け融資残高の割合は44.4％から61.5％にまで上昇した。不動産バブルが崩壊した2009年末時点でも、銀行部門の総融資残高の61.0％が建築不動産・住宅部門向け融資となっていた。中でも、庶民金融の主な担い手であった貯蓄銀行（Caja）が、不動産開発融資や住宅ローン拡大の牽引役となった。2004年における銀行部門全体の住宅ローン融資額の対前年増加率は18.8％、翌2005年には25.9％であったが、うち貯蓄銀行による住宅ローンが全体の増加率に対する寄与度は9.7％、18.6％とその大半以上を占めた。また、2006年は住宅ローン全体の成長率が10.3％に鈍化したが、うち貯蓄銀行の寄与度は8.8％と、同年における住宅ローンの提供のほとんどは貯蓄銀行によるものだった。また、2000年から2007年の間において、住宅資産担保証券の発行残高は1444.4％増加するなど、資本市場の活用が目立った。なかでも貯蓄銀行はその発行に積極的であり、銀行部門による住宅資産担保証券の発行残高のうち貯蓄銀行の発行分が占める割合は、2009年には59.9％にまで上昇した。このように、貯蓄銀行が不動産バブルの膨張に果たした役割は大きかった。その後、2007年の米国におけるサブプライム問題を受けてスペインの不動産バブルにも綻びが生じ始め、さらに2008年９月のリーマン・ショックによって世界的な信用収縮が発生したことをきっかけとして、スペインの不動産バブルが本格的に崩壊し、不動産価格の急落に伴う逆資産効果によって、銀行部門の保有債券は大きく劣化し、特に建築・不動産部門向け不良債権が顕著に増加した。

　スペインでは、フランコ体制終焉後、金融規制の緩和が進み、貯蓄銀行の支店設立規制や業務規制が撤廃され、その結果カタルーニャ州起源の「ラ・カイシャ」やマドリッド起源の「カハ・マドリッド」のような一部貯蓄銀行が他県他州への業務拡大を積極化させ、また他の貯蓄銀行との統配合を進めたことか資産規模を急速に拡大させ、2009年末時点で貯蓄銀行は、銀行部門の資産の40.8％、融資残高の46.6％を占める有力な金融機関となった。貯蓄銀行は、株式会社方式ではなく財団方式で運営され、利益の一部が「社会的利益」として社会や地域の福祉計画に対する資金援助に回されるという特徴を有していた［土田 2011：96-99］。

　このような貯蓄銀行が、建築・不動産部門向け融資や住宅ローンを積極的に供給した結果、不動産バブルの膨張を促進する原因となった。貯蓄銀行は庶民金融を担う役割から住宅ローンを積極的に供給する一方で、建築・不動産向け融資も拡大した。このため、不動産バブルの崩壊とともに、貯蓄銀行は不良債権問題に直面し、経営危機に陥ることになる。2010年6月、スペイン中央銀行は（BCE）は、『貯蓄銀行の再編計画』を公表した。「再生計画」の重点は、統廃合や公的資金の注入による貯蓄銀行の資本力の強化に置かれた。2009年12月末で45行あった貯蓄銀行のうち同部門の総資産の92％を占める39行が再編対象とされ、最終的には12グループへの集約が目指された。また、貯蓄銀行の不良債権処理のために「銀行部門再生基金（FROM）」を通じた公的資金の注入が行われた。

　この、公的資金注入に対して、融資返済能力を喪失したために住宅強制立ち退きの対象となった人々が抗議の声を上げた。彼らは2009年2月にバルセロナで「住宅ローン被害者の会（LaPAH：La Plataforma de Afectados por la Hipoteca）を結成して、その後全国組織化し、住宅強制立ち退きに抵抗して抗議するとともに、政府による不良債権問題を抱える銀行に対する公的資金の注入に反対して立ち上がった。この「被害者の会」が、2011年5月15日のマドリッド等全国各地で展開された「15M」運動の中心的勢力となったのである。

　「被害者の会」は、返済不能を口実とした住宅強制立ち退きに抵抗するとともに、強制退去後に空き家となった住宅の占拠を通じて、被害者に住宅を確保する運動を展開していた。強制立ち退き抵抗運動は、2010年11月から開始され、2017年2月までに2045件の強制立ち退きを阻止した。また「被害者の会」は、2010年6月に、議会に返済猶予法案を提案したが、二大政党の国民党（PP）と社会労働党（PSEO）の反対によって否決された。2011年3月30日には、労働団体などの他の諸団体と共に、「民衆立法イニシアティブ（ILP）」と称するキャンペーンを開始して、返済不能債務の免除や返済の後納を求める法案を求める運動を展

開した。また、同年９月25日には、全国45都市で、経済危機下で生じた返済不能化による住宅強制立ち退きに対する規制緩和と同時に返済猶予を求める街頭行動を組織した。しかし、2013年４月２日、ラホイ PP 政権は、強制立ち退き問題を規則化しながらも、返済猶予を否定した政府法案に組み込むと主張して、問題の本質的解決を拒否した。「被害者の会」によれば、2008年７月の危機開始後2012年末までの強制立ち退き執行者数は17万1110件［『Daigonal』紙2012年11月16日付け］であり、一方2013年６月時点での政府議会報告に依れば、強制執行数は、2006年１万6079件、2007年１万7412件、2008年２万0549件、2009年３万7677件、2010年５万4250件、2011年６万4770件、2012年７万5375件 で あ っ た（2006〜2012年の合計28万6112件）［2012年６月12日政府回答第14741512号］。

　「被害者の会」は、「真の民主主義を！（Democracia Real Ya!）」と連携したが、2011年５月15日以前に存在し、「15M」と連携した運動としては、「未来なき青年たち（Juventud Sin Futuro）」、「憤激状態（Estado de Malestar）」、「Xネット」、「彼らに投票するな（No Les Votes）」、ATTAC などがあった。５月15日以後、様々な分野で種々の運動が立ち上げられ、「15M」運動の拡大をもたらした。

　「15M」運動の特徴としては、組織的な水平性、集団的知性、包合性、非暴力、ネットワーク状組織、不均質性、非個人崇拝等が挙げられるが、特に重要な特徴は、第一に SNS を通じた参加方法が重要な役割を果たしたことと、第二に合意形成において直接民主主義的な「アセンブリー方式」が採用されたことの２点であるである。

　集会規模の拡大において、SNS が果たした役割の大きさについては、その後アンケートが実施された結果が存在する。2017年に『15M：社会民主主義化のための政治運動』を出版したサラゴサ大学のクリスティーナ・モンへは、参加者の94％が何らかの SNS を通じて参加したが、特に集会呼びかけを行ったプラットフォーム「真の民主主義を！」がフェイスブックに立ち上げた同名のサイトを見て参加したと回答している調査結果を掲げている。同調査ではまた、SNS の重要度を１から５までの指数として表現することを求めた調査結果を、「デモ参加：4.54、活動の継続：4,44、デモの組織化：4.42」と指摘している［Monge 2017：205］。このように「15M」が大規模な街頭行動を実施する上で、フェイスブックやトゥイッターなどの SNS が重要な役割を果たした。

　「15M」のもう一つの特徴は「アセンブリー方式」である。「アセンブリー方式」は、「多様な参加主体による水平的かつ平等的な意思決定を可能にするために確立された直接民主主義の展開の方法」である。この「アセンブリー方式」に

関して池野朋洋は次のように論じている。

「15Mの会合実践には様々な工夫が凝らされている。会合の進行役である“議長”は議題に即した形に議論を焦点化させたり、少数の個人が議論の時間を閉めないようにした上で、予定を固守して会合を提示に終えるように努力する。各委員会からの提案を行う“代弁者”は委員会間のつなぎ役としての責任を負い、全体での共通の合意へ達するために委員会の声を全体会合の場に伝える。代弁者は各自の委員会の決定を尊重し、個人としての自らの意見や提案を介入させることはしない。さらに、すべての人々による平等な参加を促し、特定のリーダーやヒエラルキーの出現、あるいは特定のグループや個人が情報や決定をコントロールすることを避けるために、これらのどの役職についても交代制を布いている。そして、会合での最終的な意思決定はハンド・シグナルによって為されるのであるが、これは多数決での意思決定とは異なり、場にいる全ての人々が賛同する、あるいは反対しないことによってはじめて提案が承認されるものである。」[池野2014：82]

　この「アセンブリー方式」は、まもなくニューヨークで行われた「オキュパイ・ウォール・ストリート（OWS）運動」に伝えられ、実践されていくことになるが、それ以前にも「世界社会フォーラム」やサミット・プロテスト運動において一部で実践されていたものである。その起源は、おそらく欧米起源と考えれば、各国のアナーキズム系の諸運動で実践されていたものであり、他方米州先住民系の起源と考えればEZLNの主催で開催された「反新自由主義大陸間会議」で実践されていたものであろう。

　このような、SNSの使用とともに、「15M」の特徴となった直接民主主義方式の総意形成方法は、議会制民主主義など、代議制民主主義に対する対案として、考慮しなければならない民主主義の実践方法である。この点が、「15M」の評価に関わる重要な点であろう。

　「15M」の中は、二大政党である国民党（PP）と社会主義労働党（PSOE）による政治のあり方、特に腐敗を拒否する強い傾向がある一方で、二大政党制を含めた代議制民主主義自体を拒否する傾向に二分される。従って、前者の傾向から見れば、2014年2月に新しい左翼組織として「ポデモス（Podemos）」登場したことを、既成の二大政党制に対する批判から「15M」を論じる見方が生じる。この視点から見れば、二大政党制に対する批判は15Mから「ポデモス」へと継承され、資本主義システムの非物質的生産や認知資本主義への移行という新たな段階への進展を背景として、プロレタリアートを唯一の変革主体と論じるような旧式の社会主義政党ではない、本章第4節で論じたような、グローバル・サウスの

「多種多様性」を基盤とする新しい左翼勢力・組織が登場したと評価することも可能である。

　しかし、「15M」の重要性は、このような見方に解消されるものではなく、近代における政治のあり方、近代民主主義の再考を迫る内実を有するものである。即ち、「15M」は、二大政党制の腐敗に代表される政治の劣化や、新自由主義的経済政策の結果として生じた社会格差の拡大に対する反発だけでなく、より本質的な近代民主主義批判を有する重要な運動であったと評価すべきであろう。従って、「15M」と「ポデモス」の間の継承性を強調する議論も、他方で「15M」をシングル・イシュー運動であることを克服した、反グローバル化運動の限界を克服した運動という角度だけで論じることも［池野 2014］、「15M」運動の意味の矮小化をもたらす議論であると言えよう。

　「M15」運動においては、一定期間の間に「空間占拠」が実施されたという特徴がある。スペインでは、5月22日に統一地方選挙の実施が予定されていたため、選挙管理委員会が5月15日に全国各地で抗議デモが行われたことを考慮して、広場内での野営キャンプの設営やデモ・集会を禁止したため、デモ参加者たちは「市民的不服従」に訴えて、禁止令に反して、逆に「プエルタ・デル・ソル広場」やバロセロナの「カタルーニャ広場」等の公共空間にテントを設営して、野営活動を開始した。「プエルタ・デル・ソル広場」では同年7月まで約3ヶ月間テント村が維持された。テント村では、特に「アセンブリー方式」の意思決定メカニズムが重視され、直接民主主義的な総意形成のメカニズムの確立に向けた努力が重ねられた。この「アセンブリー方式」の意思決定メカニズムが、「15M」の活動家を通じて、ニューヨークの「オキュパイ・ウォール・ストリート（OWS）運動」に直接的に伝達されていくことになる。

　この「15M」の活動家や支持者の多くが基盤となって、2014年1月に「新しい左翼」政党である「ポデモス」が結成された。この「ポデモス」がスペインにおける「新しい左翼」勢力を代表する政治組織である。しかし、「15M」の参加者や賛同者全員が「ポデモス」という新しい左翼組織の結党に参加した訳ではない。PSOEやスペイン共産党（PCE）の既成左翼に対する不信は強く残っているために、大衆運動としての「15M」の重要性は認められるが、「ポデモス」が政党になることに批判的な潜在的な左翼支持者がいたからである。彼らは、結党後の「ポデモス」の在り方を厳しく監視していくことになる。

　「15M」の運動が発生した背景には、2009年10月に行われたギリシアにおける政権交代に際して、旧政権（新民主主義党）において財政赤字の隠蔽が明らかになったことに発したギリシア経済危機に由来する緊縮財政政策があった。PSOE

のサパテーロ José Luis Rodríguez Zapatero（1960〜）政権は、IMF やヨーロッパ中央銀行の圧力の下、緊縮財政を強要された。この結果、サパテーロ政権およびその財政緊縮政策に対する反発が「15M」運動を発生させた。

　サパテーロ首相は2011年7月29日に議会解散と11月20日総選挙実施を表明したが、9月26日に任期を4ヶ月前倒しする形で議会を解散したことで、同年11月に総選挙が実施された。総選挙では PSOE が敗北し、PP が7年ぶりに政権を奪い、ラホイ Mariano Rajoy Brey（1955〜）政権が成立した。しかし、二大政党の得票率や議席数は2008年総選挙を下回り、PCE を中核とする左翼政党連合である統一左翼（IU）が躍進するなど、二大政党への反発がうかがえた。与党の PP は財政赤字削減のために、緊縮財政措置を継続したが、失業率は過去最高水準に上昇したため、総選挙時に44.6％だった PP の支持率は11ケ月後に29.9％にまで下落し、莫大な財政赤字を生み出した主因とされた PSOE の支持率も同様に下落した。2013年1月に『エル・パイス』紙がＰＰのヤミ献金疑惑（バルセナス事件）を報じると、PP の支持率は約20％にまで落ち込み、ラホイ首相に対する不支持率は急上昇した。

　「ポデモス」の原点となったのは、2014年1月12〜13日に発表され、30人の知識人や著名人30人が「怒りを政治変革に転じよう（Convertir la Indignación en Cambio Político）」と呼びかけたマニフェストである。この中にはコンプルテンセ大学（UCM）の政治学教授のフアン・カルロス・モネデーロ Juan Carlos Monedero（1963〜）、俳優のアルベルト・サン・フアン Alberto San Juan Guijarro（1968〜）、スペイン国立通信教育大学（UNED）の政治学教授のハイメ・パストール Jaime Pastor Verdú（1946〜）、著作家で哲学者のサンティアゴ・アルバ・リコ Santiago Alba Rico（1960〜）、左翼労働組合派のメンバーで元議長のカンディド・ゴンサーレス・カルネーロ Candid González Carnero、コンプルテンセ大学の応用経済学教授のビビアーナ・メディアルデア Bibiana Medialdea García（1977〜）などが含まれる。このマニフェストは、左翼の立場からの欧州連合の政治への反対を目的とし、2014年5月に行われる欧州議会議員選挙に向けた新政党結成の必要性を訴えた。

　1月14日、コンプルテンセ大学で政治学の教授であり、テレビの政治討論番組の司会者であるパブロ・イグレシアス Pablo Iglesias Turrión（1978〜）が、マニフェストへの署名者ではなかったものの、「ポデモス」の指導者となることが発表された。イグレシアスが強調した点には、①憲法135条の免除、②憲法第128条の完全な適用、③中絶権の維持などがある。また、スペインの北大西洋条約機構（NATO）からの撤退を要求し、自己決定権を支持した。1月16日には、マド

238

リードのラバピエス地区にあるバリオ劇場で「ポデモス」結成が正式に発表された。数百人の記者を前にして記者会見が行われ、イグレシアス、モネデーロ、アンダルシア教員組合（USTEA）、「マレーア・ベルデ（教育費削減反対運動）」の活動家、反資本主義左翼（IA）のメンバーであるテレサ・ロドリゲス Teresa Rodríguez、精神科医で「マレーア・ブランカ（公共衛生経費削減反対・民主化運動）」のメンバーであるアナ・カスターニョ Ana María Castaño Rey（1961〜）、研究者でアナリストのイニゴ・エレホン Iñigo Errejón（1983〜）、社会活動家のミゲル・ウルバン Miguel Urbán（1980〜）、2011年の総選挙でマドリード選挙区から出馬した反資本主義左翼（IA）の闘士やリーダーなどが顔をそろえた。

「ポデモス」の直接な目的は、PP によって実施されていた緊縮政策に反対することだった。計画を実行するため、また欧州議会議員選挙に参加するため、「ポデモス」の屋台骨となるメンバーは３つの条件を設定した。少なくとも５万人の支持を受けること、選挙名簿とプログラムの双方を公開参加によって精緻化すること、例えば統一左翼（IU）などの他政党や左派運動と団結すること、の３点であった。

2014年４月３日に行われた公開予備選挙で、選挙名簿筆頭がイグレシアスに決定された。５月25日に欧州議会議員選挙が行われ、ポデモスは得票率7.98％となる125万3837票、54議席中５議席を獲得し、PP、PSOE、IU などが中心となった選挙連合の「イスキエルダ・プルラル（IP）」に次ぐ第４党となった。イグレシアスは、「我々はこの欧州議会議員選挙で敗北した。勝利したのは国民党だ。この結果では満足できない」と述べた。イグレシアスは自身の目的が「PP とPSOE を（権力から）追い出すまで前進すること」であるとし、「我々はヨーロッパ南部の他政党と協力して活動する。明らかなことは、ドイツの植民地にはしたくないということだ」と述べた。

2014年５月に実施された欧州議会選挙に「ポデモス」が掲げた諸目標はつぎのとおりであり、穏健左翼的な政策であると言える。

＊経済の治癒：全国民へのベーシックインカムによる貧困削減と社会的尊厳、ロビー活動の制御、大企業や多国籍企業のための租税回避の救済、中小企業の振興。

＊自由、平等、友愛の推進：ヨーロッパ全域での障壁を破壊し、情報収集や社会的阻害なしに人々の協同を認めること。

＊主権の再定義：リスボン条約の削減や廃止、了解覚書の放棄、自由貿易協定からの撤退、スペイン憲法の主要な条文すべてを修正するための国民投票の

推進。

　＊国土の再生：化石燃料消費の削減、公共交通機関や再生可能エネルギーの取り組みの促進、換金作物農業の削減、中小事業による地元の食料生産の奨励。

　2014年欧州議会議員選挙で「ポデモス」が第４党になると、その躍進に関するニュースが盛んに報じられるようになった。社会学研究センター（CIS）による四半期調査によると、選挙２か月後の７月の世論調査では、「ポデモス」への直接投票意思はPSOEを上回り、PPとわずか0.9％差の２位となった。７月末、「ポデモス」は新たに個人の党員加盟を認め、受付開始から20日後には党員数が10万人に達した。

　2014年６月５日、イグレシアスは同年秋に「市民の議会は可能だ（Asamblea Ciudadana "Sí se puede"）」という党大会（市民集会）を開催することを発表した。また、非公開名簿による公開選挙によって党首を選出するために、25人の人物からなるチームが党大会の準備に責任を負うこと、提示できうる名簿の数に制限がないことなどを発表した。６月８日にはマドリードで「ポデモス」の会合が開催され、党の政治的・組織的な原則を決定する文書の決議について議論がなされた。全党員が文書を提示することができるとされ、全党員が参加する投票によって採択される文書が決定される。その後、再び全党員が参加する内部選挙が行われ、この選挙によって文書で定義された役職が決められることが決定した。党大会まで指導的地位に立つ人物を決めるため、６月12日と13日にはインターネット投票が行われた。ふたつの名簿が提示され、投票には５万5000人が参加し、86.8％の得票を集めたイグレシアスが勝利した。

　10月18〜19日には、マドリードで「ポデモス」の第１回党大会（市民集会）が開催された。10月19日には党員数が13万人となり、10月22日には17万人となった。この党大会では全党員が５つの決議に投票することができ、ポデモス自身が提案した決議のうち、得票上位の５つ、公共教育の改善（45％）、腐敗防止対策（42％）、居住権（38％）、公的医療の改善（31％）、負債の監査と再構築（23％）が採択された。構造文書の投票では、ルイス・アレグレ Luis Alegre、カロリーナ・ベスカンサ Carolina Bescansa、イニゴ・エレホン、イグレシアス、モネデーロなどの「Claro que Podemos」によって提案された、倫理的・社会的・構造的な文書が80.7％の得票を得て、欧州議会議員のパブロ・エチェニケ Pablo Echenique、テレサ・ロドリゲス、ロラ・サンチェス Rola Sánchez などによる「Sumando Podemos」（12.3％）を上回って承認された。

　2015年３月、同年12月に予定されている総選挙の前哨戦とされたアンダルシア

240

州議選において州政府与党のアンダルシア PSOE、国政与党の PP の支部政党アンダルシア PP に次いで第３党となった。そして同年５月に行われた地方自治体選挙と自治州議会選挙（17自治州中の13自治州、および8000以上の市町村で投票が行われた）では PP が大半の地域で安定多数を失う中で「ポデモス」が躍進した。首都マドリードでは「ポデモス」と左派諸政党と市民グループによって構成された左派の「アオーラ・マドリード（AM）」が57議席中20議席を獲得し、PP に次ぐ第２党となり、第３党となったマドリード社会労働党（PSOE-M）と連立協議を行い、６月11日に合意が成立したことを受け、AM のマヌエラ・カルメーナ・カストリージョ Manuela Calmena Castrillo が市長となった。また第２の都市であるバルセロナでは「ポデモス」と左派諸政党と市民グループによって構成された「バルサローナ・アン・クムー（BComú）」が民族主義政党連合の「集中と統一」を押さえ第1党になり、「BComú」のアダ・クラウ Ada Crau が市長に選出された。その他、サラゴサ（Ｚｅｃ）、カディス（PCSSP）、ア・コルーニャ（MA）やサンティアゴ・デ・コンポステーラ（CA）などでポデモスと左派諸政党と市民グループが設立したローカル政党が躍進し、左派の市長が誕生した。

　2015年５月の州議会選挙での統一左翼（IU）の惨敗後、IU 代表のアルベルト・ガルソンは12月の総選挙に向けて選挙協定を目指し「ポデモス」のイグレシアスと会談した。両者の考えには一致する点は多く、合流を目指しプラットフォームの「アオーラ・エン・コムン」が設立されたものの、イグレシアスは「ポデモス」と IU との間のいかなる提携関係をも拒否した。

　2015年７月末、ポデモスは支持者による投票によって、他党と提携して設立するすべての選挙連合の名称の中に本来の党名の使用の義務化と、立候補するすべての選挙区での候補者を予備選挙を通じて決定することを決めた。この決定は他の政治勢力との間で選挙連合を設立することを可能とし、３つの自治州でそれは実現されることとなった。バレンシア州での「コンプロミス＝ポデモス＝エス・エル・モメン」、ガリシア州での「エン・マレーア」、カタルーニャ州での「アン・クムー・プデム」である。

　2015年総選挙後にすべての政党が組閣に失敗したことで、2016年６月26日に再選挙が行われることとなった。５月13日、「ポデモス」は IU や「エクオ」などとともに選挙連合「ウニドス・ポデモス（UP）」として総選挙に臨むことを発表した。世論調査では第２党への躍進が予想されたが、実際には71議席にとどまって第３党となった。

　2016年６月26日、スペインで総選挙のやり直しが行われた。2015年12月20日

の選挙では、二大政党である右派 PP と中道左派の PSOE がどちらも下院議会で過半数をとれない中、PSOE 党首のペドロ・サンチェス Pedro Sánchez Pérez=Castejón（1972 〜）が連立政権を築こうと試みたが、中道右派の「シウダダーノス（C's）」と組もうとしたために左派の反感を買い、失敗した。そのため2016年6月26日に再選挙に持ち込まれた。この時、鍵を握っていたのが、「ポデモス」であった。再選挙では、共産党（PCE）を中心とする左派連合である統一左翼（IU）と共闘し、PSOE を抑えて下院議会第2勢力になることが事前の世論調査から期待されたが、投票直前に起きたイギリスの EU 離脱騒動の影響もあり、「安定」を売りにした PP への票が伸びて、「ポデモス」は第3勢力にとどまった。

　2018年5月、スペイン全国管区裁判所の判決により、PP の現職・元職の多数の幹部が有罪判決を受けたことに加え、同党自体も組織的汚職の利益を享受していたと有罪判決を受けたことにより、同月ラホイ政権に対する内閣不信任案が提出され、同6月、同案が下院の絶対多数で可決された。同時にサンチェス PSOE書記長が首相に信任され、7年ぶりの政権交代が行われた。

　サンチェス政権は全国議会での過半数を有していない少数与党であったことから、2019年の予算案が議会で否決され、サンチェス首相は両院議会を解散した。2019年4月に両院選挙が実施され、PSOE が第1党となった。7月に首相選出権限を有する下院での首班指名のための信任投票（第1回23日、第2回25日）が実施されたが、サンチェス暫定首相の信任に必要な多数が得られず再選挙となった。同年11月の再選挙の結果、PSOE が再度第1党となったものの過半数は得られず、民主化後初の（左派）連立政権（少数与党）が樹立した。現在、「ポデモス」は、議会内第4勢力として政権与党の社会労働党（PSOE）と予算編成等イシュー毎に「連立」を組むようになっている。

〈下院議員選挙の結果〉

	総議席数350	得票数	得票率（%）
2015年12月	69	521万2711票	20.68
2016年6月	71	508万7538票	21.15
2019年4月	42	375万1145票	14.32
2019年11月	35	311万9364票	12.86

（出典：スペイン選挙管理委員会）

　ここで注目すべきは、「ポデモス」の選挙における力強さが、成立した時期ほどの勢いが見られなくなり、下院議席数、得票数、得票率がいずれも2015年12月

の下院議員選挙以後低下している事実である（2019年11月に実施された総選挙での集票力の低下は、同年中に増加したアフリカからの不法難民がアンダルシア州に多数到来したために、新興極右政党である「VOX」が急成長し、全国レベルでも第3党に躍進したことが影響した）。

　「ポデモス」の集票力が低下している背景については理論的な分析が必要である。推察できることは、「ポデモス」がPSOEやPCEのような伝統的な左翼政党に対する不信感を基盤に成立したと考えられる一方で、「ポデモス」がPCEが中心となっているIUと連携した以後に集票力を低下させている事実である。これは明らかに、伝統的な「前衛党」論に立脚したPCEを含むIUに対する支持が低下している中で、「ポデモス」が伝統的な左翼政党から脱却した政治組織となることに期待した潜在的な左翼支持者の伝統的な左翼運動と連携した「ポデモス」に対する失望を表わしたものと理解できよう。

　一方、「ポデモス」を「左派ポピュリズム」と見る見方もあるが、これは事実誤認である。そもそも「左派ポピュリズム」という理論的な枠組は存在しない。

　「ポデモス」は、資本主義システムに既成の左翼勢力であるPSOEやPCEが選択肢となる対抗勢力として存在することができてこなかったという状況の中で登場してきた新たな変革主体を基盤とする「新しい左翼運動」であると捉えるべきである。「ポデモス」をラテンアメリカのチャベス政権などの一部左翼勢力と合わせて「左派ポピュリズム」とみる見方もあるが、適切ではない。あくまでこれらは一括して「新しい左翼運動」として左翼運動の枠組みで捉えるべきである。

　左派的に見える「ポピュリズム」という現象が、米国、ヨーロッパ、ラテンアメリカに存在してきたことは否定しえない。これらの「左派ポピュリズム」の中には左翼的傾向を有する場合も見られたことも否定できない。しかし、そもそも「ポピュリズム」に左翼的傾向が見られたとはいえ、「左翼運動」と「ポピュリズム」は明確に区別すべきである。「左翼運動」は、本来資本主義社会における社会構造に発する矛盾を背景に資本主義システムを打倒し、克服する傾向を有するものを指す。そして、資本主義システムの変化の中で「変革主体」にも変容が生じ、「多種多様性」と表現しうる多種多様な集団が「変革主体」に転じてきたとはいえ、この「多種多様性」と表現しうる諸集団の動向を「左派ポピュリズム」と捉えるのは誤りであり、この潮流は「新しい左翼運動」としてあくまで「左翼運動」の歴史的な流れの中で捉えるべきである。そして、これが本章で扱っている「第3の潮流」であり、このような傾向が日本、ヨーロッパ、ラテンアメリカ等において1960年代から生じていたことを本書は示そうとしている。このような

歴史的な流れの中で「左翼運動」の歴史を捉えるのであれば、「左派ポピュリズム」などという捉え方は明らかに誤りであると言いうる。スペインの「15M」や「ポデモス」についても、これらを「左派ポピュリズム」の概念で捉えるべきではない。

　スペインの例は、1960年代に資本主義システムの変化が生じた中で、独裁体制下で1968年前後には地表に現れるような変革運動の爆発はなかったが、イベリア解放運動（MIL）の散発的なゲリラ活動などを経て、ポスト・フランコ期に「新しい左翼運動」を生じさせる「地下の水脈」の流れが続いていた一例であると思われる。「15M」にしろ「ポデモス」にしろ、前衛党的政治運動と非前衛党的社会運動の境界線上に位置する「新しい政治的社会運動」や「新しい左翼運動」と評価すべき傾向を示しており、筆者が指摘した日本における「1968年」に出現した「第3の潮流」と同列に扱いうる現象であると思われる。

（7）「1968年」論と社会運動
（イ）社会運動における「空間」の問題

　筆者は「1968年」を論じるにあたっては、「1968年の遺産とは何か」という問いかけよりも、「1968年」がその後の世界史の流れの中で、それを継承するどのような運動を生じさせてきたかという視点から考察するべきだと考える。それをよりよく検証するためにも、歴史学的な視点、特に「グローバル・ヒストリー」論に基づく「グローバル・シックスティーズ」研究の視点が必要になると考える。

　日本や大部分のヨーロッパ諸国、およびメキシコにおいては、「1968年」現象は、ゲバラのゲリラ運動と連動したゲリラ運動が発生した多くのラテンアメリカ諸国とは異なって、ゲリラ戦争のような武装闘争ではなく、限定された小規模な武装闘争（特に爆弾闘争）を除いて、多くの場合は大学占拠や街頭デモが中心的な闘争形態であったため、特に「空間占拠」が重要な社会運動論上のテーマとなる。

　「空間」は社会運動において、運動に参加する人々が共有できる「場」となり、連帯感を増進させる効果を持つ。「空間」は、大学や工場の占拠の場合にそのような連帯の「場」となるが、一方街頭デモの場合もまた、広範囲の都市空間を占拠することで、そこに一種の「共同体」が生み出され、運動の拡大に向けた基盤となる。

（ロ）空間占拠

　日本の「1968年」に、全共闘運動の中で登場した「バリケード」と、2011〜15年の官邸前・国会前で行われた街頭行動が示したような「空間占拠」は、いずれも占拠活動をつうじて「共同体」が生み出された例である。

　元日大全共闘の三橋俊明は2018年6月に出版された『全共闘、愉快な1968年』の中で、大学紛争の中で全共闘系学生によって構築された「バリケード」について、自主管理的な共同空間である「自由自治領域」が生まれたとの視点からこれを重視して、次のように述べている。

　「校舎を全共闘が占拠してその"場"を直に自主管理することになった瞬間、大学という"場"から制度的な役割が消失し、支配されざる"自由自治領域"が出現しました。その"場"から、学生を支配していた力の関係が無くなったのです。大学当局によって管理されていた教室という空間は、バリケードによってひととき制度上の統治関係から離脱し解放されることになりました。校舎が大学をはじめとする力の支配を拒絶した"自由自治領域"に変わったことで、全共闘はその"場"を寝て食べて議論し読書し歓談し遊戯やパーティまで開催できるようにつくりかえました。大学校舎から支配関係が消失し"自由自治領域"が誕生したとき、"喜ばしき経験"の産まれる条件が整ったのでしょう」［三橋：122］。

　空間占拠に関連して、2010年代前半の日本における反原発運動から安保法制反対運動に関与した人々の中から、「一時的自律空間（TAZ）」という概念が紹介された。「TAZ」は1991年に米国のアナーキスト系の詩人であるピーター・ウィルソン Peter Lanborn Wilson（1945〜）がハキム・ベイ Hakim Bey 名で主張した概念である。

　ハキム・ベイ（Hakim Bey）は『カオス：存在論的アナーキズムの宣伝ビラ』を1991年に再版した際に、他の論稿である『TAZ／一時的自律ゾーン』とともにこの書名で出版したが、TAZ はこの書の中で表明された概念である。邦訳書は1997年に出版されている。同書の中でハキム・ベイは次のように記述している。

　「手短に言えば、我々は TAZ のことを、それだけで一つの全面的な目的であると宣伝してはいないし、他の組織の形態、戦術、そして目標と置き換えようとしてもいない。我々がそれを推奨するのはそれが、暴力と殉教へと導かれる必要のない反乱と一体になった高揚の質を与えてくれるからである。TAZ は、国家とは直接的に交戦しない反乱のようなものであり、（国土の、時間の、あるいはイマジネーションの）ある領域を解放するゲリラ作戦であり、それから、"国家"がそれを押しつぶすことができる〈前に〉、それはどこか他の場所で／他の時に

再び立ち現れるため、自ら消滅するのである。“国家”がまず実体よりも“シミュレーション”の方に関心を持つために、TAZ はこれらの領域を不法に「占有」し、相対的な平和のうちに、束の間、その陽気な目的を遂行する。おそらく、ある種の小規模な TAZ がいままで命を長らえてきたのは、山奥の小領域のようにそれらが目立たなかったからであろう —— それらが、決して“スペクタクル”とは関わらず、決して現実の外部へは表れなかったので、“シミュレーション”のスパイの眼に見えなかったからである。」[Hakim Bey 1991=1997：196]

　「TAZ はゲリラ的な存在論者の陣地のようなものであって、それはつまり、一撃を加えたら逃げろ、ということである。部族全体を移動し続けるのだ —— たとえそれが、「ウェブ」の中のデータにしかすぎないとしても、TAZ は身を守れなければならない。だがその“一撃”も“防御”も、可能であれば“国家”の暴力も巧みに避けなければならないのだが、それは、それがもはや〈有意義な〉暴力ではないからである。その一撃は、操作の構造へ、本質的には諸思想へ向けられるものであり、防御は“不可視性”であり、〈武術〉であり、“不死身”であることだ。(中略) TAZ が、実現の単純な行為から始まることを理解することである。」[前掲：197-198]

　ピーター・ウィルソンはその後、1993年に「TAZ」が実践された具体的な場として、15 〜 19世紀に北アフリカの地中海岸に存在した「バルバリア海賊共和国」の例を『海賊ユートピア』という書で提示した。

　ピーター・ウィルソンが TAZ の典型として『海賊ユートピア』の中で扱った「バルバリア海賊共和国」とは次のように概説できよう。16世紀オスマン・トルコが地中海を西へ進出してくる中で、現地のベルベル人が居住する現在のマグレブ地方はヨーロッパ人によって「バルバリア」(「ベルベル人の地」の意) と呼ばれていたことから、現在のリビアのトリポリ、チュニジアのチュニス、アルジェリアのアルジェ、モロッコのラバドの隣接町サレーに構築された海賊の拠点は「バルバリア海賊共和国」と呼ばれた。それらの地を拠点とした海賊には現地のベルベル人の他、トルコ出身者、ギリシアの島々やアドリア海沿岸地域の出身者、イタリア、フランス、スペイン等ヨーロッパ諸知地域の出身者等がいた。特に、ヨーロッパ出身者は、スペインによって追放されたセファルディ系のユダヤ人、イベリア半島に居住していたイスラム教徒、さらに「レネゲイド」と呼ばれるキリスト教からの背教者等、多文化・多宗教の共生を象徴する人々であった。

　彼らは、1615年にスペイン人をしてアルジェを占領したハイレディン・バルバロッサ (赤髭) Hayreddin Barbarossa (1475 〜 1546) と呼ばれたレスボス島出身の海賊等、オスマン・トルコの支援下でスペイン、フランス、ジェノバ、ベネ

ツィア等のヨーロッパ勢力やローマ教会やマルタ騎士団のようなキリスト教勢力
と数世紀にわたって攻防を繰り返し、その間にアルジェ、サレー、チュニス、ト
リポリに共和制、多文化共生、直接民主主義を原理とする「海賊共和国」を維持
した。ウィルソンは、このような「海賊共和国」を「TAZ」と位置付けた。特
に、サレーは共和制で統治された典型的な例である。

　「バルバリア海賊共和国」を TAZ の一例と位置付けることの可否については
賛否両論がありえよう。少なくとも、現在主張されている「TAZ」は非暴力的
な実践である一方で、「バルバリア海賊共和国」は共和制、多文化共生、直接民
主主義が実践されていたとはいえ、支配の維持のためには「権力」が行使され、
「暴力」が使用されてきたことは疑いないため、これを「TAZ」の一例として位
置づけることには異論はあろう。しかし、ヨーロッパの諸勢力に対抗し、他方オ
スマン・トルコからも半独立した「自律性」を維持していた歴史的事実は否定で
きない。特に、ヨーロッパ各地出身のキリスト教の背教者たちが、生き残りの拠
点とできるような寛容性が存在したことは重要である。彼らは、「海賊」として
の暴力性を除けば、現代風に言えば、グローバル・サウスの「ノマド」に相当す
る人々であった。

　2010年代に登場したスペイン、米国、日本等で登場した「クラウド型」の社
会運動が「TAZ」の概念で論じられるが、後述のように、イタリアのアウトノ
ミア運動の延長線上においても「TAZ」の概念が適用された例もある。従って、
「TAZ」の概念は2010年代に登場した「クラウド型」社会運動に限定されるもの
ではない。しかし、重要なのは、この概念が現代社会において有する意味であ
る。

　「バルバリア海賊共和国」は、最終的に19世紀にウィーン条約によって終焉し
たが、実体的に「TAZ」の実例として参照し得るのは16世紀から17世紀後半ま
でである。また、そこで実践された共和制、多文化共生、直接民主主義が、近代
民主主義に継承されたか否かについては研究が見当たらない。おそらく、「バル
バリア海賊共和国」において「TAZ」は「一時的」には実践されたものの、次
の時代に継承されたことは実証されていない。しかしながら、2010年代以降に世
界的に生じている「クラウド型」の社会運動は、一時的な公共空間の占拠を通じ
て、そこで実践された「アセンブリー方式」などの直接民主主義的な実践は、議
会制民主主義が形骸化し、議会政治が劣化して、有権者の信頼を失いつつあると
いう政治的環境の下においては、代表制民主主義に代わる本来の民主主義の模
索、特に国民国家に象徴される近代という時代の「政治」のあり方を克服してい
く上で、重要な実験となっているのではないかと考えられる。

　特に、ポピュリズムのように、究極的な代議制民主主義の実践の結果として生じる「政治の劣化」を克服していくためには、これまでとは異なる「民主主義」の実験に挑戦していく必要があるが、投票行為に代わって、街頭行動で政治的意思を表現し、それを「空間占拠」によって表現していくという実践は、近代以来の米国独立革命、フランス革命、ロシア革命がいずれも大衆の街頭行動によって実現したこと、日本においても1918年に発生した「米騒動」が大正デモクラシーの実現に反映したことを顧みれば、再び大衆の投票行為によってではなく、街頭行動によって歴史を変えていく、歴史を創っていくという経験に我々は挑戦していかなければならないのではないか。その意味で、「クラウド型」社会運動の進展とその下での「TAZ」の実践は極めて重要な挑戦であると思われる。

　筆者は、1968年の「バリケード」という物理的には閉鎖的空間から、2010年代の街頭空間である「TAZ」まで、いずれも空間占拠を通じた代表制民主主義、議会制民主主義に対抗する直接民主主義の表現であり、現在ヨーロッパに吹き荒れている右派ポピュリズムや米国の「トランプ現象」に象徴されるような「民主主義」の究極的な表現が「ポピュリズム」に行き着きかねないという現在の「民主主義」の形骸化に対して、本来の「民主主義」を再考する上で、非常に重要な経験であると考えている。

　このような意味で、「1968年」のバリケードと2010年代の「TAZ」と表現される「空間占拠」の間にも「本来の民主主義」を模索という意味での継承性があると考えている。因みに、1970年代に活性化したイタリアのアウトノミア運動の延長線上に1989年に設立された、変容する都市空間の中で居場所を無くした若者たちの「憩いの場」として機能した「社会センター」の活動についても「TAZ」の概念で論じられている。また、「1968年」に構築されたバリケードや「TAZ」においては「祝祭的な場」と表現され、その場に入る運動の高揚に向けた「パッション（熱情）」が醸成され、社会変革の大いなる起爆力となりうるものである、と考える。

　いずれにせよ、現状のように民主主義が一票の投票行為に矮小化されるというように、代表制民主主義が形骸化している状況の中で、「社会変革」はその運動の中で、代表制民主主義を克服していく方向性を模索していかねばならない。その際、「社会変革」は「市民的不服従」の形をとった抗議行動として展開されて行くであろうが、その「市民的不服従」は「非暴力」である必要はなく、場合によっては、街頭騒動などのような「暴力的」手段も必要とされる場合が想定されよう。「選挙」至上主義に限定されない社会変革の闘争方法として、ゲリラ戦から平和的な街頭行動まで多様な闘争形態が模索される必要がある。「非暴力」に

固執する必要はない。

(ハ)「パッション」

　「パッション」とは、後に1950年代にゲバラが影響を受けた、1920年代に活躍したペルーのマルクス主義者ホセ・カルロス・マリアテギ José Carlos Mariátegui La Chira（1984 〜 1930）が、ジョルジュ・ソレル Georges Sorel（1847 〜 1922）が1908年に執筆した『暴力論』において、「革命意識」の背景として必要であると主張した『神話』の概念から編み出した概念である。マリアテギは、1919 〜 1923年のヨーロッパ渡航中に、1910年代後半から1920年代初頭にドイツやハンガリーにおいて経済的状況からであれば「革命」が勝利してもおかしくない状況であったのに、「革命」が勝利できなかったかという理由を、「主意主義的」な視点から考察する中で提起した。マリアテギのイタリア滞在中にソレルもイタリアを訪問しているが、両者が直接に会ったという記録はない。マリアテギが、1921年版のソレルの『暴力論』を読んで影響を受けたものと思われる。ソレルは、革命プロセスにおける宗教的なものや精神的なものが果たす役割を重視したが、ソレルはそれを「神話」と表現している。

　マリアテギも1920年代に「神話」の機能について種々の著作の中で言及している。例えば、1925年1月16日に『エル・ムンディアル』誌に掲載した「人間と神話」と題する論稿において、「プロレタリアートは社会革命という神話を持っている。この神話に向かって熱烈で活発な信念を持って動く。（中略）革命家の力は科学にあるのではなくて、その信念、パッション、意思にある。それは宗教的で、精神的な力であり、神話の力である」と論じ、神話に向かう精神的な衝動を「パッション」と呼んで、科学以上に重視した［小倉 2002：87］。

　筆者は、「バリケード」や TAZ という「空間」の中で、「社会変革」に向けたこのような「パッション」が生まれていたと考える。従って、「1968年」前後に発生した社会運動は、そのほとんどが挫折したとはいえ、「社会変革」に向けた力強い「パッション」を育て上げた非常に大きな経験であったと評価するべきである。

　要するに、「1968年」からの教訓は、「社会変革」のためには、べ平連や全共闘運動が1968年10月頃までに示していた「ネットワーク型」の組織原理に基づく運動形態が望ましく、「社会変革」はマルクス・レーニン主義的な前衛党論からの束縛から脱却して初めて可能になるという認識が定着したことだと思われる。そして、その中で、民主主義の形骸化や政治の劣化を克服していく手段として、「空間占拠」が媒介となって、「パッション」が共有される中で、一時的にせよ変

革運動の実態化が進んでいたという事実が認識しておく必要がある。

(二) 当事者問題

　社会運動論や社会運動史を研究する者は、当事者になることが不可欠でないが、重要である。実経験なき社会運動論というのは、その研究成果を読んでいても、実感が伝わらず、分析に説得力を感じない。ましてや語る人々の人生が感じられない。筆者の経験から言えば、1969 〜 1971年の時期、特にまだ「8派共闘」が有効であった頃、デモ行進が数千人から数万人規模に達したデモ隊が、全共闘スタイルでデモを組んで進むと、「地響き」がするという経験、党派の梯団が解散場所の公園に近づくと、先に到着していた人びとの中から、党派を問わず拍手で迎えるという雰囲気が感じられ感動的であった。

　従って、元東大全共闘の島泰三が『安田講堂　1968 〜 1969』の中で、1968年11月22日に東大本郷の安田講堂前で東大全共闘と日大全共闘を支援する全国規模の集会が催された際、遅れて横着した約3000人の日大全共闘部隊が到着した時に、「涙を流し流していた東大全共闘のメンバーがいた」と記述しているが、筆者には非常に共感できる感覚である。これが、社会運動を扱う際の「醍醐味」であると思う。デモの「地響き」と「共感の思い」が、社会変革に向けた「パッション」を生み出す源泉であると理解される。2015年中に生じた安保法制抗議デモに、所謂「シニア左翼」と言われる「1968年」前後の社会運動の経験者が多く参加したのも、このような「地響き」と「共感の思い」を再現を感じていたからに違いない。

—— 4.「グローバル・シックスティーズ」研究 ——

（1）「資本主義システム」の変化と「変革主体」の変容

（イ）「物質的生産」から「非物質的生産」への生産基軸の変化

　1968年前後から70年代初頭の時期は、1960年代以後に顕著になった資本主義システムにおける「物質的生産」から「非物資的生産」への生産基軸の変化を背景に、「認知資本主義」段階への進化を経て、プロレタリアートだけでなく「多種多様性」とも称しうる人々が変革主体となるような、21世紀に顕著になった傾向へと至る「変容」の歴史的通過点であったと言える。彼らは非前衛党的な「新しい左翼運動」の主体となり、主体となり続けている人びとである。

（ロ）「変革主体」の変容

　「1968年」をグローバルな視点から論じるに際して、「世界資本主義システム」の中で果たすようになってきた「中間層」の役割を再検証するとともに、前述の通り、「認知資本主義」とも呼ぶべき資本主義システムの最新の段階においては、労働者各層や「中間層」を含めた「多種多様性」と呼びうる社会諸集団が「新自由主義」型のグローバル化に対抗する「変革主体」として登場してきており、それは国際社会全体を視野に据えれば「グローバル・サウス」とも表現しうる諸集団であるとも言いうる。社会運動論の視点から「変革主体」の問題を考察する場合、この点を改めて重視すべきだと考える。

（2）日本の「1968年」現象と「グローバル性」

　日本において、1960年代初頭から、主に中間層出身の学生層の一部からレーニン主義的な「プロレタリア前衛党論」に対する拒否反応が生じた。これが、1968〜70年代初頭に、新左翼・全共闘運動の沈滞化の中で、1970年代〜1980年代型の「新しい社会運動」、及び「非前衛党」的な「第3の潮流」、則ち「新しい左翼運動」を志向する傾向を生じさせた。このような傾向が、その後ラテンアメリカやスペインでも生じ、社会運動に反「新自由主義」的な「グローバル性」をもたらす要因となっている。このような資本主義システムの変化の中で生じて来た「変革主体」の変容はグローバルな性格も持つものであり、この「グローバル性」に関する認識を「グローバル・シックスティーズ」研究の基盤として、「1968年」論を再構築すべきである。

　ラテンアメリカにおいてゲバラが示したゲリラ運動の理論も伝統的な「前衛

党論」を否定するものであった。ゲバラが提示した「根拠地主義（フォキズム）」は、レジス・ドブレが要約したように、「政治的配慮は軍事的配慮と分離されない。それらはただ一つの有機的全体を形づくっている。この組織は、その核がゲリラ部隊であるような人民軍の組織である。前衛党はゲリラを中心とする形態のもとで存在しうるのであり、ゲリラとは生成過程にある党のことである」。ゲバラが示した「根拠地主義（フォキズム）」に基づく革命戦略は、マルクス・レーニン主義的な伝統的な「党＝軍」関係を前提とする「前衛党論」に対して、実践的なゲリラ運動から、必ずしも前衛党的ではない「党」を建設するという、もう一つの方向性を示していたのである。合法的な街頭抗議行動が限定的であるにせよ一定程度は実行できた先進諸国と、大土地支配制度の下での軍部独裁や強権主義的な途上諸国の政治体制の下では、資本主義システムの打倒を目指す闘争形態の在り方に相違はあるものの、19世紀末以来の伝統的な「前衛党論」を否定するという実践的な方向性が1960年代後半に生じていたという点では共通性が見られたのである。それは歴史の共通の流れであると見るべきであろう。

　「グローバル・シックスティーズ」研究の視点から「1968年」を研究対象とする際に重要なのは、日本の「1968年」においては、戦前戦中の日本が周辺のアジア諸国に対する帝国主義的な侵略の加害者であった在り方を問いかける傾向が生じ、それがベトナム戦争初期の1966年10月19日にベトナム反戦直接行動委員会が日特金属（機関銃を生産）を、11月15日に豊和工業（戦車砲、ライフル銃、弾丸等を生産）に対してビラ配布等の直接行動を実行したことに象徴されるように、一部の日本企業が米国がベトナムで用いていた兵器・弾薬の生産者として米軍のベトナム侵略に加担しているとの批判がベトナム反戦運動の大きな精神的立脚点になったことを再認識しておくことである。そこに見られるのは、加害者としての日本に対する批判である。

　「加害の論理」が登場したのは、ベ平連が運動として展開した「全国縦断日米反戦講演旅行」においてであった。1966年6月10日、広島での参加者の一人、当時広島大学の教員であった経済学者の二瓶敏は、「戦禍に巻き込まれるという考え方の中には、やはり受け身と言いますか、日本人は何も悪いことはしていないのに、巻き込まれるのは御免だという考え方、そういう発想がやはりあったし、今の多くの日本人のなかにも、ははりそれがまだ多い」と指摘し、「むしろ日本が積極的にアメリカに結びつき、あるいはアメリカがやることを支援することによって、アメリカを励まし、アメリカの侵略的な行動を派が増している」として、ベトナム戦争への日本の加担を取り上げた［平井2020：157］。この「加害の論理」がベトナム反戦直接行動委員会によって引き継がれたのである。

　単に一部の欧米諸国における研究の多くのように、「1968年」に様々な次元で類似の社会的・文化的現象を生じたという点を指摘するだけでは、「グローバル・シックスティーズ」研究ではありえないという点を確認しておくべきであろう。欧米諸国においては、研究者は過去に、そしてそれぞれの時代において、研究対象とする国々が15世紀に始まったヨーロッパ発の植民地主義的な侵略の加害者であったこと、加害者であり続けていることに対する反省の意識を研究姿勢としてもつべきである。それぞれの国々が過去に犯した「負」の歴史を反省しなければ、人類の歴史の進展などありえない。

── 5．おわりに ──

　ゲバラに関しては、全世界的に種々の「ゲバラ伝」や「ゲバラ論」が発表されてきたが、その一部は部分的には客観的な評価をなしているものもあるが、その圧倒的多数は誤った評価に基づくもの、ゲバラの意図や思いを矮小化し、歪曲するものであった。筆者は、ゲバラにも誰にもあり勝ちな人間的な欠陥はあったものの、植民地主義支配、特に帝国主義支配を打倒しようとした姿勢は人間として高貴なものであり、誰もそれを過少評価することを許されないものであると考える。何よりも植民地主義という歴史的な犯罪を背景に成立していた国際社会の変革を志向し続けた精神は永遠に尊ばねばならないだろう。

　ゲバラの思想や構想は、「帝国主義」段階にあった植民地主義の時期に米国帝国主義を終焉させるための「一大決戦」に挑む思想・構想であったと評価すべきであろう。その後は、資本主義システムの「新自由主義」段階における「〈新〉植民地主義」的な反動の時代に入り、中国や新興諸国の経済成長の下で、中国型の対米牽制路線とブラジル（ルラ政権とルセフ政権）が提示した新興諸国主導の対米牽制路線（BRICS、IBSA、上海協力機構、AIIB 等）が強調される時期に至った。しかし、2016年頃からのブラジルの国際指導力の失速によって、対米牽制力が中国に一本化されてしまう中で、習近平（1953～）国家主席の指導下で進められる「一帯一路構想」や中国海軍の海洋進出のような、途上諸国の中からも反発を招きやすい中国の国際政治・軍事路線だけが顕著となる時代に至っている。「欧米対非欧米」という対立構図が意図的に曖昧にされ、対中国包囲網が一時的にせよ国際政治で強まっている。

　このような国際環境の中で、再び国際的影響力を持ち得る対欧米対抗戦略が必要とされており、近代以来の植民地主義体制の一掃をも視野に入れた新たな「ゲバラ的」な世界戦略的な構想力が求められる時代に至っている。このような状況の中で、「多種多様性」に表現される資本主義システム打倒を目指す「新しい左翼運動」が果たす役割が期待される。

　他方、「1968年」現象については、あの時代の全共闘運動や新左翼運動等を「何も生み出さなかった無益な運動」として評価せず、一部の当事者の中にも「若気のいたり」として自らの人生の一時期を否定してしまうような人々もいることは否定できない。しかし、世界資本主義システムが変化し始め、種々の問題を生じ始めた時期に、当時は当事者としてその問題の本質を十分に理解できなかったにせよ、その矛盾と不正の顕在化に気づき、生命を賭けて闘った時代が

あったことを忘れてはならない。しかもその流れが「変革主体の変容」という形で、運動形態も常に進化しながら、今も流れ続けているのであれば、なおさら今一度「1968年」現象を再考し直し続けるという努力を人類は続けていかねばならない。

そのような歴史プロセスに対する理解もなしに、現実の流れに溺れるような生き方を人類が続けるならば、地球温暖化問題にせよ、新型コロナウィルス問題にせよ、人類が未来に向けて直面している克服困難な課題の解決にいたることは不可能であろう。

ゲバラやゲバラととともに戦った人々、そして全世界で「1968年」を闘った人々は、1415年のポルトガルのセウタ占領から始まった過去600余年に遡るヨーロッパによる植民地主義支配の現代的表現であった1960年代〜1970年代の世界的な「帝国主義」体制と米国の帝国主義支配の打倒のために闘った人々であった。彼らは人類を正しい道に歩ませようと、歴史の軌道修正を図り、巨大な「悪」を敵として生命を賭けて闘った。彼らの思いを継承することが、現代に生きるわれわれの義務であろう。そのためにも、それぞれの歴史的プロセスを再構築し、その歴史的意味を再考しなければならない。

—— 〈参考文献〉 ——

＊阿部容子／北美幸／篠崎香織／下野芳子編［2018］『「街頭の政治」を読む　国際関係学からのアプローチ』、法律文化社
＊天野恵一［1989］『全共闘経験の現在』、インパクト出版会
＊天野恵一［1994］『無党派という党派性』、インパクト出版会
＊天野恵一［1997］『全共闘経験の現在〈増補新版〉』、インパクト出版会
＊天野恵一［1999］『無党派運動の思想　「共産主義と暴力」再考』、インパクト出版会
＊荒岱介［1995］『ブントの連赤問題総括』、実践社
＊荒岱介［1998］『全共闘30年　時代と反逆した者たちの証言』、情況出版
＊荒岱介［2001］『破天荒伝　ある叛乱世代の遍歴』、太田出版
＊荒岱介［2002］『大逆のゲリラ』、太田出版
＊荒岱介［2005］『破天荒な人々　叛乱世代の証言』、彩流社
＊荒岱介［2008］『新左翼とは何だったのか』、幻冬舎新書
＊安藤丈将［2013］『ニューレフト運動と市民社会』、世界思想社
＊安藤哲行［1997］「世界の果てに憑かれた作家たち」（ルイス・セプルベダ著［1995］『パタゴニア・エクスプレス』、国書刊行会、211-219頁）
＊いいだもも／さらぎ徳二／鈴木迪夫／本多延嘉他［1969］『討論　70年をどうする　反日共系革命諸派の思想と戦略』、田園書房
＊いいだもも／生田あい／来栖宗孝／小西誠／木畑壽信／吉富昭弘［2004］『検証党組織論　抑圧型から解放型への組織原理の転換』、社会批評社
＊石井暎キ／市田良彦［2010］『聞書き〈ブント〉一代』、世界書院
＊伊高浩昭［2015］『チェ・ゲバラ　旅、キューバ革命、ボリビア』、中央新書
＊伊藤昌亮［2012］『デモのメディア論』、筑摩書房
＊岩井哲［2019］『私の東大闘争　駒場解放派の光と影』、柘植書房新社
＊大窪一志他［2019］『歴史のなかの東大闘争　得たもの、残されたもの』、本の泉社
＊太田昌国［2000］『ゲバラを脱神話化する』、現代企画室
＊大嶽秀夫［2007］『新左翼の遺産　ニューレフトからポストモダンへ』、東京大学出版会
＊大野正道［2017］『東大駒場全共闘エリートたちの回転木馬』、白順社
＊大野正道［2019］『東大法学部の真相　元全共闘の証言』、彩流社
＊尾形史人［2016］『革共同50年私史』、社会評論社
＊岡本宏編［1995］『1968年　時代転換の起点』、法律文化社
＊『置文21』編集同人［2011］『回想の全共闘運動　今語る学生叛乱の時代』、彩流社
＊小熊英二［2009a］『1968（上）若者たちの叛乱とその背景』、新曜社
＊小熊英二［2009b］『1968（下）叛乱の終焉とその遺産』、新曜社
＊小熊英二［2012］『社会を変えるには』、講談社
＊小熊英二［2018］「"1968"とは何だったのか、何であるのか」『思想』第1129号、6-19頁

＊小倉英敬［2002］『アンデスからの暁光　マリアテギ論集』、現代企画室

＊小倉英敬［2004］「ゲバラとマリアテギ」『現代思想』Vol.52-13号（10月臨時増刊）、120-128頁

＊小倉英敬［2012］『マリアテギとアヤ・デ・ラ・トーレ　1920年代ペルー社会思想史試論』、新泉社

＊小倉英敬［2015］『ラテンアメリカ1968年論』、新泉社

＊小倉英敬［2017］『「植民地主義論」再考　グローバル・ヒストリーとしての「植民地主義批判」に向けて』、揺籃社

＊小倉英敬［2018］『グローバル・サウスにおける「変革主体」像　21世紀における社会運動の可能性』、揺籃社

＊遅野井茂雄／宇佐美耕一編［2008］『21世紀ラテン・アメリカの左派政権：虚像と実像』、アジア経済研究所

＊小田実／高橋和巳／真継伸彦編［1969］『変革の思想を問う』、筑摩書房

＊小田実［1972ab］『世直しの倫理と論理（上下）』、岩波新書

＊小野田襄二［2003］『革命的左翼という擬制　1958〜1975』、白順社

＊折原浩［2019］『東大闘争総括　戦後責任・ヴェーバー研究・現場実践』、未来社

＊加茂雄三［1973］『ドキュメント現代史　キューバ革命』、平凡社

＊唐木田健一［2004］『1968年には何があったのか　東大闘争私史』、批評社

＊柄谷行人［2000］『NAM原理』、太田出版

＊柄谷行人／浅田彰／坂本龍一／山城むつみ／村上龍／王寺賢太／三宅芳夫／鈴木健／山住勝広［2001］『NAM生成』、太田出版

＊川上徹［1997］『査問』、筑摩書房

＊川上徹／大窪一志［2007］『素描・1960年代』、同時代社

＊川上徹［2014］『戦後左翼たちの誕生と衰亡』、同時代社

＊黒田寛一［1970］『日本左翼思想の転回』、こぶし書房

＊小嵐久八郎［2003］『蜂起には至らず』、講談社

＊高知聡［2003］『都市と蜂起』、現代思潮新社

＊神津陽［1970］『蒼茫の叛旗』、現代思潮社

＊神津陽［2007］『極私的全共闘史　中大1965-68』、彩流社

＊久保護［2019］『「分派」と呼ばれた男　"新日和見主義"事件と日本共産党改革案』、白順社

＊小阪修平［2006］『思想としての全共闘世代』、ちくま新書

＊小杉亮子［2018］『東大闘争の語り　社会運動の予示と戦略』、新曜社

＊小杉亮子［2019］「"史観"の困難と生活史の可能性　1960年代学生運動研究の経験から」『社会運動史研究1　運動史とは何か』新曜社、29-46頁

＊小杉亮子［2020］「"1968"の学生運動を学びほぐす　東大闘争論の検討」『社会運動史研究2　「1968」を編み直す』、新曜社、69-86頁

＊後藤政子［2016］『キューバ現代史　革命から対米関係改善まで』、明石書店

＊五野井郁夫［2012］『デモとは何か　変貌する直接民主主義』、NHKブックス

＊小林哲夫［2012］『高校紛争1969-1970　「闘争」の歴史と証言』、中公新書

＊小林哲夫［2016］『シニア左翼とは何か　反安保法制・反原発運動で出現』、朝日新書

＊斉藤日出治［1999］『ノマドの時代　国境なき民主主義』、大村書店

＊崎山政毅［2010］「ウルグアイ現代史粗描〜トゥパマロスによる解放闘争を視軸に」『情況』3期11（2）：82-94

＊桜井哲夫［1988］『思想としての60年代』、講談社

＊佐藤幹夫［2018］『評伝島成郎』、筑摩書房

＊さらぎ徳二［2007］『さらぎ徳二著作集第1巻　ソ同盟と人間疎外／世界暴力革命論他』、緑鳴社／情況出版

＊塩見孝也［2003a］『監獄記　厳正独房から日本を変えようとした、獄中20年』、オークラ出版

＊塩見孝也［2003b］『赤軍派始末記　元議長が語る40年』、彩流社

＊島成郎監修［1999］『戦後史の証言・ブント』、批評社

＊島成郎記念文集刊行会編［2002］『60年安保とブント（共産主義者同盟）を読む』、情況出版

＊島成郎／島ひろ子［2010］『ブント私史』、批評社

＊島泰三［2005］『安田講堂　1968-1969』中公新書

＊絓秀実［2003］『革命的な、あまりに革命的な　「1968年の革命」史論』、作品社

＊絓秀実編［2005］『1968』、作品社

＊絓秀実［2006］『1968年』、ちくま新書

＊全共闘白書編集委員会［1994］『全共闘白書』、新潮社

＊全共闘白書編纂実行委員会［2020］『続・全共闘白書』、情況出版

＊戦後思想叢書編集委員会［1965］『全世界を獲得するために　共産主義者同盟文献集1』、出版会〈四季〉

＊高木正幸［1988］『新左翼30年史』、土曜美術社

＊高草木光一編／吉川勇一／原田正純／最首悟／山口幸夫［2011］『1960年代未来へつづく思想』、岩波書店

＊高草木光一編／高橋武智／吉岡忍／山口幸夫［2016］『ベ平連と市民運動の現在』、花伝社

＊高口英茂［2016］『東大全共闘と社会主義　全5巻』、芙蓉書房出版

＊高沢皓司／高木正幸／蔵田計成［1981］『新左翼20年史　叛乱の軌跡』、新泉社

＊高沢皓司［1996］『歴史としての新左翼』、新泉社

＊高沢皓司［2000］『宿命「よど号」亡命者たちの秘密工作』、新潮文庫

＊高橋公［2010］『兵どもが夢の先』、ウエイツ

＊田中吉六／長崎浩／津村喬／神津陽／黒木龍思／小野田襄二／花崎皋平／池田浩士［1978］『全共闘　解体と現在』、田畑書店

＊土田英夫［2014］『1971年　市場化とネット化の紀元』、NTT出版

＊土田宏［2012］『アメリカ1968　混乱・変革・分裂』、中央公論新社

＊土田陽介［2011］「スペインにおける不動産バブルの崩壊と貯蓄銀行」『上智ヨーロッパ研究』第3号、93-109頁

＊土田陽介［2012］「スペインにおける金融・財政危機と失業問題」『世界経済評論』

　2012年11／12月号、54-60頁

＊土田陽介［2017a］「高成長スペインが抱える調整圧力」『国際金融』第1295号、1-8頁

＊土田陽介［2017b］「スペインの銀行危機と安定化政策」『上智ヨーロッパ研究』第10号、207-219頁

＊津村喬［1970］『われらの内なる差別　日本文化大革命の戦略問題』、三一書房

＊津村喬［1980］『全共闘　持続と転形』、五月社

＊鶴見俊輔／小田実／開高健［1967］『反戦の論理』、河出書房

＊東大全学共闘会議編［1969］『ドキュメント東大闘争　砦の上にわれらの世界を』、亜紀書房

＊東大全学共闘会議編［1991］『東大闘争反撃宣言　果てしなき進撃』、三一書房

＊東大闘争討論資料集刊行会［1969］『日本の大学革命4　東大解体の論理』、日本評論社

＊東大闘争・確認書50周年編集委員会編［2019］『東大闘争から50年　歴史の証言』、花伝社

＊陶山健一［2007ab］『反戦派労働運動（上下）』、前進社

＊富田武［2019］『歴史としての東大闘争　ぼくたちが闘ったわけ』、ちくま新書

＊中川右介［2018］『1968年』、朝日新書

＊長崎浩［1988］『1960年代　ひとつの精神史』、作品社

＊長崎浩［1991］『叛乱論』、彩流社

＊長崎浩［2010］『叛乱の60年代　安保闘争と全共闘運動』、論創社

＊長崎浩［2011］『共同体の救済と病理』、作品社

＊長崎浩［2012］『革命の哲学　1968叛乱への胎動』、作品社

＊長崎浩［2019］『政治の現象学あるいはアジテーターの遍歴史』、世界書院

＊中筋直哉［2005］『群衆の居場所　都市騒乱の歴史社会学』、新曜社

＊西川潤［2009］『叢書現代のアジア・アフリカ第9巻　アフリカの非植民地化』、三省堂

＊西川長夫［2011］『パリ5月革命私論　転換点としての68年』、平凡社新書

＊西田慎／梅崎透［2015］『グローバル・ヒストリーとしての「1968年」世界が揺れた転換点』、ミネルヴァ書房

＊橋本克彦［1986］『バリケードを吹き抜けた風』、朝日新聞社

＊濱西栄司［2016］『トゥレーヌ社会学と新しい社会運動理論』、新泉社

＊樋口圭之介［2012］『60年代　社青同（解放派）私史』、社会評論社

＊樋口直人／松谷満［2020］『3・11以後の社会運動』、筑摩書房

＊日名子暁［1989］『革命伝説　ゲバラと散った日系二世の足跡』、IPC

＊平井一臣［2020］『ベ平連とその時代　身ぶりとしての政治』、有志社

＊平田勝［2020］『未完の時代　1960年代の記録』、花伝社

＊廣瀬純［2005］「アルゼンチンの〈1968年〉、あるいは、もうひとつの〈暴力〉」、［スガ編2005：197-205］

＊広谷俊二［1966］『現代日本の学生運動』、青木新書

＊廣松渉［1970］『現代革命論への模索　新左翼革命論の構築のために』、盛田書店

＊藤野裕子［2015］『都市と暴動の民衆史　東京・1905 〜 1923年』、有志社

＊藤本進治／滝田修／滝村一郎［1969］『反大学70年戦線』、合同出版

＊藤原書店編集部［2009］『1968年の世界史』、藤原書店

＊ベトナム反戦直接行動委員会［2014］『死の商人への挑戦　1966 ／反戦直接行動委員
　会の闘い』、アナキズム叢書刊行委員会

＊不破哲三［1970］『人民的議会主義』、新日本出版社

＊毎日新聞社編［2009］『1968年に日本と世界で起こったこと』、毎日新聞社

＊眞武善行［2018］『日大全共闘1968　叛乱のクロニクル』、白順社

＊松下冽／藤田憲［2016］『グローバル・サウスとは何か』、ミネルヴァ書房

＊松本礼二［1988］『松本礼二＝高橋良彦遺稿・追悼集』、彩流社

＊三浦俊一［2019］『追想にあらず　1969年からのメッセージ』、講談社

＊水谷宏（序）［1969］『全国全共闘　幻想共同体の否定』、亜紀書房

＊水谷保孝／岸宏一［2015］『革共同政治局の敗北　1975 〜 2014』、白順社

＊三上治［1978］『幻想の革命　党派思想の彼岸へ』、三一書房

＊三上治［2000a］『1960年代論』、批評社

＊三上治［2000b］『1960年代論 II』、批評社

＊三上治［2004］『1970年代論』、批評社

＊三橋俊明［2000］『路上の全共闘1968』、河出書房新社

＊三橋俊明［2018］『全共闘、1968年の愉快な叛乱』、彩流社

＊三橋俊明編［2018］『日大闘争と全共闘運動　日大闘争公開座談会の記録』、彩流社

＊三橋敏明編［2019］『日大闘争の記録 Vol. 9　忘れざる日々』、日大闘争を記録する
　会

＊宮崎学［1996］『突破者　戦後史の陰を駆け抜けた50年』、南風社

＊宮本信生［1996］『カストロ　民族主義と社会主義の狭間で』、中公新書

＊毛利嘉孝［2009］『ストリートの思想　転換期としての1990年代』、NHK ブックス

＊山崎カヲル／高倉亮編著［1971］『ラテンアメリカの革命戦争』、三一書房

＊山本純一［2002］『インターネットを武器にした〈ゲリラ〉　反グローバリズムとして
　のサパティスタ運動』、慶応義塾大学出版会

＊山本泰三［2016］『認知資本主義　21世紀のポリティカル・エコノミー』、ナカニシヤ
　出版

＊山本義隆［1969］『知性の叛乱』、前衛社・神無書房

＊山本義隆他［1997］『全共闘を読む』、情況出版

＊山本義隆［2015］『私の1960年代』、金曜社

＊山本義隆［2018a］『かつて10・8羽田闘争があった　山崎博昭追悼50周年記念［記
　録資料篇］』、合同出版

＊山本義隆［2018b］『かつて10・8羽田闘争があった　山崎博昭追悼50周年記念［寄
　稿篇］』、合同出版

＊油井大三郎編［2012］『越境する1960年代　米国・日本・西欧の国際比較』、彩流社

＊油井喜夫［1999］『汚名』、毎日新聞社

＊油井喜夫［2000］『虚構』、社会評論社

＊鹿砦社編集部編［2019］『1969年　混沌と狂騒の時代』、鹿砦社

＊和田英二［2018］『東大闘争　50年目のメモランダム』、ウエイツ

＊Aguayo Quesada, Sergio［1998］1968 Los Archivos de la Violencia, Grijalbo, México D.F., México

＊Alarcón Ramírez, Dariel［1997］Memorias de Un Soldado Cubano, Tusquets Editores, Barceloza, España

＊Alonso, Pablo［1989］Los Fieles de Castro, Ediciones Cambio, Miami, USA

＊Álvarez Garín, Raúl ／ Gilberto Guevara Niebla［1988］Pensar en68, Cal & Arena, México D.F. México

＊Anderson, Jon Lee［1997］Che Guevara Una Vida Revolucionaria, Emecé Editores, Barcelona, España

＊ Bambira, Vania［1978］La Revolución Cubana：Una Reinterpretación、Editorial Nuestro Tiempo（=1981神代修訳『キューバ革命の再解釈』、大月書店）

＊ Bell, Daniel［1973］The Coming of Post-Industrial Society, Basic Books Inc., New York, USA（=1975内田忠夫／嘉治元郎／城塚登／馬場修一訳『脱工業社会の到来〈上〉〈下〉』、ダイヤモンド社

＊ Berardi, Franco［2009］Precarious Rhapsody：Semicapitalism in the Pathlogies of the Post-Alphtion, Minor Compositions, London, UK（=2009櫻田和也訳『プレカリアートの詩　記号資本主義の精神病理学』、河出書房新社）

＊ Bey, Hakim［1991］T,A,Z.The Temporary Autonomous Zone, Ontological Anarchy Poetic Terrorism, Automedia, New York, USA（=1997箕輪裕訳『Ｔ．Ａ．Ｚ．　一時的自立ゾーン』、インパクト出版会）

＊ Blanco, Hugo［1972］Tierra o Muerte：Las Luchas Campeinas en Perú, Siglo XXI Ed.,México（=1974山崎カオル訳『土地か死か　ペルー土地占拠闘争と南米革命』、柘植書房）

＊ Borrego Díaz, Orlando［2002］Che：El Camino del Fuego, Hombre Nuevo, Buenos Aires, Argentina

＊ Breines, Wini［1982］Community and Organization in The New Left, 1962-1968 The Great Refuzal, Preger Publishers.Inc., USA

＊ Brewster, Keith ed.［2010］Reflections on Mexico '68, John Wiley & Sons Ltd., West Susssex, United Kingdom

＊ Butler, Judith［2015］Notes Toward a Performative Theory of Assembly, Harvard University Press, USA（=2018佐藤嘉幸／清水知子訳『アセンブリ　行為遂行性・複数性・政治』、青土社）

＊ Castañeda, Jorge G.,［1997］La Vida En Rojo, Una Biografía del Che Guevara, Alfaguara S.A., México D.F., México

＊ Castro Ruz, Fidel［1990］Rectificación, Editora Política, La Habana, Cuba

＊ Castro Ruz, Fidel［1991］Presente y Futuro de Cuba, Entrevista Concedida a la Revista Siempre!, Oficina de Publicaciones del Consejo de Estado, La Habana,

Cuba

＊Castro Ruz, Fidel（＝1995後藤政子編訳『カストロ　革命を語る』、同文館）

＊Castro Ruz, Fidel［2006］Che en la Memoria de Fidel Castro, Ocean Press, La Habana,　Cuba（＝2008柳原孝敦訳『チェ・ゲバラの記憶』、トランスワールドジャパン）

＊Castro Ruz, Juana［2009］Fidel y Rúl, Mis Hermanos La Historia Secreta, Indent Literary Agency（＝2012伊高浩昭訳『カストロ家の真実』、中央公論新社）

＊Cazes, Daniel［1993］Una Crónica del1968, Plaza y Váldes Editores, México D.F., México

＊Cazes, Daniel［1993］Memorial del 68, Desarrollo de Medios,S.A., México D.F., México

＊Coltman, Leycester［2003］The Real Fidel Castro, The Andrew Lownie Literary Agency（＝2005岡部広治訳『カストロ』、大月書店）

＊Cormier, Jean［1997］Che Guevara Compañero en la Revolución, Ediciones Grupo Zeta, Barceloa, España

＊Cupull, Adys／Froilán González［2006］La CIA Contra el Che, Editorial Capitán San Luis, La Habana, Cuba

＊Cussianovich, Alejandro［2006］Ensayos sobre Infancia, Sujeto de Derechos y Protagonista, Instiruto de Formación de Educadores de Jóvenes,Adlescentes y Niños Trabajadores, Lima,　Perú（＝2016五十川大輔訳『子どもと共に生きる　ペルーの「解放の神学」者が歩んだ道』、現代企画室）

＊Debray, Régis［1967］Revolution Dans la Revolution, Librairie Francois Maspero, Paris, France（＝1967谷口侑訳『革命の中の革命』、晶文社）

＊Debray, Régis［1968］Le Precés Régis Debray, Libraire Francois Maspeo, Paris France（＝1969谷口侑訳『革命と裁判』、晶文社、1969年）

＊Debray, Régis［1974］La Guérilla Du Che, Ed.du Seuil, Paris,France（＝1977安部住雄訳『ゲバラ　最後の闘い　ボリビア革命の日々』、新泉社、新版1998年）

＊De Sousa Santos, Boaventura［2006］The Rise of the Global Left : The World Social Forum and Beyond, Zed Books, London, UK and New York, USA

＊Deutschmann, David［1998］Che en la Memoria de Fidel Castro, Ocean Press, Melbourne, Australia

＊Enzensberger, Hans Magnus［1970］Das Verhör Von Habana, Suhrkamp Verlag KG.,Frankfurt, Germany（＝1970野村修訳『ハバナの審問』、晶文社）

＊Estrada, Ulises［2005a］Tania La Guerrillera y La Epopeya Suramericana del Che, Ocean Press, La Habana, Cuba

＊Estrada, Ulises［2005b］Tania Undercover With Che Guevara in Bolibia, Ocean Press, Melbourne, Australia

＊EZLN［1994］¡Basta! Documentos y Comunicados del EZLN（Tomo I）1992＝1994/6/10, EZLN, México（＝1995　太田昌国／小林致広訳『もう、たくさんだ！メキシコ先住民蜂起の記録①』、現代企画室）

＊EZLN［1996］Crónicas Intergalácticas Primer Encuentro Intercontinental por la Humanidad y Contra el Neolibaralismo, Chiapas, México

＊EZLN［1998］Zapatista Encuentro：Documentos from the First Intercontinental Encounter for the Humanity and Against Neoliberalism, Open Media, New York, USA

＊Fernández Revuelta, Alina［1997］Alina Memorias de la Hija Rebelde de Fidel Castro, Plaza ＆ Janés Editores, Barcelona, España

＊Ferry, Luc/Alain Renaut［1985］La Pansée 68: Essai sur L'anti-humanisme Contemporain, Gallimard, Paris（=2015小野潤訳『68年の思想　現代の反・人間主義への批判』、法政大学出版会）

＊Fink, Carole/Philipp Gassert/Detlef Junker［1998］1968：The World Transformed, Cambridge University Press, Cambridge, United Kingdom

＊Frei, Norbert［2008］1968 Jugendrevolte und Globaler Protest, Deutscher Taschenbuch Verlag GmbH ＆ Co.KG, München（=2012下村由一訳『1968年　叛乱のグローバリズム』、みすず書房）

＊Gadea Acosta, Hilda［2006］Mi Vida con El Che（=2011松枝愛訳『チェ・ゲバラと歩んだ人生』中央公論新社）

＊George, Edward［2005］The Cuban Intervention in Angola 1965-1991, Routledge New York, USA

＊Geressi, John Ed.,［1971］Revolutionary Priest The Complete Writings and Messeges of Camilo Torres, Penguin Books, Middlesex , United Kingdom

＊Gilio, María Esther, The Tupamaros, Martin Secker ＆ Arburg Limited, London, United Kingdom

＊Gilly, Adolfo［1964］Inside the Cuban Revolution, Monthly Review Press, New York, USA（=1966冨岡倍雄訳『キューバ革命』、みすず書房）

＊Goldar, Ernesto［2004］John William Cooke y el Peronismo Revolucionario, Editores de América Latina, Buenos Aires, Argentina

＊Graeber, David［2013］The Democracy Proyecto：A History, A Crisis, A Movement, Spiegel ＆ Grau, New York,USA（=2015木下ちがや／江上賢一郎／原民樹訳『デモクラシー・プロジェクト　オキュパイ運動・直接民主主義・集合的想像力』、航思社）

＊Guevara, Ernesto［1960］La Guerra de Guerrillas（=1966〈新装版1991〉五十間忠行訳『ゲリラ戦争　武装闘争の戦術』、三一書房）

＊Guevara, Ernest［1963］（=1967真木嘉徳訳『ゲバラ　革命の回想』、筑摩書房）

＊Guevara, Ernesto［1967］Che Guevara Speaks：Selected1 Speeches and Writings, Pathfinder Press, New York, USA

＊Guevara, Ernesto（=1968～69選集刊行委員会編訳『ゲバラ選集　全4巻』、青木書店）

＊Guevara, Ernest［1968］El Diario del Che en Bolivia, Instiuto Nacional del Libro（=1968丹羽光男訳『ゲバラ日記』、みすず書房）

＊Guevara, Ernesto ［1988a］ Ernesto Che Guevara Temas Económicos, Editorial de Ciencias Sociales, L Habana, Cuba

＊Guevara, Ernesto ［1988b］ El Diario del Che en Boribia, Editora Política, La Habana, Cuba

＊Guevara, Ernest ［1993a］ Che y la Economía, Editorial de Ciencias Sociales, La Habana, Cuba

＊Guevara, Ernest ［1993b］ Che Ernest Guevara, Política y Desarrollo, Editorial de Ciencias Sociales, La Habana, Cuba

＊Guevara, Ernest ［1993c］ Che Ernest Guevara：El Socialismo y el Hombre en Cuba, Editorial d Ciencias Sociales, La Habana, Cuba

＊Hart Dávalos, Armando(Prefacio) ［1989ab］ Pensar en Che 2 Tomos, Centro de Estudios sobre América, La Habana, Cuba

＊Hessel, Stéphane ［2011a］ Indignez- Vous! Indigene, France（=2011村井章子訳『怒れ！慣れ！』、日経 BP 社）

＊Hessel, Stéphane/Edgar Morin ［2011b］ Le Chemin de L'Espérance, Librairie Arthéme Fayard, Paris, France（=2012林昌宏訳『怒れ！　若者よこれがきみたちの希望の道だ』、明石書店）

＊Hessel, Stéphane ［2011c］ The Power of Indignation：The Autobiography of the Man Who Inspired The Arab Spring, Skyhorse, New York, USA

＊Holloway, John ［2002］ Change the World Without Taking Power, Pluto Press, New York, USA (=2009大窪一志／四茂野修訳『権力を取らずに世界を変える』、同時代社)

＊Juliāo, Francisco［1968］Cambäo, Maspero Publisher, Cuernavaca, México（=1976西川大二郎訳『重いくびきの下で　ブラジル農民解放闘争』、岩波新書）

＊Kalfon, Pierre ［1997］ Ernesto Che Guevara Una Leyenda de Nuestro Siglo, Plaza & Janés Editores, Barcelona, España

＊Kuhn. Gabriel ［2010］ Life Under the Jolly Roger：Reflections on Golden Age Piracy, PM Press, Oakland, California, USA（=2013菰田真介訳『海賊旗を掲げて　黄金期海賊の歴史と遺産』、夜光社）

＊Kurlnsky, Mark ［2004］ 1968 The Wear That Rocked The World, (=2008越智道雄監修、来住道子訳『1968　世界が揺れた年（前後)』、ヴィレッジブックス）

＊Lane-Poole, Stanley ［1890］ The Story of the Barbary Corsairs, G.P.P.utnam's Sons, New York, USA（=1981前嶋信次訳『バルバリア海賊盛衰記　イスラム泰ヨーロッパ大海史』、Libro）

＊Lara, Jesús ［2018］ Inti Peredo, Guerrilla Fighter, Editorial Canelas,S. A.,Cochabamba, Bolivia

＊Lavan, Georg ed. ［1967］ Che Guevara Speaks（=1968高木隆他訳『革命　ゲバラは語る』、合同出版）

＊Le Bot, Yvon/Subcomandante Marcos ［1997］ El Sueño Zapatista, Plaza & James, México（=2005佐々木真一訳『サパティスタの夢　たくさんの世界から成る

264

世界を求めて』、現代企画室)

＊Lefebvre, Henri［1968］Le Droit á la Ville, Editions Anthrops, Paris, France（=2011
　森本和夫訳『都市への権利』、ちくま学芸文庫）

＊Mallet, Serge［1963］La Nouvelle Classe Ouvriére（=1970海原峻／西川一郎訳『新
　しい労働者階級』、合同出版）

＊March de la Torre, Aleida［2008］Evocación（=2008後藤政子訳『わが夫、チェ・
　ゲバラ　愛と革命の追憶』、朝日新聞社）

＊Marcuse, Herbert［1964］One-Dimensional Man：Studies in the Ideology of
　Advanced Industrial Society, Beacon Press, Massachusetts, USA（=1974生松敬三
　／三沢謙一訳『一次元人間』、河出書房新社）

＊Mariátegui, José Carlos［1928］Siete Ensayos de Interpretación de la Realidad
　Peruana, Editora Amuta, Lima, Perú（=1988原田金一郎訳『ペルーの現実解釈のた
　めの7試論』、柘植書房）

＊Mariátegui, José Carlos［1976］Obras Completas de José Carlos Mariátegui,
　Editora Amauta 等より抜粋（=1999辻豊治／小林致広編訳『インディアスと西洋の
　狭間で　マリアテギ政治・文化論集』、現代企画室）

＊Marighela, Carlos［1971］For the Liberation of Brazil, Penguin Books, New
　York, USA（=1971日本・キューバ文化交流研究所編訳『都市ゲリラ教程』、三一書房）

＊Masseti, Jorge［1993］In The Pirate's DEN, Encounter Books, San Francisco,
　USA

＊Masseti, Jorge［1999］El Furor y El Delirio, Fabula Tusquets Editores,
　Barcelona, España

＊Maemura Hurtado, Mary/Héctor Solares Maemura［2006］El Samurai de la
　Revolución,（=2009伊高浩昭監修／松枝愛訳『革命の侍　チェ・ゲバラと戦った日
　系2世フレディ・前村の生涯』、長崎出版）

＊Melucci, Alberto［1989］Nomads of the Present：Social Movements and
　Individual Needs in Contemporary Society, The Random House Century
　Group, London, United Kingdom（=1997山之内靖／貫堂嘉之／宮崎かすみ訳『現
　在にいきる遊牧民（ノマド）新しい公共空間の創出に向けて』、岩波書店）

＊Miná, Gianni［1991］Fidel, Presente y Futuro de Una Ideología en Crisis
　Analizada por un Líder Histórico, Edivisión Compañía Editorial,S.A.,México D.F.,
　México

＊Montemayor, Carlos［2010］La Violencia de Estado en México Antes y Después
　de 1968., Random House Mondadori,S.A., Méxioco D.F., México

＊Negri, Antonio/Michael Hardt［2000］Empire , Harvard University Press, USA
　（=2003水嶋一憲／酒井隆史／浜邦彦／吉田俊実『帝国　グローバル化の世界秩序と
　マルチチュードの可能性』、以文社）

＊Negri, Antonio/Michael Hardt［2004］Multitude, Penguin Press, NewYork, USA
　（=2005ab 市田良彦監修／幾島幸子／水嶋一憲訳『マルチチュード　〈帝国〉時代の
　戦争と民主主義（上下）』、NHK ブックス）

＊Negri, Antonio/Michael Hardt［2009］Commonwealth, Melanie Jackson Agency, New York, USA（=2012ab 水嶋一憲監修／幾島幸子／古賀祥子訳『コモンウェルス（上下）』、NHK ブックス）

＊Negri, Antonio/Michael Hardt［2012］Declretion, Melanie Jackson Agency,New York,USA（=2013水嶋一憲／清水和子訳『叛逆　マルチチュード民主主義宣言』、NHK ブックス）

＊Negri, Antonio［2003］GUIDE, Cinque su Impero e Dintorni, Raffaello Cortina Editore, Milano, Italia（=2004小原耕一／吉澤明訳『〈帝国〉をめぐる５つの講義』、青土社）

＊Negri, Antonio［2008］Goodbye Mr.Socialism in Conversation with Raf Valvola Scelsi, seven Stories Press, New York,USA（=2008ab 廣瀬純訳『未来派左翼（上下）』、NHK ブックス）

＊Negri, Antonio/Giuseppe Cocco［2006］GlobAL Biopoder y Luchas en Una América Latina Globalizada, Paidós, Buenos Aires, Argentina

＊Nkrumah, Kwame［1965］Neo-Colonialism, Library of Congress Cataliging-Publication Data,（=1971家正治／松井芳郎訳『新植民地主義論』、理論社）

＊Núñez Jiménez, Antonio［1996］El Che En Combate：La Campaña Guerrillera en Cuba Central, Fundación de la Naturaleza y el Hombre, La Habana,Cuba

＊Oria, Román［2013］1968.,. Fragmentos de Una Lucha Para Los Indignados de Hoy, Punto Rojo Libros,S.L.,Sevilla, España

＊Pilard, Pierre-Olivier［2007］Jorge Ricardo Masetti Un Révolutionaire Guévararien et Guévariste sde 1958 á 1964, L'Harmattan, Paris, France

＊Piñeiro, Manuel［2001］Che Guevara and the Latin American Rovolutionary Movements, Ocean Press, Melbourn, Australia

＊Piñeiro, Manuel［2006］Che Guevara y la Revolución Latinoamericana, Ocean Sur, Melbourne, Australia

＊Ramonet, Ignacio［2001］Marcos, La Dignité Rebelle, Éditions Galilée, Paris（=2002 湯川順夫訳『マルコス　ここは世界の片隅なのか　グローバリゼーションをめぐる対話』、現代企画室）

＊Ramonet, Ignacio［2004］Fidel Castro Biografía a Dos Voces, Randon House Mondadori S.A., Barcelona,España（=2011ab 伊高浩昭訳『フィデル・カストロ　みずから語る革命家人生（上下）』、岩波書店）

＊Revueltas, José［1996］México 68；Juventud y Revolución, Editorial ERA,S. A.,México D.F.,México

＊Rey, Romeo［2008］Bajo del Signo del Che：Teoría y Práctica de la Izquierda en América Latina, Editoral Biblos, Buenos Aires, Argentina

＊Schwab, Klaus［2016］The Fourth Industrial Revolution, World Economic Forum, Cologny, Switzerland（=2016世界経済フォーラム訳『第４次産業革命』、日本経済新聞出版会）

＊Rojo, Ricardo［1996］Mi Amigo El Che,Debolsillo（=1968伊藤守男訳『わが友ゲバラ』

早川書房）

* Ross, Kristin ［2002］May '68 and Its Afterlives, University of Chicago Press, USA （=2014箱田徹訳『68年5月とその後　反乱の記憶・表象・現在』、航思社）

* Serguera Rivera, Jorge ［1997］Caminos del Che Datos Inéditos de Su Vida, Plaza y Valdes Editores, México D.F., México

* Solana, Fernando/Mariángeles Comesaña Comp. ［2008］Evocación 68,Siglo XXI Editores,S.A., México D.F., México

* SECT6 ［1973］『SECT6＋大正闘争資料集』、蒼茫社

* Santucho, Julio ［2004］Los Úlitimos Guevaristas　La Guerra Marxista en la Argentina, Ediciones B Argentina S.A., Buenos Aires, Argentina

* Sorel, Georges ［1908］Réflexions sur la Violence, Études sur le Devenir Social, Paris, France （=1933ab 木下半治訳『暴力論（上下）』、岩波文庫）

* Standing, Guy ［2011］The Precariat：The New Dangerous Class （=2016岡野内正訳『プレカリアート　不平等社会が生み出す危険な階級』、法律文化社）

* Suri, Jeremi ［2007］The Global Revolutions of 1968, W.W.Newton & Company, Inc., New York, USA

* Tablada Pérez, Carlos ［1987］El Pensamiento Económico del Che, Editorial Horizonte, La Habana, Cuba

* Taibo II, Paco Ignacio/Félix Guerra/Froilán Escobal ［1994］La Guerra Africana de Ernesto Che Guevara, Editorial Joaquín Mortiz, México （=1999神崎牧子／太田昌国訳『ゲバラ　コンゴ戦記1965』、現代企画室）

* Taibo II, Paco Ignacio ［2000］Ernesto Che Guevara （=2001ab 後藤政子訳『エルネスト・チェ・ゲバラ伝（上下）』、海風書房）

* Tofler, Alvin ［1980］The Third Wave, W.Morrow & Co.,New York, USA （=1980 徳山二郎監修／鈴木健次／桜井元雄他訳『第三の波』、日本放送出版協会）

* Touraine, Alain ［1968］Le Mouvement de Mai, Editions du Seuil, Paris, France （=1970寿里茂／西川潤訳『現代の社会闘争　5月革命の社会学的展望』、日本評論社）

* Touraine, Alain ［1969］La Société Post Industrielle, editions GONTHIER, Paris, France （=1970 寿里茂／西川潤訳『脱工業化の社会』、河出書房新社）

* Uribe, Hernán ［1987］Operación Tía Victoria：Cómo Entregamos el Diario del Che a Cuba, Editorial Emisión, Santiago de Cuba, Cuba

* Ustaríz Arze, Reginaldo ［2007］Che Guevara Vida, Muerte y Resurrección de Un mito （=2011服部綾乃／石川隆介訳『チェ・ゲバラ　最後の真実』、ランダムハウスジャパン）

* Villegas, Harry ［1995］At the Side of Che Guevara：Interview with Harry Villegas, Pathfinder, New York, USA

* Villegas, Harry ［1996］Pombo：Un Hombre de la Guerrilla del Che,Editora Politíca,La Habana,Cuba

* Villegas, Harry ［1997］A Man of Che's Guerrilla With Che Guevara in Bolivia

1966-68, Pathfinder Press, New York, USA

＊Virno, Paolo［2001］Grammatica della Multitudine：Per una Analisi della Frome di Vita Contemporance, Rubbettin Editore, Catanzaro, Italia（＝2004廣瀬純訳『マルチチュードの文法　現代的な生活形式を分析するために』、月曜社）

＊Vives, Juan［1981］Les Maitres de Cuba, Opera Mundi, Paris, France（＝1982山本一郎訳『恐るべきキューバ　カストロはソ連の工作員（KGB）だった』、日本工業新聞社）

＊Wilson, Peter Lamborn［1995］Pirate Utopias：Moorish Corsairs and European Renegados, Automedia, New York, USA（＝2013菰田真介訳『海賊ユートピア　背教者と難民の17世紀マグリブ海洋世界』、以文社）

＊Wolin, Richard［2010］The Wind From The East：French Intellectuals, the Cultural Revolutions, and the Legacy of the 1960s, Princeton University Press, USA（＝2014福岡愛子訳『1968　パリから吹いた「東風」』、岩波書店）

＊Zamorano, Eduardo［2005］Peronistas Revolucionarios Un Análisis Político del Apogeo y Crisis de la Organización Montoneros, Editorial Distal, Buenoa Aiores, Argentina

＊Zermeño, Sergio［1978］México：Una Democracia Utópica, Siglo XXI Editores S.A., México D.F.,México

──　**あとがき**　──

　本書において、筆者は、高校〜大学時代に自分の人生の歩み方を模索している中で、大きな影響を受け、指針を与えられたゲバラの1960年代の動向と、筆者が当事者の一人として1968〜71年頃に関わった「1968年」現象と呼ばれる社会運動の世界史的なあり方について、可能な限り客観的な視点から、現代においてこそ新たに参考にしうる教訓を導き出すという試みを行なった。

　2020年1月から日本においても新型コロナウィルスの感染が広がり、2021年7月29日現在で全世界で1億9600万人を超える人々が感染し、420万人もの死者を出すに至っている。WHOを筆頭として、各国は様々な試行錯誤を経た後に、現在はワクチン接種を唯一の抑制策と位置づけて対処し続けている。医学・免疫学の専門外であり、歴史学を専門とする筆者の眼には、新型コロナウィルスの現象は「文明の病い」に見える。即ち、ヨーロッパに発した人間が自然の摂理と地球環境の均衡を破壊するという文明の在り方がヨーロッパ文明の世界的な広がりの中で定着し、自然を人間の都合で破壊しつくしてきた近代の数百年、正確には1415年以来の植民地主義と、そこから発した世界資本主義システムにすべての原因がある現象である。事態は、「地球温暖化」問題と同様である。自然の摂理を破壊し尽くした人間に対する自然の復讐が本格化しつつある。この問題を解決するには、文明の在り方を、文明スタイルを、経済の在り方や生活スタイルを含めて変える努力をしていく以外にない。

　この新型コロナ感染は、2011年に発生した「3・11」と同様に、人類の存亡を危うくさせる事態であり、このような事態を前に我々がこれまでやって来た社会科学の在り方、社会医療の在り方、さらには学問や「知」の在り方そのものが根本から問われているという認識を持つことが必要である。「迷い道に入らずにルーティンを真っすぐやっていれば、それなりの安定が保証される」というような安易な態度をとり続ける限り、新型コロナ感染を克服することは不可能に近い。もっと根本的な文明批判の視点から、生活スタイルの根本的見直しを徹底化していかなければ事態の克服は期待できない。

　新型コロナウィルス対策として、日本では、拙速なワクチン接種や「緊急事態宣言」や「蔓延防止等重点措置」が採られているが、いずれも根本的な解決に資するものではない。人間が文明スタイルを、日々の生活スタイルの根本的変更を実行しなければ感染の抑制化は実現できない。新型コロナウィルスの発生源さえ探求できず、人類が到達した医療技術により生産されたワクチンの接種よりも、

感染力が強力な新型ウィルスの変異種の発生の方が速度が早く、また各種のワクチンの効力がどの程度の期間有効であるのかさえ明らかに示されていないような状況では、より強力な変異種の発生を食い止め続けることは難しいだろう。現代科学や現代医学は自然の猛威に対して決して万能ではないという事実をしっかり認識しておくことが必要である。

　「緊急事態宣言」や「ロックダウン」などの措置によって、いずれの国においても飲食店が悲鳴を上げているが、飲食店業者は自分の私的都合で商売をやっているのであり、これが損害を受けたからと言って、公的資金で支援する必要はない。支援をするのであれば、2020年に日本で実施された「給付金」や、あるいはバイデン政権発足後に実施が発表された、国民一人一人に平等に恩恵を与える支援を提供すべきである。血税から集めた公的資金を私的な事業を営む一部の人々や企業の支援だけに使用することはあってはならない。飲食店が破産するのであれば、それも社会的整理として望ましい傾向である。飲食店が異常繁殖する社会は奇形社会である。もっと生産的な新しい産業を立ち上げる方向に社会が変化していかなければならない。これは資本主義社会の病的体質に由来する問題であり、いずれは清算すべき経済的側面である。

　また、「営業禁止」や「外出禁止」等の「禁止措置」は日本では採られないが、そもそも「自由」は無制限なものではありえない。アナーキストでさえ絶対的な「自由」を求めてはいない。社会全体の公的な利益のためには、「自由」は一定程度制限されて然るべきである。1917年に公布された「メキシコ1917年憲法」をはじめ、ほとんどの国の憲法において、私的所有権は公的利害の前に制限されているではないか。そもそも資本主義システムのように個人の私有権が無制限に優先されるような経済システムを続ける限り、コロナ問題の解決には繋がらない。資本主義という経済システムをどのように克服して行くのかを考えることが、コロナ問題の根本的な解決に資することになる。

　その意味で、現在われわれ人類全体が直面している危機は、1960年代にゲバラや彼に鼓舞されて「社会変革」に取り組もうとした人々の努力をもう一度考察するようわれわれに強いているという事実を、改めて考え直すべき時期に至っていると言える。これが私が人生の最後に行き着いた結論である。

　本書を出版するに際して、ご尽力いただいた揺籃社と同社の山崎領太郎氏に深謝します。

　2021年7月吉日

小倉英敬（おぐら・ひでたか）

1982年、青山学院大学大学院博士課程中退
1986年、外務省入省。中南米局、在キューバ大使館、在ペルー大使
館、在メキシコ大使館勤務を経て、1998年末退官。2006 〜 2010年、
常磐会学園大学教授。2010 〜 2021年、神奈川大学教授

著書
『封殺された対話——ペルー日本大使公邸占拠事件再考』（平凡社、
　2000年）
『八王子デモクラシーの精神史 —— 橋本義夫の半生』（日本経済評論
　社、2002年）
『アンデスからの暁光 —— マリアテギ論集』（現代企画室、2002年）
『侵略のアメリカ合州国史 ——〈帝国〉の内と外』（新泉社、2005年）
『メキシコ時代のトロツキー —— 1937 〜 1940』（新泉社、2007年）
『マリアテギとアヤ・デ・ラ・トーレ —— 1920年代ペルー社会思想
　史試論』（新泉社、2012年）
『ラテンアメリカ1968年論』（新泉社、2015年）
『「植民地主義論」再考　グローバルヒストリーとしての「植民地主
　義批判」に向けて』（2017年、揺籃社）
『マーカス・ガーヴェイの反「植民地主義」思想　パンアフリカニ
　ズムとラスタファリズムへの影響』（2017年、揺籃社）
『グローバル・サウスにおける「変革主体」像　「21世紀型」社会運
　動の可能性』（2018年、揺籃社）

《「グローバル・ヒストリー」としての「植民地主義」批判》第4巻

1960年代ゲバラの足跡と「1968年」論
　　　——「グローバル・シックスティーズ」研究のために

2021年9月30日　初版第1刷発行

著　者　小倉英敬
発行所　揺　籃　社
　　　　〒 192-0056 東京都八王子市追分町 10-4-101　㈱清水工房内
　　　　TEL 042-620-2615　URL http://www.simizukobo.com/

シリーズ
《グローバルヒストリーとしての「植民地主義批判」》

このシリーズは、旧植民地国のほとんどが独立した後になっても、旧植民地国・宗主国のポストコロニアルな状況に加えて、「植民地主義」が全世界に容貌を変えた形で継続しているとの問題意識から、現代に至る植民地主義を歴史的に段階区分した上で、現在の〈新〉植民地主義的状況を含めて、「植民地主義論」の総論的な再構築を目指すものである。

いずれも揺籃社発行。お問い合わせは……
・電　話　042−620−2615　・メール　info@simizukobo.com